21世纪普通高等教育"十三五"规划教材·工商管理系列

U0890499

战略管理

（第三版）

胡大立 主 编
陈 明 副主编

上海财经大学出版社

图书在版编目(CIP)数据

战略管理/胡大立主编. —3版. —上海:上海财经大学出版社,2021.4

(21世纪普通高等教育"十三五"规划教材·工商管理系列)

ISBN 978-7-5642-3705-9/F·3705

Ⅰ.①战… Ⅱ.①胡… Ⅲ.①企业战略-战略管理-高等学校-教材 Ⅳ.①F272.1

中国版本图书馆CIP数据核字(2021)第010120号

□ 责任编辑　石兴凤
□ 封面设计　张克瑶

战 略 管 理

(第三版)

胡大立　主　编

陈　明　副主编

上海财经大学出版社出版发行

(上海市中山北一路369号　邮编200083)

网　　址:http://www.sufep.com

电子邮箱:webmaster@sufep.com

全国新华书店经销

上海天地海设计印刷有限公司印刷装订

2021年4月第3版　2021年4月第1次印刷

787mm×1092mm　1/16　19印张　486千字

(习题集　3.75印张　96千字)

印数:32 501—36 500　定价:56.00元

(本教材免费赠送配套习题集,请直接向售书单位索取)

21世纪普通高等教育“十三五”规划教材
21 SHIJI PUTONG GAODENG JIAOYU “SHISANWU” GUIHUA JIAOCAI

编委会

BIAN WEI HUI

第三版前言

战略，古称谋略、韬略，为军事用语，是关于战争的艺术和部署。随着人类社会实践的发展，人们后来将战略思想运用到企业经营领域，形成“战略管理”。

进入21世纪以来，全球化进程不断加快、信息技术日新月异以及知识经济迅速发展，给企业带来了前所未有的压力和挑战，战略管理的重要性日益凸显。面对这样的经营环境，企业的兴衰成败更多地取决于战略管理者高瞻远瞩的科学决策，取决于企业所处的行业结构和企业的核心竞争力。世界的多变性和环境的复杂性对企业提出了新的要求。任何企业要实现长期的可持续发展，就必须重新审视战略管理的多项要素、前提条件及业务基础。只有运筹帷幄，才能决胜千里。今天，企业遇到的挑战和机会比以往任何时候都要大。战略管理作为研究企业的未来发展方向、界定企业的经营范围、寻求可持续竞争优势的一门学科，越来越受到我国广大学者和企业界人士的高度关注。

对战略管理的研究已有几十年的历史，20世纪80年代在西方国家曾出现“战略热”。战略管理成为企业管理理论研究的前沿领域之一。战略管理是现代企业的灵魂。实践证明，科学地制定并有效地实施战略，是适应环境变化、打造核心能力、实现可持续发展的关键。近10年，我国关于战略管理的研究和探索也不断地兴起，各大专院校也相应地开设了“战略管理”这一课程。

目前，虽然国内外有关战略管理方面的读物应该说应有尽有，但是，从我们通过对战略管理教学的实践经验看，要找到一本适合中国企业、操作性强的教科书实属不易。从这个需求出发，我们试图编写了这样一本教科书。本书力求结合我国市场经济的发展现状，吸收国内外优秀理论的精华，总结作者多年来从事战略管理教学和研究的成果，向读者提供一本能让教师易教、学生好学，使基本原理与实践相结合，为解决我国战略管理实际问题提供参考的教科书。本书最大的特色是：内容充实，实践性、理论性兼而有之，技术性、操作性强。本书借助深入浅出的编写风格，广泛引用中国本土企业的案例分析，通过大量的模型和方法进行阐述，让读者对战略理论与实践应用有所掌握，并启发读者将战略管理理论创造性地应用到未来的管理实践中。

本教材是在第二版的基础上修订而成的。相对第二版而言，这一版的教材增加了不少战略管理理论与实践方面的最新成果，同时对原来的体系结构做了一定的调整和优化。因此，这一版较上一版教材，结构更加合理，内容更加丰富，及时地反映了战略管理理论与实践方面的最新成果。这一版的作者大多数仍是上一版的作者，具体分工如下：第一章　吴昌南、王晶晶、彭柳林;第二章 杨晓玲、潘淑清;第三章 谢娟娟;第四章 胡大立、王文畅;第五章 汪华林、徐刚;第六章 胡大立、王文畅;第七章 盖永美、王启业;第八章 李敏、王启业;第九章 陈明;第十章 吴昌南、王晶晶、彭柳林;第十一章 吴昌南。

本书是在借鉴国内外优秀教材和最新研究成果的基础上而形成的,在编写过程中吸收和使用了国内外现有的优秀教材的精华内容,在此对所有作者一并表示感谢。同时,本书在编写过程中得到了上海财经大学出版社的支持和帮助,在此表示衷心感谢。

尽管我们为本书做出了很大的努力,但由于战略管理本身博大精深,涉及的知识领域广泛,加之时间仓促、编写者学识有限,因此书中难免会存在诸多疏漏与不当之处,恳请广大读者和专家批评和指正。在此,谨希望本书能起到抛砖引玉的效果,为我国管理理论的发展、繁荣尽到应有的责任。

胡大立
2021年1月

目 录

第一章 战略管理概述

【名言警句】

没有战略的企业就像一艘没有舵的船一样只会在原地转圈，又像个流浪汉一样无家可归。

——乔尔·罗斯(Joel Ross)和迈克尔·卡米(Michael Kami)

凡事预则立，不预则废。

——《礼记·中庸》

【学习目的】

通过学习本章，你应该掌握以下内容：

☆ 战略与企业战略的内涵及特征；

☆ 战略管理的含义与特征；

☆ 战略管理的作用与风险；

☆ 战略管理的构成；

☆ 战略管理的一般过程；

☆ 战略管理者与战略性思维；

☆ 战略管理历程与流派；

☆ 中国企业的战略管理问题。

【开篇案例】

新能源汽车巨头——比亚迪的成长史

我国新能源汽车的领军企业比亚迪成立于 1995 年。经过 20 多年的发展，比亚迪通过持续的自我变革和自我超越，由一个电池组装企业逐渐成长为拥有 IT、汽车及新能源三大事业群的综合型高新技术巨头，并仍保持着蓬勃的发展势头。

1993 年，硕士毕业于北京有色金属研究院并留院工作的高级工程师王传福，被任命为该院新成立的比格电池有限公司总经理。同年，世界最大的电池生产国日本宣布，出于环保原因，放弃镍镉电池的生产制造。而伴随着手机市场的快速发展，充电电池的市场需求激增且利润可观。凭借对商机敏锐的嗅觉，29 岁的王传福决心放弃国企老总的身份下海经商。1995 年 2 月，王传福借助其从亲友处筹借到的 250 万元，与 20 名志同道合者在深圳莲塘的破旧车间里创立了比亚迪科技公司。

初创时期，比亚迪坚持贯彻成本领先战略。为了利用劳动力价格低廉的比较优势，王传福创造了由大量的工人与必要设备共同构成的半自动化半人工化的电池生产作业流程，这使得比亚迪的固定投入和折旧成本更低，生产柔性更高。为此，比亚迪的充电电池比主流厂商的价格低 40%。在东南亚经济危机导致手机生产厂商大幅压缩成本的背景下，物美价廉的比亚迪电池迅速占领了市场。1997 年，比亚迪的镍镉电池占据全球 40%的市场份额，成为世界第一。基于镍镉电池的成功，王传福马上投入重金研发镍氢电池和锂电池，并掌握了核心技术，使公司随后成为摩托罗拉和诺基亚等手机巨头的电池供应商。

2006 年，比亚迪借助其在电池领域的多年耕耘，推出了以完全自主产权的磷酸铁锂电池技术为核心的纯电动车 F3E，并在随后几年相继推出可插电混合动力轿车 F3DM 和 F6E。这一阶段，比亚迪继续加大力度投入关键技术的研发，开发了具有自主知识产权的变速箱和发动机。2008年，为进一步整合其汽车产业链，比亚迪收购了半导体企业——宁波中纬公司，提升了电动车驱动电机的研发能力。2009年，比亚迪收购了湖南三湘客车公司，获得了大中型客车的生产资格。结合其所拥有的磷酸铁锂电池技术，比亚迪投入20亿元兴建新能源大巴生产基地，并于2010年推出了纯电动大巴K9。依靠250千米的续航里程和高度的安全性，K9大巴随后迅速进入美国、加拿大、韩国等多个国家和地区。

然而，自2010年开始，比亚迪的高速发展遇到了“瓶颈”。受成本领先战略的影响，比亚迪汽车的品质问题、品牌宣传问题和经销商渠道问题逐渐暴露，市场份额一度被合资品牌和其他本土品牌占据。2010年，比亚迪汽车销量为51.7万辆，仅稍稍高于2009年的44.8万辆的纪录，超过100%的速度不再。而在2011年，比亚迪的汽车销量却只有43.7万辆，历史上第一次出现下滑。

为了应对发展的低潮，比亚迪决定转变，实行差异化战略，全面提升汽车的设计研发能力及制造品质。为此，比亚迪加速完成了达到欧美标准的新一代汽车碰撞安全实验室、噪音震动（Noise Vibration Harshness，NVH）实验室以及电磁兼容性（Electro Magnetic Compatibility，EMC）实验室等研发试验平台的建设，为新车型的安全性和品质的提升奠定了基础。2012年，比亚迪与德国戴姆勒—奔驰集团建立了合资公司，共同研发电动汽车，并修建了全新的生产线及主流的信息管理系统，吸纳了德国先进的汽车设计及制造经验。2013年后，比亚迪接连推出新一代高品质车型如思锐、秦、唐和S7。自此，比亚迪全面摆脱了发展低谷，重新回到良性发展的态势中。2017年，比亚迪邀请奥迪前设计总监加盟公司，大幅度提升了其新一代车型的品质及时尚感。

2018年，比亚迪逆势增长，营业收入突破1 300亿元，同比上升约23%；乘用车总销量超过50万辆，其中，新能源汽车销量接近25万辆，同比增长超过90%，四年蝉联全球新能源汽车销量冠军。目前，比亚迪已全面布局新能源领域，确立了以太阳能电站、储能电站、电动车及轨道交通为未来重点发展项目的战略方向。

王传福曾表示，企业如同生命体一样，经受不住一项业务衰落和另一项业务兴起之间的一个间隔，所以在核心业务衰落之前必须毫不迟疑地创造新业务。比亚迪20多年来的发展历程体现了其开拓创新、持续学习、勇于变革的企业品质，也展示了前瞻性的发展战略及明智的战略调整对企业的持续增长和良性发展的引领及推动作用。

启示：在资金、技术和品牌劣势下，企业不断地通过调整企业发展战略可以使其获得长足发展。

资料来源：姚小涛，弋亚群．战略管理[M]．北京：高等教育出版社，2019：21—23.

第一节　企业战略的内涵及特征

一、战略的内涵

战略是一个广泛应用于军事、经济、政治、商业和管理等领域的重要概念，有一个逐渐发展和演变的过程。它最先应用于军事领域。《辞海》中对“战略”一词的定义是：“军事名词，是指对战争全局的筹划和指挥。它依据敌对双方的军事、政治、经济、地理等因素，兼顾战争全局的各方面，规定军事力量的准备和运用。”《简明不列颠百科全书》对战略的定义是：“在战争中利用军事手段达到战争目的的科学与艺术。”日本的《世界大百科全书》为战略所下的定义是：“为了实现特定的目标而运用力量的科学与策略。”《苏联军事百科全书》为战略所下的定义是：“军事学术的组成部分和最高领域，它包括国家和武装力量准备战争、计划与进行战争和战略性战役的理论与实践。”古今中外对战略的称谓繁多，虽然性质不同，定义各异，但是都有其相同之处，即都是指在一定时期建设和使用以军队为主体的军事力量，筹划和指导战争全局的准备与实施，以达到一定的政治目的，为一定的阶级、国家、民族和集团利益服务的方略。

在西方，“战略”(strategy)一词来源于希腊语“strategicon”，后由其词根“strategos”演变出“stragia”。前者意为“将军”，后者意为“战役”“谋略”。从19世纪起，西方出现了系统的军事战略理论，这些军事理论对战略做了精辟的论述，如克劳塞维茨的《战争论》认为：“战略是为了达到战争目的而运用战斗的学问。战略必须为整个军事行动规定一个适应战争目的的目标。”著名的德国军事战略家毛奇也曾经说过：“战略是一位统帅为达到赋予他的预定目的而对自己手中掌握的工具所进行的实际运用。”

在我国，早在春秋战国时期，战略思想和竞争观念在《孙子兵法》《孙膑兵法》《吴子兵法》《尉缭子》以及《司马法》五部著作中就有了深刻而集中的阐述。以孙子为代表的先秦兵家具有丰富而成熟的战略哲理和策略观念，对以后世界范围内的军事思想和管理观念的发展具有深远和广泛的影响。20世纪30年代，毛泽东在《中国革命战争的战略问题》中指出：“战略问题是研究战争全局的规律的东西。”

随着社会的发展和科学的进步，战略被赋予新的含义，在各个领域中都有广泛的应用，其中在企业管理领域中的运用就产生了企业战略的概念。与军事中的战略相比，企业战略在思想和观念上存在一致性，并且有了很大的发展，如企业之间的竞争已经不是战场上你死我活的拼杀，企业战略能够实现企业与竞争对手的双赢局面。

二、企业战略的定义

自20世纪60年代以来，企业战略研究热潮被掀起，许多学者纷纷对企业战略下了定义。

钱德勒(A. D. Chandler)的观点：钱德勒在深入研究了美国四个主要公司的战略思想和结构变化的历史后，在《战略与结构》一书中认为，战略是决定企业的基本长期目标，以及为实现这些目标采取行动和分配资源。①

安索夫(H. I. Ansoff)的观点：安索夫把决策分为战略决策、管理决策和业务决策三类。他认为战略是企业为了适应外部环境，对目前从事的和将来从事的经营活动进行的战略决策，即战略是一条贯穿于企业活动与产品/市场之间的线，涉及产品/市场范围、增长向量、竞争优势与协调作用。

德鲁克(Peter F. Drucker)的观点：1954年，彼得·德鲁克在《管理的实践》中讨论了企业战略的三个基本问题：(1)我们是什么？(2)我们应该是什么？为什么？(3)战略是决定组织将要干什么以及如何干的问题。战略的基本问题不仅阐明了企业存在的理由和基础，同时也为其实现提供了思维、方法和途径方面的指导。德里克·埃布尔在其所著的《确定业务：战略计划的起点》中提出了战略定位的具体要点“who、what、how”，这与德鲁克的战略基本问题有相似之处。

加拿大管理学家亨利·明茨伯格(H. Mintzberg)的观点：战略是由5个“P”组成的，即战略是一种计划(plan)，战略是一种策略(ploy)，战略是一种行为方式(pattern)，战略是一种定位(position)，战略是一种观念(perspective)。其中，计划是方向、指南、通向未来的前进路线、由此及彼的途径等类似的东西，策略是为了反击对手或竞争者而采用的特定计谋，行为方式是企业过去的发展历程，定位指的是特定产品在特定市场的定位，观念指的是一个组织做事的基本方式。这是关于企业战略比较全面的看法，即著名的“5P模型”。需要指出的是，战略管理教科书通常倾向于把战略定义为一种计划或者谋划。

---

① 阿尔弗雷德·钱德勒．战略与结构[M]．昆明：云南人民出版社，2002.

综合学者们对企业战略的各种观点，我们认为，企业战略是企业在激烈的市场竞争环境中，在充分了解企业内外所面临的一系列复杂环境，并根据环境在科学地预测未来的基础上，为谋求生存和发展而做出的长远的、全局性的谋划或方案。它是企业的经营思想的体现，是一系列战略性决策的结果，还是企业制订中长期计划的依据。

三、企业战略的特征

战略从军事角度讲，有全局性、长远性的特点，同样，企业战略也具有相似的特征。从上述战略管理专家对企业战略的描述，我们可以归纳出企业战略主要具有以下特征：

(一)全局性

企业战略是对企业未来的经营方向及目标具有纲领性的规划和设计，是具有普遍性、全面性、权威性的管理决策。企业战略涉及企业的整体，既涉及企业资源的调配和使用，也涉及企业内部的各项职能和各个经营类事业单位。可以说，企业战略是企业发展的蓝图，决定企业的一切经营活动。

(二)长远性

企业战略是对企业长远发展的一种谋划，决定了企业在今后相当长的一段时期内(通常是5年甚至更长)的目标和方向。企业战略的长远性意味着企业关注的是长期利益，因此，有时不得不放弃眼前的利益，以满足企业战略的需要。

(三)稳定性

企业战略一旦确定，就要保持相对稳定，因为经常改变企业战略会使员工对企业的发展方向和总体目标产生无所适从的感觉，所以，企业战略的稳定性要便于企业贯彻和执行。同时，由于企业的经营环境不断变化，因此企业战略也必须具有柔性。总之，企业战略的稳定性是一种动态的相对稳定。

(四)抗争性

企业战略是关于企业在激烈的竞争中如何与竞争对手抗衡的行动方案，同时也是针对来自各方面的许多冲击、压力、威胁和困难而迎接这些挑战的行动方案。它与那些不考虑竞争、挑战而单纯为了改善企业现状、增加经济效益、提高管理水平等的行动方案不同。只有与强化企业竞争力量和迎接挑战直接相关、具有战略意义的内容，才能构成企业战略。应当明确，市场如战场，现代的市场总是与激烈的竞争密切相关的。企业战略之所以产生和发展，就是因为企业面临着激烈的竞争和严峻的挑战。企业制定战略就是为了取得优势地位，战胜对手，保证自己的生存和发展。

(五)纲领性

企业战略规定的是企业总体的长远目标、发展方向和重点、前进道路，以及所采取的基本行动方针、重大措施和基本步骤，都是原则性、概括性的规定，具有行动纲领的意义。它必须通过展开、分解和落实等过程，才能变为具体的行动计划。

企业战略的上述特征，决定了企业战略与其他决策方式、计划形式的区别。根据这些特征，我们又可以说，企业战略是企业对具有长远性、全局性、抗争性和纲领性的经营方案的谋划。

(六)整体性

整体性是相对于局部性而言的。企业战略是系统性工程，涉及的领域和内容众多，因此，任何企业战略谋划的问题都具有整体性的特征。

（七）计谋性

相对于常规的管理活动和常规的管理思路而言，任何企业战略都是关于企业问题的计谋。

四、战略与战术、策略的关系

除了战略的概念外，与之相关的还有战术、策略的概念。它们之间既有密切联系，又有明显区别。

一般来说，战略与战术主要是全局与局部的关系。战略是指企业为达到战略目标及达到目标的途径和手段的总体谋划，而战术是指为达到战略目标所采取的具体行动。战略是战术的灵魂，是战术运用的基础；战术的运用要体现既定的战略思想，是战略的深化和细化。从军事方面讲，战略是从整个战争的胜利出发考虑问题，依据敌对双方的军事、政治、经济、地理等因素，照顾战争的全局。为了实现既定的战略目标，就要围绕战略部署制定具体的作战方案，这就是战术问题。战术是指解决局部问题的原则和方法，是有关特定的军事行动的具体方案，考虑的是如何赢得战斗或战役。战术涉及战役的方方面面，包括在战场上布置兵力、选择战斗地形、在恰当的时间使用恰当的武器、保守秘密、刺探敌情、侦察火力、审问俘虏、保障安全等。

战略与策略主要是目的与手段的关系。一般来讲，先有战略，后有策略，策略必须服从和服务于战略。例如，企业为达到某一战略目标，在财务管理、人力资源等方面采取的措施和办法，一般就叫作财务管理策略、人力资源策略。

第二节 战略管理的内涵、特征及其作用与风险

一、战略管理的内涵

战略管理理论的发源地是美国。企业管理经历了生产管理到经营管理，再到战略管理的三个发展阶段。其中，生产管理与早期简单的卖方市场相对应。在简单的卖方市场上，企业生产的产品都能卖出去，企业管理的重点是如何提高生产效率与提高产品质量，尽可能多地生产质量可靠的产品投放市场。这个时候，市场上不存在竞争力量，竞争的作用还没有体现出来。

随着生产厂家的不断增多，市场上的产品越来越丰富，企业生产的品种也越来越多，市场开始由卖方市场转变为买方市场，消费者的力量不断壮大，企业所面临的环境日益复杂，原来的生产手段已不能适应新的情况，企业要考虑的问题已不能仅局限于生产。在这种背景下，企业管理实现了第一次飞跃，即由生产管理向经营管理的转变。企业经营管理突出以市场或消费者的需求为导向，营销、生产、财务、研发、人力资源各职能的作用得到了平衡发展。

经营管理是战略管理的前奏，但并不强调竞争，只是对企业活动中各项职能的一次清楚的分离和规范。企业只要根据市场信息生产出消费者需要的产品，一般都能卖出去，竞争还不激烈，各职能独立行事，相互之间协调性较差。随着经营环境的进一步复杂化，企业所面临的竞争日趋激烈，企业即使生产了消费者所需要的产品，仍有卖不出去的可能。在这种情况下，对业务和经营活动进行重新定位就成为企业发展的必要前提，战略管理思想也就应运而生。

那么，什么是战略管理呢？“战略管理”一词最初是由美国企业家兼学者安索夫在其 1976 年出版的《从战略计划走向战略管理》一书中提出的。1979 年，安索夫又专门写了《战略管理论》一书。他认为，企业战略管理是指将企业的日常业务决策同长期计划决策相结合而形成的一系列经营管理业务。

美国学者斯坦纳在1982年出版的《管理政策与战略》一书中提出，企业战略管理是确立企业使命，根据企业的外部环境和内部环境要素确定企业的组织目标，保证目标的正确落实，并使企业使命最终得以实现的一个动态过程。此后，许多战略研究学者与实业家也提出了不同的见解。

拜亚斯认为，战略管理涉及对有关组织未来方向做出决策和决策的实施，它包括两个方面：战略规划和战略实施。①

格鲁克认为，战略管理是一整套决策和行动，旨在制定和实施有效的战略，有助于完成公司的目标。②

Wheelen 和 Hunger 认为，战略管理是一系列的决定公司长期绩效的管理决策和行动，包括战略的形成、实施、评价和控制。③

企业战略管理是指在企业总体战略形成过程中以及在企业行动时贯彻并落实这些战略的过程中制定的决策和采取的行动。④

戴维认为，战略管理是制定、实施和评价使组织达到其目标的、跨功能决策的艺术与科学。⑤

概括起来，上述观点的共同点在于，战略管理是一个过程，可以大体上划分为两个阶段：一是战略制定；二是战略实施。各学者的观点也可以归纳为两种类型，即广义的战略管理和狭义的战略管理。广义的战略管理是指运用战略管理思想对整个企业进行管理；狭义的战略管理是指对企业战略的制定、实施和控制。

战略管理的关键不是战略而是动态的管理，只有崭新的管理思想和管理方式。这种管理方式的特点是：指导企业全部管理活动的是企业战略，全部管理活动的重点是制定战略和实施战略。而制定战略和实施战略的关键都在于对企业外部环境的变化进行分析，对企业内部的条件和素质进行审核，并以此为前提确定企业的战略目标。战略管理的任务就在于，通过战略制定、战略实施和日常管理，在保持动态平衡的条件下实现企业的战略目标。

由此，可以将战略管理定义为：企业确定其使命，根据其外部环境和其内部条件设定战略目标，为保证目标的正确落实和实现而进行谋划，并依靠其内部能力将这种谋划和决策付诸实施，以及在实施过程中进行控制的一个动态管理过程。

这里有两点需加以说明：第一，战略管理不但涉及战略的制定和规划，而且包含将制定的战略付诸实施的管理，因此是一个全过程和全面的管理；第二，战略管理不是静态的、一次性的管理，而是一种循环的、往复性的动态管理过程。它需要根据外部环境的变化、企业内部条件的改变以及战略执行结果的反馈信息等，而重复进行战略管理过程，是不间断的管理。

二、战略管理的特征

由于以往的企业管理是将企业的活动分成多种职能，如生产、财务、市场营销等，对不同的职能实行不同的管理，因此出现"职能管理"一词。从对企业的"职能管理"走向对企业的"战略管理"是现代企业管理的一次飞跃，是对企业最重要以及最高层次的管理。与传统的职能管理相比，战略管理具有如下特点：

---

① L. L. 拜亚斯. 战略管理(中文版)[M]. 北京：机械工业出版社，1988.
② W. F. Glueck. *Strategic Management and Business Policy*. McGraw-Hill, 1980.
③ T. L. Wheelen and J. D. Hunger. *Strategic Management and Business Policy*. Addison-Wesley, 1983.
④ R. 莫克勒. 战略管理(中文版)[M]. 北京：国际文化出版公司，1998.
⑤ F. R. 戴维. 战略管理(中文版)[M]. 北京：经济科学出版社，2001.

1. 战略管理具有全局性

企业的战略管理是以企业的全局为对象，根据企业总体发展的需要而制定的。它所管理的是企业的总体活动，所追求的是企业的总体效果。虽然这种管理也包括企业的局部活动，但是这些局部活动是作为总体活动的有机组成部分在战略管理中出现的。具体地说，战略管理不是强调企业某一事业部或某一职能部门的重要性，而是通过制定企业的使命、目标和战略来协调企业各部门的活动。在评价和控制的过程中，战略管理重视的不是各个事业部或职能部门的表现，而是它们对实现企业使命、目标、战略的贡献大小，这样也就使战略管理具有综合性和系统性的特点。

2. 战略管理的主体是企业的高层管理人员

由于战略决策涉及企业活动的各个方面，因此需要企业中下层管理者和全体员工的参与和支持，而企业的最高层管理人员介入战略决策是必需且非常重要的。这不仅由于他们能够统观企业全局、了解企业的全面情况，而且更重要的是他们具有对战略实施所需资源进行分配的权利。

3. 战略管理涉及企业大量资源的配置问题

企业的资源包括人力资源、实体财产和资金，或者在企业内部进行调整，或者从企业外部筹集。在任何一种情况下，战略决策都需要在相当长的一段时间内致力于一系列的活动，而实施这些活动需要有足够的资源作为保证。因此，为保证战略目标的实现，这就需要对企业的资源进行统筹规划、合理配置。

4. 战略管理从时间上来说具有长远性

战略管理中的战略决策是对企业未来较长时期(5 年以上)内，就企业如何生存和发展等问题进行统筹规划。虽然这种决策以当前企业的外部环境和内部条件为出发点，并且对企业当前的生产经营活动有指导、限制作用，但是这一切是为了更长远的发展，是长期发展的起步。从这一点来说，战略管理也是面向未来的管理，战略决策要以经理人员所期望或预测将发生的情况为基础。在迅速变化和竞争性的环境中，企业要取得成功，必须顺应未来的变化态势，这就需要企业制订长期性的战略计划。

5. 战略管理需要考虑企业外部环境中的诸多因素

现今的企业都存在于一个开放的系统中，它们影响着企业外部环境中的诸多因素，但通常受这些不能由其自身控制的因素所影响。因此，在未来竞争性的环境中，企业要使自己占据有利地位并取得竞争优势，就必须考虑与其相关的因素，包括竞争者、顾客、资金供给者、政府等外部因素，以使企业的行为适应不断变化中的外部力量，从而能够继续生存下去。

6. 战略管理的活动是计划性与突发性的结合

战略管理是行为的结果，而不是设计的结果。战略一经制定并不是一成不变的，应根据企业外部环境和内部条件的变化适时地加以调整，以适应变化后的环境。

三、战略管理的作用与风险

1. 战略管理的作用

战略管理作为管理学的重要分支，同样具有科学性和艺术性相结合的特点：科学性侧重于如何让人高效地做事，艺术性侧重于如何让人愉快地做事；而战略性则侧重于如何让人有效率地做事。概括起来，战略管理的积极作用有：

(1)有利于企业确立长远的发展方向和奋斗目标，并能在经营中兼顾当前和长远的发展，做到增强后劲、持续成长。

(2)有利于企业明确自己在市场竞争中所处的地位,制定并实施有效的经营战略,提高企业的竞争能力。由于战略管理把所规划的战略付诸实施,而战略的实施又同日常的经营计划控制结合在一起,这就把近期目标(或作业性目标)与长远目标(战略性目标)结合起来,把总体战略目标与局部的战术目标统一起来,因此可以调动各级管理人员参与战略管理的积极性,有利于充分利用企业的各种资源并提升协同效果。

(3)有利于企业在管理思想、管理组织、管理人员、管理方法和管理手段等各方面实现现代化,全面推动企业管理现代化进程。

(4)战略管理有利于增强企业的预见性、主动性,克服企业的短期行为。筹划未来是企业发展战略的基本功能,因此,企业的管理者必须树立战略观念,善于预测未来,思考未来各种可能出现的情况以及对企业发展的影响,制订企业的远景发展计划,使企业在市场变化多端的情况下不打无准备之仗。

(5)战略管理的目的是增强企业对外部环境的适应性,使企业做到可持续发展。企业的生存和发展在很大程度上受其外部环境因素的影响。目前,企业的外部环境既复杂多样又动荡多变,如何在这种外部环境中生存并持续地发展,是战略管理的任务和目的。战略管理促使企业高层管理人员在制定、实施企业战略的各个阶段都要清楚地了解有哪些外部因素影响企业,影响的方向、性质和程度如何,以便及时调整企业现行的战略,适应外部环境的变化,做到以变应变,不断提高企业的适应能力。

2. 战略管理的风险

战略管理有时也会存在风险,主要表现为:

(1)战略确定了企业发展的基本方向和目标。正确的方向是重要的,面对复杂多变的外部环境,如果战略方向不能与外部环境及时保持一致,也会存在潜在的危险。

(2)战略注重集体行动的协调性,但行动的过度集体化将导致产生“团体思维”,失去其他获得成功的可能性。

(3)战略和理论不是现实本身,仅仅是现实在人们头脑中的反应(或抽象)。没有人能触摸或看见战略,这就意味着每一个战略都有可能错误地反映现实或歪曲现实,这就是我们运用战略的代价。

第三节　战略管理的构成

一、战略管理的要素

战略管理由哪些要素组成,目前没有统一的观点。这是因为战略管理涉及的领域广泛,形式多种多样,而且是在不断发展的过程中,所以其庞杂的内容难以简单地归纳与概括。目前大多以美国战略学家安索夫的产品市场战略为核心展开。

1965 年,安索夫在其著作《企业战略论》中把企业战略要素概括为四个方面,即产品与市场范围、增长向量、竞争优势和协同作用。安索夫认为,这四种要素可以产生合力,成为企业共同经营主线。所谓共同经营主线,是指企业目前的产品与市场组合和未来的产品与市场组合之间的关联。

1. 产品与市场范围

产品与市场范围表明企业属于什么特定的行业和领域，以及企业所处行业中产品与市场的地位是否占优势。企业通过分析共同经营主线，可以把握方向，同时也可以正确地运用这条主线，恰当地指导内部管理。

但是，共同经营主线必须表达明确。为了清楚地表达企业的共同经营主线，产品与市场范围常常需要分行业来描述。因为大行业的定义往往过宽，其产品、使命和技术涉及很多方面；经营的内容过于广泛，用它来说明企业的产品与市场范围，企业的共同经营主线仍不明确。分行业是指大行业内具有相同特征的产品、市场、使命和技术的小行业，如饮料行业中的果汁饮料分行业、机械行业中的机床分行业等。企业如果将自己的经营性质定义得过宽，会找不到共同经营主线，也就无法制定合适的战略。例如，一个自称为“交通运输的企业”，它的共同经营主线仍不明确。因此，企业战略管理的第一步是确定企业的产品与市场领域。这里，产品与市场领域不但包括企业现在所从事的事业活动（即企业“正在做什么”），而且包括企业将来的事业活动范围（即企业“应该做什么”），以便于企业具有充足的成长空间。

2. 增长向量

增长向量又可称为成长方向，说明企业从现有产品与市场组合向未来产品与市场组合移动的方向，即企业经营行动的方向，而不涉及企业目前的产品与市场的态势。下面通过表1—1来说明增长向量。

表1—1　　企业增长向量矩阵

产品 使命	现有产品	新产品
现有使命	市场渗透	产品开发
新使命	市场开发	多种经营

（1）市场渗透是通过目前的产品与市场份额增长达到企业成长的目的。

（2）市场开发是为企业产品寻找新的消费群，使企业承担新的使命，以此作为企业成长的方向。

（3）产品开发是创造新的产品，以逐步替代现有产品，从而保持企业成长的态势。

（4）多种经营则独具特色，对于企业来讲，它的产品与使命都是新的。换言之，企业步入了一个新的经营领域。

在前三种选择中，其共同经营主线是明晰和清楚的，或是开发新的市场营销技能，或是开发新产品和新技术。但是，在多种经营中，共同经营主线就显得不够清楚。

应该看到，增长向量指出了企业在一个行业里的方向，而且指出企业计划跨越行业界线的方向，以这种方式描述的共同经营主线是对以产品与市场范围来描述主线的一种补充。

3. 竞争优势

竞争优势是指在特定的产品与市场领域中，企业比竞争对手有优势的特征和条件。它常常表现为企业所拥有的资源与竞争企业相比在数量上或质量上形成的有利差别。例如，企业拥有先进的设备、资金雄厚、技术力量强等，都可以成为企业的竞争优势。一定的竞争优势是企业在特定的产品与市场领域应追求的目标，同时也是企业在竞争中立于不败之地的根本保证之一。发挥竞争优势有三方面的含义：一是正确地认识企业的竞争优势；二是如何培育竞争优势；三是有效地利用企业的竞争优势。为此，企业在制定经营战略时要认真地分析有关的市场环境和竞争状态，从中选择能够发挥竞争优势的产品和市场领域。

4．协同作用

协同作用指明了一种联合作用的效果。协同作用涉及企业与其新产品和市场项目相配合所需要的特征。在管理文献中，协同作用常常被描述为“1＋1＞2”的效果，这意味着企业内各经营单位联合起来所产生的效益要大于各个经营单位各自努力所创造的效益总和。

安索夫又进一步将协同作用划分成：(1)销售协同作用，即企业的各种产品使用共同的销售渠道、仓库等；(2)运行协同作用，即企业内分摊间接费用，分享共同的经验曲线；(3)管理协同作用，即在一个经营单位中运用另一个单位的管理经验与专门技能。当然，如果协同作用使用不当，也会产生负的协同作用，这就是所谓的内耗，产生“1＋1＜2”的结果。

协同作用是衡量企业新产品与市场项目的一种变量。如果企业的共同经营主线是改进型的，该项目则应运用于企业最重要的要素，如销售网络、技术等；如果经营主线是防御型的，该新项目则要提供企业所缺少的关键要素。同时，协同作用在选择多种经营战略时也是一个关键的变量，可以使各种经营形成一种内在的凝聚力。

企业中的协同效应可以表现在多个方面：销售协同效应、生产协同效应、投资协同效应、管理协同效应等。

安索夫认为，这四种战略管理要素是相辅相成、互不排斥的，共同构成了企业战略的内核。产品与市场范围明确了企业寻求获利能力的范围，增长向量明确了这种范围扩展的方向，竞争优势是企业获利能力的保证，协同作用则是企业获利能力实现的“加速器”。图1－1描述了企业战略管理四个构成要素间的关系。企业在制定战略时应当根据产品、技术以及市场营销等方面的类似性，为企业确定一条共同经营主线。

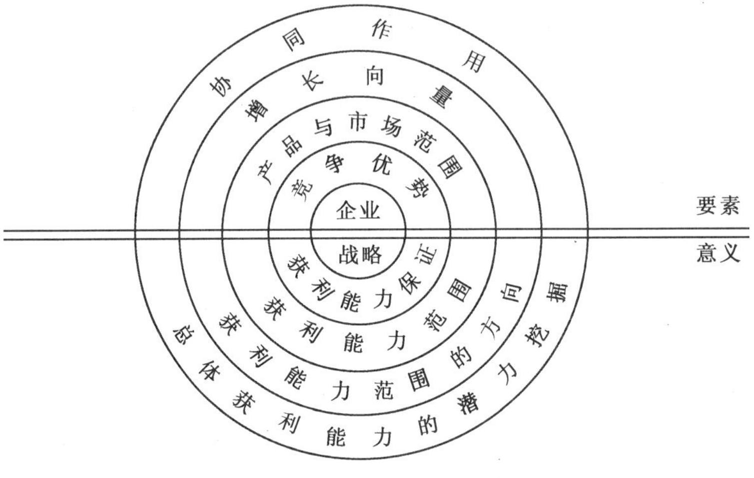

图1－1　战略管理的构成要素

二、战略管理的层次

在典型的现代企业中，企业的战略大体可以分为三个层次：总体战略、经营单位战略、职能战略，如图1－2所示。

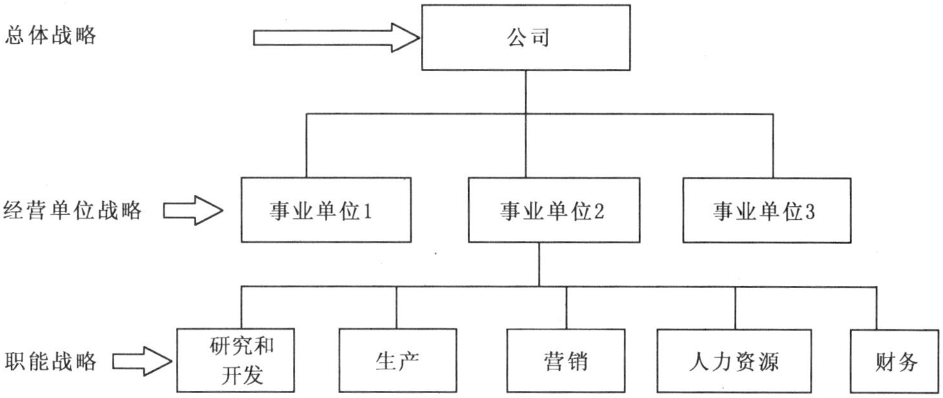

图 1—2　战略管理层次

1. 总体战略

企业总体战略又称公司层战略，是企业战略的总纲，是企业最高管理层指导和控制整个企业的一切行为的最高行动纲领。企业总体战略包括企业战略决策的一系列最基本的因素：企业的宗旨与性质、企业资源与配置、企业组织结构和组织形式、企业从事的行业或业务、企业发展速度与发展规模、企业的投资决策以及其他有关企业命运的重大决策因素。

从战略管理的角度，企业总体战略涉及以下两个重要的问题：

(1)企业在各种不同的活动中应当如何确定资源配置？企业内部某个单位应当得到哪些资源、应当得到多少？企业内部各个部门都在争夺资源，企业战略管理的一个重要任务就是使企业内部的资源与企业经营规模相适应，并取得相应的经营成果。

(2)企业在各种不同的活动中应当如何确定战略管理的范围、组合与重点？一系列的战略问题，如开发新业务的时机与方式如何，确定现有业务是否应当放弃或者扩展，以及进行这种调整的时机与速度如何；每一项战略行动中，基本战略方法的选择是扩张、维持、转向还是收缩，都是企业总体战略所必须解决的问题。

2. 经营单位战略

经营单位战略又称事业部战略，是企业内部各经营单位在企业总体战略指导下经营管理一个特定的经营单位的战略计划。

经营单位战略的重点是改进一个经营单位在它所从事的行业中，或某一特定的细分市场中所提供的产品和服务的竞争地位。经营单位战略涉及企业在自己的经营领域中扮演什么角色，以及在经营单位内如何分配资源的问题。从企业外部看，经营单位战略的目的是使企业在某一特定的经营领域取得较好的成果，寻求竞争优势，划分消费者群体，使自己的产品区别于竞争对手的产品，实现企业的市场定位，使企业的市场经营活动适应环境变化的要求；从企业内部看，经营单位战略是为了对那些影响企业竞争成败的市场因素的变化做出正确的反应，需要协调、统筹和安排企业经营中的生产、销售、财务、研究与开发等业务活动。

总体战略与经营单位战略的区别：前者主要针对那些跨行业多种经营的企业，这些企业对不同的顾客、技术和产品都有不同的战略。对于从事单一行业经营的企业来说，除非它打算转向多种经营，否则它的企业总体战略与经营单位战略是合二为一的。

经营单位战略与总体战略的区别具体可以归纳为以下三点：

(1)总体战略是有关企业全局发展的、整体性和长期性的战略，对整个企业的长期发展产生深远的影响。经营单位战略着眼于企业中有关二级单位(如事业部、子公司)的战略问题,影响某一具体的二级单位、具体的产品和市场,只能在一定程度上影响总体战略的实现。

(2)形成总体战略的主要是企业高层,形成经营单位战略的主要是具体的二级单位的经理。

(3)一个企业在一定时期内只能有一个总体战略。与此同时,它有多少个战略经营单位,就应该有多少个经营单位战略。可见,经营单位战略是在总体战略的指导和制约下管理具体经营单位的计划和行动,为企业整体目标服务的一种局部性的战略。

3. 职能战略

职能战略又称职能层战略,是为贯彻、实施和支持总体战略与经营单位战略而在企业特定的职能管理领域制定的战略。它是企业内主要职能部门的短期战略计划,使职能部门的管理人员可以更加清楚地认识到本职能部门在实施企业总体战略中的责任和要求。职能层战略主要是确定各职能领域中的近期经营目标和经营策略,一般包括生产战略、营销战略、研究和开发战略、财务战略和人事战略。

实际上,企业职能战略是企业经营战略的具体化,使得企业的经营计划更为可靠、充实和完善。

职能战略与总体战略之间的区别主要有以下三个方面:

(1)职能战略用于确定、协调企业的短期活动,期限较短,一般为1年左右。这样,职能部门管理人员可以根据总体战略的要求把注意力集中于当前需要进行的工作,更好地认识本部门当前的经营条件,及时地适应已经变化的条件。

(2)职能战略比总体战略更为具体。总体战略指出的是一般性的战略方向,职能战略则是为负责完成年度目标的管理人员提供的具体指导,同时还能增强职能部门实施战略的能力。由于职能战略在具体性战略中增加了实际内容,明确了职能部门必须完成的工作,因此丰富和完善了总体战略;由于它向企业高层阐明了职能部门准备如何实施总体战略,因此可以增强企业高层实施、控制总体战略的信心;它还可以说明各个职能部门之间相互依赖的战略关系以及潜在的矛盾。

(3)在职权和参与方面,企业高层负责制定长期目标和总体战略;职能部门在总部的授权下负责制定年度目标和职能战略。

在一个企业内部,企业战略的各个层次之间相互配合、相互联系,每一个战略层次都构成其他战略层次得以发挥作用的环境和条件。

战略专栏 1

中国白酒的文化营销

说起水井坊的文化历史,连茅台与五粮液都比不上。1998年,水井坊的遗址被发现。水井坊上起元末明初,历经明清,下至当今,被考古界、史学界、白酒界专家认定为"中国最古老的酒坊"。凭借这一文化历史底蕴,水井坊的品牌具有浓厚的文化魅力。

水井坊的品牌战略定位于中高端白酒品牌,深受许多消费者的喜爱。以水井坊为首的白酒品牌对历史文化的挖掘,开创了中国白酒企业历史文化营销的潮流。在此之后,剑南春的盛唐文化、五粮液的明代文化、西凤的商周文化等,纷纷进入人们的视野。水井坊的元明清文化打造,使得全兴实现了从低端品牌向高端品牌的跨越,并且一度成为中国高端白酒的风向标,现在则被国际奢侈品巨头——帝亚吉欧成功收购,成为进驻伦敦市场的中国高端白酒品牌。

在以金六福为首的对品牌本身文化烙印提炼的潮流下，孔府家酒的儒文化、洋河的蓝色文化、舍得酒的舍得文化、蒙古王的草原文化等纷纷涌现，众多白酒品牌推动了中国白酒文化营销的发展。

启示：企业某个职能战略的成功，可以打造企业某个关键职能方面的竞争优势，从而增强公司的竞争能力。

资料来源：姚小涛，弋亚群. 战略管理[M]. 北京：高等教育出版社，2019：86. 品牌战略定位：https://www.sohu.com/a/246395127_99927911.

第四节　战略管理的过程

战略管理是对一个企业的未来发展方向制定决策和实施这些决策的动态管理过程。一个规范的、全面的战略管理过程可以大体分解为三个阶段，分别是战略分析阶段、战略选择与评价阶段、战略实施与控制阶段（见图1—3）。但在进行战略分析之前，首先要确定或审视企业的使命。

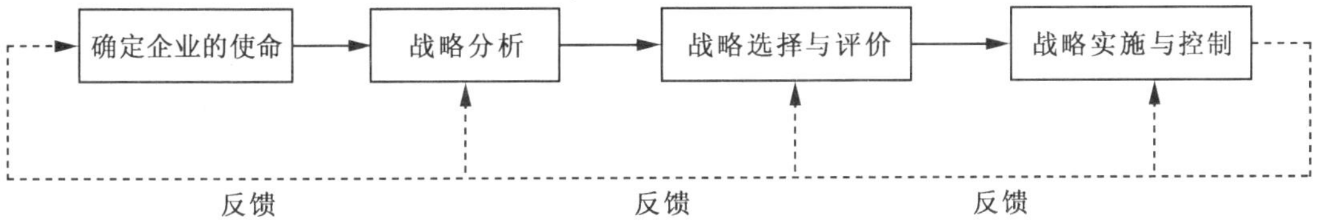

图1—3　战略管理过程

一、战略分析

战略分析指对企业的战略环境进行分析、评价，并预测这些环境未来发展的趋势，以及这些趋势可能对企业造成的影响及影响方向。一般来说，战略分析包括企业的外部环境分析和企业的内部环境或条件分析两部分。企业的外部环境一般包括下列因素或力量：政府—法律因素、经济因素、技术因素、社会因素以及企业所处行业中的竞争状况。企业对外部环境进行分析的目的是适时地寻找和发现有利于企业发展的机会，以及对企业来说存在的威胁，做到"知彼"，以便在制定和选择战略时能够利用外部条件所提供的机会而避开对企业的威胁因素。

企业的内部环境就是企业本身所具备的条件，也就是企业所具备的素质，包括企业的有形资源和无形资源，企业的财务能力、营销能力、生产管理能力、组织效能、核心竞争能力等。企业内部条件分析的目的是发现企业所具备的优势或弱点，以便在制定和实施战略时扬长避短、发挥优势，有效地利用企业自身的各种资源，发挥企业的核心竞争力。

二、战略选择与评价

战略选择与评价过程实质就是战略决策过程，即对战略进行探索、制定以及选择。通常，对于一个跨行业经营的企业来说，它的战略选择应当解决以下两个基本的战略问题：一是企业的经营范围或战略经营领域，即规定企业从事生产经营活动的行业，明确企业的性质和所从事的事业，确定企业以什么样的产品或服务来满足哪一类顾客的需求；二是企业在某一特定经营领域的竞争优势，即确定企业提供的产品或服务，在什么基础上取得超越竞争对手的优势。

一个企业可能会制定达到战略目标的多种战略方案，但既适应外部环境要求，又符合企业内部条件的战略方案可能有限，这就需要对每种方案进行鉴别和评价，以选出适合企业自身的方案。目前，评价战略方案有两个标准：一是战略机会是否充分利用，战略风险是否有效防范；二是战略优势是否充分发挥，战略劣势是否有效规避。多种战略评价方法或战略管理工具可供使用，如波士顿咨询集团的市场增长率—相对市场占有率矩阵法、行业寿命周期法等。这些方法已广泛地在跨行业经营的企业中得到应用。

三、战略实施与控制

一个企业的战略方案确定后必须通过具体化的实际行动，才能实现战略及战略目标。一般来说，可从三个方面推进一个战略的实施：其一是确定企业资源的规划和配置方式，包括公司层和战略经营单位层的资源规划与配置；其二是对企业的组织机构进行构建，以使构造出来的机构能够适应所采取的战略，为战略实施提供一个有利的环境；其三是使领导者的素质及能力与所执行的战略相匹配，即挑选合适的企业高层管理者来贯彻既定的战略方案。

在战略的具体化和实施过程中，企业为了使实施中的战略达到预期目的，实现既定的战略目标，必须对战略的实施进行控制。这就是说，将经过信息反馈的实际成效与预定的战略目标进行比较，若二者有显著的偏差，则应当采取有效的措施进行纠正。当由于原来的分析不周、判断有误，或是环境发生了意想不到的变化而引起偏差时，企业可能会重新审视环境，制定新的战略方案，进行新一轮的战略管理过程。从图1—3中也可以看出，战略管理是一个动态的和循环往复的不间断过程。

四、战略管理的原则

1. 适应性原则

企业战略管理重视企业与环境的互动关系，其目的是使企业能够适应内外部环境的动态变化，细致分析机会与挑战的存在方式和影响程度，以便正确制定恰当的战略或及时修订现行的战略。

2. 全过程管理原则

战略管理要求将战略的制定实施、控制和修订作为一个完整、统一的过程来加以管理，不可忽视其中的任何一个阶段，以确保战略的权威性、一贯性和高效性及整个过程的有效性。

3. 整体最优原则

企业战略管理将企业看作一个不可分割的整体，以整体和全局的观点来管理企业，目的是提高企业整体的优化程度。战略管理不是强调企业某个战略经营单位或某个职能部门的重要性，而是强调通过制定企业的宗旨、目标、战略来协调、统一各部门、各单位的活动，使之形成合力。某个局部最优如果对整体产生不利影响，则需要对局部最优实施调整；反之，整体最优使某个局部受到不利影响，却是可以接受的。

4. 全员参与原则

战略管理既要求有企业高层管理者的英明决策，也要求有企业中下层管理者及全体员工的广泛参与和全力支持。这种全员参与既表现在战略制定过程中高层管理者提出的建议与进行的分析，对战略管理做出的慎重抉择，也表现在实施过程中下层管理者及全体员工的全心全意的投入。

5. 反馈修正原则

企业战略管理关心的是企业长期、稳定的发展。由于在企业经营过程中环境是不断发生变化的，在战略实施过程中，只有不断地跟踪反馈，才能确保企业战略的适应性。从某种意义上说，对现行战略的评价和控制又是新一轮企业战略管理的开始。

第五节 战略管理者与战略性思维

德国著名的军事战略家克劳塞维茨曾说过："在双方军队参战之前，战争的胜负已经可以从双方的战略家身上看出来了。"商业竞争在很大程度上与军事对抗一样。企业战略管理者的好坏对企业战略管理的成败有十分重要的关系。企业战略管理者是企业战略管理的主体，他们是企业内外环境的分析者，是企业战略的制定者，是战略实施的领导者和组织者，是实施过程的控制者和结果的评价者。一般来说，战略管理者包括企业的高层管理者、董事会，各事业部的经理，职能部门的管理者以及专职计划人员。

一、公司战略管理者

1. 公司高层管理者

公司的首席执行官就像船长一样，是公司最重要的战略管理者，也是主要的战略实施者。他的主要责任是确定公司的主要发展方向、主要目标、主要战略。虽然公司的其他高层管理者也有重要的领导责任，但是，领导整个公司制订和执行战略计划的最终责任是由公司的首席执行官承担的。生产、市场营销、财务、人力资源以及其他部门的副总裁也有重要的战略制定和战略实施的责任。一般来说，生产副总裁在生产战略的制定中承担着主要的责任；市场营销副总裁在市场营销战略的制定中承担着主要的责任；财务副总裁则往往负责制定恰当的财务战略。一般来说，首席执行官级别以下的高层管理者也参与提出和确立整个公司战略中的关键要素，参与战略性的策划，同首席执行官紧密合作，寻求一致，达成统一，有效地协调战略的各个侧面。只有在小型的所有者管理的公司中，战略制定和战略实施的任务才会让分配给一个人。

战略专栏 2

美团的生猛与无畏

2017 年 2 月 14 日，美团点评出行事业部在江苏省南京市试点运行打车业务。2018 年 3 月 21 日零点，美团打车正式登陆上海。当天 22 点左右，美团宣布上海首日完成单量突破 15 万单。随着美团和滴滴大战的铺开，对于美团能否成功也引发了热议。

今日资本创始人徐新曾经评价美团首席执行官王兴："他做的很多业务，都不是第一个，却能后来居上，把前人 PK 掉。"无论是起家的团购业务，还是此后的旅行、猫眼、外卖，美团都不是第一个做的，如美团在做外卖时，饿了么已经做得很不错了，而至于在携程头上动土，更是鲜明的对照。

虽然不做第一个吃螃蟹的，但是屡屡吃到更大只的螃蟹。在美团成立8年之际回看王兴和他的美团成长史，人们会发现生猛和无畏是贯穿始终的。美团似乎从不愿意被业界划入既有的条条框框，不是团购网站、不是外卖平台、不是电影票App。统统不是的背后，是无边界即边界，是后来而居上，是战略管理者的能力程度。

启示：公司的领导层具有优秀的战略性思维，常常可以使公司实现飞速的跳跃式发展。

资料来源：李玉刚．战略管理[M]．北京：科学出版社，2019：137－143.

但是，战略制定和战略实施的责任在管理者之间的这种分配并不意味着战略的制定和实施责任就局限在首席执行官、公司副总裁以及小型公司的所有者和企业家身上。公司中的每一个主要的单位、部门、参谋人员、支持小组或者地区分公司，在制订公司的战略计划中，通常都有一个主要的或支持性的角色。而负责组织单元的管理者在上级的指导下通常完成该部门的部分或绝大部分战略的制定工作，并执行做出战略抉择的途径和方法。虽然处于公司组织结构底层的管理者的战略制定和执行的范围明显要窄一些、具体一些，但是，每一个管理者在其所管理的领域中都是一位战略制定者和战略实施者。

为什么说中低层管理者也是战略制定和战略实施队伍中的一员呢？其中的一个原因是：公司的经营在地理上越分散、越多元化，处于公司总部的高层管理者就越难制定和实施所有必要的行动和项目。坐在办公室里的管理者对每一个地理区域和经营运作单元情况的了解都不足以使领导在基层采取每一个行动。高层管理者将一部分战略制定的责任下放给下一层的管理者，下一层的管理者管理公司的下一个层次的组织单元，从而在这一个层次上取得特定和明确的战略结果，这几乎成了一种惯例。把战略责任下放到现场的管理者，让他们担负起在他们的领域中制定战略行动的责任，这种做法实际上建立了一种成败权责制度。如果执行的管理者也是该战略的制定者，那么就很难在没有达到目标的情况下推卸责任或寻找借口。同时，如果对于将执行的战略，实施者本人也参与了制定，那么，他们很可能对该战略有很强的支持意愿，而这一点是有效地执行战略的重要前提。

在多元化的公司中，对不同的业务有不同的战略，通常有四种不同的战略管理者：

(1)首席执行官以及其他的高级层次的经理人员，对于影响整个公司进入所有多元化业务的大战略决策拥有主要的责任和权利。

(2)对某一项特定的业务承担自负盈亏责任的管理者，在他的这个业务单元内拥有主要的领导权。

(3)某一个特定的业务单元内的职能领导和部门领导，对该业务单元的某一部分拥有直接的权力(如制造、市场营销和销售、财务、研究与开发、人事)，他们的职责就是在各自的领域中执行各自的战略，支持整个业务单元的整体战略。

(4)主要经营单位(工厂、销售区域、地区分公司)的管理者，往往承担一种现场责任，在他们的领域中制定“细节”战略，在基层实施和执行整个战略的计划中，由他们承担那部分内容的责任。

但是单一业务公司所需的层次只有三个：业务层次的战略管理者、职能领域层次的管理者、经营运作层次的战略管理者。在大型的单一业务公司中，战略管理者的队伍包括：首席执行官是公司主要的战略家，对战略的制定和执行有着最终的权力；副总裁和部门领导负责公司的重要活动(如研究与开发、生产、市场营销、财务、人力资源等)；各个经营单元的管理者，像各个工厂的管理者、销售部门的管理者、分销中心的管理者以及参谋部门的管理者，负责具体管理公司的业务经营范围。不过，所有权企业、合作企业以及所有者与管理者合一的企业一般只有1—2个战略管理者，因为在小型企业中，对整个战略制定、战略实施职能的执行权利可以掌握在少数几个人的手中。

2. 董事会的战略角色

由于战略制定和实施主要由一些关键的管理者负责，因此公司董事会的战略角色就是对他们进行监督，确保战略有利于股东的利益。公司的经理执行人员对一些重大的战略行动向董事会的成员汇报，把公司的战略计划提交公司的董事会讨论。由于绝大多数的外部董事缺乏特定的行业经验，因此他们对特定公司的了解是有限的。董事会的成员很少对公司的战略问题有详尽的了解，几乎提不出更有吸引力的战略来反对管理部门所提出的战略方案。因此，董事不能或不应该在战略制定或实施上扮演直接的角色。董事会的董事在战略管理中的角色是批判地评价并最终批准战略规划。董事要能够独立地评判管理层的战略提案是否经过了充分的分析，管理层提出的方案是否比其他的方案更能令人满意。董事会成员的另外一个角色是评价高层执行人员制定的战略及实施战略的能力和技能，判断首席执行官的战略管理工作是否做得出色。近年来，在苹果电脑公司、通用汽车公司、IBM、康柏电脑公司、美国捷运公司，它们的董事会都认为高层执行人员对公司战略的调整速度和深度还不够，不足以适应市场的变化。它们对公司的首席执行官施加压力，要求首席执行官退位，起用新的领导，增加公司的活力，从而更新公司的战略。所以，董事会的战略角色是双重的：

(1)不断地审查公司的长期发展方向和战略的合理性。一般来说，给予高层执行人员自由的权利，但是对他们进行监控，提出建设性的批评，时刻准备在必要的时候进行必要的干预。

(2)评价现任首席执行官及其继任者的领导能力。一旦公司的业绩没有达到它应该达到的水平，就应及时进行恰当的人事变动。这样，董事会的监督作用就得到了充分的发挥。

董事会所包括的成员在参与战略管理的程度上存在着很大的差异，表1—2是根据参与程度所进行的分类。其中，挂名型、无主见型董事对企业战略管理的发展是不利的。

表1—2　　董事会在战略管理中的参与程度

挂名型	无主见型	低度参与型	中度参与型	积极参与型	促进型
从来不知道应该做什么，对战略毫不关心	听任管理人员做出一切决策；只负责对管理人员提出的建议进行审查	只是从形式上对部分企业高层管理者的建议进行审查	有限地参与有关管理方面的决策，或者有选择地评审关键性战略决策或行动方案	对企业的使命、战略、政策和目标提出最后抉择；通过各种委员会进行年度的管理审计	在建立和修改企业使命、目标、战略和政策中起领导作用，并设有一个非常积极负责的战略委员会

参与战略管理的程序

低←————————————————————→高

被动、消极的　　　　　　　　　　　　主动、积极的

3. 专职计划人员

企业高层管理人员当无法应付过于繁重的战略制定工作的时候，通常将其中的一部分工作交给一个由高层管理人员组成的计划委员会或由一名副总经理负责的专门的战略计划或规划部门。这种专职计划人员主要负责收集和分析各种数据，提出和评价各种可执行的战略选择。一般来说，专职计划人员和专门的计划组织在大型企业中才有，其人数在1—50人之间。专职计划人员的职责是帮助高层管理者制定企业的目标和战略，并审查事业部的计划，协调各

个事业部门的计划，帮助高层管理者设计企业的战略管理系统，准备企业计划手册，为各事业部提供环境分析结果，并对它们的计划活动给予指导，就诸如并购、事业部或产品线的出让等企业重大问题为高层管理者提供企业的整体规划，对高层管理者所关心的专项问题进行研究等。正因为专职计划人员可以在战略制定过程中起着如此重要的作用，所以在某些企业中他们实际决定着企业的未来。这些影响力来源于他们在战略管理方面掌握的知识和技术，来源于他们对战略决策所需信息的控制和掌握。然而，这种角色定位也常常使他们与一线管理者之间出现矛盾。

二、战略性思维

战略管理者必须具备战略性思维，只有这样，战略管理者才能在错综复杂的环境中把握方向，发展和壮大企业。所谓战略性思维，是指管理者能站在公司总体战略设想的高度来制定决策和实施管理，灵活应付多变的市场环境，给企业带来预期的效益。

战略性思维的内容主要有以下几点：

1. 超前意识

这就要求战略管理者思想敏锐、目光远大，能先人一步地预见到事物的发展变化，提早做出决策并付诸行动。

2. 长远意识

战略管理者要集中大部分的时间和精力思考未来几年或更长时间的事情，考虑企业的发展方向和定位。虽然对未来长远发展情况的预测很困难，但绝不能只顾眼前而忽视长远。

3. 全局观念

战略管理者心中必须时刻装着企业全局，思考企业整体的利益。企业是一个系统，内含若干子系统，在子系统与系统之间以及各子系统相互之间必然会出现矛盾。在战略管理过程中，要按照全局意识来处理这些矛盾，协调各方关系，实现整体优化。这里还包括处理好企业与外部环境之间的关系，企业既受环境影响，又影响环境。处理好这些关系，也是维护企业总体利益的需要。

4. 权变意识

战略管理既是一门科学，又是一门艺术，这应成为管理者的共识。在战略规划和实施中，一切都要从实际出发，发挥各自的创造性，机动、灵活地处理问题。即使是管理者本人或所在企业过去的成功经验，也不一定适合于当前或未来的新情况，需要重新审定。

5. 创新意识

创新就是敢于求新、求异或标新立异，绝不墨守成规或随大流。战略管理者必须富有创新意识，面对竞争对手，出其不意，以新、以变取胜，形成自己的特色。

6. 人本意识

战略管理者要树立牢固的群众观点，充分发挥广大员工的积极性和创造性，让他们参与讨论、制定和实施企业战略，这样才能保证企业战略取得良好的效果。

战略管理者要树立并善于运用战略性思维，随时随地地用它来指导自己的工作，思考有关企业战略的问题。因为战略的形成是一个渐进的过程，所以战略性思维是经常起作用的，并逐步形成适合本企业的战略思维模式。

战略专栏 3

俞敏洪打造新东方教育生态圈

新东方创立于1993年，是中国内地第一家在美国上市的教育机构，目前在全国50多座城市设立了多所学校、多家书店以及多家学习中心。新东方的发展壮大一直都行进在创业之路上。20多年前，俞敏洪等人创办了北京新东方学校。随后各地新东方学校的创办几乎"照搬"北京新东方学校的模式。新东方前执行总裁陈向东当年带着30万元前往武汉创办武汉新东方学校；现任执行董事兼高级副总裁周成刚，当年也是提着30万元前往上海创办上海新东方学校……给你30万元，选择一个地方创办新东方学校，几乎成为新东方学校发展的范本，也是高管成长的模式。新东方属于名副其实的"创业企业"，创业基因根深蒂固。

加之，新东方旗下的学习课程不胜枚举，各类学习课程都经历了从无到有的过程，这个过程类似于创业项目的孵化，在新东方内部基本形成了"谁出主意谁执行"的"孵化模式"，脱颖而出的执行人也便跻身高管的行列。新东方的"孵化体制"实质上培养了一批持有创业项目的管理者。这些项目即便离开新东方，"投放"到培训教育市场上，无论是教学产品的生命力还是创办人的知名度都会产生巨大的市场效应。或许是因为以上两个方面的共同作用，新东方高管离职创业早已成为一种常态。例如，早年间离职的胡敏、江博先后创办了新航道、江博激情英语；晚些时候离职的徐小平、王强一起创办了真格基金；前些时候离职的刘畅、韦晓亮，相继创办了一起作业网、智课网……

面对此情此景，俞敏洪内心非常纠结。他逐步意识到，与其不断地流失人才，给自己塑造竞争对手，不如通过内部创业放手让这些高管实现自己的创业理想。于是，2013年12月，新东方注资3 000万元成立北京点石经纬科技有限公司，致力于打造以互联网及移动互联网产品为核心的第三方用户平台。同月，新东方还成立了另一家移动互联网公司——乐词。两家公司均由新东方高管出任CEO。俞敏洪要求两家公司都以市场化的方式"独立"运作，"约法三章"具有独立的决策权和执行权，财务和业绩独立考核。点石经纬和乐词成为新东方打造教育生态系统的第一批项目。在新东方新的创业机制的鼓励下，未来会有一批新东方管理者、优秀教师或在内部创业实现项目孵化，或从母体脱离在外部创立各类教育公司，所有这些公司都将由新东方控股或参股。2015年6月9日，俞敏洪在新东方2015财年工作部署大会上提出把新东方变成一个能为所有愿意在新东方创业的人提供机会的平台公司的设想，并推出以创投为核心的"新东方教育生态圈打造计划"。根据该计划，新东方将开始运用资本优势创投或并购业内优秀的公司，不管是移动App，还是平台公司，乃至内容公司，新东方都计划以持股或者控股的方式进行，以期在整个中国建立一个崭新的教育生态系统。对于之前离职的新东方人所创办的各类教育公司，俞敏洪也明确表示，在适当的时候，愿意通过投资、注资、收购等方式将其纳入新东方的教育生态圈。未来的国内培训教育市场或许不用等太久，将会出现真正的"新东方系"。截至2018年5月，新东方已在国内75个城市开办学校87所，设立超过100个教学点，累计面授学员2 000万人，成为国内最大的民办教育集团之一。

资料来源：徐大勇．企业战略管理[M]．北京：清华大学出版社，2019：277—278.

第六节　战略管理历程与流派

战略管理的实践和研究兴起于20世纪60年代。50多年来，名家辈出，学派纷纭，但通常分为三大阶段十大学派。

一、第一阶段：以理性主义为特征，主要致力于战略的制定

这个阶段主要有设计学派、计划学派以及定位学派。

（一）设计学派

设计学派认为，战略是对公司实力和机会的匹配，是领导者有意识的但非正式的构想过程。该学派建立了著名的SWOT(Strength, Weakness, Opportunity and Threat)模型。该模型考察了企业面临的威胁和机会（外部评价）以及企业本身的优势和劣势（内部评价），充分体现了组织内外部关系对制定战略的重要性。但设计学派将战略管理静态地划分为战略形成和战略实施两个阶段，割裂了它们之间的动态联系。

（二）计划学派

与设计学派相似，计划学派也把市场环境、定位和内部资源能力视为制定战略的出发点。但计划学派认为企业战略的制定过程应该是一个正规化、条理化的计划过程，不应该只停留在经验和概念的水平上。比如，企业应采用什么方法评价自己和外部环境，以保证对SWOT的分析是客观的；哪些优势、劣势、机会和威胁对企业最具有战略意义等。基于这样的理念，计划学派引进了许多有关数学、决策科学的方法，提出了许多复杂的战略计划模型。

（三）定位学派

定位学派的创始人是哈佛大学商学院的迈克尔·波特教授。他提出，企业战略的核心是获得竞争优势，而竞争优势取决于企业所处行业的赢利能力，即行业吸引力和企业在行业中的相对竞争地位。因此，战略管理的首要任务就是选择最有赢利潜力的行业，其次还要考虑如何在已经选定的行业中自我定位。

定位学派将战略分析的重点第一次由企业转向行业，强调了企业的外部环境，尤其是行业特点和结构因素对企业投资收益率的影响，并提供了诸如五种竞争力模型（供应商、购买者、当前竞争对手、替代产品厂商和行业潜在进入者）、行业吸引力矩阵、价值链分析等一系列分析方法，帮助企业选择行业并制定符合行业特点的竞争战略。

虽然这三大战略管理流派的形成和发展做出了奠基性的贡献，但是也存在相应的缺陷。设计学派注重机会分析，认为在同行业中竞争的大多数企业一般控制着基本相同的资源和实施基本相同的战略，一般管理技术是一种可以任意转移的能力，却忽略了对内部条件，包括组织结构、管理机制和企业文化等的分析。计划学派过分强调理性思维、数量方法和精密模型的运用，忽略了战略思维的非理性方面以及环境变化对企业的影响。定位学派更是将企业的成败归结为企业外部的行业因素，过分依赖对行业的选择，相对忽略了企业的内部因素，尤其是企业的内部资源、核心竞争力对企业战略选择的影响。

在这些思潮的直接影响下，美国在20世纪60至80年代出现了以购并为主的多元化发展浪潮，但结果并不理想，有人认为对此应负责任的正是这些学派。

二、第二阶段：强调非理性因素，注重对战略制定过程中行为因素的研究

企业家学派、认识学派、学习学派、权力学派、文化学派、环境学派六大学派都属于这个

阶段。

(一)企业家学派

企业家学派认为,具有战略洞察力的企业家是企业成功的关键。许多成功企业没有系统的、成文的战略,但它们同样经营得很好,这与管理者对企业基本价值以及存在原因的信念是息息相关的。企业家学派的最大特征在于强调领导的积极性和战略直觉的重要性。它一方面将战略制定归功于个人直觉,另一方面认为不存在规范的战略制定过程。能使一个企业在某个环境中获得成功的领导,并不一定在另一个企业和另一个环境中也能取得同样的成功。如果一个企业经营遇到困难,最好的办法就是换一个新的具有直觉力的领导。

企业家学派比较适用于新建企业和处于转型时期的企业,因为在这两种情况下,格外需要强有力的和具有敏锐直觉的领导者来决定企业的方向和活动范围。

(二)认识学派

了解认识学派研究结果的意义在于,认识学派探讨了认识过程和认识特征对战略形成的作用。它提出,战略实质上是一种直觉和概念,战略的制定过程实质上是战略者的认识过程;由于战略者所处的环境是复杂的,这种复杂性限制了他们的认识能力;更何况面对大量真假难辨的信息和有限的时间,战略过程也可能被歪曲。由于战略很大程度上依赖于个人的认识,所以不同的战略者在战略风格上的差异会很大。

(三)学习学派

认识学派的研究告诉我们,设计学派、计划学派和定位学派研究的静态战略制定过程不适用于实际战略制定所处的复杂、变化的环境。但是,如果战略者们不依靠静态的程序和方法,除了依靠直觉,他们如何制定战略呢?学习学派的回答是:通过学习过程!战略的形成与发展就是思想和行动、控制和学习、稳定与改变相结合的艺术性过程。由于战略具有过程导向,在此过程中不仅单个的领导需要学习,作为整个领导系统都必须学习;领导的作用不再是预先决定战略,而是组织战略学习的过程。高层管理人员特别要关注战略学习过程中的有关人员,推动学习的组织结构和体系,准备对可能出现的战略做出承认、修改和引导。

(四)权力学派

权力学派认为整个战略制定的过程实际上是各种正式和非正式的利益团体运用权力以及施加影响和不断谈判的过程。对战略制定发生作用的不再是某个人,如设计学派中的企业主管、计划学派中的计划者、定位学派中的分析家和企业学派中的企业家,而是一群人。这一群人利用自己的权势既争权夺势又妥协合作,使得战略制定过程成为谈判和讨价还价的过程,这时组织的活动不再受某一共同利益的驱使,而是受一些局部利益的驱使。在这种情况下,总是存在对战略认识的争议。不存在共同认可的战略意图,就很难形成统一的战略和对战略的执行活动。

(五)文化学派

文化学派将战略制定视为观念形态的形成和维持过程。由于日本企业经营的成功,对文化特别是企业文化的研究在 20 世纪 80 年代形成了一个高潮。文化学派认为,战略制定过程是集体行为的过程,建立在由组织成员共同拥有的信仰和价值观之上;战略采取了观念的形式,以组织成员的意愿为基础,表现为有意识的行为方式;由于存在共同的信仰,组织内的协调和控制基本上是规范的;战略的变化不会超出或违背企业的总体战略观点和现存文化。

(六)环境学派

与以上五个学派相比,环境学派没有将战略的制定归结为组织内部的某个成分,而是将注意力转移到组织外部,重点研究组织所处外部环境对战略制定的影响。在他们的研究中,组织和领导成为被动成分,战略源于组织受环境影响的被动反应。组织必须适应环境,并在适应环境的过程中寻找自己生存和发展的位置。他们认为,事实上并不存在组织内部的战略者,也不存在任何内部的战略过程和战略领导;环境迫使组织进入特定的生态位置,从而影响战略,拒绝适应环境的企业终将灭亡。

以上六个学派从非理性的角度完善了对企业战略的认识,真实地描绘了种种现实因素对战略制定的影响力量。但由于各执一端,过于分散,因此许多战略管理学者们都试图将以上各个流派的观点兼收并蓄,从多个方面而不是一个方面反映企业战略的本质特性。于是,进入了下一个阶段,出现了一个新的学派——结构学派。

三、第三阶段:综合阶段

此阶段主要有结构学派。

结构学派的一大特点是融合了其他学派的观点。结构学派认为,组织在大多数情况下可以被描述成某种稳定的结构,在特定的时期内采用特定的结构形式与特殊的内容相配,导致组织出现特殊的行为,从而产生一套特殊战略。这种稳定状态偶尔会被打破,组织跃迁到另一种结构,这种结构的交替表现出某种规律,就成为组织的生命周期。战略管理的关键就是稳定,当需要转变的时候,在不破坏组织的前提下管理这个混乱的转变过程。

总之,在多年来战略管理的实践基础上,战略管理的理论逐步由静态转为动态,由战略制定与实施相分离转为相结合,由单一转向综合。面对技术创新加剧、竞争日益激烈、顾客需求多样化、网络对社会生活方式以及商业活动的巨大冲击,可以预言,战略管理理论必将面临新的挑战。不同阶段不同战略管理学派的本质区别见表1—3。

表1—3　　不同战略管理学派的本质区别

战略学派	对战略形成的看法
设计学派	看作一个资源和能力匹配的过程
计划学派	看作一个严谨的程式化过程
定位学派	看作一个选择可行性方案的过程
企业家学派	看作一个领导人能力体现的过程
认识学派	看作一个对行业知识和经验升华的过程
学习学派	看作一个学习以适应环境变化的过程
权力学派	看作一个组织内部权力制衡的过程
文化学派	看作一个集体思维的过程
环境学派	看作一个组织被动适应环境的过程
结构学派	看作一个管理组织变革的过程

第七节　中国企业的战略管理问题

战略管理学科从20世纪80年代开始引入我国,至今已有30多年的历史。

我国企业战略管理实践的历史不长。改革开放前,企业的战略决策由政府主管部门决定,企业按照政府的要求进行生产。自改革开放到1992年,企业经历了两轮承包,企业自主权虽然开始扩大,但是直到1992年国家颁布《工业企业转换经营机制条例》后,国有企业才开始拥有14项经营权,一些企业才有了制定发展战略的权利。

一、中国企业家战略思想的来源

由于中国企业在市场经济环境下实施战略管理的时间还不长,而且许多战略决策者并没有系统地接受过战略理论知识的学习或培训,尤其是未能掌握以美国理论为主流的现代战略框架体系,因此以西方规范的战略管理理论为参照系,对中国企业的战略管理进行评价,就会发现其存在着许多不足之处。

尽管中国许多企业家没有按照西方的理论框架体系进行思考,但并不能说明中国的企业家就没有战略性思维,没有对企业发展做战略思考。当然我国的企业家对企业经营战略没有西方规范,这是不言而喻的。

由于没有接受过正规的战略管理理论的学习和培训,因此我国企业家形成的战略性思维主要来源于我国历史上的战略家的思想和经典著作,如来自诸葛亮、孙武、姜子牙、曹操、毛泽东等战略家的战略思想,或者来源于《孙子兵法》《三国演义》等体现了古代军事战略思想的经典著作。这些思想经过历史积淀已经渗透到我们的文化中,并成为中国企业战略性思维的源泉。近现代的一些较为正统的思想,如毛泽东的军事理论、马克思的辩证唯物主义等,我们接受的这些正统教育也实际上影响着我们对战略的思考。当然,由于这些理论和方法是直接用来处理企业战略问题的,因此现实中的战略思考就显得混乱、多样。

二、中国企业实施战略管理的背景

由于中国长期处于封建社会,工业和商业欠发达,经营战略缺乏经典例证。只是在近代民族资本主义时期,企业经营战略实践一度活跃,一批民族实业家,如张謇、穆藕初、范旭东、卢作孚、陈嘉庚在“实业救国”的大旗下,成功地应用战略来指导企业的发展。1949—1983年,中国的企业国有化,使企业的战略在中国一度缺失。由于受计划经济的影响,企业不需要战略,因此企业的发展是由上级主管部门决定的。企业产品包产包销,基本不存在竞争。后来,随着改革开放与企业产权制度改革,一些现代企业出现,战略管理逐步在企业中兴起。但是即便如此,当前我国还是处于由计划经济向市场经济、由农业经济向工业经济的转换过程中,影响企业的因素和规律与西方企业所面对的问题本身存在差异,这就导致我们用西方的正统战略理论去解释中国的企业管理现象可能不完全科学,完全用西方的战略管理理论来制定、实施企业发展战略也可能是不科学的。

三、中国企业的战略管理容易出现的误区

据中国发展战略学研究会战略管理咨询中心调查,许多企业管理者对开展战略管理的成效有不同的意见,比如对“您觉得战略管理很有用吗?”一问,肯定的回答不到50%,有34%的被访者认为已经实施的战略管理效果一般,6%的被访者认为效果不好或极差。国际咨询业巨子——摩立特集团中国公司总裁斯丹凝指出:“中国企业在制定企业战略时倾向于制定一种关于未来发展的愿景,而没有具体的实施方案。有一些中国企业的战略方案非常空洞。关于具

体应该怎么做？这些意味着什么？对公司的影响是什么？方案里没有这方面的深层次的研究。”①

近年来，尽管中国企业在战略管理方面取得了巨大成就，但中国企业的战略目前还存在种种缺陷，主要表现在：

1. 对战略的本质含义不清楚

在我国，许多企业经营人员把战略与企业经营效率混为一谈，重视降低运营成本、提高运营效率，但缺乏对企业的准确定位。战略的本质按照波特的说法就是给企业一个非常独特的、有竞争力的定位。近年来，西方流行的一些新管理方法很快就传到中国，如全面质量管理、企业流程再造、收益管理、战略联盟等。但这些先进的管理方法并不能解决企业的本质问题，即如何在市场上建立独特的、具有持久竞争优势的市场地位。

2. 重战术，轻战略

中国的市场上充斥着价格战、广告战、形象战、公关战、品牌战、概念战以及文化战，重短期炒作，轻长期计划；重一时的竞争优势，轻持久的竞争优势。

3. 战略趋同

战略成功的关键就在于差异，最大的忌讳就是趋同。战略的制定一定要遵循孙冶方先生强调的“求异存同”原则。而中国企业最常见的错误就是战略趋同。在产品与行业选择上，一看见别的企业发了财就蜂拥跟进，导致一个行业迅速饱和并走向衰落，如20世纪VCD行业就是如此。再比如，长虹通过规模获得了成本优势，在1996年的价格战获得巨大成功之后，许多企业迷信规模经济，盲目扩大规模，使彩电行业很快出现大面积亏损。

4. 内容空洞

许多企业有文字表述十分完善的战略，但这些战略往往十分空洞，缺乏可操作性。最典型的是战略由许多响亮的口号构成，却没有实质性的实施计划。有些战略则作为一种装饰或仅在招商引资时用，根本就不想实施。

5. 战略制定者浮躁

中国企业战略最可怕的还是战略制定者的浮躁。许多企业很不客观地把自己企业的发展目标与世界500强联系起来。当亚细亚在郑州成功后，王遂舟听说“八佰伴”宣布到2000年要在中国开设1 000家连锁店，马上沉不住气，要亚细亚成为郑州第一、河南第一与中国第一，并提出：“世界有多大，市场有多大；55亿人，都是我们的客！”②三株的吴炳新也号称要成为“中国第一纳税人”，被这种虚妄的目标所驱动，盲目扩张，最后终于崩溃。因此，中国企业家的战略决策要从感性走向理性还有很长的路要走。

四、21世纪中国企业的战略管理的应对措施

当前，除我国处于特殊的历史发展阶段外，世界经济环境也发生了复杂的变化。信息化、经济全球化、知识资源化、管理人本化等，对中国企业的战略管理更加提出了挑战，在这一历史时刻，我国企业界应积极采取措施，加强战略管理意识。

(1)结合中华文化的精髓，领悟西方战略管理思想，如战略意图、核心能力、共同愿景、系统思考等，提高企业家的素养。

---

① 张文晖．解读中国企业战略[N]．中国信息报，2002-08-03.

② 陈松雨．剖析“亚细亚”——亚细亚商贸集团兴衰实录[M]．北京：北京大学出版社，1998.

(2)学习西方战略分析的定量方法,提高分析能力,如SWOT分析、产业竞争结构分析、增长—份额矩阵分析等,以及设计学派和计划学派给出的战略制定的框架。

(3)与高校结合,培养既懂西方先进管理理论又了解中国企业实际的管理人才,积极将理论运用于实践,研究和解决问题。

(4)发展专业的战略管理咨询公司。

我国战略管理理论研究目前尚处于引进和传播西方先进的管理理论和方法的阶段,并开始运用西方管理理论研究中国问题,理论上基本没有创新。引进、传播和运用是必要的,也是必须经过的阶段。走过这一阶段,我们必然会在中国企业实践中产生自己的理论。但在改革开放的实践中,中国的企业和企业家在极其复杂的转型经济条件下和经济信息化、全球化的浪潮中奋力拼搏,积累了不少宝贵经验,也有着不少发人深省的教训。但是,理论总是落后于实践,我国管理理论界还未能把我国企业战略管理实践的经验和教训系统地总结并上升到新的理论高度,这正是当前和今后我国企业界和理论界应积极面对的事。

本章小结

(1)战略是一个广泛应用于军事、经济、政治、商业和管理等领域的重要概念。战略在军事中的含义是指指导战争全局的计划和策略。

(2)企业战略是企业在激烈的市场竞争环境中,在充分了解企业内外所面临的一系列复杂环境,并根据环境在科学地预测未来的基础上,为谋求生存和发展而做出的长远的、全局性的谋划或方案。它是企业的经营思想的体现,是一系列战略性决策的结果,还是企业制订中长期计划的依据。

(3)企业战略具有长远性、全局性、稳定性、抗争性、纲领性、整体性和计谋性等特征。

(4)战略与战术、策略之间既有密切联系,又有明显区别。战略与战术主要是全局与局部的关系,战略与策略主要是目的与手段的关系。

(5)战略管理可定义为:企业确定其使命,根据其外部环境和内部条件设定战略目标,为保证目标的正确落实和实现而进行谋划,并依靠其内部能力将这种谋划和决策付诸实施,以及在实施过程中进行控制的一个动态管理过程。

(6)战略管理具有全局性。战略管理的主体是企业的高层管理人员。战略管理涉及企业大量资源的配置问题。战略管理从时间上来说具有长远性。战略管理需要考虑企业外部环境中的诸多因素。

(7)按照安索夫的观点,战略管理的构成要素包括产品与市场范围、增长向量、竞争优势和协同作用。

(8)企业的战略大体可以分为三个层次:总体战略、经营单位战略、职能战略。

(9)战略管理过程可大体分解为三个阶段,分别是战略分析阶段、战略选择与评价阶段、战略实施与控制阶段。但在进行战略分析之前,首先要确立或审视企业的使命。

(10)战略管理者必须具备战略性思维,只有这样,战略管理者才能在错综复杂的环境中把握方向,发展和壮大企业。战略管理者应该具有超前意识、长远意识、全局观念、权变意识、创新意识、人本意识。

(11)战略管理的实践和研究兴起于20世纪60年代。50多年来,名家辈出,学派纷纭,但通常分为三大阶段十大学派。十大学派包括设计学派、计划学派、定位学派、企业家学派、认识学派、学习学派、权力学派、文化学派、环境学派、结构学派。

(12)中国企业的战略管理容易出现对战略的本质含义不清楚、重战术轻战略、战略趋同、内容空洞、战略制定者浮躁的误区。

复习思考题

(1)战略管理的含义是什么?

(2)战略管理包括哪几个层次?

(3)战略管理的一般过程是什么?

(4)战略性思维与战略管理有什么关系?

(5)战略管理的各主要流派之间的区别是什么?

(6)我国企业战略管理容易出现哪些误区?为什么?

本章案例

京东方的战略发展历程

京东方科技集团股份有限公司创立于1993年4月,是半导体显示领域全球领先企业,也是一家为信息交互和人类健康提供智慧端口产品和专业服务的物联网公司。核心事业包括显示和传感器件、智慧系统、健康服务。显示和传感器件产品广泛应用于手机、平板电脑、笔记本电脑、显示器、电视、车载设备、可穿戴设备等领域;智慧系统为新零售、车载设备、金融、教育、艺术等细分行业领域提供物联网的整体解决方案;健康服务事业与医学、生命科技相结合,发展移动健康、数字医院、再生医学,整合健康园区资源。

这是一组亮丽的数字,根据行业咨询机构IHS的数据,2017年京东方液晶显示屏出货数量约占全球的25%,总出货量居全球第一。2018年第一季度,京东方智能手机液晶显示屏、平板电脑显示屏、笔记本电脑显示屏、显示器显示屏出货量居全球第一,电视显示屏出货量居全球第二。

1. 转型创业,发展主营(1993—2002年)

1993年4月9日,京东方(公司全称为北京东方电子集团股份有限公司)创立。创始人王东升出任董事长兼CEO,带领京东方开启了市场化、专业化、国际化的创业征程。1997年,京东方在深圳交易所B股上市。上市后,京东方明确提出以高技术产业为主,专注半导体显示产业的战略抉择,积极实施两个战略性转变(以合资为主转向以发展主营事业为主,以电子零部件为主转向以发展显示业务为主),开始战略布局与技术积累。

(1)转型创业,涅槃重生(1993—1997年)

1993年,北京电子管厂的2 600多名员工在时任厂长王东升的带领下,自筹650万元种子基金,创立了北京东方电子集团股份有限公司。创业初期,京东方组建了发展、调整、稳定三支团队,开展企业再造工程:通过中外合资,盘活存量,解决吃饭问题;停掉没有边际收益的产品;为待岗人员再就业和离退人员提供专业服务,保障团队稳定。企业再造工程使京东方结束了之前连续7年的亏损,当年就实现了6 000多万元的盈利。

通过开展国际合作、中外合资、盘活存量,京东方调整产品结构,利用原有的技术、经验和优势,相继与日本旭硝子株式会社、日本丸红株式会社、日本共荣商事株式会社合资成立北京旭硝子电子玻璃有限公司,与日本日伸工业株式会社合资成立北京日伸电子精密部件有限公司,与日本端子株式会社合资成立北京日端电子有限公司,发展与CRT配套的精密零件与材料业务。

(2)战略前瞻,发展主营(1998—2002年)

技术替代是工业发展的必然规律。想要做好一个行业,一定要主动参与技术变化的过程,且必须自主掌握核心技术。提前洞察行业发展方向的京东方不断地寻求掌握自主技术进入TFT-LCD行业的路径。经过对产业发展方向的判断,1998年,京东方明确提出了“进军液晶显示领域”的战略抉择,并开始战略布局与技术积累。

2001年,京东方收购了韩国现代的STN-LCD和OLED业务,进入移动显示产业领域,也为与韩国现代在TFT-LCD上的继续合作创造了条件,为经营海外业务进行了宝贵的先期探索。同年,京东方成立

AMOLED 技术实验室，开始新型显示技术的跟踪与研究。

2. 突破“瓶颈”，迈向领先（2003—2012 年）

2003 年至 2012 年，是京东方高速发展的关键十年，也是引领中国半导体显示产业突飞猛进的十年。

作为中国大陆液晶显示产业的先行者和领导者，京东方投建了中国大陆首条自主技术建设的第 5 代 TFT-LCD 生产线、第 6 代 TFT-LCD 生产线、第 8.5 代 TFT-LCD 生产线，结束了中国大陆“无自主液晶显示屏时代”，打破了中国大陆消费电子产业及平板显示产业被扼住咽喉的困局，真正实现了中国全系列液晶屏的国产化。

（1）突破“瓶颈”，生根发芽（2003—2007 年）

2003 年，京东方通过海外收购进入显示产业后就定下了“成为显示领域世界领先企业”的目标，同时制定了未来 25 年的战略发展规划，将迈向世界领先的过程划分为进入者、追赶者、挑战者、领先者、领导者五个阶段，分别确定战略目标，实施“扎根战略、钢剑战略、铁剑战略、木剑战略、无剑战略”等相应的战略措施。

2003 年，京东方在北京建设了中国大陆首条依靠自主技术的第 5 代 TFT-LCD 生产线，结束了中国大陆“无自主液晶显示屏时代”。2005 年，北京 5 代线实现量产。与此同时，京东方积极布局终端显示器及背光源等上下游业务，整合产业配套，拉动国内产业链稳步发展。

（2）逆势而上，迈向领先（2008—2012 年）

2008 年，全球性经济危机到来，显示产业进入市场低谷期。面对巨大的挑战，京东方勇敢地提出了“化市场低谷为企业成长机会”战略，抓住机遇，逆市投资。

2009 年 4 月，投建国内首条第 6 代 TFT-LCD 生产线——京东方合肥第 6 代 TFT-LCD 生产线，结束了中国大陆的“无液晶电视屏时代”。

2012 年 5 月，投建合肥第 8.5 代 TFT-LCD 生产线，前瞻布局氧化物 TFT-LCD 高端显示。

短短近十年，在京东方的积极推动与努力下，中国大陆显示产业从无到有，从有到大，从大到强，如今已成为全球显示产业举足轻重的一极，使全球显示产业由原来的日本、韩国、中国台湾三足鼎立格局转变成韩国、中国大陆、中国台湾、日本共执牛耳的新格局。

3. 实现领先，创见未来（2013 年至今）

历经近十年的高速发展，京东方已提前实现昔日定下的目标——“成为显示领域世界领先企业”，产业规模、技术实力、市场份额、盈利能力达到世界领先水平，进入显示行业第一梯队，向着行业领导者方向快速迈进。2016 年，京东方被汤森路透《全球创新报告》评为半导体领域全球第二大创新公司。

与此同时，京东方凭借多年积累的技术优势及对产业的深入研究，将主营业务由显示器件事业向显示与传感器件、智慧系统、健康服务事业延展，定位为“为信息交互和人类健康提供智慧端口产品和专业服务的物联网公司”。2016 年，董事长王东升创造性地提出“开放两端，芯屏气/器和”的物联网生态理念，全面开放技术端和应用端，推动半导体芯片、显示器件、软件和内容、功能硬件的和谐组合，与产业界创新新应用，开拓新机会。

（1）实现领先，战略转型（2013—2017 年）

2013 年起，京东方在重庆、成都、福州、合肥、绵阳、武汉等地投建 2 条第 8.5 代、2 条第 10.5 代 TFT-LCD 生产线及 2 条柔性 AMOLED 生产线，其中，合肥第 10.5 代线是全球首条最高世代线，成都柔性第 6 代线是我国首条柔性 AMOLED 生产线。

京东方正在实现技术领跑全球。京东方在 8K 超高清显示、柔性 AMOLED 显示等方面已成为业界技术发展的引领者。中国的超高清显示及柔性显示技术已达到世界领先水平，也意味着中国在新型显示技术方面已处于全球引领地位。

由于多年来对自主创新的坚持，京东方发明专利的申请数量、新产品的覆盖率、细分市场占有率等多个方面在半导体显示领域位居全球前列，在全球竞争中脱颖而出。

在专利和技术方面，京东方年新增专利申请量从 2007 年的 300 件增至 2017 年的 8 678 件，其中，发明专利超 85%，累计可使用专利数量超过 6 万件，位居全球业内前列。2017 年，海外新增专利申请超过 300 件，覆盖美国、欧洲、日本、韩国等国家和地区。美国商业专利数据显示，京东方美国专利授权量全球排名由 2016 年的第 40 位跃升至 2017 年的第 21 位。美国专利授权量达 1 413 件,同比增长 62%,连续两年成为美国 IFI ClaimsTOP 50 增速最快的企业。世界知识产权组织(WIPO)发布 2017 年全球国际专利申请(PCT)情况,京东方以 1 818 件 PCT 申请,位列全球第七。

在赢利能力方面,自 2011 年起,京东方稳步提升,屡创新高。2017 年,京东方归属上市公司股东的净利润为 75.68 亿元,同比增长 301.99%。

(2)芯屏气/器和,创见未来(2018 年至今)

物联网引领的增长将为全球产业提供万亿美金级的市场新机会。为了将机遇变为现实,京东方董事长王东升创造性地提出了"开放两端,芯屏气/器和"的物联网生态理念。物联网时代终端产品的三大核心是芯、屏、软件,将相关的芯片、显示器件、软件和内容、功能硬件和谐地组合起来,形成一个人与人、人与物、物与物相连的价值创造系统,这一过程被称为芯屏气/器和。它是一个新的包容性产业生态系统,是解决问题的过程,是创造市场机会的过程。它需要各行各业及各方人士的开放合作和协同创新,需要平心静气的深入思考,和谐共赢。面向未来,京东方正以开放的心态与全球生态链伙伴合作创新,建立新生态,创造新价值!

资料来源:文理等.企业战略管理[M].北京:中国科学技术大学出版社,2019:65—67.

思考题:

阐述京东方三个阶段的战略特点及其成功原因。

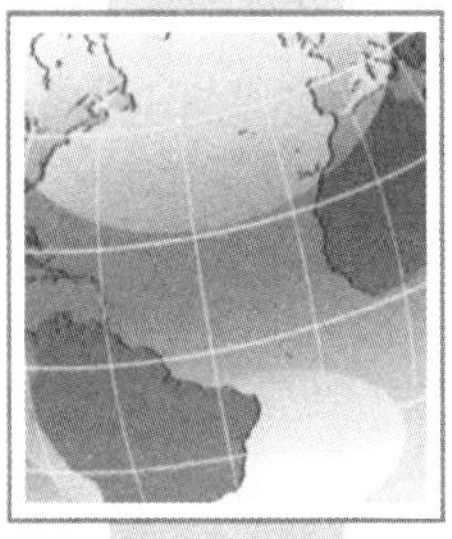

第二章
外部环境分析

【名言警句】

知己知彼,胜乃不殆;知天知地,胜乃可全。

——孙子

在任何场合,企业的资源都不足以利用它所面对的所有机会或回避它所受到的所有威胁。因此,战略基本上就是一个资源配置的问题。成功的战略必须将主要的资源配置给最具有决定性的机会。

——威廉·科恩

企业所采用的战略应能够打破正常的产业发展进程并创造不利于竞争者的新的产业条件。

——伊恩·C. 麦克米伦

【学习目的】

通过学习本章,你应该掌握以下内容:

☆ 认识分析外部环境的重要性;

☆ 描述外部环境分析的过程;

☆ 了解外部环境分析的基本要素;

☆ 识别对行业有特殊影响的五种竞争力量;

☆ 研讨环境中的关键成功因素;

☆ 分析一个竞争者并识别其竞争优势;

☆ 熟悉外部因素评价(EFE)矩阵和竞争态势矩阵(CPM)。

【开篇案例】

"卖菜"的互联网巨头

2019 年伊始,美团、阿里、腾讯等互联网巨头相继瞄准"卖菜"市场,线上线下发力拓展业务边界。

3 月 26 日,在上海上线不久的美团买菜 App 正式进入北京,启动了北京天通苑与北苑两大居民区的便民服务站测试点,在社区设立集仓储、分拣、配送于一体的门店,距离社区 1.5 千米的社区居民可以使用"手机买菜"服务。美团买菜只做线上生意。除面临线下传统商超的竞争之外,美团买菜更直接的竞争对手是每日优鲜、盒马鲜生等同类产品。

美团此次进军"卖菜"服务领域没有大规模的宣传,也未在多个城市同时开店。根据美团的介绍,美团买菜是一款专门用来买菜的 App,以"生鲜电商"和"社区化服务"为切入口,足不出户就能买到新鲜的蔬菜。不过对于美团买菜能够扩张到多少个城市,美团相关负责人向《证券时报·创业资本汇》记者表示,美团买菜业务在北京区域仅为试点,国内其他城市仍待推进。

业内人士表示,美团买菜与盒马鲜生的定位存在差异。盒马主要在一二线城市,所售生鲜产品也多有优质、高价的特点。而美团买菜切入的是大众化的日常买菜需求,瞄准的是下沉市场。

显然,当前巨头不断渗透进生鲜市场。2019 年 3 月 29 日,谊品生鲜获得了腾讯领投的 20 亿元 B 轮融资。苏宁小店也宣布将于4月下旬在小店App上线商品预售和苏宁菜场两大重点功能模块，其中，苏宁菜场主打24小时内从原产地直发至门店，用户最快次日早上7点到门店自提。

在2019阿里本地生活生鲜伙伴大会上，口碑饿了么宣布将建立全新的生鲜开放平台，通过数字化、供应链、配送、流量、金融五大方式，服务平台商户，共同成长，其重点目标就是最近最火的线上卖菜市场。大会上，叮咚买菜与口碑饿了么签署战略合作协议，未来将共同探索包括物流、营销、售后、会员等在内的各类合作方向。

叮咚买菜通过高密度的前置仓布局，进行单点门店库存精准预测，使用口碑饿了么提供的海量周边用户画像数据，进行更精准的数字化营销。据了解，接入饿了么之后，叮咚买菜过去一年在平台的单量增长20倍，月交易额超过千万元。

除了正在试水的美团买菜，据《证券时报·创业资本汇》记者不完全统计，目前线上卖菜的App包括叮咚买菜、买菜呗、便民买菜等多达50家。在阿里旗下盒马鲜生、腾讯旗下每日优鲜、京到家等巨头纷纷布局生鲜市场并专注到细分领域，头部之间的竞争会更加激烈。

生鲜电商市场规模到底有多大？上海商情信息中心发布的《生鲜电商发展趋势报告》显示，从2012年至2016年，国内生鲜电商市场规模从40亿元增至950亿元。2017年，中国生鲜电商市场交易规模约为1 391.3亿元，首度破千亿元，同比增长59.7%。2018年上半年，生鲜电商市场交易规模为1 051.6亿元。

资料来源：王明弘. 互联网巨头纷纷去"卖菜"，生鲜细分市场规模有多大？[N]. 证券时报，2019-04-05.

一个组织不可能存在真空之中，总要与外部环境发生这样或那样的联系。一个企业在向市场提供产品或服务（通常需要抵抗竞争），而外部环境提供了诸如劳动、资金、能源、原材料、信息等资源，这些都是企业难以控制的。也就是说，企业的生存和发展要受到其所处外部环境的影响和制约。外部环境的分析与企业内部条件分析的结果，是企业有效选择和制定战略的基础及依据。企业战略的有效性必须与其所处的环境相适应。本章主要研究企业的外部环境，考察外部环境分析的一般方法与思路，其目的在于发现企业外部环境变化的趋势和方向，识别与评价这些变化（尤其是企业无法控制的趋势和事件）对企业发展的机会与威胁，从而有利于企业战略管理者制定适当的战略，适时把握机会，规避或减轻这些变化所带来的消极影响。

第一节　外部环境分析概述

一、外部环境的构成

所谓外部环境，就是指存在于企业之外、企业无法控制但是会对企业决策和绩效产生影响的外部因素的总和。企业的外部环境从宏观环境、行业环境、竞争对手三个层面来展开。

1. 宏观环境

宏观环境（Macro-environment）是指对所有行业和企业运行都会产生不同程度影响的环境因素。宏观环境因素一般可大致分为五类：政治、经济、社会、技术和生态因素，常用PESTE框架予以分析。

2. 行业环境

行业环境（Industry Environment）是直接影响一个企业及其竞争行为与反应的一组因素，包括新进入者的威胁、供应商、购买者、替代品和当前竞争对手之间竞争的激烈程度五类因素。这五类因素常被称为波特（Porter）的"五力模型"，"五力"之间的互动关系共同决定着一个行业的盈利能力。

3. 竞争对手

竞争对手(Rival)是企业经营行为最直接的影响者和被影响者，因此在对外部环境分析时特别需要对竞争对手进行分析。分析竞争对手的目的是了解每个竞争对手的战略目标、可能采取的战略以及可能实施战略的方法；了解竞争对手所拥有的资源和能力；了解各竞争对手对其他公司的战略行动可能做出的反应，以及各竞争对手对可能发生的产业和环境的变化做出的反应等。

企业外部环境构成如图 2—1 所示。

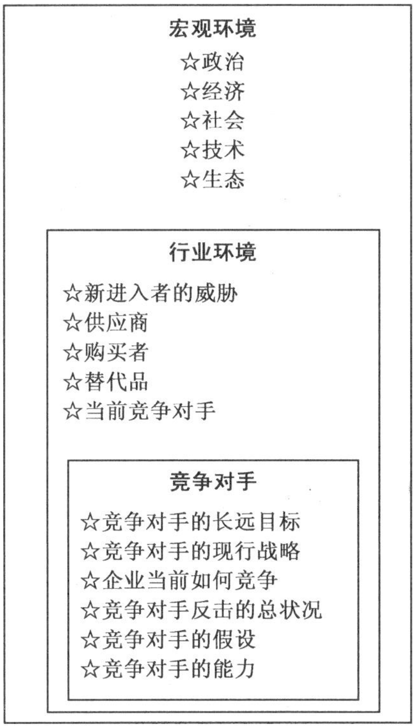

图 2—1　企业外部环境构成

二、外部环境分析

1. 外部环境分析的过程

企业面临的外部环境正变得越来越动荡和复杂化，要想准确地把握非常困难。为了对付那些含糊且不完整的有关企业外部环境的数据，企业一般会对外部环境进行科学分析，以尽可能地增进对外部环境的了解。这种分析是一个连续的过程，它包括搜索、监视、预测、评估四种行为，如图 2—2 所示。

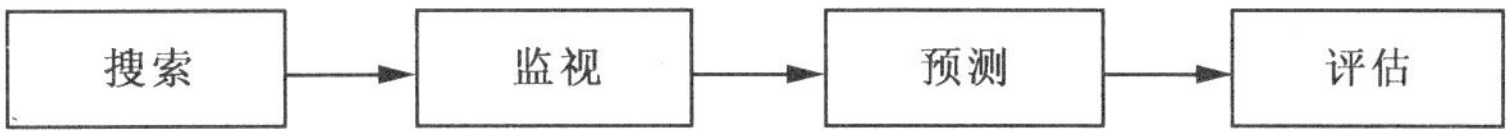

图 2—2　外部环境分析步骤

- 搜索——找出环境变化和趋势的早期信号。
- 监视——持续观察环境变化和趋势，探索其中的含义。
- 预测——根据所跟踪到的环境变化和趋势预测结果。
- 评估——依据环境变化和趋势的时间点及重要程度，决定企业的战略和管理。

研究环境的一个重要目的是捕捉并分辨企业的机会和威胁。所谓机会，就是指那些能够帮助企业获取竞争优势的环境条件。而相反，威胁则是指那些会妨碍企业获取竞争优势的环境条件。

(1)搜索。

搜索(Scanning)是对环境各方面所进行的研究，是一种全景式的环境审视。通过搜索，企业可以发现环境正在发生和将要发生变化的早期信号。搜索时，企业通常需要处理意义不明确、不完整和相互无关联的数据和信息。环境搜索对那些处在剧烈变化环境中的企业尤为重要。另外，搜索的做法应当与企业的背景相协调，为一个处在动荡环境中的企业设计的搜索系统并不适用于处在相对稳定环境中的企业。

(2)监视。

监视(Monitoring)，即决策者或分析家们通过观察环境变化，发现在那些由搜索定位的领域中是否出现重要的趋势。监视实际上是一种连续行为，是对特定环境因素的一种持续跟踪。成功监视的关键在于企业探索不同的环境事件和趋势的意义的能力。例如，非洲裔美国人中，中产阶级家庭的数量持续增长。由于财富增加，因此这部分公民开始更加迫切地寻找投资机会。从事理财业务的公司可以监测这种经济方面的变化，以此判断一个重要的竞争趋势和商业机会是否正在出现。通过对趋势的监视，公司可以做好准备，利用这些趋势提供的机会，在适当的时间推出新的产品和服务。又如，与石油紧密相关的企业应保持对国际油价波动的关注，监视其波动的最新状况，从而为分析和判断其长期走势提供依据。

(3)预测。

搜索和监视关注的是某一时点一般环境中的事件和趋势，其主要关心已发生的环境事件，而预测(Forecasting)是对未来趋势和事件的基于经验或研究的假设，是分析家们通过对将来做出推测，分析得出合理的结论，说明由以上搜索和监视探知的变化和趋势，什么将会发生，何时将会发生。预测是一种复杂的活动，因为它涉及多种因素，包括诸如技术创新、新产品、文化变迁、社会价值观的变化、政府工作重点的转移、不稳定的经济条件及不可预测的事件等。例如，当一种新技术被开发出来后，分析家们要预测该技术市场化所需要的时间；或者当税收政策改变后，消费者的购买模式会发生怎样的变化；或者产品价格提高后，企业的利润会发生多大变化，市场占有率又会发生怎样的改变。

预测技术大致可分为两类：定量技术和定性技术。定量预测最为适用的情况是：拥有历史数据，并且关键变量之间的关系在未来将保持不变。定量预测技术主要有三种，即计量经济学模型(Econometric Models)、回归分析(Regression Analysis)和趋势外推法(Trend Extrapolation)。其中，计量经济学模型基于多元回归方程，可用于预测诸如利率和货币供给量这样的变量。随着高级计算机软件的出现，计量经济学模型已成为最广泛的经济变量预测方法。定性预测方法主要有六种，包括销售人员估计、管理人员评价、预测调查、总体概要预测、德尔菲法和头脑风暴法。当不存在历史数据或预测变量在未来将发生显著变化时，定性的或判断式的预测尤其有用。

(4)评估。

评估(Assessing)的目的在于判断和明确环境变化及趋势对企业战略管理影响的时间点和显著程度,即对企业战略管理的重要性和实效性。搜索、监视和预测使企业能够了解环境;而评估则更进一步,其目的是了解这些信息对企业的意义。如果没有评估而只有预测,那么企业得到的仅仅是一些有趣的数据而已,无法为企业战略管理提供指导。可见,评估是非常必要的。评估实际上就是总结以上搜索、监视、预测的成果,它既是外部环境分析的终点,也是企业制定和实施战略非常重要的起点和依据之一。关于外部环境分析中的评估工具与方法将在本章第五节进行详细介绍。

2. 环境分析的信息来源

环境分析的前提和基础是占有可靠而充分的资料。企业可以通过以下多种渠道获取所需的战略信息。

(1)一般公开出版物。这类出版物包括各类新闻、杂志(经营杂志、经济杂志、专业技术杂志及一般性杂志等)、报纸(包括一般报纸、行业报纸、学术协会简报/通信等)、统计资料、政府出版物、调查报告、年鉴、专利说明书、公司出版物、企业名录、摘要等。

(2)限制公开出版物。这类出版物包括内部调查报告、企事业指南、学术论文集(内部参考)、政府出版物(内部发行)、企业简报、地区刊物、企业人才招聘广告、工序设计图/说明书等。

(3)企业内部资料,包括研究报告、调查报告、研发部门报告、市场调查报告、各种规划、公司内部统计资料、公司会议记录、股东会议上的讲话、手册等。

(4)与企业外部的人事交流,包括同政府各部门、科研机构、行业协会、高等院校研究实验机构、咨询部门与商情机构、专家、消费者、用户企业的销售与采购部门、用户企业的负责人、用户及其他公司人员的会谈与交流,以及参加商品展览会、商品交易会或商品推销会等。

(5)非印刷资料,包括通过企业访问与参观、演讲会、学术讨论会、企业现场会、科技电影、商品、样品与试制品等方式和方法。

(6)互联网,包括各已知网站及根据主题词检索等。互联网由于打破了传统的时空和地域限制,正在为企业和消费者提供一个全新的24小时服务的信息渠道,因此使得企业和消费者可以无成本地在较之以往更大的空间和地域范围搜寻来自世界各地的信息。同时,交互式服务不仅可使用户获得世界各地的信息,而且还能使它们与创造信息的个人或公司进行实时互动式的交流与沟通,由此使得互联网成为与电视、报刊等媒介同等重要的信息渠道。

21世纪初,有一项对美国人使用互联网的原因进行研究的调查显示,占比例最大的六项原因依次是:研究(49%)、收集产品和服务信息(43%)、使用 e-mail(37%)、采购商品与服务(24%)、寻找和浏览新网站(16%)、看新闻和天气预报(15%)。

第二节　宏观环境

宏观环境又称一般环境,是指对所有行业和企业运行都会产生不同程度影响的环境因素。宏观环境一般可概括为以下五类,即政治法律因素(Political)、经济因素(Economic)、社会因素(Social)、技术因素(Technological)、生态因素(Ecological)。因此,宏观环境分析也可称为PESTE 分析。

一、政治因素

政治因素是指一个国家或地区的政治制度、法律法规、方针政策、体制等方面。政治因素界定了一家公司运作范围内的法律和政策尺度，影响、制约着企业的经营行为，尤其影响企业较长期的投资决策，是企业战略决策者在进行战略决策时必须考虑的主要因素。

1. 国家的政治体制

国家的政治体制是指国家的基本制度及国家为有效运行而设立的一系列制度，如国家的政治和行政管理体制、公民行使政治权利的制度、政府部门结构及选举制度等。国家的政治体制不仅决定了政府的行为和效率，而且常常制约着宏观经济调控的力度和方式，从而影响企业的经营方式及战略选择。例如，在计划经济体制下，政企不分，企业只是政府的附属机构，缺乏激励约束机制，效率低下；而在市场经济体制下，企业所有权与经营权分离，企业拥有自我决策权，政府只能通过间接手段对企业进行控制。

2. 政治的稳定性

政治的稳定性包括政局的稳定性和政策等方面的稳定性。政局的稳定性是指国家领导人之间的关系与民族关系的稳定，以及国家领导人的更替是否会导致国家政治体制和政治主张的变化等。如果国家政变不断，国家领导人之间的争斗迭起，那么企业经营环境必定恶劣。如东南亚地区的印度尼西亚、菲律宾、柬埔寨，中东的伊拉克等都是具有潜力的市场，但这种潜力能否释放出来，取决于其政局的稳定性。相反，一个稳定的政治局面会给企业创造一个良好的外部发展环境。政策的稳定性是指国家所制定的各项政策是否会经常发生变化。如果一个国家的政策朝令夕改，缺乏稳定性，就会使得该国企业无法正确地判断政策的变动方向及其对企业经营的有利性，企业不可能形成长远的发展战略。自从中国于 2001 年加入世界贸易组织以来，由于政治稳定、经济持续高速增长，因此使中国赢得了众多发达国家和周边地区企业的投资信心。外国资金不断地加速涌入中国投资市场，使中国成为当前世界上最重要的投资热点国家，并一度成为全球最大的外国直接投资目的国。2007 年，中国吸引外国直接投资额达到 747 亿美元（2005 年为 603 亿美元，2006 年为 630 亿美元）。同时，中国外汇储备超过 1.5 万亿美元，雄踞世界各国之首。

3. 政府对企业的干预

政权的性质和稳定程度影响政府对经济的干预方式、干预范围和干预深度，如政府对不同类型投资主体的态度，尤其是对外国投资的政策和对经济主体的认识等。

政府可以从宏观和微观两个层面对经济实施干预。

（1）宏观层面。

政府从宏观层面对经济实施干预的手段主要有三种，即财政手段、货币手段和收入—价格管制。财政手段就是政府通过对收入与支出的控制来达到干预经济的目的：在经济高涨时，减少支出以遏制过度膨胀；在经济萧条时，增加支出以刺激经济复苏。货币手段是指政府通过中央银行调节货币供应量来影响利率的变动，从而间接影响总需求，实现政府的宏观调控目标。货币手段常常是为了配合财政手段的使用而加以实施的。收入—价格管制则是政府常用的一种干预、控制手段，是指政府利用法律、行政等强制方式，对某一类商品的价格和某一类人员的工资强制规定上限和下限，以使宏观经济和市场秩序保持稳定。

（2）微观层面。

政府在微观层面实施的干预主要是通过对国有企业和关乎民生的大型、特大型企业的直接干预实现的。其原因主要有两个方面：一是由于国有企业的性质决定了它必须承担政府的部分职能，如维持社会稳定、保持垄断等；二是大型、特大型企业的某些经营行为能够引起整个行业甚至宏观经济的震动，政府有必要适时对其进行干预和控制。如 1996 年、1998 年由中国彩电业“巨无霸”——四川长虹电器集团公司挑起的价格大战,引发了整个彩电行业的震动和整合。1998 年,国家信息产业部不得不直接出面干预,协调长虹与 TCL、康佳、创维等其他大型彩电企业的关系。

除宏观和微观两个层面外,行业政策也是政府通常使用的介于宏观与微观、间接与直接之间的经济干预手段。行业政策包括行业组织政策和行业结构政策。行业组织政策的作用是通过对企业规模结构、企业之间的竞争与协作关系的限制,形成一种有利于竞争但同时又不会导致过度竞争的市场组织结构,从而使得社会在利用规模经济与维持竞争的效率之间达到某种应有的或所期望的平衡。

4. 法律

法律因素的分析主要包括以下几个方面:

(1)法律法规,尤其是与企业经营密切相关的经济法律法规,如《公司法》《合同法》《专利法》《商标法》《税法》《企业破产法》《劳动法》等。

(2)国家司法执法机构。我国主要有法院、检察院、公安机关及各种行政执法机构。与企业关系比较密切的行政执法机构有工商行政管理机构、税务机构、物价机构、技术质量管理机构、专利机构、计量管理机构、环境保护管理机构、政府审计机构。

(3)《国际法》所规定的国际法律环境和目标国的国内法律环境。

(4)企业的法律意识。企业的法律意识是法律思想、法律观和法律感的总称,是企业对法律的认识和评价。企业的法律意识,最终都会物化为一定性质的法律行为,并导致一定的行为后果,从而形成每个企业不可回避的法律环境。

法律对企业的影响无疑具有强制性。法律对企业具有保障和制约两方面的效力:一方面,法律能够保护依法成立的企业的合法地位、经营权利、合法权益、正当竞争行为等。法律制度是国家对其企业经济活动予以承认和保护的一种保障方式,同时能够促使企业将其经济活动纳入正轨。另一方面,执法机构有权依法对经济行为主体的违法行为追究经济责任、法律责任和行政责任,因而法律在对企业的经营和存在予以保护的同时,又能够对违法活动起到防止、威慑作用。

从总体上来说,政治环境对企业的影响具有以下三大特点:一是直接性。即国家政治环境直接影响着企业的经营状况。二是难以预测性。对于企业来说,很难预测国家政治环境的变化趋势。三是不可逆转性。政治环境因素一旦影响企业,就会使企业发生十分迅速和明显的变化。企业必须及时应对政治环境变化,对现有的经营战略和发展思路进行相应的调整。

二、经济因素

企业经济环境是指影响企业生存与发展以及企业战略制定、战略实施、战略控制的社会经济状况和国家经济政策。社会经济状况包括经济要素的性质、水平、结构及变动趋势等内容。国家经济政策是指中央和各级政府在调控宏观经济运行时所推行的经济发展战略及指导方针,对企业战略有着重要的影响。

企业的经济环境主要由社会经济结构、经济发展水平、经济体制和宏观经济政策四个要素构成。

1. 社会经济结构

社会经济结构是指国民经济中不同的经济成分、不同的产业部门以及社会再生产各个方面在组成国民经济整体时相互的适应性、量的比例及排列关联的状况。社会经济结构主要包括七个方面的内容，即产业结构、分配结构、交换结构、消费结构、技术结构、投资结构和就业结构，其中最重要的是产业结构。实践证明，一旦社会经济结构出现失衡，就会迅速波及相当数量和范围的企业，导致其无法正常开展生产经营活动，甚至造成国民经济的危机。

2. 经济发展水平

经济发展水平是指一个国家经济发展的规模、速度和所达到的水平。通常用来反映一个国家经济发展水平的指标有国民生产总值、国民收入、人均国民收入、经济发展速度、经济增长速度等。企业通过分析这些指标的变动趋势，可以认识和了解国家经济全局的发展状况和变化动向，借助全国各省市、各行业的统计资料，以及本企业自身的历史数据，加之各年度数据的比较，从中认识宏观经济形势和本企业在相关行业中所处的地位。与此同时，企业还可以依据经济环境的发展变化，制定或适时调整企业战略，提高企业战略的有效性。

3. 经济体制

经济体制是指国家经济组织的形式。经济体制规定了国家与企业、企业与企业、企业与各经济部门之间的关系，并通过一定的管理手段和方法，调控或影响社会经济流动的范围、内容和方式等。

中华人民共和国成立后的前 30 年，中国政府一直推行计划经济体制：企业按照国家计划生产产品，缺乏经营自主权，所有的品种、数量和价格都由计划部门统一制定。这种体制虽然使中国经济能够有计划、有目标地稳定发展，但是也严重束缚了企业和国家自身的活力和发展的速度。1978 年，经济体制改革率先在农村开展后，便成为中国改革最重要的内容之一。现在的中国，社会主义市场经济体制已经初步建立，市场在资源配置中的基础作用显著增强，宏观调控体系日趋完善，以公有制经济为主体、个体和私营等非公有制经济共同发展的格局基本形成。

4. 宏观经济政策

宏观经济政策是指国家为实现一定时期的经济发展目标而制定的战略与策略，它包括综合性的全国经济发展战略、产业政策、国民收入分配政策、价格政策、物资流通政策、金融货币政策、劳动工资政策、对外贸易政策等。宏观经济政策规定企业的活动范围、原则，引导和规范企业的经营方向，以协调企业之间、经济部门之间、局部与全局之间的关系，保证社会经济的正常运转。

三、社会因素

社会因素包括社会价值观念、道德标准、生活方式、风俗习惯、人口状况、行为模式、劳动态度等社会文化方面和非文化方面的内容。社会因素对消费者的消费倾向，精神产品和物质产品的生产、服务供应商以及市场结构等都会产生重大的影响。社会中的组织，无论大小，公共部门还是私营部门，营利性的还是非营利性的，都无一例外地必须面对社会因素造就的机会与威胁。

一个社会的人口状况可以通过人口数量、密度、受教育程度、年龄结构、收入水平、人口增长率、人口死亡率、民族构成、地理分布、职业结构、家庭规模、人口预期寿命、婴儿出生率、离婚率、恩格尔系数、储蓄率等来衡量。由于人口是劳动力的供给者、产品的消费者和服务的需求者，因此人口是企业及其他各类组织存在的前提和基础。

社会文化是指一个国家或地区的社会组织结构、教育水平、民族特征、文化传统、宗教信仰、风俗习惯等。它是人类在创造物质财富的过程中所积累的精神财富的总和，是人类创造社会历史的发展水平、程度和质量的状态。社会文化决定一个社会中人们的态度、价值观念和行为模式，对企业及员工的行为、心理、道德、价值观、性格、审美观念的影响和导向作用是不容忽视的。在不同文化环境中成长起来的消费者，有着不同的消费方式和需求偏好。组织是由人组成的，组织中成员的文化背景不同，在长期中形成的组织文化就不可能相同，进而使得组织的行为也会产生差异。因此，企业文化环境始终以一种不可抗拒的方式影响着企业。

中国近些年来出现的影响深远的社会变化有：

1. 人口数量继续增长与就业预期问题

与世界人口持续增长的发展趋势相同，我国的总人口数量将继续增长，中国在未来的半个世纪里，人口有可能再净增 3 亿，人口压力有增无减。1957 年，世界人口为 40 亿，1987 年增加到 50 亿，目前已超过 70 亿。中国在过去的 50 多年中，人口数量由 1949 年的 5.42 亿增加到 2007 年的 13.21 亿，人口增量也非常可观。我国虽然自 20 世纪 70 年代开始推行计划生育政策，大力控制人口增长，使人口出生率由 1972 年的 29.8‰下降为 2007 年的 12.10‰，但是现在每年仍新增 1 400 万—1 500 万人，即每年增加一个世界大国的人口。与此相对应，我国生产年龄人口也在激增。

由此，一方面，巨大数量的人口导致我国本来就低的人均自然资源占有量(耕地、草地、水资源和林地分别是世界人均占有量的 1/3、1/4、1/4 和 1/10，已探明的石油、天然气和煤炭则分别为世界人均占有量的 1/10、1/20 和 1/70)进一步下降，其中，淡水、耕地、森林、能源方面尤为突出。目前，全国 600 多个城市中有 400 多个存在不同程度的缺水问题，其中，已有 136 个城市严重缺水；石油供应的对外依存度已超过 40%。因此，有限的资源难以达到或维持多数人所希望的工业发达国家那样的生活水平。另一方面，生产年龄人口的激增，农村剩余劳动力(约为 2 亿)的加速转移，企业下岗失业人员、隐性失业的冗员(2 000 万—3 000 万)，年复一年的大中专毕业生、部队转业军人等，使我国面临着极大的社会就业压力，对我国未来劳动就业形势形成了严峻挑战。

因此，作为有社会责任感的企业，在制定和实施战略的过程中，必须将以下问题纳入考虑范围：一是企业必须承担相应的维护社会稳定的责任，努力缓解社会就业压力；二是企业不应将吸纳社会劳动力就业一味看成一种负担，而应转变观念，以“人力资本”为指导思想，尽力挖掘和发挥现有每一位员工的优点和才干；三是企业在当前社会保障制度还不完善的情况下应对下岗员工实行再就业培训和转岗分流，而不应简单地将下岗分流人员向社会一推了之。

2. 人口老龄化

2005 年，人口统计显示，我国 60 周岁以上人口达到 1.34 亿，超过总人口的 10%。其中，65 周岁以上人口 1.1 亿，占总人口的 8.2%。2019 年，65 周岁及以上人口达 17 603 万人，占总人口的比重为 12.6%，2050 年，将占总人口的 25%。根据国际社会通例，60 周岁以上人口的比例超过 10%或 65 周岁人口占总人口的 7%以上的国家被称为老龄化社会或老年型人口国家。所以，我国现在已经步入老年型国家之列。

人口的老龄化几乎影响所有组织的经营活动和战略趋向。人口的老龄化造成大量的老年客户的需求激增，给企业带来各种市场机会。如医疗保健服务市场(如滋补品、住院陪床、家庭病床、重危病护理等)、老年人用品市场(如手杖、轮椅、助听器、盆浴设施等)、老年福利设施市场(如老年活动中心、老年公寓和住宅、老年医院等)、居家养老服务市场(如维修服务、咨询)以及旅行服务市场等，都会因老龄人口的不断增加而获取更多的发展机会。

四、技术因素

技术因素主要包括变革性的技术创新和常规性的新技术、新工艺、新材料、新设备的发明和应用。企业在战略制定中必须考虑技术因素带来的机会和威胁。人类步入20世纪以来，技术因素发生了翻天覆地的变化，涌现出大批的新材料和新技术，如计算机工程、智能计算机、激光、机器人、超导、无人工厂、互联网、电子邮件、电子汇兑、太空通信、太空制造、全球定位系统、生物技术、光导纤维、特效药品、克隆技术、网络结算、超宽带无线电通信技术等。这些技术因素极大地影响企业的产品、服务、市场、制造工艺、营销方法、竞争者、供应商、分销商、用户及竞争地位。

超导技术能够大大降低导体对电流的阻力，从而有效地提高电器产品的性能。仅这一项进步就可以引发产业的变革，尤其在计算机、电器、运输、公共设施和医疗保健产业方面。

互联网正在作为国家乃至全球的经济引擎推动人们的生活水平和生产效率的提高。互联网通过直接销售和用户自我服务系统为各企业节约了数以亿计美元的交易和销售成本。互联网打破了时空限制，消除了传统的城市、地区、国家市场间的界限，构建了一个全球一体化的市场，为用户提供了一个24小时运营的便捷购物渠道，改变了商品的分销方式、配送速度和产品的生命周期，创造了新的产品和服务。此外，互联网还在改变着经济组织的经济规模和进入壁垒，并重新定义投资者、生产商、经销商、用户和竞争者等主体之间的关系。

超宽带无线电技术是一种发射极短快的脉冲技术。这一技术具有如下特征：便携应用、低功率小型化、音频视频的高速率、低廉的市场价格、无线设备。它以脉冲的方式传递信息，可以使很小的设备具有很强的无线通信能力，因而会很快取代连续的无线电波，并由此可能永久地改变全球所有个人和企业的通信方式。例如，小的家用办公环境或家庭娱乐系统可代替打印电缆和网络电缆，且这种应用的芯片价格只要20美元。

以计算机(Computer)技术、通信(Communication)技术、网络(Internet)技术、控制(Control)技术等为主要支柱的信息技术被称为继以蒸汽机发明为标志的第一次浪潮和以电气化为动力的第二次浪潮后对世界发展意义更大的第三次浪潮。信息技术在给企业带来高效益、高效率、高速度和更强大的、新的竞争优势的同时还会对一些行业产生明显的威胁，甚至导致某些行业的传统产品和服务的淘汰与消亡(实际上每天都有越来越多的企业被新技术所淘汰)。例如，计算机取代传统的纸笔文具，成为通信、写作、办公、设计、绘图的主要工具；U盘的发明致使软盘消失，而新一代的U盘，即将威胁光驱的存在；电视机也在短时间内历经了黑白、彩色、平面直角、纯平、背投、数码、智能、等离子、液晶的发展变化；手机在不到10年的时间内，其重量从半块砖重的“大哥大”变得小巧精致，其功能更是花样迭出，如计算、存储、游戏、拍照、上网、录音、录像……当今，没有任何企业或行业可以将自己与发展中的新技术隔离开来。尤其对于高技术行业来说，识别和评价关键的技术机会与威胁是外部环境分析中最重要的内容。

五、生态因素

生态学所讲的环境，以整个生物界为中心主体，围绕生物界及构成生物生存的必要条件的外部空间和无生命物质，如大气、水、土壤、阳光及其他无生命物质等，是人类和其他生物的生存环境。我们赖以维持生命的生态系统的威胁主要来自人类在工业社会中的活动所引发的污染。生态环境的破坏对人类的生存影响很大。它的主要形式有全球温室效应、生物多样性减少、水土流失、土壤退化、土地荒漠化、土地盐碱化、臭氧层破坏、酸雨等。在我国，黄土高原的水土流失、西北沙漠地区的荒漠化、黄淮海平原的盐碱化，都在不同程度上制约着我国企业和国民经济的进一步发展。

温室效应是指二氧化碳、甲烷、一氧化二氮、氟利昂（氟氯碳化物）等温室气体大量排向大气层，使全球气温升高的现象。自工业革命以来，大气中二氧化碳含量增加了 25%，远远超过科学家可勘测的过去 16 万年的全部历史纪录。目前，全球每年向大气中排放的二氧化碳已达到 276 亿吨，比 20 世纪初增加 20%以上，而且尚无减缓的迹象，这必将导致全球气温变暖、生态系统破坏以及海平面上升。据有关数据统计预测，到 2030 年全球海平面约上升 20 厘米，到 21 世纪末将上升 65 厘米，严重威胁到低洼的岛屿和沿海地带。

生物多样性减少是指包括动植物和微生物的所有生物物种，由于人类对资源的过度开发，因此出现生态失衡、环境污染和引进外来物种等而不断消失的现象。据估计，地球上的物种约有 3 000 万种。自 1600 年以来，已有 724 个物种灭绝，目前已有 3 956 个物种濒临灭绝，3 647 个物种为濒危物种，7 240 个物种为稀有物种。生态学家认为，地球上生物的 1/4 可能在未来 20—30 年内处于灭绝的危险，也就是每天可能消失 40—140 个物种。如果按这种速度继续下去，则将会使重要的动植物群落在全球范围迅速灭绝，造成不可挽回的生态灾难。生物多样性的存在对进化和保护生物圈的生命维持系统具有不可替代的作用。例如，我们现在取得的在诸多疾病治疗方法上的进步和突破，很多都归因于对动植物中提取的抗病物质的研究。随着物种的消亡，生命支持系统无疑将会遭受难以估量的损害。

水污染主要是由于工业废弃物倾倒或泄漏到排水道中。污染水资源的因素还包括化学肥料的滥用、垃圾的任意倾倒、生活污水的剧增、滥垦滥伐等。全球环境监测系统水质监测项目表明，全球大约有 10%的监测河流受到污染。加之，世界年耗水量的不断攀升，以及滥垦滥伐造成大量的水分蒸发和流失，使得似乎无处不在、取之不尽、用之不竭的水（尤其是饮用水）会远离我们。据联合国统计，目前全世界已有 100 多个国家和地区生活用水告急，其中 43 个国家或地区为严重缺水，危及 20 亿人口的生存，其主要分布在非洲和中东地区。许多科学家预言，水在 21 世纪将成为人类最缺乏的资源。正如人们所希望的，不要让人类的眼泪成为地球上最后一滴水。因此，水污染不仅是一个威胁公众健康的问题，而且还直接关系人类的生存。

空气污染主要是由工业向大气排放的烟尘、硫的氧化物、氮的氧化物、有机化合物、卤化物、碳化合物等有害污染物质所造成的。污浊的空气能够直接危害人体健康，引发或加重呼吸道疾病、心血管疾病和癌症等。空气污染，还是使许多儿童血液含铅量超出正常标准的罪魁祸首。空气污染物，尤其是二氧化硫、氟化物等还会严重危害植物。它们会使植物叶子表面产生伤斑或直接枯萎脱落，影响植物的生理机能，导致植物产量下降、品质变坏。此外，空气污染物对天气和气候的影响也是十分显著的，如酸雨。酸雨是大气中的污染物——二氧化硫经过氧化形成硫酸，随自然界的降水形成的。酸雨能使大片森林和农作物毁坏，能使金属的防锈涂料变质而降低保护作用，能使纸品、纺织品、皮革制品等腐蚀破碎，还会侵蚀、污染建筑物。

企业与生态环境的互动关系已经成为宏观环境中越来越重要的因素。随着环境污染日益严重，作为生态污染的主要制造者，企业受到越来越多的来自公众和政府的压力。在这种情形下，越来越多的企业（尤其是大公司）认识到：公司应该承担和履行环境保护的责任和义务，执行政府的环境政策，在制定战略和实施战略的过程中将环境问题纳入考虑范围，竭力限制和消除对环境的污染，以确保公司和社会的长期利益。忽视这种环保责任将会使我们的生态系统和公司走向灭亡。于是，“生态效率”一词随之被创造出来，用以描述企业在生产更有用的产品或服务的同时又持续减少资源消耗和污染。生态效率高的公司具有以下四个主要特征：

(1)生态效率高的公司是主动的，而不是被动的。政策产生于企业并由企业来推动，这是出于它们自身的兴趣和客户的利益，而不是外界强迫的结果。

(2)生态效率是在企业内部设计的，而不是外界附加的。这个特征意味着生态效率的最优化需要企业把产品和工艺过程视为内在策略。

(3)灵活性是生态效率战略执行时所必需的，企业每时每刻都要注意技术创新和市场变化。

(4)生态效率是相互联系的，而不是孤立的。在全球化的今天，企业不仅要努力跨越行业部门界限，还要跨越国家和文化界限。

第三节　行业环境

行业(Industry)是指一组生产相似产品或提供类似服务且可以相互替代的企业的集合。与宏观环境相比，行业环境对企业行为、绩效及竞争优势产生的影响更为直接。我们曾把战略分为三个层次，其中，公司层战略决定企业应该选择哪类经营业务，进入哪些领域或行业。为了做出这样的决策，企业必须准确地评估不同行业的吸引力及其盈利潜力，进而明确一个行业的关键成功因素。唯有如此，企业才能预测一个行业未来的获利性。而一个行业的获利性是由行业结构所决定的，因而作为中观环境的行业结构的分析，也是企业战略管理过程中不可或缺的内容。

一、行业结构分析

在战略管理中，行业结构分析主要是指对企业自身所处的行业进行有关行业经济特性、行业竞争结构的总体判断，进而为企业战略管理活动和市场定位提供科学依据的评估过程。概括而言，行业结构分析的目的在于：

(1)明确影响企业竞争行为和获利性的行业结构的主要特点，同时分析行业结构、竞争态势和获利水平之间的关系；

(2)评估一个行业的吸引力；

(3)根据行业结构的变化趋势预测行业未来获利能力的变化；

(4)帮助企业寻找和利用影响行业结构的机会，以缓解企业之间的激烈竞争，进而改善行业的获利性；

(5)深入分析行业的竞争态势和顾客需求特点，以便明确一个行业的关键成功因素，并创造和维持竞争优势。

由于行业之间在其特征和结构方面存在很大的差异，因此行业及其竞争分析首先要明确行业中主要的经济特性。概括某一行业的经济特性时所要考虑的因素主要有：

(1)竞争厂商的数量及其相对规模——行业是被几家大公司垄断还是由众多的小公司所细分；

(2)市场规模；

(3)竞争对手的产品、服务的差异；

(4)购买者的数量及其相对规模；

(5)前向整合及后向整合的普遍程度；

(6)进入壁垒；

(7)行业中的公司能否在采购、制造、运输、营销或广告等方面实现规模经济；

(8)技术变革速度(新产品、新性能、工艺革新等方面)；

(9)竞争范围(当地性、区域性、全国性、国际性、全球性)；

(10)市场增长速度以及行业生命周期阶段(导入期、成长期、成熟期、衰退期)；

(11)行业的盈利水平；

(12)行业中的某些活动是否存在学习曲线和经验曲线。

研究并把握行业的经济特性对公司战略的制定具有重要的意义。例如，在完全竞争的行业中，众多企业生产同质性产品，市场没有任何进入和退出壁垒，企业是单纯的价格接受者，任何企业对价格都没有控制能力。企业对市场供求变化做出反应但不能影响整个市场的供求水平，最多只能取得正常利润，并且社会福利实现最大化。因此，如果一个行业的结构为完全竞争，那么不仅企业的行为是确定的(价格接受者)，而且企业的利润也是确定的(正常利润)。而在寡头垄断的行业，只有少数几家厂商供应该行业全部或大部分产品，进入和退出壁垒明显，每个厂家的产量都占有市场总量的相当份额，对产量和市场价格可以产生举足轻重的影响。寡头企业为了追求利润最大化，往往可以通过限制产量等方式来影响市场供求，提高价格，获取超额利润而非正常利润，并使得社会福利低于完全竞争条件下的社会福利。再如，如果公司所在的行业，其产品的更新换代主要依靠技术升级，那么行业中的各个企业往往会在研发方面投入大量的资本和时间，以求在技术能力和技术创新上与竞争对手保持一致，跟上行业技术的发展速度，这样，产品不断创新的战略就成为此行业中企业生存的前提条件。

二、行业的关键成功要素分析

企业在对外界环境进行战略分析时可能存在大量需要研究的问题，由此使得多数组织可能会被这一庞大的战略分析工作所淹没。因此，研究那些能够潜在影响企业战略的众多因素需要一种分析方法。就此问题，日本战略家大前研一(日本麦肯锡咨询公司前任董事长)提出：通过识别常常影响公司目标实现的关键成功因素来简化行业分析，然后再利用这些关键因素对那些特别重要的环境问题进行集中研究和讨论。他认为，当缺乏劳动力、时间资源以及资本资源时，公司能够集中开展一些组织认为对其“成功”有重要影响的关键活动是非常重要的——从另一个角度来说，就是公司应把所拥有的资源集中于最有可能获得成功的特定业务。

1. 识别行业中的关键成功因素

行业的关键成功因素(Key Success Factors, KSF)是那些影响产业成员在市场上最大限度地获利的关键因素。关键成功因素是面向某行业中的所有企业，而不是仅仅适合于某个企业的战略发展。关键成功因素分析是一个企业基于市场、竞争对手和自身的客观实际对企业的内在优势与劣势、外在机会与威胁所做出的客观评价，并以此进行战略定位和指导企业成本战略的实施。如何确定某个影响因素就是行业关键成功因素呢？一些战略家和评论家认为就是要考虑影响企业使命与目标的潜在因素。大前研一(Kenichi Ohmae)认为，识别关键因素不仅要关注行业中组织自身所拥有的资源，而且还应考虑组织所处的竞争环境，并提出有助于识别行业中关键因素的“3C”(Customer, Competition, Cooperation)分析原则。

(1)顾客。谁是我们的顾客？谁是我们的潜在顾客？我们是否主导了某些特定的市场？顾客为何购买我们的产品？又为何购买竞争者的产品？

- 价格。市场是否按低价、中等价还是高价划分？

● 质量。一些顾客愿意为实际上或可见的质量差别支付更高的价格，是否可以成为企业获取成功的一个途径？例如，有机蔬菜。

● 服务。是否一些顾客想得到有价值的服务而另一些顾客仅仅想购买产品？例如，时髦商品零售商和一般服务商店。

(2)竞争。组织是否能够击败竞争者或者至少能够在竞争中生存？使竞争对手非常成功的资源和拥有顾客的原因是什么？组织在质量、价格等方面如何与竞争者相比较？组织拥有的分销网络较之竞争对手是否更强大？

● 成本比较。哪家企业的成本最低？为什么？例如，20 世纪 90 年代中期的日本丰田公司。

● 质量问题。哪家企业的产品质量最高？为什么？高到何种程度？

● 价格比较。哪家企业的价格最高？如戴姆勒—奔驰从不生产低价汽车。

● 分销商。哪家企业拥有最好的分销商、最低的成本、最快的速度？具有竞争力的分销商是否了解企业的产品或服务？

(3)合作。我们拥有哪些资源？它们与竞争者的资源相比又如何？它们向顾客传递了什么？我们的成本主要集中在哪里？

● 规模经济。是否存在这样的情形？它有多重要？如大规模的石油化工精炼企业(如荷兰皇家壳牌)。

● 低成本运作。我们是否是低成本运营？与竞争者相比又如何？如沃尔玛在超市行业。

● 质量水平。顾客是否需要一致且可靠的质量？我们在竞争中处于什么位置？

● 劳动力成本。为了竞争，企业是否依赖于低劳动成本？例如，飞利浦为了获取低劳动成本将其生产转移到马来西亚和中国。

● 革新能力。行业中的技术革新是否依赖于企业的创造能力？例如，计算机芯片制造商英特尔、计算机软件公司微软。

● 技术和专利。行业是否依赖于专业化技术，尤其是获得专利的技术，才能获得持续的竞争优势？

2. 常见的关键成功因素

(1)与制造相关的 KSF。

①低成本的生产效率(取得规模经济，获得经验曲线效应)；

②低成本的产品设计和产品工程(有效降低制造成本)；

③固定资产的利用率高(对于资本密集型或高成本的行业尤其重要)；

④能够获得足够的娴熟劳动力；

⑤劳动生产率高(对于劳动力成本很高的商品而言尤其重要)；

⑥低成本的生产工厂定位。

(2)与技术相关的 KSF。

①在产品生产工艺过程中创造性地改进技术的能力；

②基础科学研究技能；

③产品革新能力；

④在既定技术上的专有技能，如利用互联网发布信息、承接业务订单和提供服务的能力。

(3)与技能相关的 KSF。

①员工素质高，专业能力出色(对于诸如咨询、投资顾问、会计师事务所等专业服务型企业

尤其重要）；

②优良的专有设计技能（对于时装等行业尤为重要）；

③质量控制诀窍；

④创造性地改进和开发产品的能力；

⑤快速将新产品成功推向市场的能力；

⑥组织能力；

⑦完善的信息系统；

⑧拥有较多的诀窍和经验；

⑨对市场环境变化的快速反应能力。

（4）与分销相关的 KSF。

①拥有企业的分销渠道和网络；

②拥有强大的批发分销商或特约经销商网络支持；

③能够获得零售商充足的货架空间；

④能够使分销成本控制在一个相对较低的水平上；

⑤及时、快速、高效的物流配送系统。

（5）其他类型的 KSF。

①专利保护；

②总成本领先或很低；

③消费者中享有良好的声誉和形象；

④便利的设施选址（对很多的零售业务非常重要）；

⑤获得财务资本支持的能力。

3. 关键成功因素分析的战略意义

每个企业所拥有的资源无疑总是有限的。一个健全的企业战略应该包括这样一种努力：要在所有的关键成功因素都有能力，并且在至少一个 KSF 上拥有超越竞争对手的能力。由此可见，识别、明确行业的关键成功因素具有重要的战略意义。如果一个企业的战略管理者能够敏锐地洞察所处行业的 KSF，使企业的战略有效地建立在本行业的 KSF 之上，那么该企业就可以在此后的战略实施过程中通过不断地强化这些关键因素来获取持久的竞争优势。

由于不同的行业在生产条件、生产工艺、制造过程和营销等方面都存在明显的不同，所以其关键成功因素也会随之不同，甚至在相同的行业中，也会随行业驱动因素（如营销革新、技术进步、产品创新及行业长期增长率的变化等）和竞争环境的变化而变化。对于某个特定行业而言，在某一特定时刻，关键成功因素一般不会超过 3－4 个。而且在这 3－4 个关键因素中，还有一两个因素居于较重要的地位。所以，企业战略管理者要避免将不够重要的因素视为关键因素，否则势必会扰乱战略管理层对关键要素的聚焦。

三、行业竞争结构分析

行业竞争结构是决定行业竞争激烈程度的根本因素，不仅影响企业的竞争行为，而且决定企业的获利能力。因此，对行业竞争结构的分析是行业及其竞争分析的重要组成部分，对于企业制定战略至关重要。

哈佛商学院迈克尔·波特教授（Michael Porter）认为，不同行业中的竞争状况不会完全一致，但竞争过程中的作用方式是相似的。在一个行业中，存在着五种基本的竞争力量，这五种力量的此消彼长和共同作用决定了该行业的竞争强度和盈利能力。这五种力量包括:(1)现有企业之间的竞争强度;(2)潜在进入者的威胁;(3)供应商的议价能力;(4)买方的议价能力;(5)替代品的威胁。图2—3所示的波特"五力模型"不仅是一个非常实用且应用最广泛的行业竞争分析工具,也是相对而言较为容易理解和应用的工具。

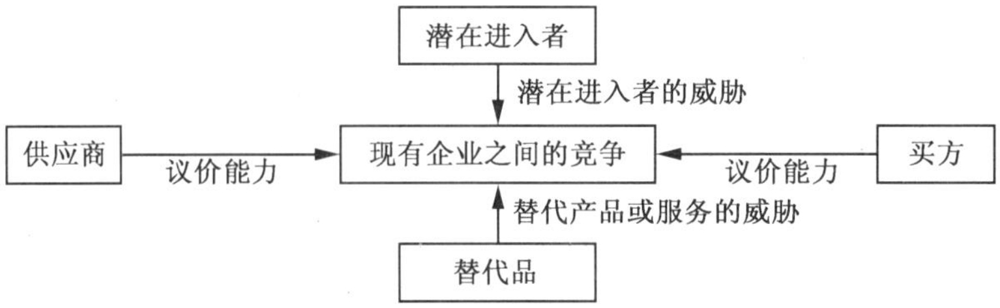

图2—3　波特的五种竞争力量模型

1. 现有企业之间的竞争

对大多数行业而言,竞争状态和一般获利能力主要取决于行业内现有企业之间的竞争。行业内现有企业之间的竞争是五种力量中表现得最直接、最直观和最重要的威胁因素。企业间竞争一般采用两种方式:价格竞争和非价格竞争。价格竞争,其竞争核心是价格——通过降低价格,减少毛利率,侵蚀利润,由此导致大多数企业赢利减少甚至亏损,这是最惨烈的竞争方式。非价格竞争,其竞争核心围绕着革新产品、提高产品质量和性能、加快新产品开发、增加服务内容、强化广告、提升企业和产品形象等差别化因素。行业内现有企业之间的竞争强度会随行业的不同而不同,有些非常激烈,有些则相对缓和。竞争的激烈程度主要与下列因素有关:

(1)行业内现有企业的数量和规模。

当一个行业内的企业为数众多,且各自的规模和能力相当时,竞争将会激烈。这种激烈不仅因为众多的企业都要在总需求确定的市场中占有一席之地,更因为企业数量众多,行业内难以形成一个良好的秩序,各企业为抢占更多的市场份额或取得更高的利润而进行恶性竞争的可能性大大增加;相反,当行业内企业为数较少,且它们在规模和能力方面相差悬殊时,竞争则会缓和。

(2)行业增长缓慢。

如果行业增长快速(如行业处于成长期),市场容量不断地增大,市场空白点很多,每个企业都有获得增长的机会和空间。企业无须去挖竞争者的客户,只要关注如何充分利用自己的资金和资源优势来发展自己,市场竞争相对缓和。如果行业增长速度缓慢(如行业进入成熟期),"蛋糕"难以继续做大,力图增长的企业必须从对手手中抢夺市场份额。这种瓜分既定大小"蛋糕"的过程往往十分激烈,容易引发短兵相接式的价格战、促销战。

(3)固定成本或库存成本高。

竞争对手对市场份额争夺的激烈程度不仅取决于行业的增长速度,而且与它们的成本结构密切相关。如果固定成本占总成本的比例很高,那么在达到全部生产能力或接近全部生产能力时,单位成本就会达到最低,因为增加产量可以分摊固定成本。与此相对应,没有使用的生产能力则会增加成本,减少收益,因为分摊固定成本的产量减少了。在这种情况下,一旦市场需求下降,生产能力利用率降低,成本上升的压力就会迫使企业采用直接降低价格或其他价格折让、回扣以及其他促销策略,进而加剧竞争。同样,当库存成本高,为了尽快地销售积压的商品，企业不顾成本，在市场上降价抛售其产品时，也会使竞争压力增大。

(4)产品差异化程度小。

当众多竞争对手向市场提供的产品或服务差异化程度小时，购买者在挑选产品时将以产品的价格和服务作为标准，由此导致企业间产生激烈的价格竞争和服务压力。我国目前的粮油加工、化工、钢结构、计算机组装行业基本上属于上述情况。实际上，像价格战之类的竞争是非常不可取的。一个企业的降价行为很快被同行的竞争对手模仿，结果往往使企业陷入自相残杀的局面，进而使行业中所有企业的收入水平降低；相反，在产品高度差异化的行业（如制药、香水、饭店、管理咨询服务公司），即使有众多公司，但在竞争、价格方面的竞争强度却很弱。

(5)生产能力过剩和退出壁垒高。

由于需求和供给的不断变化，诸多行业的获利能力呈现周期性的变化。当生产能力过剩时，企业常常通过降价来吸引新的业务，以便在更大的销售额中分摊固定成本。生产能力过剩既可能是周期性的，也可能是过度投资和需求下降引起的结构问题的一部分。在后一种情况下，过剩的生产能力为什么没有从现有行业转向其他行业而减缓竞争？这取决于行业的退出壁垒。所谓退出壁垒，就是指阻碍过剩生产能力离开所在行业的成本及其他方面的因素，主要包括以下几种：

- 高度专门化的固定资产——专门用于特定的经营业务或地点的资产，其拆除成本高，或环境清洁成本高，或清算价值低，或转换成本高，如石油精炼设备、输油管道、水轮机组等。

- 高昂的退出成本——这种成本包括解雇员工需按劳动合同或劳动合同法规定支付的赔偿和安置费用、设备零部件维修费、大量的库存物品以及由于纵向一体化所形成的原材料加工基地与市场网络等。

- 与企业其他业务的战略关系密切——企业内的某一经营单位与其他经营单位的战略关系表现在许多方面，如市场营销能力、设备分享、产品形象等。如果其中某一单位退出其所在行业，就会破坏这种战略协同关系。

- 感情及心理障碍——考虑到对过去业务的熟悉与执着、对雇员的忠诚、对自己事业的担忧等原因，管理者不愿从纯经济的角度理性地做出退出决策。

- 政府和社会的约束——地方政府考虑到失业问题和对地区经济的影响，有时会出面反对企业或劝阻企业放弃或退出所在行业。这种现象不仅在我国存在，而且在西方许多国家或地区也不同程度地存在。

由于退出壁垒高，过剩的生产能力不能及时离开本行业，那些在竞争中处于劣势地位的企业无法放弃经营，因此导致过剩生产能力持续上升，进而致使整个行业的利润保持在较低的水平。

(6)高额的战略利益。

如果行业内的某些企业为了在该领域内获得成功而不惜下大赌注，那么行业内的竞争将会更加变化多端。例如，一个多元化经营的企业为了达到其整体战略，会不惜代价取得在某特殊行业内的成功。在这种情况下，这些公司的目标不仅多种多样，而且常常发生变化，因为它们实施的是扩张性的目标，并且为此不惜牺牲短期或局部的获利能力。

2. 潜在进入者的威胁

新进入者是指很有可能即将进入某一行业的企业，是行业现有企业的潜在竞争对手。潜在竞争者一旦进入，就会带来新的生产能力，瓜分现有企业的市场份额，降低市场集中度，从而加剧行业竞争，降低行业利润。

一般来说，新进入者进入某一行业的诱因是该行业或该行业中某些企业正在赚取高于正常的利润。如果没有任何阻碍，只要该行业存在超额利润，进入就会继续下去，直到该行业的利润趋于正常水平。当然，进入总会产生进入成本。如果进入一个行业的成本高于可能获得的利润，进入就不会发生；如果进入成本低于进入收益，进入就会发生，直到进入收益低于进入成本。

新进入者的威胁状况取决于进入壁垒的高低和行业现有企业的预期反应。如果进入壁垒高，现有企业强烈反击，潜在进入者就难以进入该行业，而且即使能够进入也会处于不利的竞争地位，这样进入者的威胁就小；反之，进入者的威胁就大。

(1)进入壁垒。

决定进入壁垒的主要因素包括规模经济、产品差异、资金需求、分销渠道、与规模无关的成本优势、政府管制、转换成本。

①规模经济(Economics of Scale)。规模经济是指企业在一定时期内生产的产品增加时，单位产品的制造成本下降的现象。当行业内现有企业都已达到一定的规模，那么规模经济会阻止新进入者进入，因为潜在进入者如果以较小的规模进入，他们则会处于不利的成本地位；而如果以较大的规模进入，他们则又会面临行业现有企业的猛烈反击。这两种情形会使新进入者却步不前。潜在进入者遭遇的与规模相关的壁垒不仅存在于产品制造方面，还存在于其他诸多方面，如市场营销、研究与开发、原材料采购、广告、售后服务、财务融资等。

与此同时，对于减少规模经济作用的竞争因素，企业也应予以足够的关注。尤其是自20世纪90年代世界进入信息网络时代以来，信息技术成为企业的一种新的强有力的竞争手段，以及企业进行高效益、高效率、高速度运营活动的理论和方法。信息技术和信息系统的发展和广泛应用对企业竞争环境及企业竞争战略产生了巨大的作用与影响。CAD(Computer Aided Design，计算机辅助设计)、CAM(Computer Aided Manufacturing，计算机辅助制造)、CIMS(计算机/现代集成制造系统)，尤其是柔性制造技术(FMS)等信息技术的应用，促成企业设计、开发、制造、营销及管理的高度集成化，加快了企业产品的改进更新和技术创新，使企业能以接近大规模生产的成本实行个性化、小批量、多品种的生产。戴尔就是其中的一个典型案例。它借助建立在计算机技术上的新制造技术，能以大规模生产的低成本为顾客提供一对一的定制产品和服务。如今，越来越多的企业在为大量的小顾客群体定制产品。这些企业不是将注意力集中于规模经济，而是聚焦于对顾客需求变化的快速反应。

②产品差异(Product Differentiation)。对于那些存在产品差异的行业，现有企业可能由于过去的广告、产品特色、顾客服务或率先进入该行业而赢得了商标信誉和消费者对其品牌的忠诚，因此具有超过潜在进入者的优势。潜在进入者在进入高差异化的市场时，要克服消费者对原有企业品牌的认同和消除对他们原有产品的忠诚度，增加消费者对自己品牌的认知，从而购买自己的产品，这样势必需要投入大量的资金用于产品的开发、广告、分销渠道建立，而且常常还需通过让价来竞争。即使这样，建立自己的品牌认同和顾客忠诚也非一朝一夕之功，因为是一个缓慢且代价高昂的过程，由此使得新进入者在初始阶段往往要承受亏损的压力，而且这种状况可能还要延续相当一段时间。也就是说，新进入者在建立品牌认同和消费者忠诚上的投资有着特殊风险，一旦进入失败，便会血本无归。

③资金需求(Capital Requirement)。成功进入某一行业所需的资金和其他资源要求越高，则其行业进入壁垒就越高，符合条件的进入者就越有限。制造工厂及设备、产品研究与开发、原材料采购和产成品库存、分销系统建立、广告与促销等都需要大量的资金投入。其他资

源要求还有技术、专业技能和诀窍、足够的劳动力、客户服务等。甚至在有的行业中，由于建立一个公司所需的资金量非常巨大，因此除最大的公司之外所有的公司都望而却步。如大型喷气式客机制造行业，就一直为率先进入该市场的波音和空中客车双寡头所垄断，受到建立这样的风险投资企业的极高成本的保护。

④分销渠道(Distribution Channel)。新进入者要想成功进入一个行业市场，还必须获得分销渠道来销售其产品和服务。批发和零售的渠道越少，行业中现有企业越有机会控制这些渠道，其结果是进入该行业的难度也就越大。有时这个壁垒实在太高，新进入者不得不建立自己的分销渠道来克服它。

⑤与规模无关的成本优势(Cost Advantage Independent of Scale)。现有企业可能拥有新进入者无法比拟的成本优势，不管新进入者的规模和可能获得的规模经济如何，都无法达到现有企业的成本水平。这些成本优势大多与生产规模没有直接关系。这些优势可以在专利与专有技术、学习曲线与经验曲线、有利的原材料来源、地理优势、政府补贴等方面为新进入者设置壁垒。而且有时成本优势也能像专利优势一样会合法阻止新进入者，如专利和专有技术。许多行业所必需的技术常常受到专利的保护，或被现有企业严格保密，新进入者无法轻易得到。这不仅能阻止新进入者自由进入该行业，而且也为现有企业带来了难以仿效的成本优势，使得即使成功进入的新进入者仍无法与现有企业处于同等的竞争地位。再如，有利的原材料来源。现有企业不仅占有最优的资源，而且，如果在建立和占有资源渠道时，资源的全部价值还不为人所知，则它们还能以低于其实际价值的价格获取这些资源。新进入者要想获取同样的资源，付出的代价就高昂得多。

⑥政府管制(Government Control)。政府可以通过进入许可和原料限制等方式阻止或拒绝潜在竞争者的进入，像事关国计民生的行业(如金融、通信、交通、能源、医药)、公共事业(如公交、水电、广播电视)以及对财政收入有着重要影响的行业(如烟、酒)，政府无一不是实行严格的许可和准入制度。在国际贸易中，设置各种各样的关税和非关税壁垒以阻止或限制他国产品进入本国，也是在世界许多国家或地区普遍存在的现象。此外，一些准官方机构和行业协会也能发挥同样的限制作用。如律师资格、注册会计师、执业医师制度便是对这些行业潜在进入者的一种限制。

⑦转换成本(Switching Cost)。这是指购买者将一个供应商的产品转到另一个供应商的产品所支付的一次性成本。它包括重新训练业务人员、增加新设备、检测新资源的费用以及产品的再设计等。如果这些转换成本高，那么新加入者必须为购买商在成本或服务上做出重大的改进，以便购买者可以接受。

(2)现有企业的预期反应。

正如上面所述，新进入者会带来新的生产能力，抢占资源，瓜分市场份额，加剧竞争，损害现有企业的既得利益，现有企业对进入者一般都会做出反应。如果预期现有企业会容忍进入，或者只会作消极抵抗，进入成功的可能性就大；反之，如果预期现有企业很可能采取猛烈的反击报复，则进入成功的可能性就小。

3. 供应商的议价能力

按照波特的观点，供应商的议价能力主要体现在两个方面：一是提高价格；二是降低产品和服务质量。在这两种情况下，如果下游产业不能将供应商提供的成本反映到产品价格上，则它的利润就会因供应商的行为而降低。供应商的议价能力越强，对下游产业的威胁就越大。供应商议价能力的强弱取决于供应商所提供产品的重要性和其所处行业的市场条件。如果供应品市场属于完全竞争市场，供应商的力量就弱；反之，供应商的力量就趋强。波特指出，在存在下列条件时，供应商具有强大的议价能力：

(1)供应商的集中化程度：上游产业即供应商所在行业，由少数企业控制，而且比下游产业更集中。如计算机芯片市场一直被英特尔公司所垄断。因此，英特尔依靠其高度的垄断地位，通过高价销售，快速推出换代产品等方式从计算机生产企业和用户手中赚取了大量的超额利润，而计算机生产企业又无其他选择，只好被动接受。

(2)供应商产品的差异化程度：供应商产品的高度差异化甚至是独一无二的，下游企业难以找到其他的供应来源，或者存在较高的转换成本，下游企业对供应商存在依赖关系，供应商议价能力就强。转换成本是指购买者将一个供应商的产品转换成使用另一个供应商的产品所支付的一次性成本。这种转换成本包括雇员的再培训费用、购置新的辅助设备的费用、测试某项新验证或新的来源是否合格所需的花费以及产品再设计的成本等，甚至还包括中断关系的心理成本。买方的转换成本越高，供应商的议价能力就越强。

(3)供应商产品与替代品的竞争程度：供应商不受替代品的威胁。

(4)供应商产品的重要程度：该企业本身并不是供应商的重要客户。

(5)供应商前向整合/后向整合的能力：如果供应商有可能前向一体化，这样就更增强了它们对本行业的竞争压力，使自身议价谈判的筹码更重；反之，制造商越有能力向后整合，则供应商的谈判力量就越小。供应商可能前向一体化，进入下游企业所在的行业。如果供应商手中握有相当的资源并且提供的产品高度差异化，则这种可能性会更大。

(6)供应商产品的销售额度：对供应商来说，所供应的行业无关紧要，在供应商向一些行业销售产品且这些行业在其销售额中不占比例时，供应商更易于应用他们讨价还价的能力；反之则反是。

4. 买方的议价能力

同样地，买方也可以迫使供应商降价，要求更高的产品质量和更多的优质服务。他们往往会利用各供应商之间的竞争来提高自己的议价能力，压缩供应商所在行业的利润。上述使供应商议价能力变得强大的条件也反映出那些使买方变得强大的条件。按照波特的观点，在下列条件下，买方具有强大的议价能力：

(1)购买商的集中程度：集中购买或大规模的购买，且买方的数量有限。

(2)产品差异化程度：买方从行业中购买的产品是标准化的或无差异的。

(3)购买产品所占比例：买方从行业中购买的产品占其自身全部成本或购买费用的比重很大。

(4)购买上的盈利程度：买方生产的产品利润较低，在购买时对价格非常敏感。

(5)购买商的转换成本：买方的转换成本低，可以随意从其他任何供应渠道购买所需产品。

(6)购买商前向一体化能力：买方具有前向一体化的动机和能力进入该行业，生产自己所需要的产品。

(7)购买商掌握产品的信息程度：买方掌握全面而充分的信息。买方当掌握有关市场实际价格、需求动态，甚至供应方制造成本等全面而充分的信息时，就能拥有较强的议价能力，在双方交易时争取优惠的价格，加大对该行业的竞争压力。

(8)购买商对产品的重视程度：销售商的产品对购买商的产品质量或服务无关紧要。如果销售商的产品对购买商的产品质量影响很大，则购买时一般在价格上不太敏感。

5. 替代品的威胁

替代品是指那些与本行业产品具有相同或相似功能的产品。几乎所有行业都面临替代品的威胁，有些替代是经济因素引发的，如人们用人造革替代皮革，用人造蟹肉替代天然蟹肉；有些替代是原材料短缺引发的，如用各种化学纤维替代棉麻；有些替代则是技术进步的结果，如晶体管替代真空管，彩色显像管替代黑白显像管。从替代品的作用看，有的只起短暂的补充作用，如上述第一种替代；有的可能是永久性的，并由此导致某个行业的衰退甚至消亡，如上述第三种替代。随着现代科学技术的日新月异以及顾客需求的快速变化，新产品、新材料、新服务不断地涌现，越来越多的行业感受到替代品的巨大威胁。如邮政行业的信件、电报、电传等传统业务遭受到电子邮件、传真机、移动电话的严重侵蚀，广播、电视、报纸等传统的媒体业务受到互联网的越来越多的威胁。

虽然替代品是广泛存在的，但是对不同行业的影响程度并不相同。当一个行业只有少数几家企业且市场范围有限或难以迅速增加供给时，替代品的威胁会更大。概括而言，替代品的威胁强度主要取决于以下几个方面的因素：

(1)替代品在价格方面的吸引力。

一般而言，相同功能的产品的竞争优势在于其性价比。如果替代品的价格比行业产品的价格低，则对行业中的企业就会带来降价的竞争压力，从而限制、压缩行业的利润空间。

(2)购买者的转换成本低。

在前面分析供应商的议价能力时，我们曾对转换成本的概念及其主要构成给予了解释，它同样适用于对替代威胁的分析。也就是说，转换成本越低，替代的威胁就越大。

(3)替代品在质量、性能和其他一些重要属性上的满意程度。

购买者在做出购买决定时往往都会对产品的质量、性能、价格进行比较。如果替代品的质量、性能不比现有产品差，甚至更好，那么替代品势必会给行业中的现有企业带来竞争压力，迫使行业中的企业增加相应的投资，改进产品质量、性能并努力说服购买者，让它们信任和继续使用它们的产品。

因此，替代品的价格越低，质量与性能越好，购买者的转换成本越低，替代品的威胁就越大。

第四节　竞争对手分析

一、主要竞争对手分析①

竞争对手是企业经营行为最直接的影响者和被影响者，这种直接的互动关系决定了竞争对手分析在外部环境分析中的重要性。分析竞争对手的目的是了解每个竞争对手的战略目标、可能采取的战略以及可能实施战略的方法；了解竞争对手所拥有的资源和能力；了解各竞争对手对其他公司的战略行动可能做出的反应，以及各竞争对手对可能发生的产业和环境的变化做出的反应等。

根据迈克尔·波特教授对竞争对手的分析模型，对竞争者的分析有四种诊断要素，即竞争对手的长远目标、竞争对手的假设、竞争对手的现行战略和竞争对手的能力(见图2—4)。

① 李春波．企业战略管理[M]．北京：清华大学出版社，2011.

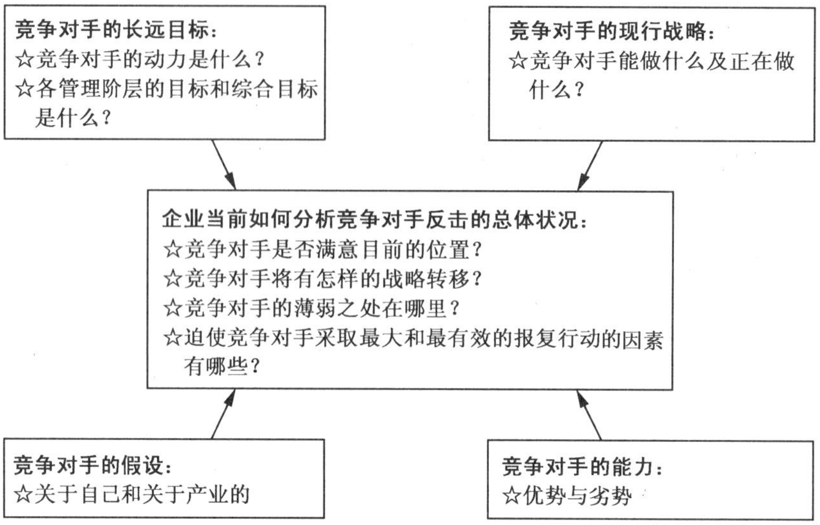

图 2—4　竞争对手分析要素

(一)竞争对手的长远目标

对竞争对手长远目标的了解可预测每位竞争对手对其目前位置是否满意,以及竞争对手的发展方向,由此预知这个竞争对手将如何改变战略以及对于外部环境的变化或对于其他公司战略行动的反应能力,进而预测竞争对手采取的战略行动的实质和成功的希望,并有助于解释竞争者所采取的行动的严重性。例如,一个注重市场竞争地位稳步增长的公司和一个注重保持投资收益率的公司对经济衰退或另一家公司市场占有率提高的反应可能不同。对竞争对手目标的了解也有助于预测它对战略变化的反应,了解竞争者决策层的管理风格和对待风险的态度。在其目标及所面临的上级公司压力一定的情况下,某竞争对手受到某些战略变化的威胁会比其他对手受到的威胁大得多。这种威胁程度将改变报复的可能性。最后,对竞争者目标的了解有助于解释竞争对手所采取的行动的严重性。竞争对手为达到一个中心目标而采取的战略行动绝非偶然。同样,对竞争者目标的了解有助于了解上级公司是否会支持下属公司所采取的行动,确定它是否愿意做下属公司对付竞争对手行动的后盾。

如果竞争对手是某母公司中的一个战略经营单位,则对目标的了解应当是对多级领导目标的了解。公司级的、经营单位级的,甚至职能部门以及个别经理的目标都要了解。

1. 战略经营单位的目标

(1)竞争对手陈述的财务目标与未陈述的财务目标是什么?竞争对手在制定目标时是如何考虑得失的?

(2)竞争对手持何种风险态度?

(3)竞争对手是否存在对其目标有重大影响的经济性或非经济性的组织价值观或信念?是全体成员共有还是仅高层管理人员具有?竞争对手是否企图在市场上成为领先者?是否想当产业的发言人?是否准备成为独立的、有特点的公司,或当技术潮流的引领者?竞争对手是否具有信奉某特定战略或职能方针的传统或历史,并且习惯性地把它写进目标?是否对产品设计有严格要求?是否对地理位置有特殊偏爱?

(4)竞争对手的组织结构如何?其结构与企业的战略目标是否匹配?这种结构对诸如资源分配、定价和产品更新等关键性决策的责任及权利是如何分配的?

(5)现有何种控制与奖惩系统？行政人员的报酬如何？销售人员的报酬如何？管理人员拥有股份吗？是否有一个延期补偿系统？如何定期检查执行情况？周期长短如何？

(6)现有何种会计系统和规范？竞争对手如何评估库存？如何分配成本？如何计算通货膨胀？这些会计问题能大大影响竞争对手对经营情况和成本的估计，影响定价方法等。

(7)竞争对手的领导阶层由哪些人构成，特别是谁出任首席执行官(CEO)？他们的背景和经历如何？什么样的年轻管理者将受到奖励？他们明显强调的是什么？公司招聘外来人员是否意味着他们将转变方向？

(8)领导阶层对未来发展方向有多大的一致性？领导阶层内的派系主张不同的目标吗？

(9)董事会成分如何？是否有足够的产业外人员并带来外部行之有效的观点？董事会中有何种产业外人员？他们的背景及其有关公司情况如何？他们如何经营自己的公司？他们的利益何在？

(10)什么样的合同义务可能限制公司的选择余地？是否存在某些债务，限制了某些可能的目标？是否由于许可证的转让或合资合同带来限制？

(11)当可能对弱小竞争对手的战略行动和扩大市场份额的行为采取报复时，是否存在任何条例、不信任法案，或其他政府或社会限制？竞争对手在过去面临过不信任问题吗？由于什么原因？达成任何一致判决吗？

(12)竞争对手企业的公司文化及其影响。公司文化反映了企业的宗旨和目标，从这一宗旨和目标可以提供竞争对手的战略类型和实现方式。

2. 母公司与战略经营单位的目标

如果竞争对手是某个较大公司的一个战略经营单位，其母公司很可能对这个单位有所限制或要求。这种限制或要求对预测它的行为非常关键。除以上讨论过的问题外，还需回答下列问题：

(1)母公司当前的经营状况(销售增长率、投资收益率、市场占有率等)如何？

(2)母公司的总目标是什么？从这一点出发，母公司需要它的战略经营单位做什么？

(3)一个战略经营单位在母公司的总体战略中有何重要的战略意义？母公司将该单位产品视为“拳头产品”，还是视为边缘产品？该部门的产品在母公司多样化组合中的位置何在？是处于成长期而作为母公司未来的关键产品之一，还是成熟、稳定的产品从而作为现金的来源？业务经营单位在战略上的重要性对所要达到的目标有何关键性影响？

(4)母公司为何要经营某项产品(为了剩余资源、纵向联合需要，或为了开发销售渠道以及为了加强市场开发的力量)？这方面的情况为母公司进一步提供如何看待该业务部门的贡献，以及对其战略地位和行为可能施加的压力等方面的信息。

(5)某业务经营在母公司多样化经营组合中与其他业务的经济关系如何(纵向联合、相互补偿、分担、分享研究开发和营销渠道)？这种关系在母公司对某经营单位的特殊要求中意味着什么？

(6)整个公司高级领导阶层持何种价值观或信念？他们想成为所有经营品种技术上的领先者吗？

(7)母公司是否打算将用于其他战略经营单位的基本战略同样用于这一单位？

(8)竞争对手的业务部门所面临的销售目标、投资收益障碍以及资金限制情况如何？

已知某部门和其他兄弟战略经营单位的经营状况及母公司为它设置的目标，它能在与兄弟部门竞争以获取母公司资金的过程中成功吗？该部门是否足够大或具有足够的资源和潜力取得母公司的注意和支持？母公司对战略经营单位的分权程度如何？其兄弟部门的资金投资额的要求是多少？已知母公司对各个部门的重视级别以及分红后可用资金的估计，该部门能分得多少资金？

(9)母公司的多样化计划如何？公司是否正计划进入其他消耗资金的领域？或者进入那些意味着今后将长期把重点放置其中的业务领域？母公司是否会由于有增效机会而转向支持该部门？

(10)母公司的组织结构提供了何种关于该经营单位在母公司眼中的相对状态、地位以及目标等方面的线索？该部门直接向总裁报告还是向有影响力的公司副经理报告，或者它本身隶属于几个较大的组织实体的一部分？组织中是否已有“新人”负责，还是正处于更换管理者时期？

(11)在母公司总体结构中，如何对战略经营单位领导进行控制和奖惩？检查周期多长？奖金与工资的比例如何？奖金的基础何在？是否为股份持有者？这些问题可以清楚地揭示有关业务部门的目的和行为。

(12)母公司奖励了哪些类型的经理？这表明母公司高层管理者要强化的战略行动，因而也暴露出业务部门的目标。在母公司中，各业务部门的经理人员更换的频率如何？

(13)母公司从何处招聘业务部门领导？现行领导是内部提升的还是从外公司招聘的？现任总经理是从哪个职能部门来的(暗示高层领导可能偏好的战略方向)？

(14)是否存在对某公司整体的不信任法案、条规或社会敏感因素，从而波及和影响其他业务部门？

(15)母公司特别是高层领导是否对这个部门有感情？这个部门的产品是公司最早的产品吗？此部门过去的总经理是否在母公司上层管理机构中工作？是否由现任的高级领导做出合并发展该部门的决策？在这位经理的领导下是否着手进行计划和行动？这些关系都暗示该部门将获得非同一般的注意和支持，同时也暗示撤出障碍。

(二)竞争对手的假设

竞争对手分析的第二个关键性因素是了解每个竞争对手的假设。假设有两类：

(1)竞争对手对自己的假设；

(2)竞争对手对产业及产业中其他公司的假设。

每个公司都对自己的情况有所假设。例如，它可能把自己看成社会上知名的公司、产业霸主、低成本生产者，具有最优秀的销售队伍。这些对本公司的假设将指导它的行动方式和反击方式。例如，如果它自视为低成本的生产者，则它可能规定一个削价条例使价格自行降低。

正如竞争对手对它自己的假设一样，每个公司对产业及其竞争对手也持一定的假设。同样，这可能正确，也可能不正确。对所有假设的检验能发现竞争对手的反应，发现管理人员在认识其环境方法中存在的偏见及盲点。竞争对手的盲点可能是根本看不清重大事件何在，也可能是没有正确认识自己，还可能只是很慢地认识自己。找出这些盲点可帮助公司采取不大可能遭到反击的行动或者采取即使有报复也不太奏效的行动。

(三)竞争对手的现行战略

对竞争对手分析的第三个要素是分析竞争对手的现行战略，其目的是了解竞争对手的战略态势，从中分析竞争对手所拥有的资源和能力，以及决策层的思想态度。具体方法是列出每个竞争对手现行战略的清单。一般来说，要了解竞争对手以下方面的情况：

(1)其市场占有率如何？产品在市场上是如何分布的？采取什么销售方式？有何特殊的

销售渠道和促销策略?

(2)其研究开发能力如何?投入资源如何?

(3)其产品价格如何制定?在产品设计、要素成本、劳动生产率等因素中,哪些因素对成本的影响较大?利润如何?

(4)采取的一般竞争战略属于成本优先战略,还是差异化战略,还是集中化战略?

(四)竞争对手的能力

竞争对手的目标、假设和现行战略会反映出竞争对手反击的可能性、时间性、性质及强烈程度,而其优势与劣势,即它的实力将决定其发起进攻或反击的战略行动的能力以及应付所处环境或发生事件的能力。企业内部环境分析要素及方法同样适用于对竞争对手能力的分析。在此分析的基础上,企业要重点考察竞争对手的以下能力:

1. 核心能力

(1)竞争对手在各职能部门中业务能力处于什么水平?最强之处是什么?最弱之处在哪里?

(2)随着竞争对手的成熟,这些方面的能力是否可能发生变化?随着时间的推移,其能力是增强还是减弱?

2. 增长能力

(1)竞争对手发展壮大的能力如何?

(2)从财务角度看,竞争对手在哪些方面能持续增长?

3. 快速反击能力

竞争对手迅速对其他公司的行动做出反应的能力如何?立即组织防御的能力如何?这种能力将由下列因素决定:无约束储备金、保留借贷权、厂房设备的余力、定型的但尚未推出的新产品。

4. 适应变化的能力

(1)竞争对手的固定成本对可变成本的情况如何?未用设备的成本如何?

(2)竞争对手的各职能领域适应或对条件变化的反应能力如何?

(3)竞争对手能否对外部事件做出反应?

(4)竞争对手是否面临退出障碍?

(5)竞争对手是否与母公司的其他经营单位共用生产设备、推销队伍和其他设备人员?这些因素可能会抑制其调整能力或者可能妨碍其成本控制。

5. 持久力

竞争对手支撑可能使其收入或现金流承受压力的持久战的能力有多大?这种能力将由如下因素决定:现金储备、管理人员的一致性、长期的财务目标和是否有来自股票市场的压力。

二、竞争者的市场地位分析①

由于参与竞争的企业通常在产品的价位、档次、分销渠道、特点、覆盖区域上存在着不同,因此使一些企业拥有更强势的、更有吸引力的市场地位。分析行业中竞争公司的竞争地位的最好工具之一就是“战略群地图”。这种分析工具可用于对单个企业的市场地位分析,当某个行业存在相当多的竞争者而很难将其逐一区分时,也可用于具有相似市场地位的集群分析。

① 龚荒.企业战略管理[M].徐州:中国矿业大学出版社,2006.

战略群，又叫战略群组(Strategic Group)，是指由具有相似竞争手段和市场地位的行业内竞争者所组成的企业群体。同一个战略群中的企业在许多方面彼此相似：产品线宽度、价位、档次、分销渠道、目标消费群体、技术手段、服务和技术支持。当所有的卖方执行实质相同的战略并拥有相当的市场地位时，行业里只有一个战略群；另一种情况，当每个竞争者寻求独具特色的竞争手段和拥有明显不同的市场地位时，行业里战略群的数量就与行业内竞争者的数量相当。构造战略群组的过程并不复杂：

(1)确认行业内不同企业具有的竞争特点。典型的变量是价位或档次(高、中、低)；覆盖地域(本地、区域、国内、全球)；纵向产品线的完整性(没有、部分、全部)；产品线宽度(宽、窄)；品牌影响力(高、低)；分销渠道(一个、部分、全部)和提供服务程度(没有、有限、全部)。

(2)根据这些变量的不同特征绘制二元变量图。

(3)将位于相同战略空间的企业安排在相同的战略群中。

(4)每个战略群以圆表示，圆的大小代表其在整个行业销售额中所占的份额。

搜索引擎行业的战略群地图如图 2—5 所示。根据企业的产品线和品牌影响力，把行业内的企业分成三大战略群。百度和谷歌属于一个战略群，天网、TOM、腾讯和阿里巴巴等属于一个战略群，其他的企业属于一个战略群。图中圆圈的大小代表市场份额。

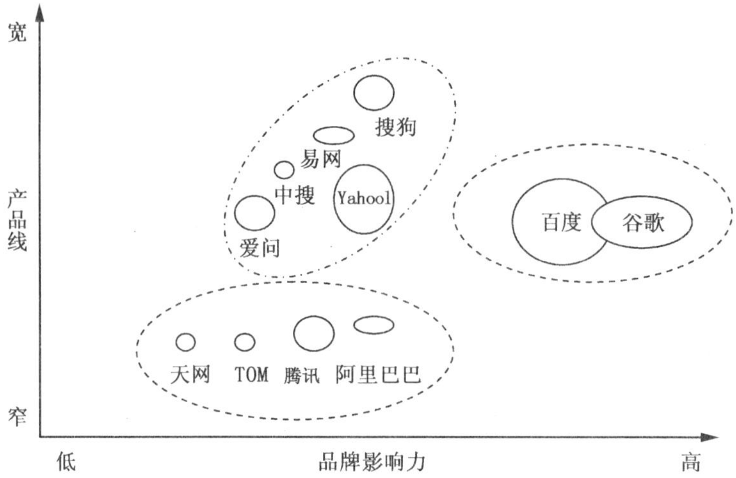

资料来源：龚荒．企业战略管理[M]．徐州：中国矿业大学出版社，2006.

图 2—5　搜索引擎行业的战略群地图

绘制某行业内整个战略空间中各战略群的市场地位图时需注意几个原则：第一，选为坐标轴的两个变量应该不是高度相关的。若它们是高度相关的，则图中圆圈将沿对角线排列，这样战略制定者从这个二维变量图表中所获得的有关竞争者的相对位置的信息就会与从一维变量图表中所获得的信息一样多。比如说，如果拥有较宽产品线的企业采用多分销渠道，而拥有较窄产品线的企业采用单分销渠道，那么，从宽产品线和窄产品线的对比中只能看到"产品定位于何处"，就跟单分销渠道一样，其中一个变量是多余的。第二，被选为坐标轴的变量应该更多地显示出竞争者在市场定位方面的区别。当然，这意味着研究者必须确认不同竞争者的竞争特征，并把这些差异作为坐标轴变量，然后以此为基础判断哪个企业属于哪个战略群。第三，这些被选为坐标轴的变量不一定是可量化的或连续的，它们可以是不连续的，或根据不同的分类组合进行定义。第四，在每个战略群中，按各企业占该战略群销售总量的份额所画出的圆应该能反映各战略群的相对大小。第五，如果有两个以上的竞争变量可以被选为坐标轴，则可绘出若干幅图，以便从不同的角度揭示行业竞争结构中的竞争关系。由于并没有最好的一幅图来描述竞争者怎样确立其市场地位，因此，比较明智的做法是用不同的、成对的竞争变量来尝试。

战略群地图会为企业战略分析提供许多信息。行业驱动因素及竞争压力会对其中一些战略群体有利而对其他一些群体不利。那些地位不利的战略群中的企业会试图转移到一个地位更有利的战略群中，这种改变的难度由目标战略群进入壁垒的高低所决定。

不同战略群的利润潜力在很大程度上由每一个战略群的市场定位的优势与劣势决定。与供应商和(或)顾客的讨价还价或合作的不同程度、与行业外替代品竞争的不同程度、战略群内竞争状态的不同程度，以及每一战略群的忠实顾客群的不同增长率，都形成了企业盈利能力的差异。

总的来说，地图上战略群之间越接近，群体之间的竞争敌对状态越强烈。处于同一战略群的企业是竞争最激烈的对手，处于毗邻战略群的企业次之。一般而言，在战略地图上距离远的战略群中的企业之间没有竞争。例如，梅赛德斯—奔驰和奇瑞都销售汽车，但是它们的顾客和产品的价格、质量很不相同，因此不能称它们为竞争对手；相反，百度与谷歌的竞争就很激烈。

第五节　外部因素评价矩阵

外部因素评价(External Factor Evaluation, EFE)矩阵是对企业外部环境进行分析常用的一种方法。它是由美国战略学家弗雷德·R.戴维在其《战略管理——概念与案例》一书中提出的。EFE 矩阵可以帮助战略管理者归纳和评价宏观环境、行业环境、经营环境等方面的信息。它的主要元素有机会因素、威胁因素、权重、评分，以及在此基础上形成的加权分数和总分数。建立 EFE 矩阵的五个步骤如下：

(1)列出外部环境分析过程中确认的外部因素。因素总数在 10—20 个之间。因素包括影响公司和其所在行业的各种机会与威胁。首先列举机会，然后再列出威胁，要尽量具体，可能时采用百分比、比率和对比数字。

(2)根据各因素的重要程度赋予每个因素以权重数值，从 0.00(不重要)到 1.00(非常重要)。

权重标志着一个因素对于企业在行业中取得成功的相对重要性。机会的权重往往高于威胁，但当威胁因素特别严重时也可取得高权重。确定恰当权重的方法包括对成功的竞争者和不成功的竞争者进行比较，以及通过集体讨论而达成共识。所有因素的权重之和必须等于 1。

(3)按照公司现行战略对各关键因素的有效反应程度进行评分，分值范围为 1—4 分。“4”表示反应很好，“3”表示反应超过平均水平，“2”表示反应为平均水平，“1”表示反应很差。评分反映了企业战略的有效性，因此它是以企业为基准的，而第二步中的权重是以行业为基准的。还有很重要的一点，就是威胁和机会都可以获得 1 分、2 分、3 分或 4 分。

(4)用每个因素的权重乘以其评分，即得到每个因素的加权分数。

(5)将所有因素的加权分数相加，可得到公司的加权总分。

无论 EFE 矩阵包含的因素有多少，一个企业总的加权分数最高为 4.0，最低为 1.0，总加权分数的平均值为 2.5。总加权分数为 4.0，表示现行公司战略对外部环境的机会与威胁做出了最出色的反应。也就是说，企业的战略有效地利用了现有的机会并将外部威胁的潜在不利影响降至最小。而总加权分数为 1.0,则表示公司的战略没有很好地利用外部机会或化解外部威胁。

表 2—1 为一家企业的外部因素评价矩阵的例子。表中的 UST 公司是一家生产无烟烟草的公司。请注意,克林顿政府被视为影响该产业最重要的因素,权重为 0.20。UST 公司并没有采用可以有效利用这一机会的战略,如评分 1.00 所示。总加权分为 2.10,表明 UST 公司在利用外部机会和回避外部威胁方面低于平均水平。

表 2—1　　UST 公司外部因素评价矩阵

关键外部因素	权重	评分	加权分数
机　会			
(1)全球无烟烟草市场实际上还未被开发	0.15	1	0.15
(2)禁烟活动导致需求增加	0.05	3	0.15
(3)无法估计的网上广告的增加	0.05	1	0.05
(4)Pinkerton 是折扣烟草市场的领先者	0.15	4	0.60
(5)更大的社会禁烟压力使吸烟者转向替代品	0.10	3	0.30
威　胁			
(1)不利于烟草工业的立法	0.10	2	0.20
(2)对烟草业的限产加剧了生产竞争	0.05	3	0.15
(3)无烟烟草市场集中在美国东南部地区	0.05	2	0.10
(4)粮食和药物管理局进行的不利于公司的媒体宣传	0.10	2	0.20
(5)克林顿政府的政策	0.20	1	0.20
总　计	1.00		2.10

第六节　竞争态势矩阵

弗雷德·R. 戴维在其《战略管理——概念与案例》中还提出了一种分析方法,即竞争态势矩阵(Competitive Profile Matrix,CPM)。这种分析方法用于确认企业的主要竞争对手及相对于该企业的战略地位,以及主要竞争对手的特定优势与弱点。CPM 矩阵与 EFE 矩阵的权重和总加权分数的含义相同,编制矩阵的方法也一样。但是,CPM 矩阵中的因素包括外部和内部两个方面的问题,评分则表示优势和弱点。4 分表示“强”,3 分表示“次强”,2 分表示“次弱”,1 分表示“弱”。与 EFE 矩阵相比,CPM 涉及多家企业,包括企业自身及企业的若干竞争对手;CPM 中的关键因素更为笼统,不包括具体的或实际的数据,还可能集中于内部问题;CPM 中的因素没有像 EFE 矩阵中那样分为机会和威胁两类;在 CPM 中,竞争公司的评分和总加权分数与被分析公司的相应指标比较,通过比较分析可以得出重要的内部战略信息。

表 2—2 是一个竞争态势矩阵的实例。例子中,广告和全球扩张权重 0.20 为最高,说明是最为重要的影响因素。雅芳和欧莱雅的产品质量的评分为 4,表明其质量好。欧莱雅的财务状况评分为 3 分,表明状况不错。宝洁公司总加权平均分为 2.80,低于雅芳的 3.15 和欧莱雅的 3.25,表明其是整体表现最弱者。

表 2—2 一个竞争态势矩阵

关键因素	权重	雅芳		欧莱雅		宝洁	
		评分	加权分数	评分	加权分数	评分	加权分数
广告	0.20	1	0.20	4	0.80	3	0.60
全球扩张	0.20	4	0.80	2	0.40	2	0.40
财务状况	0.15	4	0.60	3	0.45	3	0.45
价格竞争力	0.10	3	0.30	3	0.30	4	0.40
用户忠诚度	0.10	4	0.40	4	0.40	2	0.20
市场份额	0.05	1	0.05	4	0.20	3	0.15
管理	0.10	4	0.40	3	0.30	3	0.30
产品质量	0.10	4	0.40	4	0.40	3	0.30
总　计	1.00		3.15		3.25		2.80

注：评分的含义如下：4＝强，3＝次强，2＝次弱，1＝弱。

除了表 2—2 中所列的关键因素外，其他因素常常还包括经营产品范围、产品配送效果、专利优势、设备布局、生产能力和效率、经验、劳资关系以及电子商务技能等。

需要特别强调的是，不能因为在竞争态势矩阵中一家公司总得分为 3.2 而另一家公司总得分为 2.8，就认为第一家公司比第二家公司强 20％。数字不是万能的，只反映了公司的相对优势。无论是 CPM 还是 EFE 矩阵，都只是分析方法的一种。用这些方法得到的数字无疑具有一定的参考价值，但不能认为就一定准确。在分析过程中，因素的选择、权重的分配和评分等环节都存有很多的主观因素，会随着分析专家或分析人员的不同而出现差异，因而难以做到准确、真实地反映实际情况。

本章小结

(1)外部环境就是指存在于企业之外、企业无法控制但是会对企业决策和绩效产生影响的外部因素的总和。企业的外部环境从宏观、中观、微观三个视角依次可划分为三个层次：宏观环境(亦称总体环境)、行业环境和竞争对手(亦称经营环境)。

(2)宏观环境是指对所有行业和企业运行都会产生不同程度影响的环境因素。宏观环境因素一般包括政治、经济、社会、技术和生态因素，常用 PESTE 框架予以分析。

(3)行业环境是直接影响一个企业及其竞争行为与反应的一组因素，包括新进入者的威胁、供应商、购买者、替代品和当前竞争对手之间竞争的激烈程度五类因素。这五类因素常被称为波特的“五力”模型，“五力”之间的互动关系共同决定着一个行业的盈利能力。

(4)行业的关键成功要素(KSF)是那些影响行业成员生存和成功能力以及在市场上获取竞争优势的最重要因素。识别行业关键要素应遵循“3C”分析原则，即顾客、竞争、合作。

(5)竞争环境是指与企业的人、财、物、产、供、销、时间、信息等直接发生关系的客观环境，是决定企业生存和发展的基本环境，主要包括竞争者、债权人、消费者、供应商、人力资源五类因素。

(6)外部因素评估(EFE)矩阵是对企业外部环境分析常用的一种方法。EFE 矩阵可以帮助战略管理者归纳和评价宏观环境、行业环境、经营环境等方面的信息。建立 EFE 矩阵的五个步骤如下：①列出外部环境分析过程中确认的外部因素；②根据各因素的重要程度赋予每个因素以权重数值；③按照公司现行战略对各关键因素的有效反应程度进行评分;④用每个因素的权重乘以其评分,即得到每个因素的加权分数;⑤将所有因素的加权分数相加,可得到公司的加权总分。

(7)竞争态势矩阵(CPM)可用于确认企业的主要竞争对手及相对于该企业的战略地位,以及主要竞争对手特定的优点与弱点。

复习思考题

(1)外部环境分析包括哪几个方面?

(2)研究外部环境的一般方法和步骤有哪些?

(3)选择一个行业进行宏观环境分析。在该行业中,哪些是影响行业的关键成功因素?推动变化的主要力量有哪些?

(4)用波特的“五力”模型对一个行业进行分析,对行业的吸引力进行评估。

(5)用 EFE 矩阵对一个行业进行分析。

(6)选择一个企业,利用 CPM 进行分析。

本章案例

易到—神州—滴滴—Uber

中国的易到用车和美国的 Uber 在 2010 年以高端路线几乎同时起步。易到缘起创始人周航。2010 年,彼时 37 岁的周航已是一名成功人士。周航平时不喜欢去上海出差,因为在机场打车带给他的体验极其糟糕。

当大洋彼岸的 Uber 以“共享经济”的理念在国外专车市场星火已成燎原之势时,2014 年年初,Uber 进入中国,专门提供分层次的专车服务。与此同时,易到用车作为国内当时第一家,也是唯一一家网约车平台,初期占据了中国智能用车市场近 90%的份额。两者都是通过互联网移动平台软件招车,后期发展到专车的概念,逐渐演变成高端用户喜爱的出行方式。

2014 年年中,诞生于 2012 年的快的和滴滴在普通出租车服务的基础上也先后推出了专车服务。作为竞争应对,Uber 随后也在中国推出了相对于高端定位之下的“人民优步”,以低于出租车的价格杀入专车市场。2015 年 1 月,神州专车诞生,并通过高优惠政策成为这个新兴市场的一员。竞争对手的迅猛加入,让原本沉寂的专车市场瞬间热闹起来。2015 年 2 月,滴滴和快的宣布联盟;2015 年 4 月,滴滴和快的最终合并成为滴滴出行。

易到采用 O2O 的运营模式,车辆来源一方面为公司购买的自营车辆,另一方面为合作的租赁公司提供。而神州专车采用 B2C 运营模式,提供专车服务的车辆和司机都属于公司。Uber 则采用 O2O 运营模式,车辆来源以私家车加盟为主。滴滴出行也是 O2O 的运营模式,车辆来源为租赁公司,与之采用合作分成方式。

易到作为最早采用互联网叫车的公司,成立初期定位于服务企业和个人的商务出行需求,吸引了一批较忠诚的高端用户群。

随着竞争对手进入专车市场,易到进一步细分市场,在国内 120 多个城市、国外 30 多个城市中,把车型细分为新能源、舒适型、商务型、豪华型、奢华型以及特斯拉,是拥有最多可选车型的公司。

易到前瞻的理念使之先后成功获得四轮融资。2015 年 10 月,乐视携其整个汽车生态战略,带资 7 亿美元控股易到,易到成功实现了具有战略意义的 D 轮融资。由此,易到进一步明确了打造乘客出行完美的生态链,丰富乘客生活体验的战略方向。

滴滴打车与快的打车合并使滴滴出行成为打车市场中的霸主。除最初的出租车之外,滴滴的专车、快车拼车等方式将出行市场做了进一步的细分,每一种产品都对应不同的人群。当初的打车软件已经培养了用户的习惯,操作方式几乎一模一样,让用户们没有陌生的感觉,接受新产品也变得容易。滴滴还拥有快车、顺风车、大巴车等业务,由于滴滴前期培养了用户的使用习惯,对乘客和司机的补贴非常高,因此用户数量庞大。

2015 年 6 月,《中国移动出行应用市场研究报告》统计,滴滴出行用户渗透率高达 81.2%,稳居行业首位。

神州专车定位于中高端群体,主打中高端商务用车服务市场,2015 年 7 月和 10 月分别获得联想、华平 2.5 亿美元和新华资本 5.5 亿美元,共计 8 亿美元的融资。相比前三者,神州专车所选的车型较少,目前的优势在于统一的车载无线网络和较强大的广告宣传攻势。

资料来源:姚小涛,弋亚群. 战略管理[M]. 北京:高等教育出版社,2019:80.

思考题:

如何认识市场环境和行业竞争环境?外部环境对企业可能产生什么样的影响?

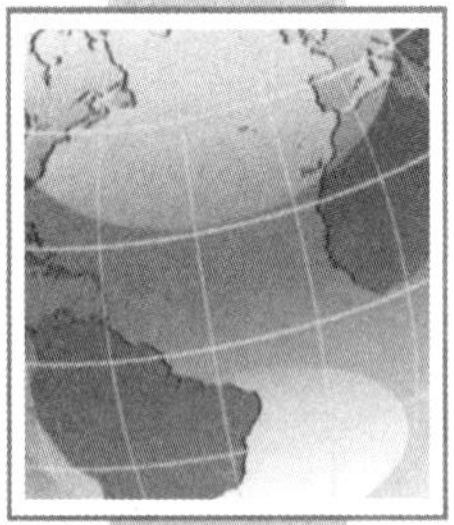

第三章 内部条件分析

【名言警句】

企业就像一个木桶，由各个业务板块构成。决定这个木桶盛水量大小的是最短的那块板子。如果企业想从平凡走向成功，则领导者必须能够发现和补齐使企业“漏水”的最短的那块木板。在这个基础上，企业决策者还要积极发现和发挥“最长的板头”的优势，也就是发挥自己的所有业务资源中比较优势最大的一项，来打造自己的核心竞争力。

——柳传志

以铜为鉴，可正衣冠；以古为鉴，可知兴替；以人为鉴，可明得失。

——李世民

【学习目的】

通过学习本章，你应该掌握以下内容：

☆ 理解资源条件分析的类型、过程；

☆ 能够识别和评估企业资源和能力；

☆ 掌握核心能力的判定标准，如何培育持续竞争优势；

☆ 掌握价值链分析、标杆管理的思想和方法并加以应用；

☆ 能够运用相关资料建立内部因素评价(IFE)矩阵。

【开篇案例】

科大讯飞的成长

科大讯飞成立于1999年12月30日，是我国唯一一家以语音技术为产业化方向的创新型企业，也是国家级骨干软件企业，专业从事智能语音及语言技术研究。科大讯飞是在语音技术领域基础研究时间最长、资产规模最大、历届测评成绩最好、专业人才最多及市场占有率最高的公司，其拥有的智能语音核心技术目前代表世界的最高水平。2008年，科大讯飞在深交所挂牌上市。

作为中国最大的智能语音技术提供商，科大讯飞在语音合成、语音识别、口语评测、自然语言处理等多项技术上拥有国际领先的成果。比如，可以实现人机语音交互，使人与机器之间的沟通像人与人沟通一样简单。基于此，科大讯飞推出了多种产品，从大型电信级应用到小型嵌入式应用，从电信、金融等行业到企业和消费者用户，从手机到车载，从家电到玩具……灵犀语音助手、讯飞输入法更是广受好评的优秀产品。目前，在中文语音技术市场上，科大讯飞已占有70%以上的市场份额，专业领域市场份额高达80%以上。以讯飞为核心的中文语音产业链已粗具规模。

2003年、2011年，科大讯飞两次荣获“国家科技进步奖”；2005年、2011年，科大讯飞两次获得中国信息产业自主创新最高荣誉“信息产业重大技术发明奖”；2006年至2014年，科大讯飞连续九届斩获英文语音合成国际大赛(Blizzard Challenge)第一名。

随着移动互联网“语时代”的到来，科大讯飞率先发布了全球首个提供移动互联网智能语音交互能力的“讯飞语音云”平台，并持续升级优化，引领和推动着移动互联网时代大潮下输入和交互模式的变革。

2014年，随着人工智能时代的到来，科大讯飞推出了“讯飞超脑计划”，目标是让机器不仅“能听会说”，还要“能理解会思考”。

2017年，讯飞机器人在参加国家执业医师考试中得到了456分(满分600分)，在全球首次让人工智能具备了当全科医生的潜质。2017年8月20日，科大讯飞与安徽省立医院宣布共建“安徽省立智慧医院(人工智能辅助诊疗中心)”，这标志着人工智能全面赋能中国医疗的时代正式开启。

科大讯飞在语音技术核心研究和产业化方面的突出成绩引起了社会各界的广泛关注，习近平、李克强等多位党和国家领导人多次亲临科大讯飞视察，对智能语音技术的重大价值及科大讯飞做出的创新工作均给予充分肯定。国家各行业部委和权威机构已将科大讯飞列为“中文语音产业国家队”。

2017年6月，科大讯飞入选《麻省理工科技评论》“2017年度全球五十大最聪明公司”榜单，排名世界第六。《麻省理工科技评论》给予科大讯飞的上榜理由为：“该公司旗下的语音助理技术是中国版的Siri。其实时翻译技术则是杰出的人工智能应用，克服了方言、俚语和背景杂音，可将汉语精准地翻译成十几种语言。”科大讯飞的智能语音技术与机器翻译技术受到高度肯定。

科大讯飞的成长再次证明，自主创新能力决定着企业的核心竞争力。科大讯飞自主创新是以市场需求为导向、以技术进步和人才为核心、以知识产权保护为基础、以文化与机制改革为支撑的创新过程。科大讯飞走出了一条以具有自主核心技术、自主知识产权和自主品牌为显著特征的创新之路。

资料来源：文理等．企业战略管理[M]．北京：中国科学技术大学出版社，2019：87—88.

“知己知彼，百战不殆”。任何一个企业进行战略目标的制定及战略规划的决策时，不但要知彼，而且要知己，即在客观分析企业外部环境的基础上要对企业自身的内部资源、能力加以正确的估计。不断变化的外部环境可能给企业带来了机会，但是只有具备了内部优势的企业，才能够更好地利用这种机会，并将这种机会转化为企业盈利的机会。

企业内部条件的分析，是对企业的各种资源和能力进行系统分析，是企业经营的基础，是企业制定战略的出发点、依据和条件，是竞争取胜的根本。其目的是明确企业所具有的优势和劣势，确定企业能做什么。本章从企业资源、能力角度对企业内部条件进行分析，阐述企业内部条件分析的理论与方法。

第一节 企业资源条件

企业资源是企业经营管理的基础，是战略实施的保证。一个企业的资源条件，直接决定着企业竞争优势的大小。资源分析是从全局来把握企业资源结构和分配、组合方面的状况，形成企业的经营结构，也是构成企业竞争优势的物质基础。图3—1是以资源为基础的战略分析。

一、企业资源的定义及分类

企业资源是由企业所控制或拥有，能参与产品或服务的生产，以满足人类需求的、有形的和无形的、人力的和非人力的所有投入要素。根据企业资源的存在状态，可分为有形资源和无形资源。有形资源是可见的、能够量化的资源，一般可以从企业的财务报表上反映出来，包括财务资源和物化资源。无形资源指除有形资源以外的资源，是企业在长期的经营实践中逐步积累起来的、不容易辨识和量化的资源，包括知识产权、商誉资源、人力资源、组织资源、基础结构资源，如表3—1所示。

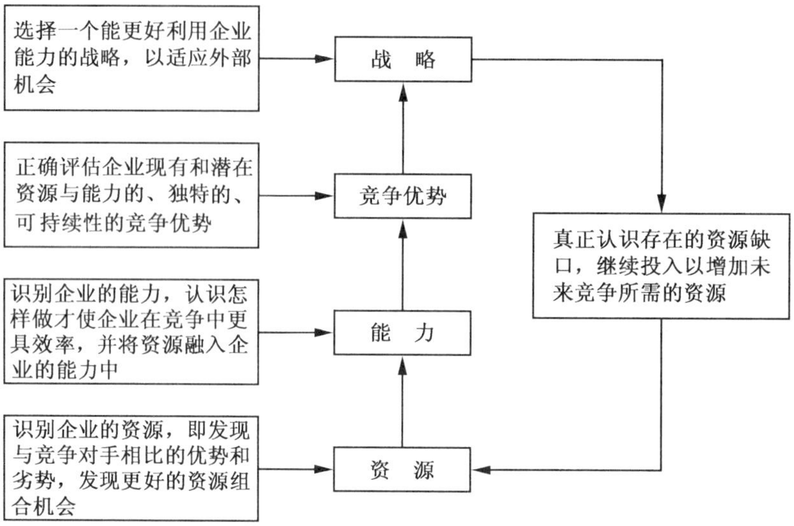

资料来源：段从清．企业战略管理[M]．武汉：湖北人民出版社，2005.

图 3—1　以资源为基础的战略分析

表 3—1　　企业资源的类型

资源类型		主要内容
有形资源	财务资源	现金、股票、融资能力
	物化资源	厂房、机器设备、场地、原料等
无形资源	知识产权	技能、版权、专利、商标
	商誉资源	企业形象、顾客信用、商标知名度、顾客的忠诚度、营销渠道
	人力资源	员工素质、企业家素质、工作士气
	组织资源	企业的组织结构和它的计划、控制、协调系统
	基础结构资源	企业文化、管理制度、管理哲学、管理过程等

二、企业资源分析

（一）资源基础观

企业界和理论界都普遍关注企业竞争优势问题。竞争优势本质上就是指企业相对于其竞争对手拥有的优越条件和地位。这种优越条件和地位既可来源于外部环境因素，如政府的特殊优惠政策、优越的自然地理位置与行业市场优势等；也可来源于企业内部的条件因素，如丰富的资源及较强的资源配置使用能力等。依赖于这种优势，企业的盈利能力高于整个产业的平均值。

20 世纪 80 年代早期，鲁梅尔特的研究表明，“产业中长期利润率的分散程度比产业间的分散程度要大 3 倍到 5 倍”，从而否定了企业竞争优势外生的说法。所以 20 世纪 80 年代以来，人们逐渐从企业层面来探索竞争优势来源问题，产生了以资源为基础的企业观点，即企业资源观或资源基础观。

企业资源观的核心观点是：企业是由一系列资源束所组成的集合，每种资源都有多种不同的用途，企业的竞争优势源自企业所拥有的资源，外部的市场结构与市场机会对企业竞争会产生一定的影响，但并不是决定性的因素。企业是各种资源的集合体。由于各种原因，企业所拥有的资源各不相同，因此具有异质性，正是这种异质性导致企业竞争力的差异。总体来说，企业资源观主要包括三方面内容：企业竞争优势来源于企业的异质资源；持续性的竞争优势源于资源的不可模仿性；异质资源的获取与管理主要来自学习。

(二)企业资源分析内涵

企业资源分析就是对企业资源数量和质量进行评价和分析，以便确认企业是否拥有战略维持和战略延伸的资源。① 在企业战略管理过程中的资源分析，一是要对企业现有资源状况及变化趋势进行分析，二是要对战略期中应增加哪些资源进行预测。

对企业资源的分析不仅包括企业现有资源，还应包括企业通过努力能够获得的支持战略的所有资源。同时，资源分析涉及很多复杂的内容，但那些必需的资源并不一定构成企业独特能力的基础，因而要特别注意分析那些对巩固企业独特能力很重要的资源。②

(三)资源分析过程

企业资源条件的分析，就是确定企业资源状态、资源优势和劣势，以及相对未来战略目标存在的资源缺口等。做好资源分析，可遵从以下步骤：

1. 现有资源分析

对现有资源进行分析是为了确定企业目前拥有的资源量，或是有可能获得的资源数量，包括企业的有形资源和无形资源。经过分析，列出企业的资源清单，在此基础上可以进一步进行资源评价，为战略的制定提供可靠依据。资源清单至少需要包括以下内容：管理人员和管理部门、企业员工、市场和营销资源、财务资源、生产资源、设备和设施资源、组织资源、企业形象资源。

2. 资源的利用情况分析

分析资源的利用情况，主要是分析企业的效率，即产出与资源投入的比率。对企业不同的职能活动要采用不同的指标进行分析，如对营销活动效率的分析可使用销售额与广告费用的比率、与销售费用的比率、与销售人员工资的比率以及与销售场地面积的比率等；对生产活动的分析可使用产出数量与废次品或返工产品的比率等指标。

3. 资源的应变能力分析

对资源的应变能力分析的目的是确定资源配合战略发展的能力，即一旦战略环境发生变化，企业资源对环境变化的适应程度是一种动态的资源观的体现。特别是目前在多变环境条件下的企业，要把分析重点放在那些对环境变化特别敏感的资源上。

4. 资源的平衡分析

资源的平衡分析主要包括四个方面：业务平衡分析、现金平衡分析、高级管理人员平衡分析、战略平衡分析。

5. 资源预测

资源预测是指企业根据实施战略所需的资源量与企业资源的现有量、利用率进行比较，找出所需资源。资源预测除对所需资源数量进行预测外，还要对获得资源的途径以及代价做相

① 张明玉，张文松．企业战略理论与实践[M]．北京：科学出版社，2005.
② 邹昭晞．企业战略分析[M]．北京：经济管理出版社，2002.

应的分析和预测。

总之，通过上述步骤进行企业资源分析，关键是确定企业的资源优势和劣势。理想的状况是：企业的资源优势大大超过企业的资源劣势。进行企业资源分析的主要目的不是列出企业资源的数量、种类和品质清单，而是分析和判定相对于竞争对手企业的资源优势和劣势所在，找出关键因素，进而确定形成企业核心能力和竞争优势的战略性资源。企业应围绕战略性资源进行持续投入，以增加竞争资产，减少竞争负债，全面提高企业的资源基础。

（四）企业资源的可持续性与竞争优势

企业各项资源的可持续性是不一样的，我们可以把它们分成短周期的资源、标准周期的资源以及长周期的资源，如图 3－2 所示。

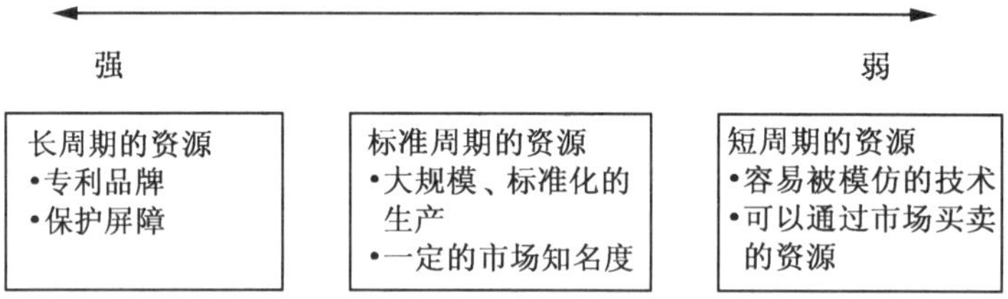

资料来源：李纯．企业战略管理[M]．北京：中国商务出版社，2005.

图 3－2　企业资源可持续的层次

真正帮助企业建立起长期竞争优势的资源往往是那些标准周期和长周期的资源，其无形资源在其中扮演着重要的角色。因此，从战略的角度来讲，企业战略制定者应想方设法将更多的短周期资源发展成标准周期或长周期的资源，唯有如此，才能保持企业长期的战略竞争能力。①

三、战略性资源

企业资源中并不是每种资源对竞争优势的形成都有同等贡献，只有对持续竞争优势的形成起着关键作用的资源才称为战略性资源，其他不能形成持续竞争优势或对持续竞争优势的形成不起作用或不起关键作用的资源称为一般资源。企业的战略性资源主要包括企业技术资源、信息资源、信誉资源、关系资源和人力资源。

1. 技术资源

企业一旦拥有了某种技术、专利、版权和商业秘密，就可以凭借这些无形资源去建立自己的竞争优势。如微软公司的软件代码开发技术就是这方面的典型例子。而施乐公司试图开发个人计算机但没有成功，则是错误地评估关键资源的例子。

2. 信息资源

现代企业的每项生产经营活动都离不开信息。当代信息技术迅速发展，信息已变成一种丰富的、可重复使用的资源。收集、利用信息能力的差别使信息资源也具备较强的资源位障碍。信息资源使企业在管理观念、管理技能和管理手段方面产生的更新在某种程度上又加强了管理资源位障碍。

---

① 李纯．《企业战略管理》[M]．北京：中国商务出版社，2005.

3. 信誉资源

所谓信誉资源，是指商标、公司品牌和企业形象等无形资源。这些资源本质上都是企业通过持续努力在公众心目中树立起来的良好信誉，表现出社会对企业的认同，是企业获取竞争优势的重要来源。例如，在软饮料行业，可口可乐和百事可乐都是世界上信誉和知名度很高的两家公司，这种巨大的无形资源已经成为它们最重要的竞争资源。

战略专栏 1

表 3—2　　2019 年中国上市企业品牌价值排行榜　　单位：亿元

排名	企业全称	品牌价值	行业	上市交易所
1	腾讯控股有限公司	6 864.67	互联网	港交所
2	阿里巴巴集团	6 311.2	互联网	纽交所
3	中国工商银行股份有限公司	4 349.45	银行	上交所
4	中国移动有限公司	3 805.88	通信	港交所
5	中国建设银行股份有限公司	3 796.9	银行	上交所
6	中国银行股份有限公司	2 764.97	银行	上交所
7	中国平安保险(集团)股份有限公司	2 663.68	保险	上交所
8	中国农业银行股份有限公司	2 517.46	银行	上交所
9	中国石油化工股份有限公司	2 293.71	能源	上交所
10	上海汽车集团股份有限公司	2 191.06	汽车	上交所
11	中国石油天然气股份有限公司	2 091.63	能源	上交所
12	贵州茅台酒股份有限公司	2 057.72	酒类	上交所
13	中国建筑股份有限公司	1 863.76	建筑材料	上交所
14	中国神华能源股份有限公司	1 558.68	能源	上交所
15	美团点评	1 473.93	互联网	港交所
16	珠海格力电器股份有限公司	1 451.51	电器	深交所
17	交通银行股份有限公司	1 365.2	银行	上交所
18	中国恒大集团	1 358.41	房地产	港交所
19	网易公司	1 354.01	互联网	纳斯达克
20	万科企业股份有限公司	1 329.45	房地产	深交所
21	中国海洋石油有限公司	1 308.79	能源	港交所
22	百度公司	1 257.67	互联网	纳斯达克
23	碧桂园控股有限公司	1 236.78	房地产	港交所
24	招商银行股份有限公司	1 229.8	银行	上交所
25	美的集团股份有限公司	1 204.08	电器	深交所

资料来源：中国上市公司网，http://www.ipo123.cn/。

4. 关系资源

企业的生存离不开内、外部关系，建立和内、外部利益相关者的良好关系，可以帮助企业顺利获取资源、销售产品、提高企业适应环境的能力。开发关系资源主要从与相关企业合作、与竞争对手合作、与大学和研究机构合作以及与政府合作四个方面入手。

5. 人力资源

企业所有的有形资源和无形资源的开发和培育都需要人来执行。从根本上说，企业人力资源的差别是一切有形资源和无形资源差别的根源，人力资源是企业首要的战略资源。人力资源所蕴含、衍生的企业经营技法、管理技能资源是获取良好绩效的关键。企业要系统地开发人力资源，必须投入相应的资金和组织力量，运用招聘、培训开发、激励、绩效考核、文化建设等一系列手段。

战略专栏 2

中国知名企业人力资源管理

企业的人力资源——员工的知识和技能是21世纪竞争格局中取得优势的主要来源。企业通过人力资源、特色管理、文化的交互作用，可以获得保持持续竞争优势的能力。以下是中国知名企业人力资源管理的经典：

联想：把珍珠串成项链；

美的：以人为本，创新不断；

天津药业：深挖核心出灵泉；

三角：以人才激励为动力构建核心能力；

TCL：万宗归源人为先；

三九：人才是第一资本；

万科：人才是一条理性的河流；

海尔：海阔凭鱼跃，天高任鸟飞；

长江：打造企业核心竞争力的“用人之道”；

雨润：不竭的财源来自人才资源；

乐百氏：市场竞争，以人为本；

华为：培养像狼一样的人才。

第二节　内部能力状况

企业资源对于战略管理具有非常重要的作用。没有资源，战略管理就成为“无米之炊”。但是，具有相似资源的企业经常在使用资源的效率和有效性方面表现出巨大的差异。值得强调的是，能力是指运用、转换与整合资源的能耐，是资产、人员和组织投入产出过程的复杂结合，表现在整合一组资源以完成任务或者从事经营活动的有效性和效率。通常人们在谈论资源时，指的总是那些由管理者所完全掌控的外显、静态、有形、被动的“使役对象”，而谈到能力时，指的总是最终会体现在具体个人或群体身上的潜在、动态、无形、能动的可以胜任某项工作或活动的“主观条件”。一个企业的成功不仅因为其拥有丰富的资源，还因为其隐藏在企业资源背后的配置、开发、使用和保护资源的能力，这是企业竞争优势的深层次因素。

一、企业能力分析

企业能力是企业对各种资源进行有效的整合，以发挥最大潜在价值的技能。一般而言，资源本身并不能产生竞争优势，竞争优势源于对多种资源的特殊整合。例如，一支足球队可能会因为获得了最优秀的前锋而获益，但这种获益只有在其他队员与之配合默契，大家共同按一套正确的进攻战略来踢球，充分发挥团队的竞争优势时，才能实现。如果没有对这个优秀的前锋有效的组织管理，则不能构成球队的竞争力。

企业的竞争力来源于企业的竞争优势，竞争优势又源于企业能力，而企业能力源于企业资源。换言之，企业竞争力是由企业在长期运行中将具有战略价值的资源和能力进行特殊的整合、升华而形成竞争优势所产生的。单一的资源是难以形成企业的可持续竞争优势和竞争力的。企业能力是企业内部特有的，必须在企业内部发展形成。

能力通常表现在企业经营的各个职能领域，如企业生产能力、企业营销能力、企业组织能力、企业文化能力等，表现在研究与开发、制造、营销、信息系统和财务管理等方面。例如，康佳的研究开发能力较强，长虹的制造能力较强，海尔的营销和服务能力较强。还有一些能力具有跨职能、综合性的特点，只有对更多类型的资源和职能部门进行整合，才能体现出来[①]，如创新能力、学习能力、战略性的整合能力等。

企业在分析内部能力时应该重点对以下能力进行分析。

(一)营销能力分析

从战略角度考虑，营销能力主要包括以下三个方面的内容。

1. 市场定位能力

市场定位能力直接表现为企业的生产定位的准确性，取决于企业以下四个方面的能力：(1)市场调查和研究能力；(2)评价和确定目标市场能力；(3)把握市场细分标准能力；(4)占据和保持市场位置能力。

2. 市场营销组合的有效性

评价市场营销组合的有效性主要把握两个方面：(1)是否与目标市场中的有效需求一致；(2)是否与目标市场的产品寿命周期一致。

3. 营销管理能力

营销管理能力主要是指企业对营销各项工作的管理能力，具体包括营销队伍的建设与培训、营销人员的考核与激励、应收账款管理等一系列工作。

(二)生产能力分析

生产是企业进行资源转换的中心环节，必须在数量、质量、成本和时间等方面符合要求的条件下形成竞争性的生产能力。竞争性的生产能力构成要素包括以下几个方面：

1. 加工工艺和流程

此决策主要涉及决定整个生产系统的设计。内容包括工厂的选址与设计、工艺技术选择、生产工艺流程分析、生产能力和工艺综合配套、生产控制和运输安排。具体问题包括：

(1)生产设施和设备的安排是否合理。

(2)企业是否应该进行某种程度的前向和后向一体化。

(3)企业购货和发货的定额成本是否过高。

(4)企业的生产加工技术是否使用恰当。

(5)整个生产工艺流程设计是否有效和高效率。

2. 生产能力

此决策主要决定企业的最佳生产能力。内容包括产量预测、生产设施和设备计划、生产日程安排。具体问题包括：

---

① 龚荒．企业战略管理[M]．徐州：中国矿业大学出版社，2006.

(1)对生产和服务的需求是否有一定的规律和有效的预测。

(2)生产是否达到合理的经济规模。

(3)工厂、库房和销售网点的位置、数量和规模是否合适。

(4)企业是否有全面的计划生产，成本是否合理。

(5)是否有处理临时订货的应急计划。

(6)企业是否有有效的生产控制体系。

3. 库存

库存决策是要确定原材料、在制品和产成品的合理水平。内容包括订货的品种、时间、数量以及原材料的存放。具体问题包括：

(1)企业管理者是否了解销售与库存之间的关系。

(2)企业是否经常检查库存量和库存成本。

(3)企业原材料、在制品和产成品库存是否合理。

(4)企业管理者是否了解订货、收货、发货的成本是多少。

(5)企业管理者是否知道什么是合理的生产批量。

4. 劳动力

劳动力决策主要涉及工作设计、绩效测定、工作丰富化、工作标准和激励方法等内容。具体问题包括：

(1)企业是否对所有岗位进行时间和工作研究。

(2)生产岗位是否具有高效率。

(3)生产管理人员是否称职、是否有积极性。

(4)职工的缺勤率和离职率是否低于可以接受的水平。

(5)生产工人的士气如何。

5. 质量

质量决策是要确保企业生产与提供高质量的产品和服务。内容包括质量控制、样品、质量监测、质量保证和成本控制。具体问题包括：

(1)企业是否具有有效的质量控制体系。

(2)下列质量控制成本是否计算和评价过：①预防性质量控制成本；②检验性质量控制成本；③处理性质量控制成本。

以上五个方面的优势与劣势可以决定企业的成败，因此企业生产系统的设计和管理必须与企业的战略相适应。另外，企业战略管理者在着手制定新的企业战略时要对现在的生产部门和生产管理进行认真的分析。

(三)科研与开发能力分析

科研与开发能力是企业一项十分重要的能力。科研与开发能力是指企业是否有能力根据企业的发展需要开发和研制新产品，是否有能力改进生产设备和生产工艺。企业的科研与开发能力和水平由企业科技队伍的现状和变化趋势决定。如果缺乏人才，就要考虑与高等院校或科研单位合作，以解决技术开发和技术改造中的人才需求问题。企业的科研与开发能力分析主要包括以下几个方面：

1. 科研与开发组合分析

企业的科研与开发在科学技术水平方面有四个层次：科学发现、新产品开发、老产品改进、设备工艺技术改造。企业的科研与开发水平处于哪个层次，由企业的科研与开发能力决定。

企业的科研与开发能力决定企业的科研与开发方面的长处和短处，也决定企业的发展方向。一个好的科研与开发部门应能根据企业战略要求和自身研发实力选择一个或几个层次有效组合。

2. 企业科研成果与开发成果分析

企业已有科研成果与开发成果是其能力的具体体现，如技术改造、新技术、新产品、专利以及商品化程度给企业带来的经济效益等。

3. 科研经费分析

企业的科研设施、科研人才和科研活动要有足够的科研经费予以支持，因而应根据企业的财务实力做出预算。决定科研预算经费的方法一般有三种：按照总销售收入的百分比、根据竞争对手状况、根据实际需要。

二、核心能力

企业能力往往是多层次的，包括一般能力和核心能力。一个企业除非具备一般能力，否则无法生存。然而，企业要更好地生存和可持续发展，必须拥有核心能力。核心能力是企业获得长期竞争优势的源泉。

(一)核心能力内涵

普拉哈拉德和哈默在《公司核心能力》一文中提出核心能力的概念：核心能力是组织中的积累性学识，特别是关于如何协调不同的生产技能和有机结合多种技术流派的学识。本书定义，核心能力是企业独具的、使企业能在一系列产品和服务上取得领先地位所必须依赖的关键性能力，是在企业众多能力中处于核心地位、较竞争对手具有领先地位的独特能力。

核心能力通常是企业在一个领域中从事管理或工作多年形成的，代表整个组织的长期积累，反映了这个组织的特点。核心能力为顾客提供某种特殊利益，支撑企业开启未来的商机大门。核心能力可以包括品牌、技术诀窍、服务专长、创新管理、市场网络等。

要准确理解企业核心能力的内涵，应把握如下几点：

1. 核心能力属于能力范畴，而不是资源范畴

资源和能力是两个并列的范畴。核心能力属于企业能力，也是起重要作用的能力。不能把核心能力说成一种资源。

2. 核心能力是企业能力体系中对创造竞争优势，特别是维系竞争优势起着关键作用，处于核心地位的能力

企业是一个能力体系，包括很多能力，如企业文化能力、企业组织能力、企业生产能力、企业战略能力等。但这些能力对于竞争优势的创造和维系、作用和地位是不一样的，有的起着一般作用，有的起着关键、主导和核心作用。处于关键和核心作用的就是核心能力，而处于次要地位和起着一般作用的就是一般能力。

(二)判定标准

企业之所以能被称为具备核心能力，必须具有四个特征：延展性、价值性、难以模仿性、自学习性。根据这四个特征来判断什么能力才是企业的核心能力。

1. 延展性

核心能力是通向未来市场的大门。有的能力在某一业务部门看来可能称得上是核心能力，但是如果无法从该项能力衍生出一系列新产品或服务，那么从企业的角度看，该能力就称不上核心能力。核心能力犹如一个“技能源”，通过其发散作用，将能量不断地扩展到最终产品

上，从而为消费者源源不断地提供新产品。如夏普公司利用其在发展平面屏幕相关能力上的领先地位，成功地进入了笔记本电脑、微型电脑、液晶投影电视等多个领域。

2. 价值性

核心能力必须特别有助于实现用户所看重的价值。那些能够使企业为用户提供根本性好处的技能，才称得上核心能力。区别核心能力与非核心能力的标准之一，是它给用户的好处是核心的还是非核心的。例如，本田公司在发动机方面的技能称为核心能力，而其处理与经销商关系的能力就不是核心能力。

3. 难以模仿性

核心竞争力是在企业长期的生产经营活动过程中逐渐积累形成的，深深打上了企业特殊组成、特殊经历的烙印，其他企业难以模仿。例如，索尼公司产品创新特别是微型化的能力；松下公司质量与价值的协调能力；海尔公司广告销售和售后服务的能力等。

4. 自学习性

核心能力是企业的综合学习能力，是企业在过去内部逐步学习积累起来的。它往往体现了企业对隐含知识的积累，体现了企业的无形资产，是集体“干中学”的结晶，并将在不断地应用和分享过程中得到改进和提炼。

战略专栏 3

世界知名公司的核心能力

世界上有许多著名企业，如索尼（Sony）、丰田（Toyota）、本田（Honda）、卡西欧（Casio）、佳能（Canon）、摩托罗拉（Motorola）、国际商用机器（IBM）等。它们尽管处于风险高、机遇少和经济不景气的经营环境中，但是也都赢得了竞争优势。

海尔的核心能力——创新；

戴尔的核心能力——建立在直销模式上的低成本配件供应与装配运作体系的实施能力；

联想的核心能力——对分销系统增值能力的把握；

索尼——微型化电子产品的设计和制造；

佳能——光学、影像和微处理器方面的技术实力；

本田——发动机设计、制造方面的技术优势；

柯达——战略技术。

资料来源：陈忠卫．战略管理[M]．大连：东北财经大学出版社，2007：79－80.

三、持续竞争优势的培育

竞争优势是企业在竞争型的市场环境中依靠其资源、核心能力、核心产品，通过低成本或差异化等途径获取的在同行业中业绩出众的能力，或赚取的超过同行业平均利润率的能力，进而为相关利益主体创造更多的价值。谋求竞争优势是每一个企业的目标和任务。

企业资源尤其战略资源是企业创造竞争优势的基础和前提条件，企业能力特别是核心能力是企业产生竞争优势的内在原因。企业通过对其拥有的某种关键资源进行开发，就可以在市场上逐步建立竞争优势，随着竞争对手通过某种途径也得到了这种资源或资源的替代品，企业原来的竞争优势会逐步减弱。竞争优势是动态发展的，在现今市场上，优势维持阶段在不断地缩短。要使竞争优势持续尽可能长的时间，只能通过核心能力不断地创建新的关键资源。

虽然单项关键资源所能带来的竞争优势可能并不能持久，但是通过不断地创新并整合企业的关键资源，有利于企业获取整体上的持续竞争优势，见图 3—3。

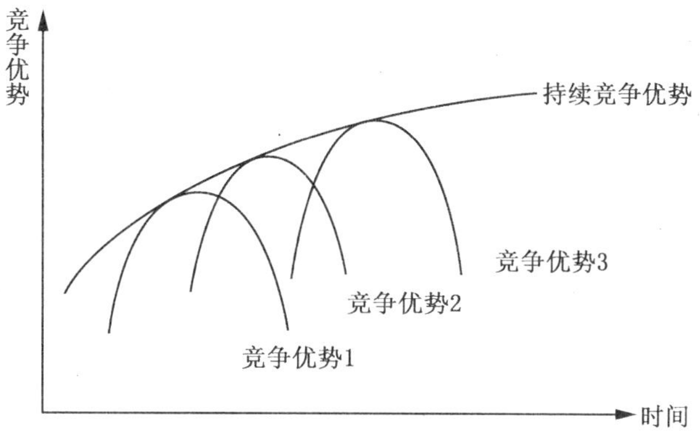

图 3—3　持续竞争优势的培育

战略专栏 4

中油公司便是一个很好的例子。当初中油公司凭借当局政策的保护，可以享受独占油品市场的好处。但由于政策的开放，因此便失去了受到政策保护的竞争优势，台塑油品进入市场进行激烈的竞争。此时中油的竞争优势转变为如何通过大量生产来发挥规模经济效应，以低廉的成本优势来打击台塑，但另一方面关于渠道覆盖的竞争也展开，大家互抢民营加油站，谁能获得较多的渠道覆盖面，则在未来的竞争中将越占优势，因此新的竞争兴起。现在差异化的产品又成为油品市场的竞争优势。

资料来源：林建煌．战略管理[M]．北京：中国人民大学出版社，2004：130—131.

第三节　价值链分析

竞争是市场经济的必然产物，企业要想在竞争中取胜，必须知道自身的竞争优势所在。本节介绍一种识别和评价企业资源、能力，确定企业竞争优势的有效方法——价值链分析法。

一、价值链分析法

价值链分析最早是由美国哈佛商学院的迈克尔·波特教授提出来的，是一种确定企业竞争优势的基本工具。价值链（Value Chain）是一个企业产品设计、生产、销售、交货以及对产品起辅助作用的各种活动的集合。企业的竞争优势有很多，如技术优势、人才优势、管理优势、创新优势等，但归根结底只有两种：一种是成本领先，另一种是标新立异。同时，竞争优势最终是由其产品或服务的价值体现的。如果把企业作为一个整体来考察，又无法识别这些竞争优势，就必须把企业活动进行分解，通过考察这些活动本身及其相互之间的关系来确定企业的竞争优势，这就是价值链分析方法的内涵。价值链分析展现了全部的价值，由价值活动和利润两部分组成，如图 3—4 所示。

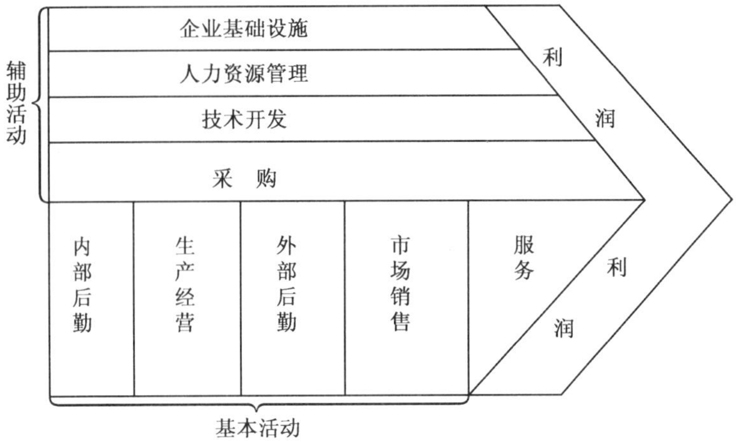

图 3—4 基本价值链

企业的价值链有如下特点：

第一，价值链分析的基础是价值，而不是成本。价值是买方愿意为企业提供给他们的产品所支付的价格，一般用总收入来衡量。这实际上把问题的着眼点放在企业的外部，而不是企业的内部，具有一定的现实指导性。

第二，价值链主要由各种价值活动构成。价值活动是企业从事的物质和技术上的界限分明的各项活动。价值活动有基本活动和辅助活动两大类。基本活动是涉及产品的物质创造及其销售、转移给买方和售后服务的各项活动。辅助活动是辅助基本活动完成其职能的活动。

第三，价值链列示了总价值。价值链除包括价值活动之外，还包括利润。利润是总价值和从事各种活动的总成本之差。因此，价值链也列示了总价值。

第四，企业的价值链不是孤立存在的。企业的价值链体现在更广泛的价值系统中（见图 3—5）。供应商拥有创造和交付企业价值链所使用的外购输入的价值链（上游价值），许多产品通过渠道价值链（渠道价值）到达买方手中，企业产品最终成为买方价值链的一部分，这些价值链都在影响企业自身的价值链。因此，获取并保持竞争优势不仅要理解企业自身的价值链，而且要理解企业价值链所处的价值系统。

第五，在同一产业中，不同的企业具有不同的价值链。这反映了它们各自的历史、战略以及实施战略的途径等方面的不同，同时也代表着企业竞争优势的一种潜在来源。

第六，对同一个企业而言，在不同的发展时期，会具有不同的价值链。这一方面表明企业的价值链具有动态发展性，另一方面还说明企业的竞争优势也是会不断地发展和变化的。

图 3—5 价值系统

二、价值链分析步骤

企业要赢得竞争优势，需要进行价值链分析，具体包括如下步骤：

(一)识别价值活动

识别价值活动要求在技术上和战略上有显著差别的多种活动相互独立。如前所述，价值活动包括基本活动和辅助活动两类。

1. 基本活动

(1)内部后勤，指与接收、存储和分配相关联的各种活动，如原材料的搬运、仓储和库存控制等；

(2)生产经营，指与将各种投入转化为最终产品相关联的各种活动，如机械加工、组装、设备维修等；

(3)外部后勤，指集中、仓储和将产品发送给买方的各种活动，如产成品库存管理、送货车辆调度、订单处理等；

(4)市场营销，指提供一种买方购买产品的方式和引导他们进行购买的各种活动，如通过广告、人员推销等方式进行的促销、定价、渠道选择等；

(5)服务，指因购买产品而向顾客提供的，能使产品保值增值的各种服务，如安装、维修、培训、零部件供应和产品调整等。

2. 辅助活动

(1)采购包括原材料、储备物资及其设备等方面的购买。

(2)技术开发包括工程管理、研究与开发、信息技术等。

(3)人力资源管理包括人员招聘、培训、绩效考核、薪酬管理等。

(4)企业基础设施包括总体管理、计划、财务、会计、法律、政治事务和质量管理等。

(二)确定活动类型

每类基本活动和辅助活动都有三种不同类型：

(1)直接活动。直接活动是指涉及直接为买方创造价值的各种活动，如零部件加工、安装、产品设计、销售、人员招聘等。

(2)间接活动。间接活动是指那些使直接活动持续进行成为可能的各种活动，如设备维修与管理、工具制造、原材料采购等。

(3)质量保证。质量保证是指确保其他活动质量的各种活动，如监督、视察、检测、核对、调整和返工等。

这些活动有着完全不同的经济效果，对竞争优势的确立起着不同的作用，应注意加以区分，权衡取舍，以确定核心活动和非核心活动。

(三)视企业的具体情况，将有关的价值活动做进一步的细分与归类

每一类价值活动都可以分为一些相互分离的活动，如生产经营活动可进一步分解为零部件加工、成品组装等；市场销售活动可分为人员促销、广告、关系营销等，这样就会获得数量巨大的潜在活动的总和。此分解活动应遵循几个原则：第一，活动应具有不同的经济性；第二，对标新立异产生很大的潜在影响；第三，在成本中所占比例很大或有上升趋势。企业在将活动进行细分之后，还要依其对竞争优势贡献的大小将它们组合起来，至于如何组合应视企业的具体情况而定。总之，价值活动应分别归入最好的、反映它们对竞争优势贡献的类别中。

(四)确定企业的价值链

现以某制药企业为例，确定企业的价值链，如图3—6所示。

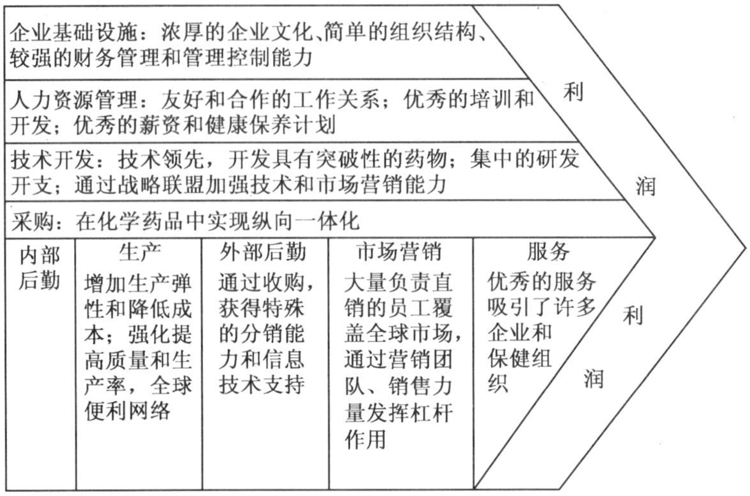

资料来源：阿诺尔多·C. 哈克斯，等著. 战略实践：如何系统制定企业战略[M]. 庞博，王德忠，译. 北京：机械工业出版社，2003.

图3—6　某制药公司的价值链

(五)分析企业竞争优势

企业的竞争优势有三个主要来源：

一是价值活动本身。它是构筑竞争优势的基石，一般都会受到企业管理者的高度重视。价值活动已列在企业的价值链中，只要同其他企业比较，就不难发现自身优势之所在。

二是价值链内部联系。虽然价值活动是构筑竞争优势的基石，但是价值链并不是一些独立活动的综合，而是由相互依存的活动构成的一个系统。这就要求企业管理者认真分析企业价值内部各价值活动之间的联系，以发现企业的竞争优势。

三是价值链的纵向联系。所谓纵向联系，是存在于企业价值链与供应商、渠道和买方价值链之间的关系。价值链系统的各项活动都会为增强企业的竞争优势提供机会，应予以重视。

(六)分析企业的竞争优势是否有效

如果通过分析发现企业具有的竞争优势是市场上所需的、有效的竞争优势，那么企业就可以充分利用这些优势同竞争对手展开竞争，定会取得令人满意的结果。如果发现是无效的优势，企业要想在原有的目标市场上竞争和生存，则必须寻求其他的竞争优势。

三、评价

价值链分析法弥补了以前管理工具的几个不足，将管理的视角从企业内部向企业内外部结合转变，具有独到之处。从企业的角度看，价值链分析是一个非常有用的工具，可以使管理者更好地了解企业的优势和劣势；从行业的角度看，它使企业对相对于关键的客户和供应商的竞争位置有了一个更好的理解。

价值链分析能让企业更好地理解企业的资源和能力，潜在的、实际产生的优势的特征；更好地理解如何维持其竞争优势；更好地理解企业在未来参与竞争时需要什么样的新资源和能力。总的来讲,价值链分析以更为详细的方式来说明如何实现和维持竞争优势。同时,价值链分析鼓励企业采用战略成本分析,使企业可以更好地理解所有的价值创造活动。传统管理会计常用的对成本、数量、利益的分析转化为更合理的、现代的对成本、价值、利益关系的分析,更具有现实意义。

虽然价值链分析方法有许多优点,但是也存在一定的局限性。随着信息技术的广泛应用,价值链分析方法的功效面临挑战。在信息的深度和广度之间进行权衡的结果是删除了一些必要的结果,这是许多已确定的价值系统面临的直接威胁。① 基于这个原因,后来有人提出了虚拟价值链这一概念。

第四节　标杆管理

通过对企业内部条件进行分析,目的就是明确企业与竞争对手相比所具有的优势和劣势。标杆管理是一种强大的管理工具,可以帮助企业明确自己所处的形势和地位,认清自己与竞争对手的实力,从而制定适合本企业的、有效的发展战略。

一、标杆和标杆管理

(一)含义

标杆,是指进行测量的基准点或可供参照的标准。标杆就是榜样,这些榜样在业务流程、制造流程、设备、产品和服务方面所取得的成就,就是后进者瞄准和赶超的标杆。它的基本思想是通过规范且连续的比较分析,帮助企业寻找、确认、跟踪、学习并超越自己的竞争目标。中国有句古话,“以铜为鉴,可正衣冠;以古为鉴,可知兴替;以人为鉴,可明得失”。其实,做企业也是这样,在自己面前树立一面镜子,明得失,找差距,这样才能进步。

标杆管理,又称为基准管理,是企业将自己的资源、能力与行业内或其他行业的优秀企业进行比较和衡量,认清自己的优势和劣势,通过学习和不断地创新,从而提高企业自身的经营管理水平和竞争力,获取竞争优势的方法和过程。标杆管理的核心要旨是为企业提供一种发现、理解,进而加以必要和适当的创新,从而有助于绩效改进的方法的思想。②

标杆管理,是在20世纪70年代末由美国施乐公司首先提出的,后经美国生产力与质量中心系统化和规范化,在此基础上形成的一种新的管理现代化方法。据统计,目前全球500强企业中有近90%的企业应用了标杆管理,如施乐、AT&T、柯达、福特、IBM等行业领袖。那些通过标杆管理取得突破的企业,其投资回报在5倍以上。标杆管理的出现在西方管理学界掀起了巨大的波澜,它与企业再造、战略联盟一起被并称为20世纪90年代三大管理方法。如今标杆管理的使用范围已经超出了企业,很多非营利机构也开始积极采用标杆管理。最近几年,我国许多企业已经加入标杆管理的行列中,以期提高经营管理能力。

---

① 克雷格·弗莱舍,等著.战略与竞争分析——商业竞争分析的方法与技巧[M].王俊杰,等译.北京:清华大学出版社,2004.

② 詹姆斯·S.哈里顿,著.标杆管理——瞄准并超越一流企业[M].欧阳袖,张海蓉,译.北京:中信出版社,2003.

战略专栏5

施乐开创标杆管理的先河

1976年以后，一直保持着世界复印机市场垄断地位的施乐公司遇到了来自国外企业(特别是日本企业)的全面挑战。佳能、NEC等公司以施乐公司的成本价销售产品且能够获利，并且产品开发周期比施乐公司短50%，开发人员也比施乐公司少50%。在短时间内，施乐公司的市场份额从82%直线下降到35%。施乐公司面对来自日本竞争者的威胁，开始探究其中的奥妙，主动提出向日本企业学习，开展了广泛而深入的标杆管理。

施乐公司通过对核心指标的对比和分析，寻找美日企业间存在的差距，并适当地调整公司战略和关键业务流程，改变经营策略，取得了非常好的成效，逐步把失去的市场份额重新夺了回来。成功之后，施乐公司开始大范围地推广标杆管理，并选择14个经营同类产品的公司进行逐一考察，找出了问题的症结并采取措施。

施乐公司实施标杆管理成功后，摩托罗拉、IBM、杜邦、通用、美孚等著名公司纷纷仿效，开始实施标杆管理，在全球范围内寻找业内经营业绩最好的公司进行标杆比较和超越，成功地获取了竞争优势。至此，西方企业开始把标杆管理作为企业获得竞争优势的重要思想和工具，通过标杆管理来优化企业实践，提高企业的经营管理水平和市场竞争力。

(二)类型

标杆管理分为三种类型：战略标杆管理、流程标杆管理及职能标杆管理。

1. 战略标杆管理

战略标杆管理，是在与业内或业外最好企业进行比较的基础上，从总体上关注企业如何竞争发展，明确和改进企业战略，提高企业的战略运作水平。战略标杆管理是跨越行业界限，寻求绩优企业成功的战略和优胜竞争模式，目的是寻找最佳战略，进行战略转变。主要方法是收集各竞争者的财务、市场状况、流程和学习与成长方法，进行相关分析并比较，研究领先企业成功的战略和制胜的竞争模式。

2. 流程标杆管理

流程标杆管理指的是以最佳工作流程为基准进行的标杆管理，要求企业对整个工作流程和操作系统有详细的了解和比较，从中发现在关键流程上存在的差异，经过详细分析，优化企业的流程，从而提升企业的关键业绩指标。

3. 职能标杆管理

职能标杆管理指的是以优异的职能操作为基准进行的标杆管理，主要通过合作的方式提供和分享技术市场信息。

(三)步骤

按照罗伯特·坎普的划分，标杆管理可以分为五个阶段，包括计划、分析、整合、行动和完成。

1. 计划

计划包括以下三个过程：一是确认对哪个流程进行标杆管理。对本企业业务流程进行科学、客观的分析，找出业务流程中存在的缺点和不足，并制定标杆管理实施的顺序和路线。二是确定用于比较的企业。寻找的范围首先应包括竞争对手，同时也应包括所有其他有潜力的企业。选择的唯一标准是既要具有可学性，又要具有可比性。三是确定收集资料的方法并收集资料。资料数据可以分为两类：一类是标杆企业的资料数据，主要包括标杆企业的绩效数据以及取得这一绩效的方法、措施和管理诀窍；另一类是企业自身的资料，反映企业内部的绩效和管理现状。

2. 分析

通过对收集的数据资料进行比较和分析，确定企业目前所采取的管理方法与标杆企业的做法及结果之间存在怎样的绩效差异，进而拟定未来的绩效水准。

3. 整合

一是将上述活动中取得的各项进展与全体员工反复交流，征询意见，并将标杆管理所要达到的目标前景告诉员工，以获得员工的一致认同；二是确立部门目标。

4. 行动

首先是制订行动计划；其次是动员和激励企业全体员工特别是与标杆内容密切相关的人员执行这个计划。如果标杆管理内容比较深奥、情况比较复杂，企业还应聘请有关专家进行指导和监督。

5. 完成

完成包括全面整合各种活动和重新调校标杆。标杆管理是一个动态的过程，需要不断地检查、审视目标，提升实施效果。

二、标杆管理的应用价值①

首先，标杆管理会让企业形成一种持续学习的文化。企业的运作业绩永远是动态变化的，企业只有持续追求最佳，才能获得源源不断的竞争优势，才能始终立于不败之地。其次，它为企业提供了优秀的管理方法和管理工具及不断改进的思路，是发现新目标以及寻求如何实现这一目标的手段和工具，具有合理性和可操作性。标杆管理的应用价值主要表现在以下几个方面：

（一）标杆管理是一种战略管理工具

通过标杆管理法，企业可以明确自身所处的地位，从而确立适合本企业的、有效的中长期发展战略，并通过与竞争对手的对比和分析来制订战略实施计划，以及选择相应的策略与措施。竞争者可能维持某种现状。通过标杆管理，企业有可能发现和应用适合本企业的新战略来超越竞争者。

（二）标杆管理是一种绩效管理工具

标杆管理可以作为企业业绩提升与业绩评估的工具。标杆管理法通过设定可达目标来改进和提高企业的经营业绩。标杆目标有明确的含义和达到的途径，使企业坚信绩效完全有办法提高到最佳。而且标杆管理是一种辨别最好的企业实践并进行学习的过程。通过辨别行业内外最佳企业的业绩及实践途径，企业可以制定业绩评估标准，然后对其业绩进行评估，同时制定相应的改善措施。

（三）标杆管理有助于建立学习型组织

企业可以通过标杆管理方法克服不足、增进学习，使企业成为学习型组织。学习型组织实质上是一个能熟练地创造、获取和传递知识的组织，同时也要善于修正自身的行为，以接受新的知识和适应变化。实施标杆管理后，企业发现在产品、服务、生产流程以及管理模式方面存在的不足，并学习标杆企业的成功之处，再结合实际将其充分运用到自己的企业中。而且这种

① 杜春峰．标杆管理在提升企业竞争力中的作用[J]．科技情报开发与经济，2007，17(22)．

过程是一种持续往复的过程，主要基于以下考虑：一是企业所在竞争环境的持续改变；二是标杆企业的不断升级与更新；三是企业业务范围和企业规模的不断变化。

（四）标杆管理有助于企业的长远发展

标杆管理法是企业增长潜力的工具。经过一段时间的运作，任何企业都有可能将注意力集中于寻求增长内在潜力上，形成固定的企业文化。通过对各类标杆企业的比较，不断地追踪和把握外部环境的发展变化，从而更好地满足最终用户的需要。

三、应用

随着市场竞争的日益激烈，实施标杆管理的企业日趋增多。下面就万向集团公司标杆管理的实际应用进行分析。①

1969 年，万向集团成立，主要生产犁刀、铁耙、铸钢等多种产品；1979 年实施标杆管理后，集中生产进口汽车万向节；80 年代，日创利润 10 万元；90 年代初，企业集团化，经营国际化，坚持"大集团战略，小核算体系，资本式经营，国际化运作"的战略方针，日创利润 100 万元；2001 年开始突出万向制造核心理念，向拥有核心价值能力的现代化大公司发展，日创利润 200 万元。万向集团的成长目标是通过实施标杆管理"三接轨"，即接轨跨国公司运作、接轨先进技术、接轨国际主流市场的模式成为一家现代化公司。如今万向集团是国务院 120 家试点企业集团、国家 520 户重点企业之一。

万向集团以"为顾客创造价值，为股东创造利益，为员工创造前途，为社会创造繁荣" 的"四为"战略为理念，通过标杆管理实现其发展目标。从"构造团队、确立标杆管理的目标和原则、分析流程、对标、系统学习、评价与提高"六项工作入手，步步为营，贯彻始终，实现"四为"战略。万向集团的标杆管理关键是从以下几个方面进行突破：

第一，了解自己。自问：我们重视什么（尤其是重视什么样的员工）？我们如何看待资讯分享？比较愿意分享哪些资讯？比较不愿意说出哪些信息？这样说来，我们是什么样的公司？我们有没有诱因开放更多的资讯？我们愿意开放更多的资讯吗？

第二，了解问题。自问：我们该做好哪几个方面才能成功？这几方面目前的成绩如何？沟通管理不良（譬如混淆的信息、迟缓的资讯、遗失的资讯和参与感低落）是否影响某些攸关成功的部分？沟通系统中哪里出了差错？是沟通的来源还是内部？

第三，寻求解答。自问：我们可以采取哪些行动来消除错误？哪种或哪些措施对消除错误、提升企业绩效的影响最大？

第四，向他人学习。自问：组织的其他部门是否遭遇过类似的沟通问题，我们可以从它们身上学到什么？其他组织如何解决类似的问题，我们可以从它们身上学到什么？其他公司的做法中，能套用在组织上的最佳做法是什么？

第五，研究其他公司曾采取的行动。打电话询问它们、阅读相关的资料、亲自拜访它们，尽量以最快速的方式向它们学习。

第六，修正错误。将从其他公司所学到的东西切实实行，通过其他人的经验，使自己的解决方式更加充实。

在 1999 年国家经贸委公布的技术评价结果中，万向集团排名为第 39 位；2000 年上升到第 11 位；2001 年，名列第 10 位，机械行业第一位；2002 年，万向集团技术中心被评为全国优秀

① 刘光明．万向集团的标杆管理[J]．企业管理，2004(7)．

技术中心。仅仅时隔一年，万向集团再次连跨大步进入“三甲”，连获优秀。看得见的是位次的明显提升，而不为外人所知的则是万向集团三十多年来在“科技兴厂”领域的厚积薄发，以及在技术中心贯之标杆管理的不懈努力。

万向集团的成功实践表明，实施标杆管理是企业改善自身的经营管理能力的有效手段。尤其面临跨国企业在中国的迅速发展，国内企业必须把组织学习、不断变革提到战略高度，把西方先进的企业作为交流、学习的“标杆”，学习其先进的管理经验，可以使我们少交很多“学费”。但是，需要注意的是，拿来的不一定是合适的，如何吸收、如何创新适合自己的管理模式，还需要企业在实践中探索。

战略专栏 6

传化集团董事长徐冠巨关于“标杆管理”的领悟

有人把中国企业赶超西方比作新时期的“龟兔赛跑”。作为“乌龟”的中国企业，如何才能追上如跨国公司等机制健全的“兔子”？做企业，犹如做人，要有危机感，时时都应该勤奋。对于一个企业来讲，快与慢本身并没有一个绝对标准。将来是不是能成为兔子并不重要，主要的是把现实的事情做好。

第五节　内部因素评价矩阵

对企业内部条件分析进行总结的方法是建立内部因素评价（Internal Factor Evaluation，IFE）矩阵。这一战略制定工具总结和评价了企业资源和能力领域的优势与劣势，并为确定和评价这些领域间的关系提供基础。在建立 IFE 矩阵时，企业需要依赖专家的主观判断和个人评价。这就意味着，如果专家的判断不准确、评价不客观，分析结果就会失去科学性和参考价值。因此，企业在利用这一方法时应该对判断和评价予以高度重视，同时要清楚对矩阵中因素的透彻理解比实际数字更为重要。

内部因素评价矩阵分析过程与上一章介绍的外部因素评价矩阵（EFE 矩阵）方法类似，可以按如下五个步骤建立：

（1）确定关键内部因素。企业通过内部条件分析，确定关键内部因素，一般采用 10—20 个内部因素，包括优势和劣势两方面，即首先列出优势，然后列出劣势，尽可能采用百分数、比率和对比数字。

（2）给每个因素赋予权重。权重的取值范围由 0.0（不重要）—1.0（非常重要），所有因素的权重之和等于 1.0。权重标志着各因素对于企业在竞争过程中成败影响的相对大小。无论关键因素反映的是内部优势还是劣势，对企业绩效的影响越大，赋予的权重值就应当越大。

（3）为各因素进行评分。1 分代表重要劣势，2 分代表次要劣势，3 分代表次要优势，4 分代表重要优势。优势的评分必须为 3 或 4，劣势的评分必须为 1 或 2。评分以公司为基准，而权重则以行业为基准。

（4）用每个因素的权重乘以它的评分，即得到每个因素的加权分数。

（5）将所有因素的加权分数相加，得到企业的总加权分数。

企业得到企业的总加权分数之后，就可以对其内部的总体情况做出判断。根据 IFE 矩阵的取值规定可知，不管矩阵中的关键因素有几个，总加权分数的结果都为 1.0—4.0，平均值为 2.5。如果总加权分数低于 2.5，则意味着企业的内部条件状况处于弱势，数值越小，状况越差；反之，如果高于 2.5，则说明企业的内部状况处于强势，数值越大，状况越好。①

当某种因素既构成优势又构成劣势时，该因素将在 IFE 矩阵中出现两次，而且被分别赋予权重和评分。② 例如，花花公子公司（Playboy Enterprises）的标语既帮助了该公司，又损害了该公司。标语使《花花公子》杂志吸引了读者，但同时又使“花花公子”有线电视频道被排除在很多地区的市场之外。

表 3—3 是某企业的 IFE 矩阵。该企业的内部因素评价矩阵得分为 2.75，表明这家企业的内部条件处于较强水平。具体来讲，企业的优势主要体现为领导和员工的努力，企业在社会上的影响力也比较强。同时，劣势主要集中在对市场的反应能力、灵活性以及现金流量等方面。

表 3—3　　某企业的 IFE 矩阵

关键内部因素		权重	评分	加权评分
内部优势	公司知名度	0.05	4	0.2
	市场份额	0.05	3	0.15
	产品质量	0.06	3	0.18
	创新效率	0.03	4	0.12
	地理覆盖面	0.02	4	0.08
	成本—资金利用率	0.05	3	0.15
	资金稳定	0.05	3	0.15
	设备	0.05	3	0.15
	技术制造工艺	0.03	3	0.09
	能干、富有幻想力的领导集团	0.15	3	0.45
	具有奉献精神的员工	0.15	3	0.45
	设计创新能力	0.04	3	0.12
内部劣势	服务质量	0.05	1	0.05
	销售队伍效率	0.04	2	0.08
	现金流量	0.05	2	0.1
	准时交货能力	0.03	1	0.03
	规模经济	0.03	2	0.06
	灵活性或反应能力	0.07	2	0.14
合　计		1.00		2.75

① 王建民．战略管理学(第二版)[M]．北京：北京大学出版社，2006．
② 弗雷德·R．戴维，著．战略管理(第 6 版)[M]．李克宁，译．北京：经济科学出版社，1998．

本章小结

(1)企业内部条件的分析,是对企业的各种资源和能力进行系统分析,是企业经营的基础,是企业制定战略的出发点、依据和条件,是竞争取胜的根本。其目的是明确企业所具有的优势和劣势,确定企业能做什么。

(2)企业资源是由企业所控制或拥有,能参与产品和服务的生产,以满足人类需求的、有形的和无形的、人力的和非人力的所有投入要素,一般可分为有形资源和无形资源。在企业战略管理过程中的资源分析,一是要对企业现有资源状况及变化趋势进行分析,二是要对战略中应增加的那些资源进行预测。并不是每种企业资源都对竞争优势的形成有同等贡献,只有对持续竞争优势的形成起着关键作用的资源才称为战略性资源,其他不能形成持续竞争优势或对持续竞争优势的形成不起作用或不起关键作用的资源称为一般资源。

(3)企业能力是企业对各种资源进行有效的整合,以发挥最大潜在价值的技能。企业的竞争力来源于企业的竞争优势,竞争优势又源于企业能力,而企业能力源于企业资源。企业能力往往是多层次的,包括一般能力和核心能力。一个企业除非具备一般能力,否则无法生存。然而企业要更好的生存和可持续发展,必须拥有核心能力,核心能力是企业获得长期竞争优势的源泉。

(4)核心能力是企业独具的、使企业能在一系列产品和服务上取得领先地位所必须依赖的关键性能力,是在企业众多能力中处于核心地位、较竞争对手具有领先地位的独特能力。它有四个判断标准:延展性、价值性、难以模仿性、自学习性。基于企业资源、能力,特别是对于战略性资源、核心能力,企业要通过不断地创新,培育持续竞争优势。

(5)由美国哈佛商学院迈克尔·波特教授提出来的价值链分析,是一种确定企业竞争优势的基本工具。价值链包括基本活动和辅助活动,通过把企业活动进行分解,及考察这些活动本身及其相互之间的关系来确定企业的竞争优势。价值链分析法弥补了以前管理工具的几个不足,将管理的视角从企业内部向企业内外部结合转变,具有独到之处。

(6)标杆,是指进行测量的基准点或可供参照的标准。标杆管理,又称为基准管理,是企业将自己的资源、能力与行业内或其他行业的优秀企业进行比较和衡量,认清自己的优势和劣势,通过学习和不断地创新,从而提高企业自身的经营管理水平和竞争力,获取竞争优势的方法和过程。它是 20 世纪 70 年代末由美国施乐公司首先提出的,后来得到广泛的应用和推广。

(7)标杆管理包括三种类型:战略标杆管理、流程标杆管理及职能标杆管理。按照罗伯特·坎普的划分,标杆管理分为五个阶段,包括计划、分析、整合、行动和完成。它的应用价值主要表现在以下几个方面:标杆管理是一种战略管理工具;标杆管理是一种绩效管理工具;标杆管理有助于建立学习型组织;标杆管理有助于企业的长远发展。

(8)对企业内部条件分析进行总结的方法是建立内部因素评价矩阵(IFE 矩阵)。这一战略制定工具总结和评价了企业资源和能力领域的优势与劣势,并为确定和评价这些领域间的关系提供基础。

复习思考题

(1)企业内部条件应当从哪些方面进行分析?

(2)什么是企业的核心能力?它的判断标准是什么?

(3)试述企业核心能力与竞争优势的关系。

(4)什么是价值链?请从价值链角度分析它是怎样带来企业竞争优势的。

(5)结合你熟悉的企业,运用 IFE 矩阵对其优势和劣势进行分析。

本章案例

海底捞的价值链管理

近几年,海底捞火锅开的直营店逐渐增多。新店均选择在城市的繁华地段或商业区,规模都比较大。每家店的面积都在两三千平方米以上。这些店的开张时间虽然不算长,但是火爆程度不亚于老店。

尽管发展如此迅猛,但海底捞董事长张勇并没有把发展速度作为工作的主要考核指标。他认为发展是一个水到渠成的事情,是自然而然的,首要的工作是保证海底捞的管理机制。对于餐饮企业而言,能够快速扩张应该是求之不得的,然而张勇却不想赶这样的时髦。他认为要是敞开发展的话可能店面数量还要翻一倍,但如果按照这个速度发展,问题可能就来了,因此他仍然在压缩店面数量。目前他所关注的是如何用流程和制度硬化一些东西,把海底捞的体系和流程建设得更强大,以把海底捞建设成一个知名品牌。

海底捞成功的关键在于发现了顾客满意度是保证其发展的基础。为了保证这个满意度,员工的激情非常重要,对此海底捞做了大量的工作。海底捞确定了一个核心的战略思想——双手改变命运。

简单来说,海底捞的成功就是做好两件事:一是让顾客满意,二是让员工满意。海底捞在考核管理层时也主要考核这两个满意度。大多数企业都是考核营业额、利润等经济指标,这些往往被视为生命线,而张勇为什么会有如此独特的经营思想呢?

1994 年,张勇下海经商,先在街边摆了一个麻辣烫小摊,不久又开了火锅店。那时张勇根本不会做火锅,生意也很冷清。有一天,张勇好不容易招揽一桌客人,就极尽热情地去服务,客人也连连夸赞他。然而客人走后,张勇一尝火锅却连连叫苦,因为在火锅中加的中药量太多,完全是苦的,无法入口。

面对无法下咽的火锅,张勇真是无地自容。但在羞愧之余他却悟出了一个做生意的门道,也就是客人基于什么来原谅我们呢?一定是在给他们提供服务的时候态度至少是积极的,这样顾客是可以原谅我们很多瑕疵的。

由此,张勇认定热情的态度、优质的服务是应该牢牢把握的生存之道。他从此想尽一切办法为顾客提供热情、周到的服务,如帮来店的顾客擦皮鞋、带小孩、送小礼品等;种种独特、贴心的做法让他店里的人气骤然增加。一些热心的顾客还纷纷指出店里的不足,甚至教他火锅怎么做才能更好吃。由此,张勇的火锅店不仅生意越来越好,口味也越来越受欢迎。

海底捞经常爆满,来此用餐的顾客往往需要排队等候。可到了这里他们却不着急,因为服务员会时不时地送上免费的水果、饮料和点心。顾客既可以免费享用擦皮鞋、上网、美甲等服务,也可以选择下棋、打牌等娱乐项目。等到上了饭桌,这里的规矩与别的餐馆也大不一样,火锅菜可以点半份,饮料可以免费续杯,水果免费上,热情的服务员还会时不时地递上免费实用的小礼品,如皮套、眼镜布、糖果等。

不仅服务项目特别,这里的服务员也让人感到特别温暖,态度很真诚,像把海底捞当自己家来招待客人一样。

到海底捞的许多顾客都发现,这里的员工工作热情非常高,他们会及时出现在海底捞的顾客面前帮助解决问题。因为客人太多,所以许多服务员都是奔跑着做服务,收拾碗筷的速度飞快,还伴着节奏,下火锅面带表演,明显比一般餐馆的服务员累得多。看着海底捞的员工如此卖力地干活,很多人都会猜测,是不是这里的收入比较高?其实跟高档酒店相比,这里的收入不见得高。为什么这里的员工会有如此高的工作热情呢?

在张勇看来,虽然服务是餐饮行业取胜的关键,但还是表面的,最核心的是背后的管理。而要激发员工的热情,如果只培训员工哪些该做、哪些不该做,就太简单了,因此必须致力于让员工愿意去做。而如何让员工主动地为顾客提供热情、周到的服务呢?就是要满足他们的需求,给他们创造公平、公正的工作环境。

海底捞的员工 90%以上来自农村,家庭比较贫困,大多没上过大学。他们基本上在服务的城市里没有房子,属于民工层面,与社会有些脱节。要激发员工的热情,改变大家的生活状况,必须让海底捞成为一个发展平台,也要让大家感到在海底捞有奔头。因此,张勇确定了“双手改变命运”的核心思想。这个核心思想引发了很多制度层面上的建设。下面列举一些具体措施。

海底捞首先从员工的基本生活需求入手,给员工租的房子都是离店面比较近的正式公寓。房间里 24 小时有热水，并配有电脑、空调等设备。卫生也不用操心，配有专职服务人员。员工穿的工装有阿姨洗，宿舍每天有人打扫，对于床单、被罩，阿姨半个月洗一次，这在其他地方是看不到的。有些老板让员工住地下室，有时候还需要自己带被子，可是在海底捞什么都不用带，牙膏、牙刷和毛巾都准备好了。

与此同时，海底捞的员工有多项特殊的福利待遇。在海底捞工作满三年以上的员工，其子女每年都能领到一笔教育补贴，这笔钱与员工的岗位和职位挂钩，一年少则两三千元，多的能达到一万多元。对于干得比较好的员工，其父母每月还能拿到几百元到上千元的生活补贴。另外，员工们还能享受住房补贴及报销医疗费等福利。

张勇认为，只有满足了员工的需求，才可能让员工安心地在企业工作。员工只要把心放在工作上，就会主动去揣摩顾客的需求，就会去想办法。虽然企业的投入增加了，员工的工作热情、主动性、创造性却得到了激发。近几年，海底捞的员工辞职、跳槽的现象非常少，许多员工都把海底捞当成休戚与共的家。

对于海底捞的员工来说，还有一个与众不同的地方，就是人人手中都掌握着一定的权力。在海底捞，不但经理、店长有财务、人事支配权，连普通的服务员都有给顾客打折、免单的权力。张勇觉得这样不仅能给员工成就感，而且能及时发现和解决问题，更好地为顾客服务。因为这项特殊的制度，海底捞的每名员工好像都变成了企业的主人和管理者。

在良好的激励机制之下，海底捞的员工自发地想出了很多为顾客做好服务的招数。例如，吃火锅的筷子被加长，有了专门的火锅用具，给就餐的顾客提供手机套、皮套等小礼品，在火锅店设置温馨的儿童乐园，甚至在洗手间都摆放了免费的牙膏、牙刷、护肤霜等。

在海底捞，最让员工兴奋的是只要努力就能得到晋升的机会。从农村走出来的袁华强在海底捞曾做过门迎、洗碗工、服务员，靠着勤学苦练，一步步走到了北京分公司总经理的位置上。海底捞的管理层几乎都是从普通的服务员一步步走上管理岗位的。

近几年，海底捞在很多城市陆续开店。嗅觉敏锐的资本（如风险投资）纷纷找上门，希望给海底捞注资，加速发展的同时也分一杯羹，但张勇一概婉言谢绝。

张勇认为，人力、财务、物料、供应等，包括企业文化的传递对于品牌建设是最重要的，其重要性不亚于资金。因此，外界带来的资金，或者是一个咨询意见，或者是一个管理上的经验，都没有办法和海底捞结合。

由于海底捞所开的店全部直营，在下一步的发展上，张勇感觉到越来越多的挑战。比较担心的问题可能是企业内部的管理，也就是说，流程和制度的执行情况是不是像想象的那样。在张勇看来，如果没有足够的合格员工，没有一整套合格的管理体系，只是拿钱拼店数，是让海底捞品牌消失最快的死法。储备更多拥有海底捞思维的管理者和一线员工是海底捞目前必须面对的一大难题。2010 年 6 月，张勇创办了海底捞大学。

海底捞大学是企业常设的培训机构。以前海底捞常用的培训方式是师父带徒弟的老办法，现在海底捞的员工有一万多，数量增加了好几倍。想保证海底捞的经营方式不走样，就要靠海底捞大学的培训。张勇希望通过海底捞大学来解决企业面临的一些难题。例如，要在大学里研究海底捞的一些好的做法，再回去用自己的实际行动来证明这些做法对不对，然后再回到课堂上，以公司的名义把这些研究成果变成教材，最后想办法把它传递下去。

张勇认为，海底捞之所以能够快速成长，其道理很简单，就是我们常说的“以顾家为中心，以员工为中心”。不管是经营一个企业还是做人做事，要想成功，方法也没有想象得那么多，道理也就是一两句话，但是为什么有些人成功了？其实就是坚守。

资料来源：姚建明．战略管理[M]．北京：清华大学出版社，2019：110－114.

思考题：

（1）海底捞的核心能力是什么？它是如何形成的？容易被模仿和替换吗？

（2）海底捞的价值链管理有什么特点？为什么要这样做？

（3）海底捞给基层员工授权的行为和价值是什么？

（4）海底捞接受外界资本进行快速扩张可能会带来什么样的结果？

（5）海底捞大学模式的作用与价值是什么？

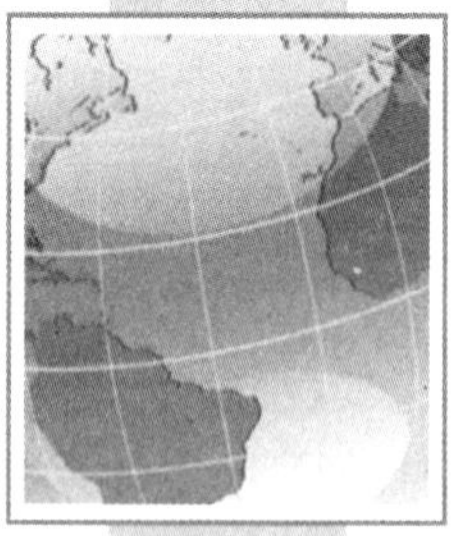

第四章 企业愿景、使命与战略目标

【名言警句】

善用兵者，屈人之兵而非战也，拔人之城而非攻也，毁人之国而非久也。必以全争于天下，故兵不顿而利可全，此谋攻之法也。

——《孙子兵法·谋攻篇》

一个企业不是由它的名字、章程和公司条例来定义，而是由它的使命来定义的。企业只有具备了明确的使命和目的，才可能制定明确和现实的企业目标。

——彼得·德鲁克

战略不是计划的结果，而恰恰相反是计划的起点。

——亨利·明茨伯格

【学习目的】

通过学习本章，你应该掌握以下内容：

☆ 掌握企业愿景的概念、要素及作用；

☆ 掌握企业使命的表述方法；

☆ 掌握战略目标的概念、内容、性质、作用和发展趋势；

☆ 理解战略目标的决定因素；

☆ 了解商业伦理对战略目标的影响；

☆ 了解利益相关者的分析对战略目标的影响；

☆ 了解领导者对战略目标的影响；

☆ 掌握战略目标的评价方法。

【开篇案例】

华为的崛起

曾经“成为世界级企业”的企业愿景引领华为走向世界级领先企业，华为从一开始创建就呈现全开放的心态。在与西方公司的竞争中，华为学会了竞争，学会了技术与管理的进步。因为，只有破除狭隘的民族自尊心才是国际化，只有破除狭隘的华为自豪感才是职业化，只有破除狭隘的品牌意识才是成熟化。现在华为新的战略愿景“丰富人们的沟通和生活”，则更进一步地引领华为迅速发展，成为中国最优秀、全球最好的企业之一。

“丰富人们的沟通和生活”也许是一个永远都无法实现的愿景，但它可以激励华为人以此为方向，全身投入，围绕一个伟大的追求与理想竭力工作，去无限接近这样一个奋斗目标。

1987 年，华为在中国深圳正式注册成立。

2007 年，华为的合同销售额为 160 亿美元，其中，海外销售额为 115 亿美元，并且是当年中国国内电子行业盈利和纳税第一。截至 2008 年年底，华为在国际市场上覆盖 100 多个国家和地区，全球排名前 50 名的电信运营商中已有 45 家使用华为的产品和服务。

2014 年《财富》世界 500 强中，华为排行全球第 285 位，与上年相比上升 30 位。

2014 年上半年，华为实现销售收入 1 358 亿元人民币，同比增长 19%；营业利润率为 18.3%。

2014年10月9日，Interbrand在纽约发布的“最佳全球品牌”排行榜中，华为以排名94的成绩出现在榜单中，这也是中国首个进入Interbrand top 100榜单的企业。

2015年，华为终端收入超过200亿美元。华为手机在中国市场上排名第一，在欧洲市场上已经是第二大安卓智能手机品牌，在日本公开市场上排名第一。

作为一款在CES 2016一举囊括13项大奖的产品，Mate 8的市场号召力展示了华为手机高端战略的初步成功，Mate 8将会成为销售突破千万的高端机型。华为已经是国产高端手机的领导者，也正在成为全球高端手机市场的创变者。

2017年，华为消费者业务销售收入2 360亿元人民币左右，规模较2016年同比增长约30%；华为与荣耀品牌智能手机全年发货1.53亿台，中国市场份额保持第一，进一步扩大领先优势；全球份额突破10%，稳居前三。

2018年，华为视为“崛起元年”，不仅要用“颠覆式的产品和创新技术引领全球市场”，更要实现向世界第一进军的目标。

2019年，华为轮值董事长徐直军表示，华为还将推出支持5G的麒麟芯片，并于2019年6月推出支持5G的智能手机。

目前，华为的产品和解决方案已经应用于全球170多个国家和地区，服务全球运营商50强中的45家及全球1/3的人口。

华为通过短短20多年的时间进入世界500强，取得了举世瞩目的成就。从华为的发展历程和战略看，可以说华为的成功基石来自华为愿景，愿景引领华为的成长。从华为在创立不久提出的“成为世界级企业”的愿景到后来又提出“丰富人们的沟通和生活”的愿景，指引了一代又一代的华为人，激励了一代又一代的华为人，为实现共同的梦想，竭尽所有，全力以赴，依靠点点滴滴、锲而不舍的艰苦追求，实现了华为的战略突破和超越发展。

资料来源：徐大勇.企业战略管理[M].北京：清华大学出版社，2019：42—43.

企业在开展日常生产经营活动之前一般应先明确企业在社会经济活动中所扮演的角色、所履行的责任、所从事的业务性质，即弄清企业的愿景、使命。关于企业使命的思想是建立在彼得·德鲁克于20世纪70年代提出的一些原则基础上的。德鲁克认为，如果不能弄清企业的愿景、使命，企业就无从进行环境分析，也无法结合自身的条件确定企业的经营目标和制定实现目标的经营战略。战略目标是企业在实现其愿景、使命过程中所追求的结果，是对企业使命的进一步具体化，反映企业在一定时期内经营活动的方向和所要达到的水平、状态。

第一节 企业愿景

企业是社会的细胞，可以看作社会系统的一个子系统。在整个社会系统中起什么作用、到底担负着何种使命是战略管理者首先应考虑的问题。目前，越来越多的企业都意识到文化理念在企业发展、经营管理中起着不可缺少的导向、激励等积极作用，而企业最高层次的文化理念主要是企业愿景和企业使命。

一、企业愿景的概念

愿景是由英文“vision”翻译而来。目前对“vision”有远景、景象等多种译法，但是均不如“愿景”更能够贴切地反映“vision”的原意。愿景包含两层内容：其一是“愿望”，指有待实现的意愿；其二是“景象”，指具体、生动的图景。在解释愿景时，西方有本教科书曾用了一幅漫画，画中一只小毛毛虫指着它眼前的蝴蝶说，那就是我的愿景。可见，愿景是一个主体对于自身想要实现目标的具体刻画。因此，企业愿景（Shared Vision）是指组织成员普遍接受和认同的组织的长远目标。

企业愿景阐述了员工希望达到什么目标，是他们就所能达到的理想的未来状况形成的概念。企业愿景不同于一般的短期目标，它往往更笼统，描绘了一幅更远大的前景。

二、企业愿景的作用

（一）愿景对员工态度和行为的影响

一个美好的愿景能够激发人们发自内心的感召力量，激发人们强大的凝聚力和向心力。愿景有利于激发下属设置高质量的目标，提高自我效能感以及高绩效。领导者的愿景和魅力特征对下属的绩效和态度有积极的影响。相对于魅力来说，愿景因素对下属的绩效和态度的直接影响作用更大。当员工认为组织愿景显著时，他们更容易从事与愿景方向一致的活动；反之，从事与愿景方向一致活动的动机就会减少。

（二）愿景对组织绩效的影响

愿景对组织绩效的影响是通过将愿景整合为员工的工作行为实现的。组织成员将愿景与工作行为结合的过程就是愿景共享的过程。在愿景被行为化到员工的工作中后，就没有必要实行传统的严格等级控制。员工知道组织的愿景，理解愿景与工作之间的关联和一致性后，就会将愿景作为日常工作的指导。因此，组织关注的重点不应该是简单地灌输或传授愿景，而是如何帮助下属将愿景与他们的工作结合起来。

员工对组织愿景的满意程度有利于提高组织的服务质量，因此，愿景对公司业绩有直接影响，而且还会对组织业绩产生间接影响。

三、企业愿景的构成

企业愿景由三个要素构成。这三个要素同时也是管理者制订企业愿景时需要进行的三个必要步骤。

（一）明确核心理念

企业愿景首先应该明确企业的核心理念，这是企业的灵魂。核心价值观是理念的精髓，确定了企业从上到下都应遵循的价值取向。例如，惠普公司的核心价值观是“尊重人”，这一理念也体现在惠普的产品设计中，充分满足顾客的想象力和创造力需求。

（二）选择发展路径

企业愿景还包括对企业未来发展方向的选择，它随着企业经营的变化而改变。选择方向即回答“我们将去何方”的同时，企业还需要选择路径保障未来发展不偏离航向，即回答“我们将遵循哪些路径”。如果将企业比喻为一列火车，发展路径则如同铁轨；如果将企业比喻为一艘航船，发展路径则如同航线。无论哪种类型的企业，如果没有明确的发展路径，就如同脱离轨道的列车和迷失在大海中的航船，其后果将不堪设想。

（三）使用激励性语言

任何好的愿景只有通过恰当的语言表述才能够真正发挥作用，因此，如何使用清晰、富有鼓舞性的词汇激发企业成员的积极性，如何能够在整个企业范围内使各员工彼此承诺，建立共同的价值取向，是企业愿景的第三个要素。一个二流的创意，如果能用一流的热情表述出来，常常胜于一个用二流热情表述的一流创意。

四、企业愿景的表述

首先，战略愿景要大气。战略愿景要宏大、有气魄，通常需要 10—30 年才能实现，这样，愿景才能成为一面旗帜。例如，贝尔维尤医院是为实现社区居民最高终生健康水平而提供必要资源的领先者。企业的愿景就是要有这种气魄。因此，愿景要超越现有的经营能力和经营环境，上升到更高层面，需深入思考，有远见卓识。

其次，战略愿景要生动，铿锵有力，能够给人们描绘一幅清晰动人的图景。其中要反映激情、感染力，并令人信服。通用电气的"数一数二"就有这样的特点。成功的愿景表述大多具有这样的特点。

第二节 企业使命

一、企业使命的含义与意义

（一）使命的含义

所谓企业使命（Mission），也称企业宗旨、企业任务、企业纲领、企业目的或经营原则等，是企业对目前所从事的经营活动的界定，从而明确目前活动的范围，为企业目标的确立与战略的制定提供依据。它从根本上说是要回答"我们的业务是什么"这一关键问题。一般来说，企业使命是高度概括和抽象的，它不是企业经营活动具体结果的表述，而是企业开展活动的方向、原则和哲学。

战略专栏 1

一些国内外著名企业的使命

海尔集团：敬业报国，追求卓越。

阿里巴巴：让天下没有难做的生意！

万科企业：建筑无限生活；创造健康丰富的人生。

中国电信：让客户尽情享受信息新生活。

波士顿咨询公司：协助客户创造并保持竞争优势，以提高客户的业绩。

通用电气集团：以科技及创新改善生活品质；在对顾客、员工、社会和股东的责任之间求取互相依赖的平衡。

微软公司：计算机进入家庭，放在每一张桌子上，使用微软的软件。

资料来源：http://www.column.bokee.com。

（二）制定明确的企业使命的重要性

并非所有的企业都有文字表述的使命，或公开发表自己的使命陈述，但是有越来越多的企业已将使命陈述看成制定企业战略的一个重要组成部分。拥有一个激动人心的业务使命往往可以激活企业的战略，聚拢企业的人心，激励人们跃跃欲试，激起人们做出更多的承诺，使人们亲身去经历企业的业务而不是仅仅当作一份工作来做。企业使命陈述的重要性可以概括为以下几个方面（见图 4—1）：

1. 有助于形成企业的价值标准

企业价值标准即企业价值观。企业使命的确定有助于确保企业内部对企业的目的和实现

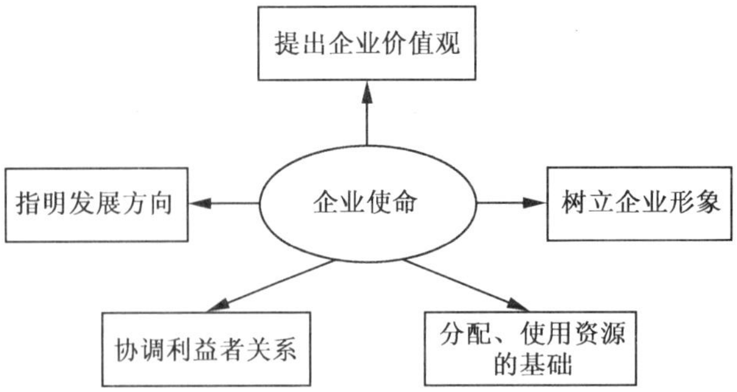

图 4—1　企业使命的重要性

目的的主要行为达成共识。企业宗旨中关于企业存在的根本目的的陈述，为全体员工树立了一个共同为之奋斗的价值标准。企业的价值标准是企业全体员工选择自身行为的总规范和总指导。个人的行为和目标、部门的行为和目标乃至整个企业的行为和目标是否符合企业发展的方向，其最终的价值标准就是企业的价值标准。同时，以企业存在的根本目的所表达的企业价值标准还起着激励员工的作用。

2. 为企业的战略管理提供方向性指导

企业使命的制定为企业战略管理者确定企业战略目标、选择战略、制定政策提供方向性指导。企业宗旨中关于企业经营范围或经营领域以及企业发展方向的陈述，为企业选择战略方案提供了依据。也就是说，企业宗旨为企业确定战略目标，为了实现战略目标应进行哪些经营活动（即生产哪些产品、进入哪些市场），且以什么方式（即制定什么政策、如何配置资源）进行此类活动指明了方向和提供了依据。

3. 有利于企业树立一个区别于其他企业的形象和顾客对企业的辨识

企业使命中关于企业经营思想和行为准则的陈述，有利于企业树立一个特别的、有个性的、不同于其他竞争对手的企业形象。因为它反映了企业处理自身和社会关系的重点和态度，反映了企业处理与各种相关利益团体和个人关系的观点和态度。良好的社会形象是企业宝贵的无形资产。

4. 有助于协调企业的不同利益相关者的关系

利益相关者是在企业中有特殊的利益或权利的个人或集团，主要有三类，即资本市场利益相关者（股东、主要资本供应者）、产品市场利益相关者（顾客、供应商、社区和工会）和组织内的利益相关者（员工、管理者和非管理者）。通常，不同利益集团的要求和所关心的问题不同且往往对立。明确的企业使命反映了利益相关者对自己未来的憧憬，共同的愿景目标反映了利益的共同性，可以统一思想与行动，形成整体力量。

5. 企业使命是企业战略行动的基础

企业使命作为企业战略行动的基础，为有效地分配和使用企业资源提供了一个基本的行为框架。有了明确的企业使命，企业才能正确、合理地把有限的资源分配在能保证实现企业使命的经营事业和经营活动上。

总之，制定简洁、明了的企业使命，对企业发展和战略管理是至关重要的。没有使命陈述的企业，其经营业绩和发展方向是不确定的。还有一些企业只是当经营发生问题时才想到制定使命陈述，这使企业的经营具有一定的风险性。德鲁克认为，最有必要严肃考虑“我们的业务是什么”的时刻，是在企业成功之时。

二、企业使命的构成要素

企业使命是特定企业存在理由的宣言，具有独特性。不同企业的使命陈述在长度、内容和形式等方面常常不同，即使在同一企业的不同发展阶段，也会因为内部资源状况和外部环境的变化而改变。但是，一般认为，成功的企业使命的表述至少应包括四个方面的内容、九个基本要素，即关于企业经营范围的方面，关于企业生存、发展和盈利的方面，关于企业经营哲学的方面，关于企业形象的方面。

1. 关于企业的经营范围

企业的经营范围所要回答的是企业将从事何种事业、用户是谁以及如何为用户服务。决定企业经营范围的应该是顾客。因此企业在确定经营范围时应该说明要满足的顾客需求是什么，而不是说明企业生产什么产品。

2. 关于企业生存、发展和盈利

企业不但要在一个竞争的环境中求得持久的生存，还要谋求盈利和自身的发展，这三者相互依存，有时甚至相互矛盾。例如，过分追求短期盈利也许会损害企业的长久发展，因此如何处理这三者的关系是构成企业使命的一个重要内容。

3. 关于企业经营哲学

经营哲学是企业为其经营活动方式所确立的基本信念、价值观和行为准则。它主要通过企业对利益相关者的态度，企业提倡的共同价值观、政策和目标以及管理风格等方面体现出来，制约着企业的经营范围和经营效果。

4. 关于企业形象

企业通过其生产经营活动在社会上形成一定的形象。企业的社会形象往往与其向社会提供的产品和服务、经济效益等直接相联系，是社会公众和企业员工对企业整体的看法和评价。良好的企业形象意味着企业在社会公众心目中的信誉，是吸引顾客的重要因素，也是形成企业内部凝聚力的重要原因。因此，企业试图建立一个怎样的社会形象，是企业使命的一项重要内容。

表 4—1 给出了使命陈述的九个基本要素①及范例。

表 4—1 企业使命陈述的九个基本要素及范例

要　素	范　例
(1)顾客(Customer)：谁是企业的顾客。	强生公司认为，我们的使命是减轻病痛。
(2)产品或服务(Product or Services)：企业的主要产品或服务是什么。	苹果电脑公司现在致力于其最初的使命——为全世界 140 多个国家或地区的学生、教育工作者、设计人员、科学家、工程师、商人和其他消费者带来最好的个人电脑产品。
(3)市场(Market)：企业主要在哪一个地区或行业展开竞争。	麦当劳公司的战略展望是占领全球的食品服务业，在全球范围内处于统治地位以及在建立客户满意度标准的同时，通过执行服务便利，增加价值，履行承诺战略，提高市场占有率和盈利率。
(4)技术(Technology)：企业采用的基本技术是什么。	伊士曼柯达公司：在化学影像和电子影像方面成为世界一流。

① 弗雷德·R.戴维，著．战略管理[M]．李克宁，译．北京：经济科学出版社，2006：67.

续表

要　素	范　例
(5)对生存、发展和盈利的关注(Concern for Survival,Growth,and Profitability):企业对近期、中期和远期的经济目标的态度。	松下公司:我们的使命是制造像自来水一样丰富的价廉物美的产品。我们以此摆脱贫困,给人们的生活带来幸福,使世界变得更加美好。
(6)经营哲学(Philosophy):企业的基本信仰、价值观和愿望是什么。	玫琳凯公司:我们的全部宗旨都基于一条重要的原则,即分享与关怀。基于这种精神,人们将愉快地奉献他们的时间、知识与经验。
(7)自我认知(Self-concept):企业最独特的能力或最主要的竞争优势是什么。	格兰仕公司的使命:我们的企业、市场和质量等一切实力要素以及每一个环节(部门、工序)都要精益求精,勇创第一,永争第一。
(8)对公众形象的关切(Concern for Public Image):企业希望的公众形象是什么。	中国移动的企业使命:创无限通信世界,做信息社会栋梁。
(9)对员工的关注(Concern for Employees):企业是否视员工为宝贵的资产。	联想集团的使命:创造发展空间,提升员工价值,提高工作和生活质量。

这九个基本要素构成企业使命体系,如图 4—2 所示。

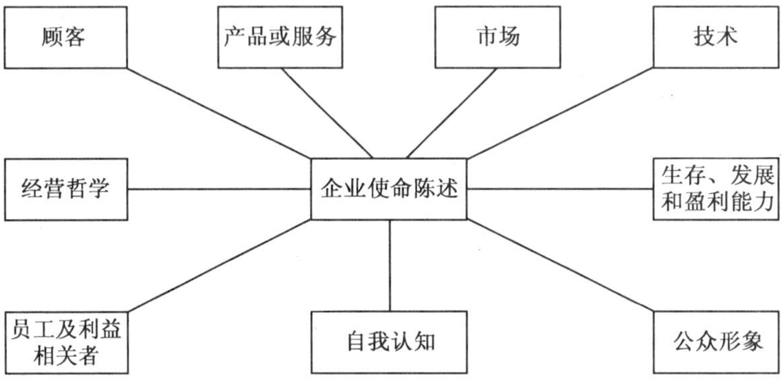

图 4—2　企业使命构成体系

战略专栏 2

京东的愿景与使命

北京京东世纪贸易有限公司,简称京东。京东成立于 2004 年 1 月,员工数为 3.5 万,经营范围为网络零售服务,涉及 3C 数码、家电、图书、百货、机票、服装等商品,目前是中国最大的自营式电商企业,年营业额超过 1 000 亿元。京东旗下设有京东商城、京东金融、拍拍网、京东智能、O2O 及海外事业部。京东创始人刘强东担任京东 CEO。2014 年 5 月 22 日,京东在美国纳斯达克挂牌上市。根据《2016 年 Brand Z 全球最具价值品牌百强榜》,京东进入全球百强。

经营理念

合作:国际化带来竞争全球化。中国电子商务领域风云变幻,京东作为旗帜性企业,不可避免地会迎来更为激烈甚至白热化的商业竞争。面对越发激烈的市场竞争,京东时刻告诫自己:我们不仅要协同战略合作伙伴加强密切合作关系,更要与对手在充分竞争的基础上展开合作。京东理解的合作是共赢发展的合作、联合互补的合作。由合作带来的"竞合共赢"是京东谋求发展的永恒理念。

诚信：京东在发展上秉承先人后企、以人为本的理念，在诚信的基础上建立与用户、供应商、投资方等多方合作者之间最为融洽的合作关系。“诚”代表了京东在合作关系中所坚持的诚意态度，而“信”则代表京东以“信用”为根本的发展信条，可以说“诚信”既是京东的行为准则，也是京东的道德规范。

交友：如果将京东比喻为一个高速运转的机器，那么，用户、员工、投资方、供应商等各方合作者则是这个机器上不可或缺的组成部分，只有多方合作者亲密无间的合作才能让这一庞大的机器正常运转。因此，京东在做生意的过程中力争与每一个顾客或合作伙伴多一些情感交流，慢慢地将生意圈转化为朋友圈，而不是纯粹的生意往来。做生意就是做人，而且要先做好人。

愿景与使命

愿景：成为全球最值得信赖的企业！

企业使命：让生活变得简单、快乐。

核心价值观

客户为先：感恩、服务、成就；

诚信：正直坦诚、勇于担当、信守诺言；

团队：以人为本、以大局为重、互信合作；

创新：持续学习、不断改进、包容失败；

激情：只做第一、享受工作、永不放弃。

发展理念

京东的发展首先得益于组织中“人”的发展，因为人的发展带动了京东的发展，所以“人”是京东发展的核心助推器。京东相信，人的潜能是无限的，人是京东最基本的原动力，对人的深入关怀和挖掘，就是对京东发展战略的彻底实践。同时，京东坚信，创新是京东发展的不二法则，唯有人能够推动创新，唯有京东人不断地追求发展、创新，方能为消费者持续创造价值。

服务原则

“多”：为用户提供一站式综合购物平台。

“快”：自建物流，实现极速配送服务。

“好”：坚持正品行货，保证商品品质。

“省”：依靠低成本和高效率实现天天低价。

公司口号

做中国最大、全球前五强电子商务公司，多快好省。

资料来源：秦远建．企业战略管理[M]．武汉：武汉理工大学出版社，2017:44—45.

京东集团分别从顾客、产品、价值观、人才观、社会责任等几个方面以高度概括的语言表述了企业的使命，基本上涵盖了企业使命陈述构成要素的主要方面。

三、企业使命陈述的制定

企业的使命有一个历史的形成过程。一方面，一个企业在初建时其使命比较模糊或简单，大致局限在经营范围的陈述上。随着企业的发展和经营经验的积累，其使命宗旨会逐步成熟和完善。另一方面，由于企业的经营环境、市场地位、高级管理人员、采用的技术、资源供给、政府政策法规和消费者需求等方面的变化，因此企业还应对其使命进行分析，以决定是否需要更改。此外，不同企业因历史背景、组织文化、管理风格以及高层管理者的价值观不同，因此其使命陈述详略不同，表达方式也不相同。对企业使命陈述(Mission Statement)的主要要求是保证它能简要地包括所有基本内容。美国学者韦恩·麦金尼斯认为，一项使命陈述应注意：第一，对企业进行定义并表明企业的追求；第二，内容要窄到足以排除某些风险，宽到足以使企业有创造性的增长；第三，将企业与其他企业相区别；第四，可作为评价现时及将来活动的基准体系；第五，叙述足够清楚，以便在组织内被广泛理解。一般来说，企业的使命陈述应该注意以下几个问题：

1. 企业使命陈述的宽窄度

一方面，使命陈述应该具有足够的宽泛性。宽泛的企业使命陈述为企业战略管理者的创造性提供了选择的余地，使企业在适应内外环境变化时能有更大的弹性。过于狭窄的使命陈述会限制这种创造性，甚至扼杀创造性，从而使企业在多变的环境中错过许多机会。同时，宽泛的使命陈述也便于调和各利益相关者的差异。较含糊、原则性的表现对各利益团体的重视程度，可以避免产生不必要的矛盾。但是，另一方面，过于宽泛的使命陈述和业务界定可能超出企业的能力，有使企业缺乏业务核心和分散精力的危险，并且无法统一企业对未来的认识。企业的使命陈述必须具有足够的狭窄度，从而可以具体地确定企业的真正兴趣。表4—2列出了宽窄两种范围的业务界定对比情况。

表4—2　　宽窄范围的业务界定①

宽的范围界定	窄的范围界定
经营娱乐	生产电影
出售希望和美丽	生产化妆品
生产饮料	生产软饮料
经营儿童产品	经营玩具
提供邮件递送服务	提供24小时到货的邮件递送服务
帮助改进办公效率	生产复印机

2. 企业使命陈述要及时调整

企业使命陈述应该是动态的，要根据外部环境条件的变化及时调整。企业使命的制定建立在对外部环境分析和对企业未来发展的合理假设基础上，因此企业使命必须随着环境的变化而相应地调整。然而，一个精心制定的使命陈述并不需要进行经常性的重大修改，有效的使命陈述是经得起时间考验的。

第三节　战略目标

企业战略目标是指企业在一定时期内沿其经营方向所预期达到的理想成果。目标体系的建立是将企业使命和愿景转化为具体的业绩目标。如果企业使命与愿景没有转化为具体的业

① 黄凯．战略管理——竞争与创新[M]．北京：石油工业出版社，2005：91.

绩目标，那么，企业使命与愿景的宣言也仅仅是一些美丽的词句，不会取得任何好的结果的。如果企业管理者在每一个关键领域都建立目标体系，并为达到这些设定的目标而采取适当的行动，那么这样的公司有可能会获得较好的结果。

一、战略目标的涵盖范围

企业的战略目标是多元化的，既包括经济目标，又包括非经济目标；既包括定性目标，又包括定量目标。对于战略目标的涵盖范围主要有三种观点，分别是彼得·德鲁克的组织目标内容论、B. M. 格罗斯的组织目标内容论以及一般的战略目标内容论（见表4—3）。

表4—3　　三种关于企业战略目标内容的观点比较

名　称	内　　容
1. 彼得·德鲁克的组织目标内容论	(1)市场方面的目标：应表明本公司希望达到的市场占有率或竞争中占据的地位。 (2)技术改进和发展方面的目标：对改进和发展新产品、提供新型服务内容的认知及其措施。 (3)提高生产力方面的目标：有效地衡量原材料的利用，最大限度地提高产品的数量和质量。 (4)物质和金融资源方面的目标：获得物质和金融资源的渠道及其有效的利用。 (5)利润方面的目标：用一个或几个经济指标表明希望达到的利润率。 (6)人力资源方面的目标：人力资源的获得、培训和发展，管理人员的培养及其个人才能的发挥。 (7)员工积极性发挥方面的目标：对员工的激励措施。 (8)社会责任方面的目标：注意公司对社会产生的影响。
2. B. M. 格罗斯的组织目标内容论	(1)利益的满足。组织的存在应满足相关的人和组织的利益、需要和愿望。 (2)劳务和商品的产出。组织产出的产品包括劳务和商品，其质量和数量都可以用货币或物质单位表示。 (3)效率或获利的可能性，即投入—产出目标，包括效率、生产率等。 (4)组织、生存能力的投资。生存能力包括存在和发展能力，有赖于投入数量和投资转化过程。 (5)资源的调动。从环境中获得稀有资源。 (6)对法规的遵守。 (7)合理性。即令人满意的行为方式，包括技术合理性和管理合理性。
3. 一般的战略目标内容论	(1)盈利能力：用利润、投资收益率、每股平均收益、销售利润率等来表示，如5年内税后投资收益率增加到15%。 (2)市场：用市场占有率、销售额或销售量来表示，如下一年年销售量达到100万台。 (3)生产率：用投入—产出比率或单位产品成本来表示，如4年内工人的日产量提高10%。 (4)产品：用产品线或产品的销售额和盈利能力、开发新产品的完成期表示，如5年后淘汰利润率最低的产品。 (5)资金：用资本构成、新增普通股、现金流量、流动资本、回收期等来表示，如3年内流动资金增加到100万元。 (6)生产：用工作面积、固定费用或生产量来表示，如5年内生产能力提高20%。 (7)研究与开发：用花费的货币量或完成的项目来表示，如10年内陆续投资1亿元开发一种新型汽车。 (8)组织：用将实行的变革或将承担的项目来表示，如3年内建立一种分权制的组织结构。 (9)人力资源：用缺勤率、迟到率、人员流动率、培训人数或将实施的培训计划数来表示，如3年内以每人不超过8 000元的费用对200个员工实行40小时的培训计划。 (10)社会责任：用活动的类型、服务天数或财政资助来表示，如6年内对希望工程捐助增加200万元。

战略专栏 3

美的集团追赶先进制造业

美的集团是国内领先的大型多元化家电企业，2010 年就已经实现销售收入 1 000 亿元。2011 年开始，中国家电行业进入存量更新需求时代。美的董事长方洪波认为，以规模为导向的发展模式难以持续，出路在于技术进步带动产业升级，从落后制造业向先进制造业发展。2012 年，美的提出了“产品领先、效率驱动、全球经营”三大战略。2012 年到 2017 年，美的集团营业收入从 1 026 亿元增长到 1 600 亿元，年均增长 9%。

2012 年，美的洗衣机事业部(小天鹅)推出“T+3”产销模式，将订单执行划分为四个周期：搜集客户订单、工厂备料、生产和发货，每个周期只有 3 天。市场调研显示，这个时间范围内用户体验最好。“传统的生产模式下，每个周期最快也要 7 天”，T+3 负责人朱守军表示。由于每个订单都有差异，因此供应商开始根本适应不了 3 天备料的节奏。“核心问题是产品型号太多，只有实现高度的产品标准化、模块化，才能保证供应商备料的种类数量减少。”2015 年“双十一”，突然爆发的订单量出乎意料，但小天鹅的反应速度非常快，订单要求的货基本在一周之内发到市场。2016 年，T+3 全面推广到美的集团所有事业部。2017 年，尽管销售收入增长近一倍，但美的的固定资产水平和库存水平都低于 2011 年。

2016 年，美的以 4.73 亿美元收购东芝所持白色家电业务 80.1%的股权。美的获得东芝品牌 40 年全球授权，以及超过 5 000 项家电相关专利，还有东芝家电在日本、中国、东南亚的市场、渠道和制造基地。“这将会显著增强我们在日本、东南亚及全球市场的竞争力。”方洪波认为，美的的收购路线是从劳动密集型向技术密集型产业跨越和原有主业的区域扩张。“我们希望抓住全球化的契机，进行全球范围内的资产整合，基本规避劳动密集型产业以及在中国已经形成领军企业的领域。”

2016 年，美的出资 292 亿元收购了德国机器人制造商库卡集团。库卡是全球四大工业机器人生产商之一，生产的机器人用于奥迪、宝马和波音的制造。“我们认为库卡的盈利能力还有改进空间，希望通过发挥协同效应来达到这个目标”，方洪波说。美的要帮助库卡进入四个新行业，包括本土汽车行业、一般机器人领域和自动化系统、物流和仓储自动化以及医疗行业。

库卡为美的打开了高速增长的千亿级智能装备市场。中国每万名制造业工人只有 36 部机器人，而德国为 292 部，日本为 314 部。未来中国对机器人的需求十分巨大。“传统家电已是红海，以机器人为代表的智能制造正进入快车道”，方洪波希望美的未来成为一家工业自动化平台和服务提供商。

2017 年，家电企业美的采取了新的业务分类，从过去的空调、洗衣机、冰箱、小家电变为暖通空调、消费电器、机器人和自动化系统、其他业务(物流)四大业务板块。2017 年，美的的年收入占比：消费电器为 44%，空调为 43%，机器人和自动化系统为 12%。

资料来源：李振福，孙忠．战略管理企业持续成长的理论[M]．北京：中国市场出版社，2018：185.

二、战略目标的性质

战略目标与企业的其他目标相比具有以下一些特点：

(一)宏观性

战略目标是企业的一种宏观目标。它是关于企业全局的一种总体设想，其着眼点是整体而不是局部，是从宏观的角度对企业的未来所做的一种较为理想的设定。它所提出的是对企业整体发展的总任务和总要求，规定的是整体发展的根本方向。因此，企业战略目标总是具有高度概括的性质。

（二）长期性

战略目标是一种长期目标，着眼点是未来和长远。战略目标是关于未来的设想，它所设定的是企业职工通过自己的长期努力奋斗而达到的对现实的一种根本性的改造。战略目标所提出的和所规定的是长期的发展方向和任务，绝不是一蹴而就的，而是要经过企业职工相当长时间的努力才能够实现的。

（三）相对稳定性

战略目标既然是一种长期目标，那么它在其所规定的时间内就应该是相对稳定的。如此，企业职工的行动才会有一个明确的方向，大家对目标的实现才会树立起坚定的信念。战略目标的相对稳定性，根源在于它所反映的对象的稳定性。众所周知，企业战略所要解决的总是某些带有根本性的矛盾。所谓实现战略目标，就是要达到这种根本性矛盾最后解决的目的。事物的根本矛盾是客观的、确定的。因此，在人们实施某种战略所要求解决的根本矛盾没有解决之前，人们的战略目标是不应有根本的变化的。当然，强调战略目标的稳定性并不排斥根据客观需要和情况的发展而对战略目标做必要的修正。需要强调的是，战略目标一经确定，就不宜做频繁的调整，除非客观情况发生了根本性的变化，或者实践表明原有的战略目标有误，或者事实已经宣告原有战略失败。

（四）全面性

战略目标是一种整体性要求。它虽着眼于未来，但没有抛弃现在；它虽着眼于全局，但又不排斥局部。科学的战略目标，总是对现实利益与长远利益、局部利益与整体利益的综合的、集中的反映。科学的战略目标虽然总是概括的，但是它对人们行动的要求又总是全面的，甚至是相当具体的。

（五）可分解性

战略目标作为一种总目标、总任务和总要求，总是能够按层次或时间进度进行分解，分成某些具体目标、具体任务和具体要求，使企业的每个战略单位甚至每个员工都能明白自己的任务和责任，这样既能有效地避免企业内不同利益团体之间的目标冲突，使战略目标之间相互联系、相互制约，也能使目标更好地转化为具体的工作安排和实际行动。人们只有把战略目标分解，才能使其成为可操作的东西。可以这样说，因为战略目标是可分解的，所以才是可实现的。

（六）可接受性

企业战略的实施和评价主要是通过企业内部人员和外部公众来实现的，因此，战略目标必须被企业的利益相关者理解并符合他们的利益。但现实中，不同的利益集团有着不同的甚至是相互冲突的目标。例如，股东追求价值最大化，员工追求工资和良好的工作条件，管理人员希望企业发展成长，顾客渴望获得物美价廉的产品，政府则要求企业多纳税、多关心公益事业。企业在制定战略时要注意协调众多的要求。一般来说，能反映企业使命和功能的战略易于为企业成员所接受。另外，企业的战略表述必须明确，有实际的含义，不至于产生误解。易于被企业成员理解的目标也易于被接受。

（七）可衡量性

为了对企业管理的活动进行准确的评价，战略目标应该是具体的和可以检验的。只有通过可衡量的目标才能计算目标完成的程度。目标必须明确、具体地说明将在何处达到何种结果。目标的定量化是使目标具有可衡量性的、最有效的方法。比如，企业生产目标不应是“尽可能多地生产产品，减少废品”，而应是“2008 年产品产量达 5 万套，废品率降至 2%”。但是有许多目标难以数量化。时间跨度越长、战略层次越高的目标越具有模糊性。此类目标，应当用定性化的术语来表达其想达到的程度，要求一方面明确战略目标实现的时间，另一方面须详细说明工作的特点。只有对完成战略目标的各个阶段都有明确的时间要求和定性或定量的规定，战略目标才会变得具体而有实际意义。

（八）可实现性

可实现性是指战略目标必须适中、可行，既不能脱离实际，定得过高，也不可妄自菲薄，定得过低。目标过高，可望而不可即，根本难以实现，会挫伤员工的积极性，浪费企业资源；目标过低，无需努力就可轻易实现，又容易被员工忽视，错过市场机会。因此，战略目标要处于经过一定努力可以实现的水平，这样才具有强大的激励作用。

（九）可挑战性

战略目标的背后存在着强烈的战略意图，是一种大胆的执着，其企图往往超过现有资源所能支持的范围。战略不应只是寻求与资源相配，而应该具有更大的企图，并借助传达目标的价值来激励员工，以创造企业成员与团队的努力空间。只有企业战略目标充分体现了企业成员的共同利益，使战略大目标与个人小目标很好地结合在一起，才会极大地激发组织成员的工作热情和献身精神。特别是在战略环境改变时，可以借此提出更具有挑战性的新目标来维系企业员工的热情，并借以引导企业资源的分配。

三、战略目标的作用

战略目标对企业至关重要，因为它确定了企业发展的方向，有助于业绩评估，促进企业各部门之间的合作与协同，揭示业务重点，并为有效地制定和实施战略提供了基础。一般而言，战略目标的设定主要有以下四个作用：

（一）导向作用

战略目标具有挑战性，往往使得其与企业现状形成差距，而填补这一差距正是构思战略方案的基本依据。从根本上讲，企业的全部战略经营活动就是围绕着如何填补这一差距而展开的。可见，战略目标的设定，为企业制定战略指明了方向，使企业制定战略的工作能够有目的、有针对性地进行。

（二）激励作用

目标本身就是一种激励力量，战略目标对于企业的员工具有激励作用。其激励作用主要表现在：一是个人只有在明确了目标后才能调动潜在的积极性；二是个人只有在达到了目标后才会产生成就感和满意感。若要使战略目标对企业员工具有激励作用，则目标既要符合企业员工的需要，又要具有挑战性。

（三）凝聚作用

企业是一个社会协作系统，是靠战略目标使全体成员联结起来的，特别是在企业的战略目标充分体现了企业成员的共同利益和共同追求时，能够大大地激发全体成员的工作热情、献身精神和创造力。战略目标一旦被广大员工承认和接受，就可以变成坚定的信念，使员工团结在一起，产生一种使命感，为迎接未来而接受挑战，从而为实现目标而努力奋斗。

（四）评价作用

战略目标实现与否以及实现的程度，是衡量战略是否成功以及成功程度的标准。在具体的运用中，由于各自的角度不同，因此对战略决策和战略实施的评价往往会产生许多分歧。某一战略方案,从局部看是得,从全局看却是失;从眼前看是得,从长远看却是失。就战略目标的本来意义而言,战略决策和战略实施都是实现战略目标的手段,当然,战略目标毫无疑问地就成为评价优选战略方案及其实施效果的价值标准。此外,在某一具体战略方案中,战略目标也是考核管理者和员工工作绩效的客观标准。战略目标本身是可以考核的,又是可以分解的,因此,可依据战略目标的设定对员工的目标完成情况进行考核。

四、战略目标的体系

企业所制定的各项战略行动及其结果,是通过战略目标表述的。由于企业内不同利益团体的存在,因此目标之间不可避免地会出现冲突和矛盾。例如,企业生产部门的产量目标与销售部门的销量目标之间可能存在冲突;企业降低成本、增加利润的经济目标与依法纳税、保护环境的社会责任目标之间可能存在冲突等。制定战略目标的有效方法是构造战略目标体系,使战略目标之间相互制约,从而使战略目标体系整体优化,反映企业战略的整体要求。总体而言,战略目标体系的内容、结构和主导方向是由以下两个原因所决定:第一,战略目标具有支配和控制企业全部战略经营活动的作用,贯穿于战略经营活动的全过程,因而决定了战略目标项目必然是多种多样的,否则难以发挥其作用;第二,战略目标必须满足企业自身生存发展的要求,同时也必须满足与企业有利益关系的各个社会群体的要求,因而决定了战略目标项目是错综复杂的。

(一)企业战略目标的层次体系

企业战略具有不同的层次,企业战略目标也具有不同的层次,企业总体目标通过不同层次的经营活动得以实现。企业总体目标可以根据企业的总体情况进行自上而下的分解,分解为若干个经营单位目标或职能部门目标等具体目标。各个部门也可以根据自己的实际情况制定本部门的目标,企业从全局出发对这些目标进行修正和整合,最后汇总成企业总体目标。企业通过自上而下和自下而上的反复讨论就形成了目标体系。企业目标构成一个多层次的完整体系,企业整体目标派生出各经营单位的目标,再往下派生出职能部门目标,各职能部门还可以再派生出运作单位的目标及个人目标,如图 4—3 所示。

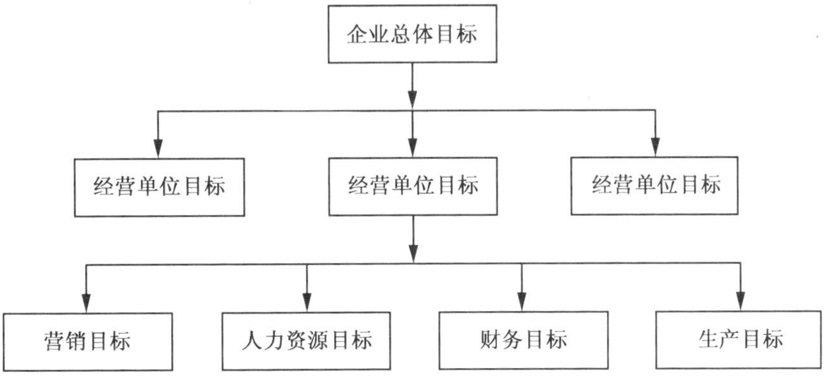

图 4—3　企业战略目标体系

(二)企业战略目标的核心结构体系

企业战略目标涵盖了四个方面的内容:市场目标、创新目标、盈利目标和社会目标,详见图 4—4。

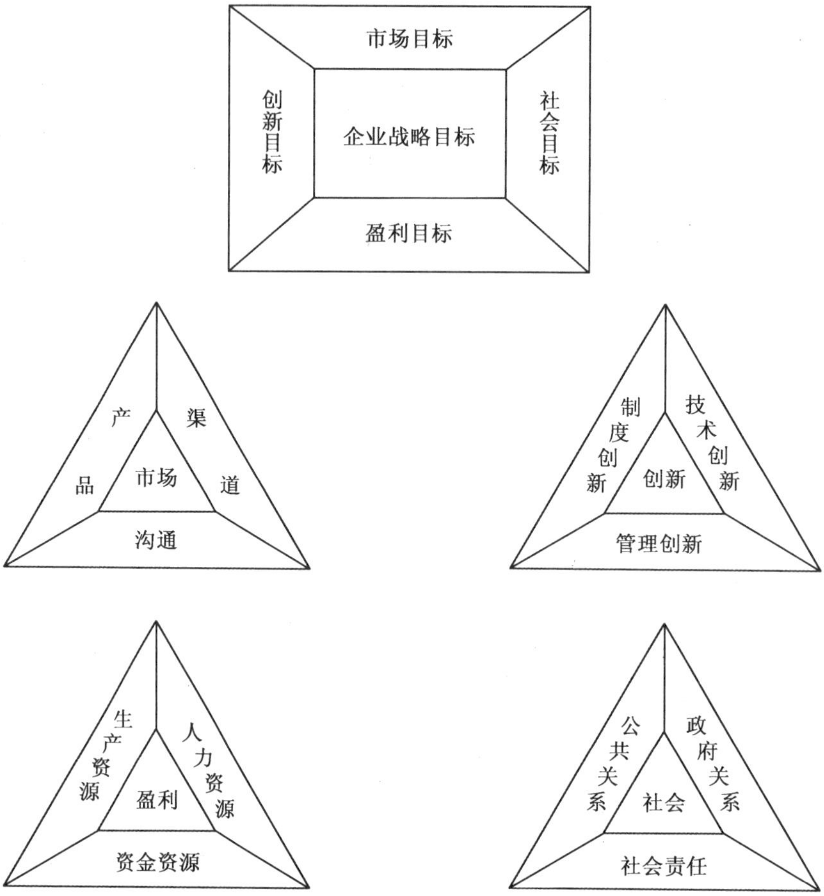

图4—4　战略目标结构体系

1. 市场目标

一个企业在制定战略目标时最重要的决策是企业在市场上的相对地位。企业所预期达到的市场地位应该是最优的市场份额，这就要求对顾客、目标市场、产品或服务和销售渠道等进行仔细的分析。

(1)产品目标用产品组合、产品线或产品销量、开发新产品的完成期限来表示。

(2)顾客服务目标用交货期和顾客满意度来表示。

(3)市场目标用市场占有率、销售额或销售量来表示。

(4)渠道目标包括纵向渠道目标(渠道的层次)以及横向渠道目标(同一渠道成员的数量和质量目标)。

(5)沟通目标包括广告、营业推广等活动的预算和预期效果。

2. 创新目标

在环境变化加剧、市场竞争激烈的社会中，创新观念正日益受到重视。创新作为企业的战略目标之一，是企业获得生存和发展的生机与活力。在企业中，基本上存在着三种创新：技术创新、制度创新和管理创新。为树立创新目标，战略制定者一方面必须预计达到市场目标所需的各项创新，另一方面必须对技术进步在企业各个领域中的贡献作出评价。

(1)制度创新目标。制度创新目标即对企业资源配置方式的改变与创新，从而使企业适应不断变化的环境和市场。

(2)技术创新目标。这一目标将导致新的生产方式的引入，既包括原材料、能源、设备、产品等有形的创新目标，又包括工艺设计、操作方法的改进等无形目标。制定技术创新目标将推动企业乃至整个经济广泛和深刻的发展。

(3)管理创新目标。管理创新涉及经营思路、组织结构、管理风格和手段、管理模式等多方面的内容。管理创新的主要目标是试图设计一套规则和程序以降低交易费用。这一目标的建立是企业不断发展的动力。

3. 盈利目标

这是企业的一个基本目标。企业作为一个经济组织必须获得经济效益。作为企业生存和发展的必要条件和限制因素的利润，既是对企业经营成果的检验，又是企业的风险报酬，也是整个企业乃至社会发展的资金来源。企业盈利目标的达成取决于企业的资源配置效率及利用效率，包括生产资源、人力资源、资金资源。

(1)生产资源目标。用投入—产出比或单位产品生产成本来表示。

(2)人力资源目标。人力资源素质的提高能使企业的生产率得以提高，同时还能减少由于人员流动造成的成本开支。因此，企业的战略目标应包括人力资源素质的提高、建立良好的人际关系等目标，用缺勤率、人员流动率或培训人员数量及培训计划数量来表示。

(3)资金资源目标。达成企业盈利目标同样还需要在资金的来源及运用方面制定各种目标，用资本结构、新增普通股、现金流量、运营成本、红利偿付和货款回收期来表示。

4. 社会目标

现代企业越来越多地认识到自己对用户及社会的责任，一方面，企业必须对本组织造成的社会影响负责；另一方面，企业还必须承担解决社会问题的部分责任。企业日益关心并注意良好的社会形象，既为自己的产品或服务争得信誉，又促进组织本身获得认同。企业的社会目标反映企业对社会的贡献程度，如环境保护、节约能源、参与社会活动、支持社会福利事业和地区建设活动等。

(1)公共关系目标。这一目标的着眼点在于企业形象和企业文化的建设，通常以公众满意度和社会知名度为保证，属于支持性的目标。

(2)社会责任目标。这一目标通常是指企业在处理和解决社会问题时应该或可能做什么，如在对待环境保护、社区问题、公益事业时所扮演的角色和所发挥的作用。

(3)政府关系目标。企业作为纳税人支持着政府机构的运作，同时政府对企业的制约和指导作用也是显而易见的。这一目标的达成往往会给企业带来无形的竞争优势。

在实际中，由于企业性质不同、发展阶段不同，企业并不一定在以上所有领域都设定目标，并且战略目标也并不仅局限于以上几个方面。

五、制定战略目标的步骤[①]

一般来说，确定战略目标需要经历调查研究、拟定目标、评价论证和目标决断四个具体步骤。

(一)调查研究

企业在制定战略目标之前，必须进行调查研究工作。但是在进入确定战略目标的工作中，企业还必须对已经做过的调查研究成果进行复核，进一步整理研究，把握机会和威胁、优势与

① 李春波．企业战略管理[M]．北京：清华大学出版社，2011.

劣势、自身与对手、企业与环境、需要与资源。企业只有将现在与未来加以对比，搞清楚它们之间的关系，才能为确定战略目标奠定比较可靠的基础。

调查研究一定要全面进行，但又要突出重点。为确定战略进行的调查研究不同于其他类型的调查研究，它的侧重点是企业与外部环境的关系及对未来的研究和预测。关于企业自身的历史与现状的陈述是有用的，但是，对战略目标决策来说，最关键的还是对那些企业未来具有决定意义的外部环境信息。

（二）拟定目标

企业经过细致、周密的调查研究，便可以着手拟定战略目标。拟定战略目标一般要拟定目标方向和目标水平。首先，在既定的战略经营领域内，依据对外部环境、需要和资源的综合考虑，确定目标方向，通过对现有能力与手段等诸多条件的全面衡量，对沿着战略方向展开的活动所要达到的水平也做出初步的规定，这便形成可供决策选择的目标方案。

前面对企业战略目标包含的内容做了介绍。在确定过程中，企业必须注意目标结构的合理性，列出各个目标的综合排列次序，另外，在满足实际需要的前提下要尽可能地减少目标个数，一般采用的方法是：(1)把类似的目标合并成一个目标；(2)把从属目标归于总目标；(3)通过度量求和、求平均或函数的办法，形成一个单一的综合目标。在拟订目标的过程中，企业领导要注意充分发挥参谋智囊人员的作用，根据实际需要与可能，尽可能多地提出一些目标方案，以便于对比、选优。

（三）评价论证

战略目标拟定之后要组织多方面的专家和有关人员对目标方案进行评价和论证。

1. 论证和评价要围绕目标防线是否正确进行

着重研究：拟定的战略目标是否符合企业精神；是否符合企业整体利益与发展需要；是否符合外部环境及未来发展需要。

2. 论证和评价战略目标的可行性

论证和评价主要是按照目标要求分析企业的实际能力，找出目标与现状差距，然后制定用于消除这个差距的措施，而且要进行恰当的运算，尽可能地用数据说明。如果途径、能力和措施对消除这个差距有足够的保证，则说明这个目标是可行的。还有一个倾向需要注意，如果外部环境及未来的变化对企业发展比较有利，企业自身也有办法找到更多的发展途径、能力和措施，那么就要考虑提高战略目标水平。

3. 对拟定目标的完善化程度进行评价

着重考察：(1)目标是否明确。目标明确是指目标应当是单义的，只能有一种理解，而不能是多义的。多项目标还必须分出主次轻重，实现目标的责任必须能够落实，实现目标的约束条件也要尽可能明确。(2)目标的内容是否协调一致。如果内容不协调一致，完成其中一部分指标势必会牺牲另一部分指标，则目标内容便无法完全实现。(3)有无改善的余地。

如果在评价和论证时人们已经提出多个目标方案，评价和论证就要通过对比、权衡利弊，找出各个目标方案的优劣所在。拟定目标的评价和论证过程，也是目标方案的完善过程。

企业要通过评价和论证找出目标方案的不足，并想方设法使之完善。如果通过评价和论证发现拟定的目标完全不正确或根本无法实现，就要重新拟定目标，然后再重新评价和论证。

（四）目标决断

企业在决断选定目标时要注意从以下三个方面权衡各个目标方案：(1)目标方向的正确程度；(2)渴望实现的程度；(3)期望效益的大小。这三个方面要综合考虑。所选定的目标，三个方面的期望值都应该尽可能大。目标决断还必须掌握决断时机，因为战略目标决策不同于战术目标决策：战术目标决策常常时间会比较紧迫，回旋余地很小，而战略目标决策的时间压力相对不大。在决策时间问题上，一方面，要防止在机会和困难都还没有搞清楚之前就轻率决策；另一方面，又不能优柔寡断，贻误时机。从调查研究、拟定目标、评价和论证到目标决断，确定战略目标的四个步骤必须紧密结合在一起，后一步的工作依赖前一步的工作。在进行后一步的工作时，如果发现前期工作存在不足或遇到新的情况，就需要重新进行前一步或前几步的工作。

第四节　基于使命、环境与资源的战略目标

确定企业的战略目标是选择战略方案的基础，在制定战略之前，首先要明确企业的战略目标，而企业战略目标的设定可能会牵涉许多不同方面，受到多方因素的制约。

一、战略目标多边形模型

在大多数情况下，影响战略目标的任何一个因素都不具有支配性。战略目标多边形是把多种因素放在一起的一种方式。我们认为在这些因素中，企业使命、企业外部环境、企业内部资源具有决定性意义，下一节将予以详细阐述。其他影响战略目标设定的十个一般因素用战略目标多边形模型表示。需要说明的是，虽然在多边形模型中可以点出十个特定因素，但是其他因素可能更重要，而且在特定的企业中，模型强调的某些因素可能并无多大作用。多边形模型中的十个确定因素分别是时间、时机、创新、附加值（包括盈利能力）、生存、成长、组织领导、利益相关者、价值观和生活方式、知识。按照这十个因素构建的战略目标多边形模型如图 4—5 所示：

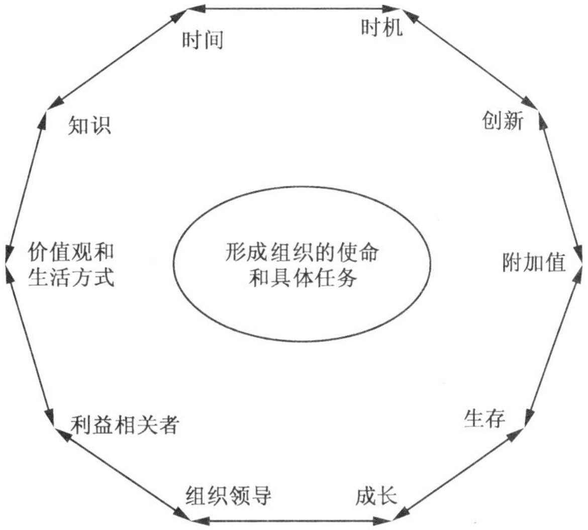

资料来源：摘自 Chaharbaghi，K. I. and Lynch，R.（1999），“Dynamic Strategy Development as An Endless Journey in A Fast Changing Environment”，in Proceedings of the 1999 Association for Global Business Conference，Las Vargas，USA，November.

图 4—5　战略目标多边形①

① Richard Lynch. 公司战略——《财富》500 强成功经典[M]. 周煊，等译 . 昆明：云南大学出版社，2001：496.

(1)时间:长期和短期视角会给企业目标带来巨大的影响。

(2)时机:一个变革的新时期应该在什么时候开始或结束。反过来,这又取决于另一些因素,诸如行业的周期性、外部环境力量的静态的或动态的本质。

(3)创新:新想法的产生和开发。

(4)附加值:对每一个企业来说,为企业赢得附加值使其继续存在下去是理所当然的。

(5)生存:对生存的需要在某些场合特别重要,长期来看也许在所有场合都很重要。

(6)成长:对持续增长的要求。

(7)组织领导:组织领导方式的风格和实际措施。

(8)利益相关者:向不同的利益方尤其那些最有权的利益者确认和传递附加值。

(9)价值观和生活方式:不同的企业在生活质量的重要性及管理组织活动的方式上有不同的原则。

(10)知识:不断变化着的经验、价值观、信息和洞察力的混合物,具有创造企业目标新要素的能力。

二、战略目标的决定因素:使命、环境与资源

在企业战略目标的诸多影响因素中,最为关键的还是企业的使命,也就是企业担负的社会责任、从事的业务;企业的外部环境,特别是外部直接环境因素中各方面竞争力量的消长;企业内部具有的和可能取得的资源。

1. 使命

战略目标是指企业在其战略管理过程中对所要达到的市场竞争地位和管理绩效等主要成果的期望值。同时,战略目标的设定也是企业使命的展开和具体化,是企业使命中确认的企业经营目的、社会使命的进一步阐明和界定,是企业在既定的战略经营领域展开战略经营活动所要达到的水平的具体规定。因此,企业必须首先确定企业的使命,在此基础之上制定企业的战略目标。

2. 环境

企业在制定战略目标受到外部环境的制约是显而易见的。企业作为一个开放的系统,需要不断地与外界进行物质和信息的交换。外界环境的发展和变化,必将对企业的生存和发展产生深刻的影响。而战略目标贯穿于企业战略经营活动的全过程,是企业长期奋斗的目标,所以,企业在制定战略目标之前必须先考虑战略环境,在对机会和优势进行分析的基础上在客观的、现实的条件允许范围内行事。

企业的战略环境可分为宏观外部环境和微观外部环境。宏观外部环境包括政治因素、法律因素、经济因素、社会人文因素和技术因素。这些因素间接或潜在地对企业产生作用和影响。微观外部环境即产业环境,是企业直接赖以生存的环境。宏观外部环境对企业的作用最终要通过对产业市场需求的影响体现。

3. 资源

内部资源的多寡会直接影响企业战略目标的高低。一般而言,内部资源丰富的企业,在追求较高战略目标上成功的概率较高;反之,资源贫乏的企业,成功的概率则较低。因此,战略目标往往反映了企业现有资源的强弱状态。现代企业面临的外部商业环境复杂多变,对自身的内部资源认识越清楚、开发越得力,越有可能为企业的长期战略提供安全的基础。

第五节　商业伦理与战略目标

在制定企业的战略目标过程中，社会的伦理和道德是影响和制约战略管理工作的一个重要因素。我们在生活中都能看到这样的现实：虽然企业为社会提供了大量的商品和服务，满足了社会各个阶层的物质生活与精神生活的需要，为社会的发展积累了大量的财富，但是企业与社会的矛盾总是不断，这似乎已经成为社会发展过程中一个受到人们高度关注的重大问题。如震惊全国的"毒奶粉"问题、"苏丹红"事件、欧典地板纠纷等都不断地向人们提出警示。人们在发问，企业怎么了？为什么总有少数企业会冒天下之大不韪，伤害自己必须依赖的社会和消费者呢？无数的事实也证明，一个优秀的企业在其发展过程中是会在其战略管理的工作中突出对社会伦理的尊重，不会随意伤害它需要依赖的市场、消费者和社会的。例如，美国著名的企业家安德鲁·卡耐基就说过：财富意味着责任。但在现实生活中，由于社会的成见、人们价值观的差异、企业追求的目标与社会伦理的差异，企业违背社会伦理的现象时有发生，甚至会使人感觉到这种存在绝非偶然。这也告诉企业的战略决策者，当你们不能尊重社会，有意或无意违背社会的伦理道德，伤害你们依赖的社会时，会遭到惩罚，从而导致企业的失败。

战略专栏 4

苹果公司加强《供应商行为准则》失败的案例

苹果要求供应商遵守公司的《供应商行为准则》，并作为成为中标合同商的条件。为了确保供应商遵守准则，苹果公司有一个供应商监控项目，它包括供应商工厂审计、正确的行动方案和核实措施。在篇幅有 27 页长的《2011 年供应商责任进展报告》中，苹果公司在 2011 年对公司在中国大陆、捷克共和国、马来西亚、菲律宾、新加坡、韩国、中国台湾、泰国和美国的供应商工厂进行了 299 项审计。

苹果公司区分了违规行为的严重程度。"关键违规"是指那些直接违背《供应商行为准则》而必须立即修正的行为。2011 年的审计中，在 35 家工厂中发现了关键违规，包括使用童工、超额招聘费用、不适当的废品处理、故意歪曲审计记录。苹果公司的回应是：确保采取及时的更正措施，暂缓使用违规供应商，计划在一年内再次对其进行审计。而且审计发现，74 家供应商工厂没有指派任何人来确保工厂遵守苹果公司的《供应商行为准则》。

资料来源：姚小涛，弋亚群．战略管理[M]．北京：高等教育出版社、经济管理出版社，2019：44.

从以上企业的案例可以看出，管理者在制定战略目标、实施战略决策时的行为需要合乎商业伦理。从管理人员的角度看，合乎商业伦理的战略目标是通情达理的、有代表性的利益相关者能够接受的决策，因为它对利益相关者、对该组织或社会有帮助；相反，不合乎商业伦理的目标决策，是管理者宁愿掩饰起来，或者对他人隐瞒的决策，因为它是某个公司或者某个个人以牺牲社会或其他利益相关者的利益为代价来获利。例如，在以上案例中，毫无疑问，正是为了追求短期利益、压缩生产成本等，使用雇用童工、超额招聘、不适当地处理排放物、歪曲审计记录等不正当的手段，苹果公司被勒令暂缓使用违规供应商，并对工厂进行二次审计，一方面损害了社会公众的利益，另一方面损害了自身正常的生产和经营。

一、商业伦理对战略目标的影响

商业伦理对战略目标的影响主要体现在商业伦理的规范上，包括以下几个方面[①]：

1. 法的规范

在制定战略目标的过程中，法的规范指既要符合自然法则，又要符合现有的国家法律、法规，即企业在详细规划本企业的战略目标时应当要考虑企业所处的环境。其中，法律环境对企业战略目标的实现具有重要意义。企业的战略目标包含法律的因素，在企业外部表现为企业战略目标的实现不能以伤害其他企业的利益为前提，是在法律、法规允许的范围内而做出的目标规划；在企业内部表现为企业的战略目标是通情达理的、有代表性的利益相关者能够接受的决策。总体来讲，法的规范的基本形式是平等、民主、客观、公正。平等、民主、客观、公正是企业制定战略目标的行为边界，也是企业战略目标行动的基本尺度。

2. 有限度的竞适规范

企业在制定本企业的战略目标时必须要考虑到竞争对手的行为、反应，因为企业在市场中不可避免地要遇到商业竞争。竞争是商业发展，也是企业发展的市场动力，但商业竞争必须有其限度。有限度的竞争是企业追求平等互利的根本保证。同时，商业的限度竞争还必须建立在广泛而全面的适应市场变化的基础上。竞争目的在于适应，适应创造新的竞争。因此，商业之于个人或企业组织，必须同时具备竞争的强力和自我限度的适应能力。前一种能力构成个人或企业组织在复杂变化的商业市场中蓬勃发展自己、创造财富、贡献社会的基础力量；后一种能力成为个人或企业组织在易变、可塑的生态市场环境下协调各方利益，左右逢源，使之立于不败之地的根基能力。

3. 以顾客为中心

企业战略目标的制定必须以顾客为起点并以顾客为目的，因为顾客是商业机会的来源，也是商业财富的来源，更是商业精神、伦理理想与道德情操的来源。企业对顾客的服务，始终要以特定的产品为媒介，产品质量的高低构成商业利益的关键因素。产品质量构成了商业决策与经营的首要伦理考虑和道德要求。商业利益和经营价值只有通过服务来实现：第一，对顾客的服务必须高度人性化、爱心化和亲情化，同时还有审美化和诗意化；第二，所推销的一切产品价必超值、用必超值；第三，企业必须承担社会责任，为社会创造福利，体现社会精神，改变社会风尚，提高社会生活水准；第四，企业服务必须有利于环境，包括个人生活环境、社区环境、社会环境、自然生态环境，为人、组织、社会与环境的协调、和谐、共生创造条件，改进方式。

战略专栏 5

以下是对企业战略目标有影响的道德因素例子：

间谍。一家企业如何获知商业竞争中的信息？何处去完成合理的询问？怎样对额外的商业数据进行搜寻？是否可以不择手段？

贿赂和腐败。在任何条件下，每个企业都应拒绝进行这一活动吗？一方面，如果做了，则就业机会不会削减，合同得到签署，而代价只是向少数人支付了有限的金钱；另一方面，企业本身不希望遵守这一准则，又怎么可以要求别人遵守？

---

① 罗平莉．商业伦理研究的基本问题与整体思路[J]．阴山学刊，2008(1).

只讲一半真话以及在谈判中运用误导战术。这种做法不被社会接受，在商业谈判中可以接受吗？或者，商业运营应遵循另一套规则。

资料来源：Richard Lynch. 公司战略——《财富》500强成功经典[M]. 周煊，等译. 昆明：云南大学出版社，2001：439.

二、商业伦理模型

多年来，哲学家一直对确定决策是否合乎伦理的具体标准争论不休。表4—4总结了三种确定战略目标决策是否合乎伦理标准的模型：功利主义模型、道德权利模型以及正义模型。从理论上说，每一种模型都提供了不同的又相互补充的、确定目标决策和行为是否合乎伦理的方法。为了挑选出某一具体战略目标的伦理观，企业必须使用这三种模型。

表4—4　功利主义模型、道德权利模型以及正义模型的比较①

模　型	管理方面的含义	管理者的问题
功利主义模型：合乎伦理的战略目标决策是为最大多数人生产最大利益的决策。	管理人员应当根据供选择的方案对不同组织的利益相关者群体的益处和成本，对供选择的行动方针进行比较和对比。他们应当选择对利益相关者提供最大好处的行动方针。例如，经理们应当把新的制造厂设在给利益相关者带来最大好处的地方。	管理者如何确定每一个利益相关者群体的相对重要性？管理者如何精确地衡量每一个利益相关者群体的利害关系？例如，管理者如何在股东、员工以及客户的利益之间进行选择？
道德权利模型：合乎伦理的目标决策是最善于维持和保护受影响的人们的根本权利和特权的决策，例如，合乎伦理的战略目标的决策保护人们的自由权、生命和安全权、隐私权、言论自由权以及信教自由等。	经理们应当根据供选择的方案对利益相关者的权利的影响，对供选择的行动方针进行比较。他们应当选择能够最大限度地保护利益相关者权利的行动方针。例如，涉及对员工的安全或健康造成严重危害的决策，就是不合伦理的目标决策。	假如某个决策会保护一些利益相关者的权利，同时伤害其他人的利益，管理者如何选择？保护哪一种利益相关者的权利呢？例如，在确定探听员工隐私是否合乎伦理时，员工的隐私权是否高于组织保护其财产的权利，或者高于其他员工的安全？
正义模型：合乎伦理的战略目标决策是在利益相关者之间以公平、平等、不偏不倚的方式分配利害关系的决策。	经理们应当根据该行动将对成果的公平分配所起到的推动作用大小，对供选择的行动方针进行比较。例如，技能水平、业绩或者责任相似的员工应当收到同样的工资。成果的分配不应当以任意的差异，诸如性别、种族或宗教信仰等为依据。	管理者必须学会不歧视那些外表和行为看上去不同的人们。管理者还必须学会如何运用公平的步骤来确定组织成员之间的成果分配。例如，管理者不得根据自己的好恶来提升员工，或者为了帮助喜欢的人而放宽规章制度。

三、个人伦理决策方式

很多伦理决策带有个人含义。管理人员面临的伦理问题不是都与个人无关的，经常具有很浓的个人利益色彩，或者决策者本人会付出一些成本。图4—6为个人伦理决策模型。

在这个模型中，要求个人确定所考虑的行为、决策或行动，然后明确说明计划要执行的行为过程的各个方面。接下来，个人需把这个行为过程提交给我们所称的伦理屏风。伦理屏风

① C. W. L. 希尔，G. R. 琼斯著.《战略管理》[M]. 孙忠，译. 北京：中国市场出版社，2005：398—400.

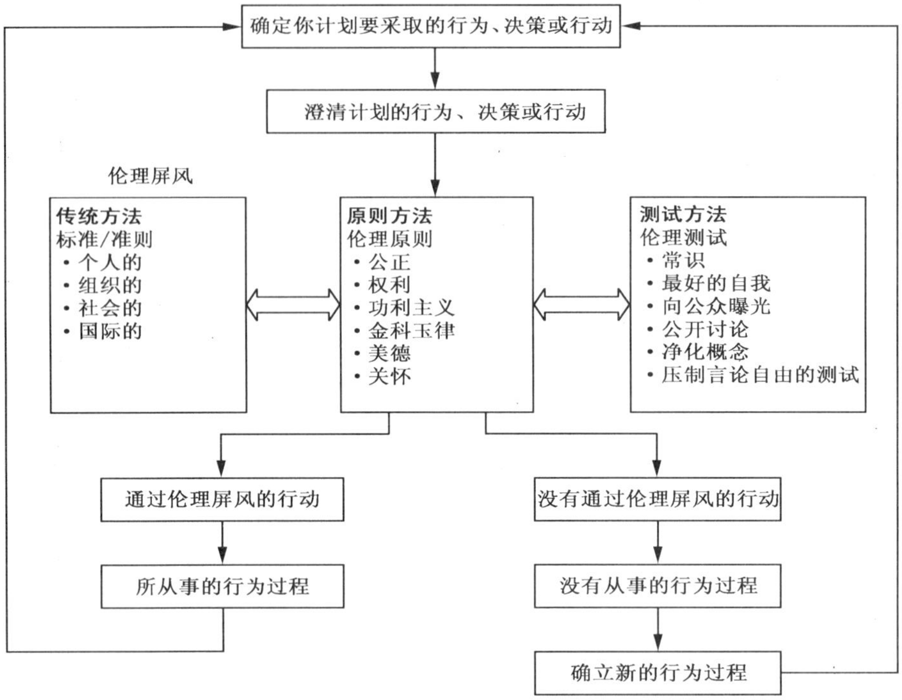

图 4—6 个人伦理决策模型①

包括几个选择标准，根据这些标准去对比计划的行为过程。在伦理屏风的图解中，我们参考以前所讨论的传统方法(标准/准则)、原则方法、伦理测试方法和伦理决策。

在这个模型中，由个人决定这些指南如何组合，以便用来作为伦理屏风。通常，有些指南的组合包含在伦理屏风中，对那些确实想采取伦理决策的经理有帮助。如果计划要执行的行为过程没有通过伦理屏风，决策者就不应该从事这项行动，而是应该考虑做出新的决策、行为或行动，并且再用同样的过程处理这些新的决策、行为或行动。如果计划采取的行为过程通过了伦理屏风(决策者已经确定它是一个伦理行为过程)，决策者则应该从事这项决策、行为或行动，当他面临新的伦理两难时，再重复该循环。

第六节　利益相关者与战略目标

早在 1965 年，美国著名战略管理学者安索夫就指出，“要制定理想的企业目标，必须综合平衡考虑企业诸多的利益相关者之间相互冲突的索取权，他们可能包括管理人员、工人、股东、供应商以及分销商”。在企业的发展过程中，这些自然人和法人组织都有可能给企业战略目标的实现带来直接或间接的影响。不同的利益相关者对企业的战略目标要求不同，即便是同一类利益相关者，也常常会拥有各不相同的利益定位、权利要求和愿望。因此，在企业制定战略目标之前，确认不同的利益相关者群体的利益性质以及这个群体是否拥有足以影响企业的权力，非常重要也非常必要。TCL 总裁李东生认为，TCL 公司的价值观是：为顾客创造价值，为

① 阿奇·B. 卡罗尔，安·K. 巴克霍尔茨，著．企业和社会：伦理与利益相关者管理[M]. 黄煜平，等译．北京：机械工业出版社，2004.

员工创造机会，为社会创造效益。这种观点清楚地表明了该公司在处理不同的利益相关者之间关系时的策略。

一、利益相关者的相关概念

（一）利益相关者的含义

有关利益相关者的定义很多，本书采用如下定义：利益相关者是对企业产生影响的，或者受企业行为影响的任何团体和个人。[①] 利益相关者理论认为，企业各类利益相关者的利益期望、利益冲突、利益均衡以及相对权力是问题的关键。

（二）企业主要的利益相关者

1. 根据利益相关者与企业的内在联系程度划分

从这一角度划分，利益相关者可分为外部利益相关者和内部利益相关者（如图4－7所示）。前者包括消费者、供应商、竞争者、政府机构和社会公众等，后者包括董事会、股东、管理者和企业员工等。无论是外部利益相关者还是内部利益相关者，均希望企业能够按照其满意的方式从事生产经营活动。例如，消费者要求购买价廉物美的商品；供应商希望企业能够长期使用其产品和服务；竞争者要求能够公平竞争；政府部门要求企业遵纪守法、多纳税；公众希望企业在当地能够帮助他们提高生活水平；企业员工要求在经济收入、社会地位和心理状态上得到满足；股东则要求从他们的投资中得到一定的收入回报。

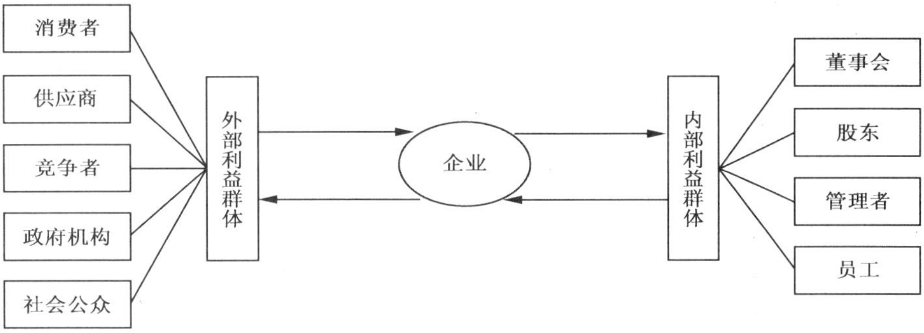

图4－7　企业的内外部利益相关者分析

随着企业管理主体复合趋势的出现，对利益相关者关系管理的难度也不断地加大，企业内部主体与外部主体之间的界限逐渐变得模糊，具体表现在两个方面：一是企业内部主体之间的融合，表现为董事持股、董事兼职、职工持股、职工参与。二是企业内部与外部主体之间的融合，表现为银行持股、企业上下游关联者持股、外部董事参与、消费者参与、政府参与等。

2. 根据利益相关者与企业的市场交易关系划分

从这一角度划分，利益相关者可分为直接利益相关者和间接利益相关者。前者是指与企业直接发生市场交易关系的利益相关者，包括股东、债权人、企业员工、供应商、经销商等；后者则是与企业发生非市场交易关系的利益相关者，包括各级政府机构、社会活动团体、媒介、一般公众等。

---

① 托马斯·加拉文，杰拉德·菲茨杰拉尔德，迈克·莫利，著．企业分析[M]．马春光，等译．北京：生活·读书·新知三联书店，1997：119.

二、利益相关者之间的目标冲突与目标协调

(一)利益相关者之间的目标冲突

就利益相关者这一问题而言,最关键的一点就是,当企业规划其使命和具体任务时,要将企业的所有利益相关者都考虑在内。如果不考虑全部的利益相关者,部分相关者会因其利益受到忽视,对企业的使命和具体任务提出反对意见,从而给企业带来一系列问题。比如,主要股东可能会选择卖掉其股份,核心管理人员会离开企业。

困难在于利益相关者之间的利益是相互冲突的。举例来说,工人希望得到更多的报酬,而这会导致企业的盈利减少,股东能够分得的利益也变少。其他一些领域中也存在这样的利益冲突,如表4—5所示。如此一来,企业就有必要分析利益相关者的权力,找出哪些利益相关者的利益应当优先考虑。

表4—5 利益相关者及其目标①

利益相关者	首要目标	次要目标
所有者	财务回报	附加值
员工	报酬	令人满意的工作、培训
客户	商品和服务的供应商	品质
债权人	债权	及时支付债务
供应商	付款	长期关系
公众	平安和确信	对社会的贡献
政府	服从	得到促进的竞争

(二)利益相关者之间的目标协调

从企业战略目标看,协调利益相关者之间的冲突,主要是识别出附加在企业方向上利益相关者的权力,尤其在企业使命和具体任务方面。图4—8给出了一些可能的主要利益相关者,对他们相对权力的分析结果可能会因国家不同而不同。另外,也会因行业原因产生不同:大规模的汽车制造与市场分散的日用品制造业(如牙刷制造业)就相当不同,后者往往表现出家族持股的特点,并且行业中的公司规模较小。

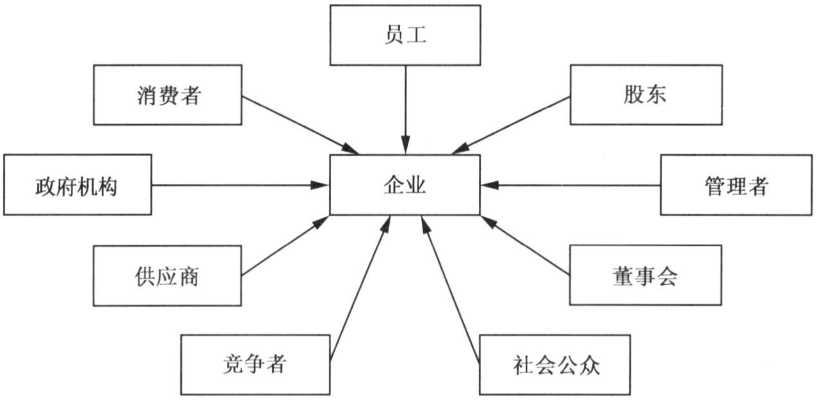

图4—8 利益相关者权力分析:权力的平衡

① Richard Lynch. 公司战略——《财富》500强成功经典[M]. 周煊,等译. 昆明:云南大学出版社,2001:498.

1. 利益相关者力量分析

不管企业对利益相关者为企业战略目标制定过程做出的贡献是如何欢迎，事实上，仍然会存在目标冲突。最有权力的利益相关者应仔细地考虑，即进行利益相关者力量研究，具体步骤如下：

(1)认识主要的利益相关者；

(2)证实他们的利益及对组织的要求，尤其在新的战略创意提出的时候；

(3)通过新战略制定时每个群体迫使或影响其变化的能力来确定利益相关者的力量等级；

(4)制定企业使命、具体任务和企业战略，尽量优先于权力冲突最小化的考虑；

(5)考虑如何在问题出现之前将其化解，尽可能地通过与关键群体谈判进行；

(6)认识可以使用的约束力，必要时运用约束力，以确保战略得到制定，并且达成妥协。

2. 利益相关者力量约束

作为利益相关者力量分析的一部分，应该详尽地调查能够对特定利益相关者群体发生作用的约束。这种调查确保当不同的利益相关者群体之间存在利益冲突时，能够找到一个解决办法。这样的分析可能是从不同利益相关者群体之间的磋商过程开始的。其过程可能会达到一种妥协，主要取决于利益相关者群体各方面的力量大小以及他们希望达成一致的诚意如何，但是，在整个过程中也可能会牵涉对特别难以取悦的群体施加压力。如此一来，谈判过程会运用到博弈论的相关知识。

战略专栏 6

博弈论又称对策论，是运筹学的一个分支，最初用在军事上，用来研究如何战胜对方的最佳策略，后来被企业单位广泛采用，通过数学方法研究有利害冲突的双方在竞争性的环境中如何找出并制定战胜对手的最优策略等问题。例如，“囚徒困境”表明，两个理性追求个人利益最大化的人不仅无法获得于己方最优的结果，只能得到相当差的结果，而且也不能实现集体的最大利益。个体理性与集体理性是冲突和矛盾的。

资料来源：崔颖．战略管理[M]．北京：北京大学出版社，2017：248；李维胜．企业战略管理[M]．北京：经济管理出版社，2019：121.

第七节　领导者与战略目标

战略目标的设定不但是制定企业经营战略的出发点，也是企业经营战略实施应达到的终点，主要是由企业高层领导负责制定的。企业领导者在确定企业的企业使命后，在对企业外部环境和企业内部资源进行战略分析的基础上制定企业战略目标。在制定的过程中，企业领导人必须做出以下贡献：

(1)具有高瞻远瞩的战略头脑和战略眼光，准确、敏锐地把握企业战略的关键所在；

(2)具有不断地创新、追求卓越的企业家精神，不断地探索和把握新的市场机会，改进和开发新产品和新服务；

(3)正确判断应当保持、调整、开发、放弃哪些业务，提出如何优化资源配置的战略思路；

(4)综合分析企业的未来环境、未来条件，促进各战略目标的平衡与协调；

(5)制订能够有效发挥企业优势、克服劣势、利用机会、避免威胁的战略规划。

可见，高质量、高效率的战略制定有赖于高水平、高素质的企业领导者。许多成功企业的实践也证明，在企业生死存亡的紧急时刻，往往会有脱颖而出的战略管理者力挽狂澜，及时地调整战略目标，制订战略规划，才使企业转危为安，谋求更高层次的生存和发展。最成功的企业领导者，不但需要用冷静、精辟的态度定义企业战略目标，还要将信赖、热忱的承诺传递给企业。

一、领导风格与战略目标的关系

既然企业的战略目标主要是企业高层领导做出的决策，难免受决策者个人领导风格的影响。而个人的领导风格是在长期接受周围环境的影响中逐渐形成的。从领导者个人角度而言，领导者的个性、技能、教育程度、职业生涯、个人经历及其成功和失败的经验教训会对其领导风格的形成产生影响；从企业的角度而言，企业规模、企业环境的稳定性、当前的企业文化和管理风格、企业目前的盈利能力及其变革的要求和需要等都影响着领导风格的形成。每个领导者在领导风格上的差异会使其在战略目标上采取不同的态度。

企业领导的风格多种多样，可以是共同愿景法，也可以是支配法。每一种风格都会影响企业战略目标制定的方式及所制定的战略目标。

1. 共同愿景法

森格曾引用《道德经》第十七章中的一段话表达领导者与企业的关系：太上，下知有之；其次，亲而誉之；其次，畏之；其次，侮之。信不足，焉有不信焉。犹兮其贵言。功成事遂，百姓皆谓："我自然"。意思是说：差劲的领导让属下鄙视；出色的领导让属下敬仰；最好的领导让属下说："我们自己完成工作"。森格指出，在受到良好管理的企业中，整个企业都应该参与战略目标的制定。领导者不支配企业或者代替企业决策，要做的是帮助企业制定一个未来的共同目标，以及找出为了达到这个目标，企业应当怎样变化，应当是领导者而非别人把注意力放在潜在趋势、引起改变的力量及其对企业的影响上。

在这里，战略目标是经过广大员工的合作、讨论及取得广泛的一致意见后由领导者制定的，也许结果产生很慢，过程很复杂，并且是一种妥协，但这个结果被企业中的每一个员工所理解，并在制定的过程中得到了很强的认同。

2. 支配法

共同愿景法在某些战略形势下不一定合适。如果企业处于危机中，急需调整战略目标以适应新的环境，则更需要强硬的中心领导使它生存下去；如果企业处于其未来愿景的制定初期，则也可能从强硬的领导者那里获益。

在这种情况下，领导者的直接下属也参与到战略目标的制定过程中来，但企业的战略目标主要还是由领导者制定。企业的其他成员可能只是接受企业战略目标，因而这一方法对战略目标的认同程度不如共同愿景法。

3. 其他风格

其他类型的领导风格及与之相应的领导者和员工角色如表 4—6 所示：

表 4—6 其他类型的领导风格

描述对象	指　挥	象　征	理　性	交易性	有创造力
风　格	权威型 由领导者或小部分高层管理者来驱动战略	文化型 由未来的宗旨和使命来驱动战略	分析型 由正式的结构和计划系统来驱动战略	程序型 由内部的程序和相互调整来驱动战略	有机型 由企业中人员的进取心来驱动战略

续表

描述对象	指 挥	象 征	理 性	交易性	有创造力
高层管理者的角色	指挥者 提供指导	训练者 激励和鼓励	主管 评价和控制	提供便利者 分权和促进	发起人 签署者和发起人
企业员工的角色	士兵 遵守命令	选手 对挑战进行反应	下属 遵守系统规则	参与者 学习和提高	企业家 实验并承担风险

资料来源：摘自 Hart，S.（1992）．“An Integrative Framework for Strategy-making Processes”，*Academy of Management Review*，Vol. 17，pp. 327－351. 也影印于 Hart，S. and Banbury，C.（1994）“How Strategy-making Processes can Make a Difference”，*Strategic Management Journal*，Vol. 15，pp. 251－269.

二、中国企业领导对战略目标的特殊影响

2007 年，Hay（合益）集团通过对中国数十位企业领导人的调查研究发现，中国企业领导人中的佼佼者具有优秀的素质及众多的“短板”，这些中国企业领导人的“基因”对战略目标的制定具有特殊的影响。①

1. 偏向扩张发展

中国企业领导人花费大量的时间和精力在融资或资本运作、收购兼并、市场扩张等外向型、进攻型战略上面。这种领导风格的弘扬与发挥，使得越来越多的企业领导者不注重企业内部的建设而是更多地将战略目标瞄准海外市场，当然对中国企业成功地走向海外经营有积极的作用，但同时也对企业的经营发展提出了更高的要求——如何健康地成长。

2. 针对本土市场的创新不足

与全球企业领导人相比，中国企业领导人并不具备大量的创新行为或领导组织创新的行为。研究并没有发现中国企业领导人表现出大量的创新行为或领导企业进行创新的行为，特别是根据本国市场的特点，通过产品服务、盈利模式等方面进行创新的行为。这使得中国企业的领导人在制定企业的战略目标时创新含量不足，最终导致企业后续发展乏力。

3. 凭直觉而非重思考

很多中国企业领导人在处理信息、进行决策的时候更偏好从直觉出发，而非倚重深入而周密的战略性思考。“凭直觉、拍脑袋”而缺乏系统、广泛的信息收集和深入、周密的战略性思考也让很多中国企业领导人付出了沉重的代价，他们在投资、扩张和企业运作等方面的决策错误影响了企业的健康发展。直觉是重要的，特别是在机会俯拾皆是的时候。这种直觉式的信息处理和决策风格确实可以带来速度和效率，但是，当业务日益复杂、竞争日益加剧、信息纷繁杂乱、显而易见的机会日益减少的时候，已经跨越了创业阶段的中国企业领导人需要运用更加系统、正规的方式收集信息，并且运用更加深入而周密的战略性思考进行判断和制定企业的战略目标。

4. 高层团队管理不善

通过研究发现，与欧美企业的领导人相比，中国企业领导人的团队领导能力较弱。这些企业的高层团队最大的问题在于缺乏合作与信任。Hay 与哈佛大学共同的研究表明，高层团队成员之间高度的合作和信任对于公司的战略制定和执行至关重要。企业高层团队成员之间不能合作，企业中必然会形成不同的派别和势力范围，使得在战略执行过程中“左手不知道右手

① 周凯．中国企业领导人受困“四大软肋”[J]．中国民营科技与经济，2007(10).

在干什么”，甚至出现“左手打右手”的情况。很多中国企业的高层团队成员对于自己在战略实施中的具体责任和角色并不十分清楚。因为他们每个人的责任边界缺乏清晰的定义，导致互相扯皮或不能及时补位，从而影响战略实施的速度和效率。研究表明，上述高层团队的问题很大程度上是由中国企业领导人的领导风格所决定的。它们典型的领导风格是“家长式”的，主要表现形式是“恩威并重”。在创业早期或业务相对简单的时候，这种“家长式”的领导风格颇为奏效。当市场环境和业务越来越复杂的时候，很多中国企业的领导人发现仅靠自己的经验和智慧已经不能应对挑战，需要有一个强大的高层团队来协助他们，明确战略并实施战略。

第八节　战略目标评价

企业在战略目标拟定出来之后就要组织多方面的专家和有关人员对提出的目标方案进行评价和论证。

一、考察战略目标合理性的判断标准

（一）论证和评价战略目标的正确性

着重研究拟定的战略目标是否符合企业使命，是否符合企业的整体利益与发展需要，是否符合外部环境及未来发展的需要。

（二）论证和评价战略目标的可行性

论证与评价的方法主要按照目标的要求，分析企业的实际能力，找出目标与现状的差距，然后分析用于消除这个差距的措施，而且要进行恰当的运算，尽可能地用数据说明。如果制定的途径、能力和措施对消除这个差距有足够的保证，那么说明这个目标是可行的。值得注意的是，如果外部环境及未来的变化对企业发展比较有利，企业自身也有办法找到更多的发展途径、能力和措施，那么就要考虑提高战略目标的水平。

（三）论证和评价战略目标的完善性

1. 目标是否明确

所谓目标明确，是指目标应当是单义的，只能有一种理解，而不能是多义的；多项目标还必须分出主次轻重；实现目标的责任必须能够落实；实现目标的约束条件也要尽可能明确。

2. 目标的内容是否协调一致

如果内容不协调一致，完成其中一部分指标势必会牺牲另一部分指标，目标内容将无法完全实现。

3. 有无改善的余地

如果在评价和论证时人们已经提出了多个目标方案，那么这种评价和论证就要在比较中恰当进行，通过对比、权衡利弊，找出各个目标方案的优劣所在。拟定目标的评价和论证过程，也是目标方案的完善过程。通过评价和论证，找出目标方案的不足，并想方设法使之完善。如果通过评价和论证发现拟定的目标完全不正确或根本无法实现，那么就要重新拟定目标，然后再重新评价和论证。

二、战略目标评价矩阵

企业以矩阵为基础，分别计算各备选目标方案在不同条件下的可能结果，然后按客观概率的大小计算各备选方案的期望值，进行比较，从中选择最优的战略目标。采用这一方法一般必

须具备以下几个条件：

(1)具有明确的目标(如获取最大的利润)；

(2)有两个以上的备选方案；

(3)存在各种可能状态，并能估计其发生的客观概率以及可能的结果。

战略专栏 7

某公司决定扩大企业运营以求发展，希望进入一个新的地区市场，有三种方法可以选择：一是建立新的生产企业；二是购买并改建现成的企业；三是租厂进行生产。假定由于一个主要销售合同的签约风险导致在新市场上需求水平的不确定性，如果顺利签约，需求很可能达到 20 000 个单位，否则只有 10 000 个单位的预期。表 4—7 和表 4—8 分别是对各种不同战略选择的成本分析。

表 4—7　　不同销售水平下的成本

项目 / 成本(元) / 方案	年销售量(单位)	
	10 000	20 000
(1)建立新企业	58	35
(2)购买及改建	56	33
(3)租厂生产	50	40

表 4—8　　不同销售水平下的成本预期

项目 / 成本(元) / 方案	年销售量(单位)		加权平均成本(元)
	10 000	20 000	
(1)建立新企业	58×0.7	35×0.3	51.10
(2)购买及改建	56×0.7	33×0.3	49.10
(3)租厂生产	50×0.7	40×0.3	47.00

这一案例说明，出现较高需求的可能性为 30%。可以看出，租入方案由于其加权平均成本最低，因此为最优方案。虽然评价矩阵在分析战略目标方案时非常有用，但是这一简单的分析方法也忽视了间接因素的影响。除此之外，租入一现有的企业的分析忽略了主要的竞争者迅速在该市场获得的机会。

资料来源：王方华，吕巍，等．企业战略管理[M]．上海：复旦大学出版社，2007：198.

本章小结

(1)愿景是企业对未来的设想，是企业发展的蓝图，也是企业永恒的追求目标。本章对企业愿景的含义、企业愿景的作用、企业愿景的构成、企业愿景的表述进行阐述。

(2)企业在制定经营战略之前，一般应明确企业负担的社会责任、从事的业务，也就是要确定企业的使命。明确的使命陈述是确立战略目标和制定企业战略的基础，也是企业战略管理的起点。所谓企业使命，是企业对目前所从事的经营活动的界定，从而明确目前活动的范围，为企业目标的确立与战略的制定提供依据。

(3)战略目标属于企业战略的基本内容，是指企业在其战略管理过程中对所要达到的市场竞争地位和管理绩效等主要成果的期望值，其时限通常为3—5年或以上。

(4)企业的战略目标涵盖的内容非常多元化，既包括经济目标，又包括非经济目标；既包括定性目标，又包括定量目标。战略目标通常具有宏观性、长期性、相对稳定性、全面性、可分解性、可接受性、可衡量性、可实现性、可挑战性的特点。一般而言，战略目标具有导向作用、激励作用、凝聚作用和评价作用。

(5)确定企业的战略目标是选择战略方案的基础，在制定战略之前，首先要明确组织的战略目标。企业战略目标的设定受到几个方面的制约：企业的使命、企业的外部竞争环境、企业内部具有的和可能取得的资源、企业高层领导的价值观、企业的权力结构等。虽然对企业战略目标产生影响的因素很多，且同一因素在不同的企业其产生影响的大小程度也不一样，但企业使命、企业外部环境和内部资源情况对其最为重要。

(6)企业使命陈述的重要性可以概括为以下几个方面：第一，有助于形成企业的价值标准即价值观，确保企业内部对企业的目的和实现目的的主要行为达成共识；第二，为企业战略管理者确定企业战略目标、选择战略、制定政策提供了方向性指导；第三，有利于企业树立区别于其他企业的形象和顾客对企业的辨识；第四，有助于协调企业的不同利益相关者的关系；第五，使命陈述明确地指明了企业的业务重点和未来的发展方向，为有效地分配和使用企业资源提供了一个基本的行为框架。

(7)众多企业的事实证明，管理者在制定战略目标、实施战略决策时的行为需要合乎商业伦理。从管理人员的角度看，合乎商业伦理的战略目标是通情达理的、有代表性的利益相关者能够接受的决策，因为它对利益相关者、对该组织或社会有帮助；相反，不合乎商业伦理的目标决策，是管理者宁愿掩饰起来，或者对他人隐瞒的决策，因为它是某个公司或者某个个人以牺牲社会或其他利益相关者的利益为代价获利。

(8)在企业的发展过程中，与企业有关的个人和组织都有可能对企业战略目标的实现产生直接或间接的影响。不同的利益相关者对企业的战略目标要求不同，即便是同一类利益相关者，也常常会拥有不相同的利益定位、权利要求和愿望，由此易产生利益相关者的目标冲突。因此企业在制定战略目标之前，确认不同利益相关者群体的利益性质以及这个群体是否拥有足以影响企业的权力，并对各种力量进行平衡，具有重要意义。

(9)战略目标主要是由企业高层领导负责制定，难免受决策者个人领导风格的影响。每个领导者在领导风格上的差异会使其在战略目标上采取不同的态度。中国企业的特殊成长环境使得中国的领导者对战略目标有着特殊的影响。

(10)企业在战略目标拟定出来之后就要组织多方面的专家和有关人员对提出的目标方案进行评价和论证。拟定目标的评价和论证过程，也是目标方案的完善过程。要通过评价和论证，找出目标方案的不足，并想方设法使之完善。

复习思考题

(1)有些学者认为，现代企业在经营过程中必须具备现代经营思想，这是实践需要还是学者杜撰的？有些企业领导认为自己的企业经营得很好，但是没有什么经营思想，是实干出来的，你对此有何评价？

(2)企业初创时期要确定自己的经营领域，而在发展过程中为什么要适时地调整企业的经营领域？在确定自己的经营领域时，企业应注意哪些问题？当你的企业已失去市场，或者你的下游企业失去市场，或者你的上游企业资源枯竭，你的企业应当怎么办？

(3)企业重视经营使命，是为了使其经理人员、职工甚至消费者与社会大众都能共享此一使命。对此观点，请谈谈你的看法。

本章案例

腾讯公司的一站式在线生活服务

腾讯公司现已成为中国互联网企业中具有举足轻重地位的企业之一。2013年9月16日，腾讯公司股价上涨，报417港元，市值约7 749. 82亿港元，约合1 000亿美元。腾讯公司成为中国首家市值超1 000亿美元的互联网公司。腾讯公司的愿景是成为“最受尊敬的互联网企业”。在这样的愿景的指导下，腾讯公司不仅在互联网技术上进行开拓升级，在服务上更符合大众的需求，并在降低网络犯罪、保护个人隐私上做出努力，使企业成为一个不仅是消费者喜欢更是消费者尊敬的企业。腾讯公司的战略目标是为顾客提供“一站式在线生活服务”，全方位一站式地服务于消费者，提供增值服务、广告服务等，同时升级网络平台，健全网络社区，使得顾客全方位的需求得以满足。对于这一战略目标，可以从腾讯公司的产品和服务的覆盖范围、内容和对象几个方面来理解。

首先，腾讯公司的产品和服务的覆盖范围遍布人们日常生活的各个角落，且紧跟互联网技术发展的步伐，这将决定腾讯公司的产品和服务的广度以及产品线的丰富程度。

其次，腾讯公司的产品和服务内容聚焦于网络社交生活，具体行动是尽量保持其在移动互联网入口上的有利地位，积极围绕以微信为代表的已赢得可观用户群平台，打造融移动社交生活、线上到线下(online to off-line，O2O)、电商为一体的生态系统。

最后，腾讯公司的产品和服务对象面向普通大众。腾讯公司做出此战略决定的动因有二：①以价值主张单元模块创新为核心，适应需求多样性、差别化的趋势，持续改善用户体验；②通过资本运作，迅速整合行业资源，升级企业的价值系统网络，以实现业务信息流、价值流的对接和融合，增强商业模式的综合实力。

依据腾讯公司的战略目标，其具体战略措施归纳起来就是“一个中心，三个基本点”，即以开放性的积极发展战略为中心，秉承连接性、高效性、竞争性的积极发展战略三个基本点。

首先，具有开放性特点的积极发展战略。在腾讯公司的网络平台上推出开放的第三方开发环境，以打造大型的生态圈和众多的业界同盟，实现共赢。2011 年，腾讯公司推出开放平台，扩大企业边界，完善价值系统，标志着腾讯公司正式开始施行开放战略。腾讯公司打通了 PC 端和移动端之间的路径，扫除了未来智能硬件海量端口连接障碍，帮助后来者更加方便地获取跨平台的优质、精准的流量资源，即由 QQ、微信、应用宝、QQ 浏览器、手机管家等构成的流量矩阵。2014 年，腾讯公司继续秉承开放战略，大刀阔斧地从垂直领域进行整合，将电商京东、生活产品大众点评、四维图新等产品纳入微信家族，借助外力丰富产品内容，增加用户的活跃度和黏度，提高产品的差异化水平，增强核心产品竞争力，保障自身产品的品质，提高资产的投资效率，因此从某种程度上理解，开放性的积极发展战略更是一种化被动为主动的企业战略。

其次，具有连接性特点的积极发展战略。实现腾讯公司各个产品、各个平台之间的连接，最大化地利用用户的资源和现有业务，提升用户体验。开放性的积极发展战略为实现“连接”提供了平台基础。未来在 PC 端，腾讯公司在开放亿万级用户产品平台的基础上将连接更多的产品和服务；在移动端，腾讯公司推动了以应用宝为先锋的多平台流量分发，以连接腾讯公司的游戏、社交、生活等更多产品和服务；在硬件平台领域，腾讯公司继续依托 QQ 物联，开放更多社交智能硬件端口，与外界联通和整合，以微信智慧家族为例，未来会通过微信开放平台把硬件生产厂商和用户进行连接，还会把个人可穿戴设备、家庭智能设备进行连接。用户可以通过微信进行分享、交流，通过这些具体措施，实现腾讯公司分享、合作、共赢的企业目标。

再次，具有高效性特点的积极发展战略。高效性的积极发展战略有两层含义：①增强执行力，快速占领市场；②重新审核现有的投资组合，进行“减肥”，去除“赘肉”。在执行“高效”迅速占领市场的战略方面，微信从 2011 年正式推出到 2014 年 10 月，短短 3 年时间，创下拥有 4.38 亿个活跃用户、800 万个公共账号，以 1.5 万人/天的速度增长战绩；2014 年，腾讯公司年度流量成长明星应用宝也创下单日分发量突破 1 亿用户大关的不俗战绩。同时，腾讯公司在执行高效战略的过程中，忍痛将那些不能给企业带来更大效益的业务割去。腾讯公司从几年前的七大业务体系（即时通信业务、网络媒体、无线互联网增值业务、互动娱乐业务、互联网增值业务、电子商务、广告业务）发展到如今的“6+1”事业群（互动娱乐事业群、移动互联网事业群、网络媒体事业群、社交网络事业群、企业发展事业群、技术工程事业群和 2014 年新成立的微信事业群）。腾讯公司电子商务经历了从作为单独业务体系到成为腾讯公司电商控股公司，再到将大部分电商业务和资产战略出售给京东的转变。可以看出，腾讯公司在企业资源布局电子商务这一减法上省去了不必要的运营成本，其目的是集中企业的优质资源，更加高效地投入以微信为核心平台的 O2O 生态圈。通过这一系列战略行动，腾讯公司与各垂直领域的领先者进行战略合作，让更加专业的企业做更加专业的事，将不同的产品和竞争优势聚合于微信平台，进一步加强核心产品的优势，实现更加高效地运营企业核心业务的目的。2015 年 9 月，移动支付绑卡账户数超过2亿;2016年,为了使腾讯公司的社交平台在用户分享和沟通方面更具互动性,以及连接更多线上及线下服务,腾讯公司进一步加强了“连接”策略。腾讯公司日益致力于为QQ及微信平台的用户提供差异化体验,使得QQ智能终端月活跃账户同比增长2%,至6.52亿。最高时在线账户(包括PC及手机)达2.44亿。截至2018年6月30日,腾讯QQ智能终端月活跃账户同比增长7.0%,至7.09亿。微信及WeChat月活跃账户达10.58亿,同比增长9.9%。

最后,具有竞争性特点的积极发展战略。竞争性的积极发展战略是腾讯公司最具特色的一条战略措施。该战略不是与企业外部竞争对手的竞争,而是指腾讯公司通过挖掘资源在企业内部培育多个明星产品,进行企业内部的产品“竞争”,如微信和手机QQ、财富通彩票和QQ彩票等。通过企业内部的适度竞争,一方面赢得市场先机,化解外部的竞争压力;另一方面也给予更多新产品孵化的机会,从而增强企业的整体生命力和竞争力。

资料来源:徐大勇. 企业战略管理[M]. 北京:清华大学出版社,2019:67.

思考题:

(1)腾讯公司的愿景是什么?

(2)腾讯公司是如何寻找市场机会的?

(3)腾讯公司的战略目标主要有哪些方面?它是如何实现这些目标的?

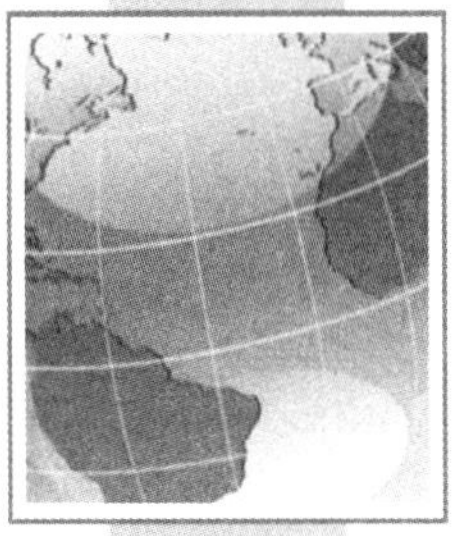

第五章 公司总体战略

【名言警句】

战略家要在所取信息的广度和深度之间做出某种权衡，就像在捉兔子的鹰，必须飞得足够高，才能以广阔的视野发现猎物，同时又必须飞得足够低，以便看清细节，瞄准目标和进行攻击。不断地进行这种权衡正是战略家的任务，一种不可由他人代理的任务。

——弗雷德里克·格卢克

【学习目的】

通过学习本章，你应该掌握以下内容：

☆ 掌握市场渗透、市场开发、产品开发和一体化经营战略的基本概念及其实施策略；

☆ 了解企业多元化和国际化的战略优势和风险；

☆ 了解企业合资经营和战略联盟的主要类型及优势；

☆ 掌握企业竞争战略中三类战略的实施条件，并了解其优、缺点；

☆ 了解规避风险战略中收缩、剥离、转向和清算战略的概念和适用条件。

【开篇案例】

华为的国际化演进之路

早在2013年，华为就在《财富》杂志的世界500强排行榜上超过爱立信，成为全球第一大电信设备商。华为从1987年成立到世界第一大电信设备商，仅仅用了30年的时间。华为的快速成长离不开其在海外市场的成功。截至2018年，华为70%的收益都来自海外市场，其中，欧洲市场所占份额最大。那么，华为是如何扩展海外市场的呢？

不同于其他中国企业，华为在其成立早期就积极扩展海外市场。华为首先选择进入俄罗斯和南美洲。1997年，华为和俄罗斯电信等成立名为Beto-Huawei的合资公司。然而，华为国际化的第一步无比艰辛。在进入俄罗斯市场的最初四年内，华为没有接到任何订单，一方面是受东南亚金融危机的影响，俄罗斯的经济正处于萧条时期，导致运营商缺乏资金投资电信基础设备。在经济寒冬的影响下，爱立信、西门子等老牌西方电信设备供应商纷纷从俄罗斯撤资。另一方面，源于华为本身的劣势，当时的华为在海外市场的知名度几乎为零，且面临严重的信任危机。直到2000年，华为才获得了乌拉尔电信交换机和莫斯科MTS移动网络两大项目。

2000年以后，华为开始开拓其他海外市场，包括南亚（泰国、新加坡和马来西亚）、中东和非洲市场，并在这些市场上取得了不错的成绩。2001年，华为开始制定新的战略目标，在巩固和拓展以俄罗斯为中心的东欧市场的基础上进入中欧和西欧市场。中欧和西欧市场的竞争更加激烈。爱立信等众多老牌电信设备供应商已在此经营多年，同很多一流运营商建立了长期的关系。华为虽然存在品牌知名度低、公司形象差等劣势，但凭借其较高的技术水平、较低的产品价格以及快速的客户响应等优势，实现了在欧洲市场上的快速增长。华为在不同的国家采用了包括贸易代理和合资等在内的不同的国际化战略。截至2004年，华为已成为欧洲主要的电信设备供应商。

如今，华为业务遍及170多个国家和地区，服务全世界1/3以上的人口。员工约18万，超过160种国籍，海外员工本地化比例约为70%，在2018年《财富》杂志的世界500强排行榜上列第72位。

资料来源：姚小涛，弋亚群．战略管理[M]．北京：高等教育出版社、经济管理出版社，2019：172.

企业战略管理者在确定了企业使命和目标体系之后必须根据企业的内外部环境条件和宗旨、目标的要求来选择相应的公司战略态势。总的来说，企业可以有三种发展态势的战略：成长型战略、稳定型战略、紧缩型战略。在特定的内外部环境下，这三种战略都是合适的选择方案，也都是明智的选择。因此企业在做战略态势评估时不能光凭借主观的臆断和美好的愿望，而应当审时度势，果断做出明智的选择。

第一节　成长型战略

企业成长型战略主要有三种具体实现形式：集中化成长战略、一体化成长战略和多元化成长战略。

一、集中化成长战略

早在 1957 年，战略管理学家安索夫就在《哈佛商业评论》中提出了"产品与市场组合"的概念。他认为集中成长战略有四种要素，即现有产品、新产品、现有市场和新市场。这四项要素又有四种组合，即市场渗透战略，将现有产品和现有市场进行组合；市场开发战略，将现有产品和新市场进行组合；产品开发战略，将新产品和现有市场进行组合；一体化战略，将新产品和新业务组合，如表 5－1 所示。

表 5－1　　产品—市场 2×2 矩阵

产品 / 市场	现有产品	新产品
现有市场	市场渗透	产品开发
新市场	市场开发	一体化经营

应当指出，尽管在全球经济增长时期，安索夫提出的战略帮助企业获得了很大发展，但该矩阵并未完全包括企业创新、发展战略的所有类型，而这些类型都是企业发展必不可少的。

(一)市场渗透战略

市场渗透战略是以现有产品在现有的市场范围内通过更大的营销努力提高现有产品或服务的市场份额。企业战略研究人员应该系统地考虑市场、产品及营销组合的策略，以促进市场渗透。

1. 适用范围

市场渗透战略的适用范围主要体现在以下几个方面：

(1)当现有用户对产品的使用率还可显著提高时，企业可以通过营销手段进一步提高产品的市场占有率。

(2)当企业的产品或服务在当前的市场中还未达到饱和时，企业采取市场渗透战略就具有潜力。

(3)当企业通过渗透战略增加市场份额，使企业增加销售规模，这种规模能够为企业带来显著的竞争优势时，渗透战略才是有效的。如果市场份额的增加、产生的大规模销售量是建立在企业亏损的基础上，那么，这种渗透战略就是失败的。

(4)企业在进行产品营销时，随着营销力度的增加，其销售额呈上升趋势，其高度相关能够保证市场渗透战略的有效性。如果营销的投入并不能带来销售额的增长，那么采取这一战略很难达到预期目标。

2. 实施策略

销售量＝产品使用人数×人均每次使用量

即在现有市场上如何扩大现有产品的销售量主要取决于产品使用人数和人均每次使用量两个因素。所以，实施市场渗透战略可以从以下几个方面努力：

(1)增加产品使用者的数量。增加产品使用者的数量是提高销售量最有效的方式，那么，该如何增加产品使用者的数量呢？

①应该采取有效的方式和手段，把原来不使用本企业产品的人转变为使用者。如通过全民健身宣传，把体育锻炼消费从过去的专门体育运动者或爱好者扩大到各个群体，让过去许多不爱体育锻炼的人也养成每周运动的习惯。又如，可以通过宣传全民补钙，把奶制品的消费从儿童扩大到各个年龄段，使许多不爱喝奶的人也主动养成每天喝奶的习惯。

②挖掘潜在的消费者。对于现有产品存在潜在的消费需求，但由于各种原因并未实现购买的顾客，企业可以通过各种营销策略，促使其购买。如，把本来为女士生产的洗发水，成功地推销给男士和儿童。又如，许多饭店推行电话订餐、送货上门的服务，挖掘出许多潜在的顾客。

③把对手的顾客吸引过来。把竞争者的顾客吸引过来，使之购买本企业的现有产品，这实质上是一种新的瓜分市场的竞争策略。如可口可乐公司大肆做广告，以期把消费者从其主要竞争对手百事可乐处吸引过来，从而扩大市场占有率。

(2)增加产品使用者的使用频率。这主要应从以下几点入手：

①增加使用次数。企业可以通过宣传使顾客更频繁地使用现有产品。如，生产牙刷的企业可以从健康的角度宣传应该经常更换新的牙刷。又如，火腿肠公司可以宣传其生产的火腿肠不仅可以夹在面包里吃，而且可以放在菜里、汤里吃，味道同样鲜美，因此，一日三餐都是很好的佐料，这样就可能增加产品的消费量。

②增加使用量。企业应努力使用户在每次使用时增加该产品的使用量。如，现在广告中常见的某种儿童食品集齐多少件图案就可以获得大奖等，从而导致儿童增加每次的消费量。又如，油漆公司可以给用户暗示，每次使用本企业的产品油漆家具时起码要上三遍漆，上油漆的次数越多，家具就会越光亮、美观。

③增加产品的新用途。企业应努力发现本企业产品的各种新用途，并且使人们相信它有更多的用途。因为，一方面，由于产品所附带的新用途会增加产品的使用人数；另一方面，新用途也会使得现有产品的使用量增加。如，为制作降落伞而发明的尼龙，被发现可以做成衬衣等各种服装，后来，又被发现可以放在橡胶中做成轮胎，大大增加轮胎的强度和耐磨性。

(3)改善现有产品的特性。通过改善现有产品的特性，可以吸引新用户和增加原有用户的使用量。其主要方法有：

①增加产品的功能特性。这种办法通常可以压倒竞争对手。

②增加产品的附加功能。如，在开罐头的工具上增加动力装置，人们开铁包装罐头时既迅速，又便利、安全。又如，计算机生产厂家在销售计算机时在机内预装了各种软件，提高了其产品的附加价值。

③改进产品的式样。如，各种食品包装盒的颜色和形状应不断地变换，以增加产品的吸引力，招徕顾客。

在营销组合方面，企业应努力在销售价格、销售渠道、促销手段、服务等方面加以改进，以扩大现有产品的销售量。如，宝洁公司投入大量的资金进行广告营销，以提高 Venezia 牌高级香水的市场份额。其广告形式包括在印刷精美的杂志上做整页广告并附有香水味的纸条等。

(二)市场开发战略

市场开发战略是由现有产品和相关市场组合产生的战略。它是发展现有产品的新顾客群或新的地域市场从而扩大产品销售量的战略。

1. 适用范围

市场开发战略的适用范围主要体现为：

(1)企业可以获得新的、可靠的、经济的、高质量的销售渠道。如，郑州亚细亚公司在各地开设连锁的仟村百货商店时就遇到各地商家的联合抵制，这些商家控制了销售渠道，使得仟村百货纷纷倒闭，给公司带来了重大打击。

(2)企业必须拥有扩大经营所需要的资金、人力资源及物质资源等。

(3)在空间上存在着未开发或未饱和的市场区域，为企业提供市场开发空间。

(4)企业要在目前的经营领域中非常成功，这样才有实力实施市场开发战略。而且，企业的主营业务是正在迅速全球化的产业，因为这样就可以为企业的市场扩张提供动力。

(5)企业存在过剩的生产力。企业如果在当地都难以满足市场需求，则舍近求远去拓展新市场，风险是很大的。许多企业在经营中其实没有过剩的生产能力，而是把主战场上的力量撤离，去发展新的市场，这样往往得不偿失。

2. 实施策略

实施市场开发战略可以采取以下四种策略：

(1)进行市场的再开发。企业将现有产品打入其他相关市场，对其进行再开发。如洗衣机、电冰箱等家用电器在城市中已经逐渐普及，企业可以考虑将这些电器销往广大的农村地区，如海尔为四川农村专门开发了可洗红薯的小小神童洗衣机。又如，为了保护眼睛，一些发达国家开始寻求并观看黑白电视机，而且一些发展中国家由于生产力发展水平有限，也需要普及黑白电视机，这时企业就可以重新定位市场，将黑白电视机作为自己经营的一个方向，从而获得收益。

(2)创造市场。创造市场指企业将现有产品投放到别的企业尚未进入的、刚刚开始形成的市场中去。这种方式存在着一定的风险，因为，在一个新兴市场上，往往需要进行前期的市场研究和市场培育工作，而且，一旦市场培育起来，又会引来新的竞争者。如，随着人们生活水平的提高，特别是年轻人向往自由的生活，尤其在节假日都希望能有一辆属于自己的汽车去兜风，而由于工作时间较短、资金积累有限，就不可能在短期内购买汽车，于是存在着租赁汽车的潜在市场，这个市场对于想进入的企业来说就是可创造的市场。

(3)创新销售渠道。经过多年的运营，企业的一些销售渠道已经不适应目前的运营环境，这就需要企业进行渠道革新。如，啤酒原来通过烟酒公司等中间商才能最终到达消费者手中，现在为了增加销售量，有时啤酒厂自己开设经销店，直接将产品卖给消费者，同时还与各大中城市的大饭店、旅馆挂钩，直接将啤酒卖给这些单位。尤其现在一些大型超市更是销售啤酒的一个重要渠道。

(4)转移市场。企业在原有市场已经饱和或衰退的情形下及时从现有市场撤离，转移到新的市场中去，既可以进入同类产品的市场进行市场的定位和开发，也可以进入一个新兴的市场进行创造。如，很多发达国家把一些低层次、高密度的产业产品从本国撤离，转移到发展中国家进行生产和销售。

(三)产品开发战略

产品开发战略是通过改进和改变产品或服务而增加产品销售。进行产品开发通常需要大量的研究和开发费用。

1. 适用范围

产品开发战略的适用范围主要体现为：

(1)企业参与竞争的产业属于迅速发展的高技术产业。企业在产品方面进行的各种改进和创新都是有价值的。

(2)企业具备较强的研究和开发能力，能够不断地进行产品的开发与创新。

(3)企业拥有很高的市场信誉度。过去的产品或服务是成功的，这样可以吸引顾客使用新产品。

(4)企业所处的产业高速增长，使得企业必须进行产品创新才能保持竞争力；相反，如果企业所处的产业缓慢增长或趋于稳定，那么，企业进行产品创新就要承担很高的成本。

(5)企业在开发产品时提供的产品能够以较高的性价比比竞争对手更好地满足市场需求。

总之，企业要对它的原有顾客有透彻的了解，能够提供满足顾客要求的其他产品。这种战略具有一定程度的创新性、开拓性，新产品的开发鼓励企业从事新的探索，可以提高企业对技术进步的适应能力。但是这种战略仍然使企业束缚了自己，企业的潜能仅仅被用来在原有市场的顾客群中寻找新的投资机会，这可能会因为没有寻找到其他市场而产生较大的机会成本，因为其他市场，尤其正在成长的新市场可能会比企业现有市场更加有利可图。

2. 实施策略

实施产品开发战略主要有以下两种：

(1)革新产品。这主要是指企业在现有市场上通过新技术的运用，推出新一代的产品。如，计算机企业通过运用新一代的微处理器，使得计算机产品更新换代；彩电推出纯平、等离子、液晶等换代产品。这一战略不是从成本控制、增加型号等方面提高企业价值，而是从一个新的角度为顾客创造新的价值。如，日本雅马哈公司就曾成功地运用了产品革新战略。雅马哈公司的钢琴销售量占世界销售总量的40%，然而世界钢琴总需求量却以每年10%的速度递减。雅马哈公司的管理者深知，只有向市场推出性能卓越的新一代钢琴，企业才能摆脱困境。因此，雅马哈公司开发了一种将手动技术与视觉技术相结合的新技术，花2 500美元即可运用这种技术，使普通钢琴的性能大幅度提高。雅马哈公司没有把自己束缚在常规的、提高效益的方法上，如降低成本、增加型号、削减日常开支等，而是从一个全新的角度尝试如何为顾客创造新价值。值得注意的是，产品革新战略没有突破原来产品的范围，基本还是沿着企业过去产品的思路进行的。

(2)发明产品。这种战略指企业在现有市场上发明出别的企业从未生产和销售过的新产品，以创造新价值。这种新产品可以是一种与原有产品截然不同的新产品，也可以是一种与原有产品相关的新产品。如生产机械设备的公司，可以利用新的技术发明生产和销售高空缆车，以满足现有市场的需要，摆脱不景气的经营现状。

二、一体化成长战略

(一)一体化成长战略的含义

一体化成长战略(Integrative Growth Strategy)是指企业充分利用自身在产品(业务)上的生产、技术、市场等方面的优势，沿着其产品(业务)生产经营链条的纵向或水平方向，不断地扩大其业务经营的深度和广度，以扩大经营规模、提高收入水平和利润水平，使企业得到发展壮大。其中，企业若是沿着原有产品（业务）生产经营链条的纵向方向发展，叫作纵向一体化成长战略；若是沿着水平方向发展，则叫作水平一体化成长战略。图 5—1 以制造商为例，展示了采用一体化战略的可选路径。

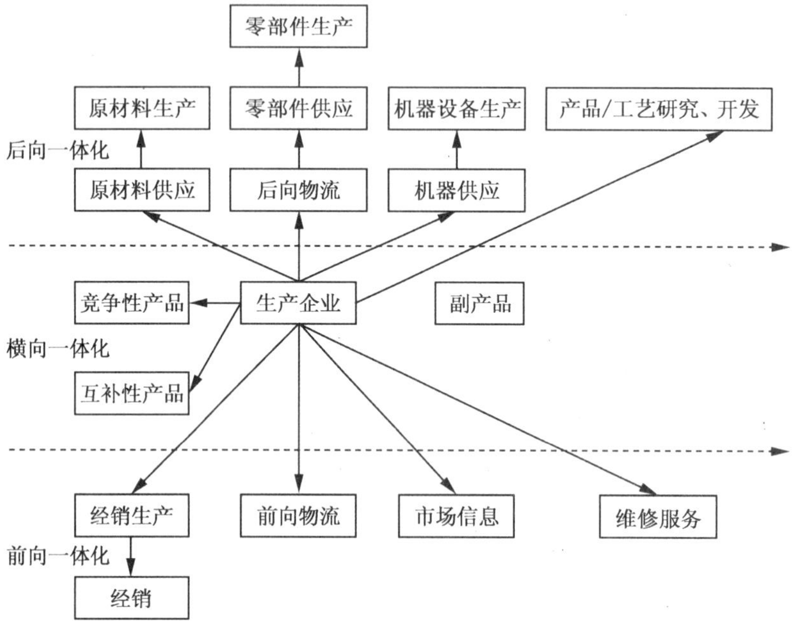

图 5—1　一体化战略

具体来讲，一体化成长战略可分为三种战略模式，其中，前向一体化和后向一体化合起来叫作纵向一体化战略（Vertical Integration Strategy），又叫纵向整合或者垂直一体化战略。

1. 前向一体化战略

所谓前向一体化战略（Forward Integration Strategy），是指以企业初始生产经营的产品（业务）项目为基准，企业生产经营范围的扩展沿其生产经营链条向前延伸，使企业的业务活动更加接近最终用户，即发展原有产品的深加工业务，提高产品的附加值后再出售；或者直接涉足最终产品的分销和零售环节。如“双汇”集团原是一家肉联厂，主要从事生猪屠宰、冷藏业务，1992 年开始发展猪肉的深加工业务——生产火腿肠和各类熟肉制品，1999 年以后又涉足肉制品零售业务，在全国陆续设立 1 000 家“双汇”专卖店，向食品零售业务发展。

2. 后向一体化战略

所谓后向一体化战略（Backward Integration Strategy），是指以企业初始生产经营的产品（业务）项目为基准，企业生产经营范围的扩展沿其生产经营链条向后延伸，发展企业原来生产经营业务的配套供应项目，即发展企业原有生产经营业务所需的原料、配件、能源及包装服务业务的生产经营，如服装生产企业发展纺织面料的生产经营业务，金属冶炼企业自办电厂等。又如，“双汇”集团在以火腿肠为主的熟肉制品生产规模达到一定水平后，又发展了 PVDC 肠衣、包装箱、彩色印刷等项目，将原需向外部市场购买的生产火腿肠等熟肉制品所需的原材料改为自己生产，既降低了熟肉制品的生产成本，又扩展了企业生产经营的范围和规模，综合经济效益十分显著。

3. 横向一体化战略

所谓横向一体化战略(Horizontal Integration Strategy),也称为水平一体化成长战略,是指与处于相同行业、生产同类产品或工艺相近的企业联合,实质是资本在同一产业和部门内的集中,目的是扩大生产规模、降低产品成本、巩固市场地位。如海尔集团整体收购黄山电子集团,就是为了进一步扩大海尔彩电的生产规模。横向一体化战略可以通过契约式联合合并同行业企业来实现。

(二)纵向一体化战略的收益与风险

1. 纵向一体化战略的收益

(1)降低经营成本,节省交易费用。

①通过把与技术上相区别的生产运作放在一起,企业有可能实现高效率。例如,在制造业,这一做法能够减少生产过程中的步骤数目,降低成本,减少运输费用。比如,在热钢轧平的经典事例中,如果钢铁生产和轧平活动被连接在一起,钢坯就没有必要再次加热。

②由于成品和零部件归并成一个系统,在生产、设计、营销等内部环节上更易控制和协调,从而会提高企业的生产效率。

③生产与销售一体化有利于市场信息准确、及时地反馈,使企业能迅速地了解市场供求和监控市场,而且实行一体化还能将收集信息的总成本由各部分分摊,从而减少信息成本。

④通过纵向一体化,企业可以节约市场交易的销售、谈判和交易成本。尽管内部交易过程中也常常要进行某些讨价还价,但其成本绝不如市场交易成本。这主要是因为内部交易不需要任何销售力量和市场营销或采购部门,也不需要支出广告促销费用。

(2)稳定供求经济,规避价格波动。

实行纵向一体化,可以使上游企业与下游企业之间不会随意终止供求关系,不管是产品供应紧张还是总需求很低时期,都能保证充足的货源供应,从而减少供求的不确定性。而且由于实现了纵向一体化,上游企业与下游企业之间的交易虽然也必须反映市场价格,但是这种内部转移价格实际上只是一种为了便于业务管理、成本核算的影子价格,企业可以主动调节,从而避免产品价格大起大落。

(3)提高差异能力,树立经营特色。

由于企业规模扩大、成本降低和控制加强,进入壁垒提高;由于强化了对关键零部件设计的控制,有可能更好地满足不同市场层面用户的特殊需求,从而增强对最终用户的控制;同时也有更多的机会通过使用特殊的原材料、零部件或技术等途径寻求区别于同行业竞争者的产品特色。

2. 纵向一体化战略的风险

(1)弱化激励效应。

纵向一体化意味着通过固定的关系进行购买与销售,也就是说,把原本的市场交易内部化,变成了企业内部交易。上游企业的经营激励可能会因为是在内部销售而不是在市场上竞争而有所减弱;下游企业同样也会由于是从企业的另一个单位购买产品,从而不会像从外部供应商购买时那样激烈地讨价还价。因此,纵向一体化可能减弱激励效应,从而降低企业运作的效率。

我国企业界普遍存在的"大而全"效率往往低于"小而专"现象的原因就在于此。为了纠正纵向一体化的这种弊端,很多企业实施了"企业内部市场化"的做法,收到了较好的效果。

(2)加大管理难度。

实行一体化战略以后,两个或多个不同的企业合并或联合在一起,企业的管理层次与管理幅度都加大，企业管理所需的生产、营销、服务等各项职能都更加复杂，尤其是不同企业文化的融合更是非一朝一夕所能解决的，这些因素都对企业管理者的管理素质和管理技巧提出了很高的要求。显而易见，管理难度要比一体化之前大得多。

(3)加剧财务紧张。

虽然企业实行纵向一体化战略以后，一些零部件和原材料由企业外购转变为企业自制，这些零部件和原材料的成本也比外购低，但自制所需的生产资金、储备资金和材料资金等都比外购多得多，如果企业的财务资源不够雄厚，就有可能加剧企业的财务紧张，甚至导致整个一体化战略的失败。

(4)降低经营的灵活性。

企业选择纵向一体化会导致产品设计方面出现局限性。对厂房和原材料来源的巨额投资，常阻碍新的产品设计或材料品种的完善。如果企业不实行纵向一体化战略，可以根据外界环境变化而削减原材料的采购量，或转向其他供应企业，而采用了纵向一体化战略的企业就缺乏这种机动性，同时经营方向的调整也更加困难，因而就增大了经营风险。

(三)横向一体化战略的收益与风险

1. 横向一体化战略的收益

(1)获取规模经济。

横向一体化通过收购同类企业达到规模扩张，这在规模经济性明显的产业中可以使企业获取充分的规模经济，从而大大降低成本，取得部分优势，同时，通过收购，往往可以获取被收购企业的技术专利、品牌名称等无形资产。

(2)减少竞争对手。

横向一体化是一种收购企业竞争对手的增长战略。通过实施横向一体化，可以减少竞争对手的数量，降低产业内企业间相互竞争的程度，为企业的进一步发展创造一个良好的产业环境。

(3)扩张生产能力。

横向一体化是企业生产能力扩张的一种形式，通过合并或联合，可以迅速提高企业的生产能力与规模，与企业自身的内部扩张相比，这种扩张形式相对简单与迅速。

2. 横向一体化战略的风险

(1)管理协调问题。

收购一家企业往往涉及收购后母子公司管理上的协调问题。由于母子公司在历史背景、人员组成、业务风格、企业文化、管理体制等方面存在着较大的差异，因此母子公司的各方面协调工作非常困难，这是横向一体化的一大风险。

(2)政府法规限制。

横向一体化容易造成产业内垄断，因此，各国法律法规都对此做出了限制。如美国司法部反托拉斯委员会在确定一项企业合并是否合法时要考虑以下因素：这一合并是否导致过高的产业集中度；这一合并是否增强合并企业对其他企业的竞争优势；进入该产业的困难程度是否提高；产业内是否已经存在一种合并的倾向；被合并企业的经济实力；对该行业的产品需求是否增长；这一合并是否有激发其他企业进行合并的危险。

三、多元化成长战略

多元化成长战略是企业同时生产和提供两种以上基本经营用途不同的产品或劳务的一种经营战略。目前，多元化成长战略已成为大中型企业适应新形势、开拓新市场的必然选择。据有关资料表明，全世界最大的50家石油公司中有46家都实行了多元化成长战略。

(一)适用范围

多元化经营能够使企业规避风险，取得规模经济效益。同时，由于涉及的经营领域增加，因此也会给管理带来风险。具体来说，多元化成长战略的适用范围如下：

(1)企业原来的市场已呈现饱和状态，必须拓展新的市场。

(2)企业原有的主营业务在年销售额和盈利方面呈下降局面，企业必须选择新的经营领域。

(3)企业拥有在新的产业或市场上竞争所需的资金、人才及管理方面的经验。

(4)新产品或新市场的波动周期可以与原有产品和市场的波动周期互补，以规避风险。

(二)战略类型

根据现有业务领域与新业务领域之间的关联程度，多元化战略可分为相关多元化和非相关多元化两大类。

1.相关多元化

相关多元化是指增加新的、与原有业务相关的产品或服务。根据现有业务与新业务之间关联内容的不同，相关多元化又可以分为同心多元化和水平多元化。

(1)同心多元化。

同心多元化是指企业利用原有的技术、特长、经验等发展新产品，增加产品种类，从同一圆心向外扩大业务经营范围。其优点体现为：开发成本低，成功的可能性较大，易形成产品系列，因而是发展初期常用的方式。如宝洁公司数十年来一直坚持让所有的品牌紧紧围绕其最初的定位，品牌系列化和品牌之间的差异化成了宝洁品牌发展的特点。最成功的范例就是飘柔、海飞丝、潘婷这三种洗发水，让每一个品牌都突出一个特点，围绕品牌进行多样化的发展。

(2)水平多元化。

水平多元化是指利用现有市场，采用不同的技术发展新产品，增加产品种类。其特点表现为：现有产品与新产品的基本用途不同，但存在较强的市场关联性，可以利用原来的分销渠道销售新产品。如，娃哈哈创办之后就定位于儿童市场，开发了一系列的产品，都是围绕着这一目标市场。柳州某牙膏厂原来一直生产两面针药物牙膏，现在又生产牙刷，运用的也是水平多元化经营战略。

2.非相关多元化

非相关多元化是指企业向现有用户提供新的、与原有业务不相关的产品或服务。这种战略的特点是：能够分散经营风险，把发展新产品与新的目标市场有机结合起来，提高企业在竞争环境中的应变能力。如海尔集团，除生产电视、冰箱、空调等家用电器之外，还涉足软件开发、手机、医药等业务领域。

但是，非相关多元化战略的实施比较复杂，一旦处理不好各方面的关系，就会使企业陷入困境。

(三)多元化成长战略的优点

1.分散经营风险

如果企业的多元化战略是相关多元化，那么企业对进入的新业务较为熟悉，在技术开发、筹划、生产等方面的联系可以减少企业的成本，从而使企业在扩展过程中的风险得到降低；如果企业的多元化是非相关多元化，那么企业不同业务之间收益的盈亏在一定程度上可以相互平衡，从而分散经营风险。

2.获取范围经济

范围经济是指由于企业经营范围的扩大而带来的经济性。一般来说,联合生产的成本小于单独生产成本之和。范围经济的本质在于企业的多项业务可以共享企业的资源。由于特定投入都有一定的最小规模,即不可分性,而这种投入在生产一种产品时可能未能得到充分利用,在生产两种或两种以上的产品时,就能使其投入成本在不同的产品中分摊,于是使单位成本降低,产生范围经济。范围经济的存在原理与规模经济有相似之处,但本质是不同的,规模经济在于产品产量的增加;而范围经济则是生产多种产品或业务,简而言之,来自经营范围的扩大。

3. 增强竞争力

多元化企业凭借其在经营规模及不同业务领域的优势,通过其他业务领域的收益来支持某一业务领域的竞争,实现调动全企业资源专攻一点的效果,从而大大增强了企业的竞争力。

(四)多元化成长战略的不足

多元化战略除具有上述优点之外,也存在一些不足,主要体现在以下几个方面:

1. 管理难度加大

企业在进行多元化经营时不可避免地要面对多种多样的产品和各种各样的市场。这些产品在生产工艺、技术开发、营销手段上可能不尽相同,这些市场在开发、渗透、进入等方面也都可能有明显的区别。企业的管理、营销、生产人员就要熟悉新的业务领域和新的业务知识。而且,由于企业采用多元化经营,企业规模逐渐扩大,机构逐渐增多,企业内部原有的分工、协作、职能、利益平稳机制可能会被打破,因此管理、协调的难度大大增加,在资源配置和保证企业竞争优势方面会遇到较大的挑战。

2. 企业资源分散

对于任何一个企业来说,资源都是有限的。多元化发展必定导致企业将有限的资源分散于每个业务领域,从而使每个想发展的领域都难以得到充足的资源支持,有时甚至无法维持在某一领域的最低投资规模要求和最低维持要求,结果在与相应竞争对手的竞争中失去优势。从这个意义上说,多元化战略可能会加大企业失败的风险。

3. 出现人才短缺现象

企业的竞争归根结底是人才的竞争,企业的成功归根结底是依赖优秀的人才。然而,每个人都有自己的专长,专业对口是人才发挥作用的基础,所以,企业在进行多元化发展时必须要在多元领域内有相应的经营管理和技术等方面专业人才的支撑;否则,很可能失败。

4. 运作费用提高

企业从专业化经营转向多元化经营,涉及进入众多陌生的业务领域,必将使运作费用提升,这表现在:

(1)顾客认识企业新领域的成本加大。消费者需要认知企业新领域的产品,虽然此时可借用原有领域的品牌,但是要在新领域中改变消费者原来的认知态度,没有投入引导顾客是不行的,反过来这又使已分散的资源更加难以集中。

(2)多元化发展的学习费用较高。企业从一个熟悉的业务领域到另一个陌生的业务领域、重新成立一个企业到企业产生效益,都需要一个学习过程。这个过程中由于不熟悉而导致的低效率、由陌生到熟悉的机会损失都构成较高的学习费用。

(五)多元化成长战略应注意的问题[①]

1. 客观评估企业多元化经营的必要性与能力

---

① 张国良. 战略管理[M]. 杭州:浙江大学出版社,2009.

从上面的论述可以看出，多元化经营既可以给企业带来巨大的收益，也可能加剧企业的经营风险。企业在采用多元化之前必须客观地评估企业多元化经营的必要性，切记不可头脑发热，跟潮流，盲目进行多元化。尤其对自身能力的评估，除要考虑企业现有的资源存量之外，还必须考虑企业是否具备把新业务领域的资源数量培育成利润增长点期间所需要的资源数量。当企业不具备这些资源时，其他业务领域的预期收益再好也只能让别人去做。

2.坚持把主业做好之后再考虑多元化

稳定而具有相当优势的主营业务，是企业利润的主要来源和企业生存的基础。企业应该通过保持和扩大自身所熟悉与擅长的主营业务，尽力扩大市场占有率，以求规模经济效益最大化，要把增强企业的核心业务竞争力作为第一目标，在此基础之上，兼顾专业化与多元化。世界上优秀的企业在业务领域的选择上都是首先确立自己的核心业务（即主营业务），以此为基础，再考虑多元化经营。

3.新业务领域与现有业务领域之间具有一定的战略关联

当企业内部不同业务单元之间可以通过分享共同的资源，组合相关的生产经营活动，进行核心专长如技术开发、管理能力、品牌等的转移时，则把企业不同业务部门之间的这种关系称为战略关联。在多元化战略实施中，能够建立有效的战略关联，是决定多元化成败的核心因素之一。一般来说，企业应该首先选择那些与其主营业务和已经建立的核心能力关联密切、容易获得关联优势的业务领域作为多元化的主要进入目标。其根本原因在于，与进入关联度低的领域相比，进入关联度高的领域更容易依托在主营业务领域建立起来的优势地位和核心能力，以较低的成本和风险建立优势地位。

4.建立横向组织，协调不同业务单元之间的关系

在多元化企业中，不同的业务单元往往以本部门的利益作为决策的出发点。由于部门利益与企业整体利益之间存在着一些不可避免的矛盾，以及部门利益之间的“外部性”或“搭便车”问题的存在，多元化企业往往会遇到一系列难以克服的组织障碍，如管理协调难度加大、激励效应的弱化、集权与分权的矛盾等，因此，实施多元化的企业应建立横向组织，以加强企业纵向组织结构中不同业务单元之间的相互联系，使纵向因素和横向因素之间达到一种平衡。

四、国际化战略

企业进行国际化是为了保持优势和获得利润最大化。同时，全球经济逐步走向一体化，企业为了生存和发展逐步国际化。按照战略实施的重点，企业国际化战略可以分为四种类型，如图5－2所示。

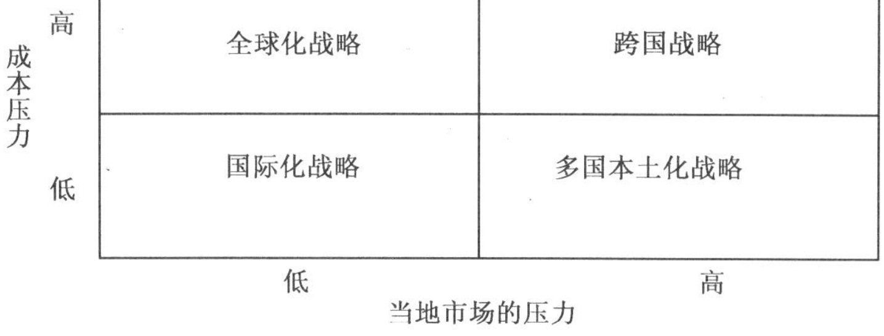

资料来源：张世君，刘荣英．企业战略管理[M]．武汉：武汉理工大学出版社，2006.

图5－2　国际化战略的选择

(一)战略类型

1. 国际化战略

国际化战略是指企业将其具有价值的产品与技能转移到国外市场,从而创造价值的战略。大部分企业在采用国际化战略时把在母国所开发的、具有差异化的产品转移到海外市场来创造价值。在这种情况下,企业大多把产品开发的职能留在母国,而在东道国建立制造和营销机构。在大多数的国际化企业中,企业总部一般严格地控制产品与市场战略的决策权。

2. 多国本土化战略

为了满足所在国的市场要求,企业可以采用多国本土化战略。这种战略与国际化战略的不同之处在于,要根据不同国家的不同市场,提供更能满足当地市场需要的产品和服务;相同点是,这种战略也是将自己国家所开发出来的产品和技能转到国外市场,但是多国本土化战略可在重要的东道国市场上从事生产经营活动。因此,这种战略的成本结构较高,无法获得经验曲线效益和区位效益。

在当地市场强烈要求根据当地需求提供产品和服务并降低成本时,企业应采取多国本土化战略。但是,由于这种战略生产设施重复建设并且成本比较高,在成本压力大的行业中不太适用。同时,实行多国本土化,会使得在每一个东道国的子公司过于独立,企业最终有可能会失去对子公司的控制。

3. 全球化战略

全球化战略是企业向世界市场推广标准化的产品和服务,并在较有利的东道国集中进行生产经营活动,由此形成经验曲线和规模经济效益,获得高额利润。有些企业采用这种战略主要是为了实现成本领先。

在成本压力大而当地特殊要求较少的情况下,企业采用全球化战略是有利的。但是,在要求提供具有当地特色产品的市场上,这种战略是不合适的。

4. 跨国战略

跨国战略是在全球激烈竞争的情况下形成以经验为基础的成本效益和区位效益,转移企业的核心竞争力,同时注意当地市场需要的战略。为了避免外部市场的竞争压力,母公司与子公司、子公司与子公司的关系是双向的,不仅母公司向子公司提供产品与技术,子公司也可以向母公司提供产品与技术。企业运用这种战略,能够运用经验曲线效应,获得区位效益,也能够满足当地市场的需要,达到全球学习的效果,实现成本领先或产品差异化。

跨国战略的显著特点是业务经营的多样化和国际市场的多样化。多元化跨国公司的管理者们不仅要制定和执行大量的战略,还要根据各国市场条件的需求进行调整变化。此外,他们还面临着另外的挑战,即寻找好的方法来协调公司跨行业和跨国家的战略行动,从而获得更大的、持续的竞争优势。这种优势要比仅仅将公司的资源和生产能力用到每一个国家市场和每一项经营业务中所建立的强大的竞争地位大得多。

(二)国际化战略的优势

(1)世界范围内的大生产带来的规模经济与经验降低了成本;

(2)通过世界各地的分支网络向各地的代理商和客户提供服务;

(3)获得在全球范围内组织低廉材料、人工等资源的能力;

(4)能跨国界转让经验;

(5)建立全球范围的公司形象;

(6)注视全球资源的能力;

(7)维持战略经营单位的全球组合。

(三)国际化战略的风险

国际化战略伴随着各种风险。由于这些风险,因此企业实施与管理国际化战略变得困难。其中,主要的风险是政治风险和经济风险。

1.政治风险

政治风险与政府的不稳定及其国内外战争有关。政府的不稳定会产生一系列问题,包括经济风险和政府规章制度的修改带来的不确定性;大量可能的冲突的存在;潜在的私有财产国有化。

2.经济风险

主要的经济风险是不同货币汇率的差异和波动。如人民币升值,可能危害中国企业对国际市场的出口。

3.管理问题

首先,地理位置在不同国家的分散性增加了不同部门之间协调的成本和产品分销的成本;其次,贸易壁垒、物流成本、文化差异和不同国家的其他差异(如原材料和不同劳动技能的取得)增加了实施国际化战略的复杂性;再次,制度和文化的因素阻碍了公司竞争优势从一个国家向另一个国家转移。

第二节　稳定型战略①

一、稳定型战略的概念和特征

顾名思义,稳定型战略就是企业在战略规划期内受内、外部环境与条件的约束,对产品、技术、市场等方面都采取基本维持现状的一种战略。企业不再进入新领域,而是在现有经营领域内使产销规模和市场地位大致不变或以较小的幅度增减。从企业经营风险的角度来说,稳定型战略的风险是相对小的,对于那些曾经成功地在一个处于上升趋势的行业和一个不大变化的环境中活动的企业来说会很有效。由于稳定型战略从本质上追求的是在过去的经营状况基础上的稳定,因此它具有如下特征:

(1)企业对过去的经营业绩表示满意,决定追求既定的或与过去相似的经营目标。例如,企业过去的经营目标是在行业竞争中处于市场领先者的地位,稳定型战略意味着在今后的一段时期里依然以这一目标作为企业的经营目标。

(2)企业在战略规划期内所追求的绩效按大体的比例递增。与增长型战略不同,这里的增长是一种常规意义上的增长,而非大规模的和非常规的迅猛发展。

例如,稳定型增长可以指在市场占有率保持不变的情况下,随着总的市场容量的增长,企业的销售额也相应地增长,而这种情况并不能算典型的增长型战略。

实行稳定型战略的企业总是在市场占有率、产销规模或总体利润水平上保持现状或略有增加,从而稳定和巩固企业现有的竞争地位。

(3)企业准备以与过去相同的或基本相同的产品和劳务服务于社会。公司继续以基本相同的产品或服务来满足它的顾客,这意味着企业在产品上的创新较少。

---

① 张国良.战略管理[M].杭州:浙江大学出版社,2009.

从以上特征可以看出，稳定型战略主要参照前期战略。它坚持前期战略对产品和市场领域的选择，以前期战略所达到的目标作为本期希望达到的目标。因此，实行稳定型战略的前提条件是企业过去的战略是成功的。对于大多数企业来说，稳定型增长战略也许是最有效的战略。

二、稳定型战略的类型

在具体实施方式上，稳定型战略又可依据其目的和资源分配的方式不同，分为无变化战略、维持利润战略、暂停战略和谨慎实施战略。

1. 无变化战略

无变化战略（No Change Strategy）似乎是一种没有战略的战略。采用它的企业可能基于以下两个原因：一是企业过去的经营相当成功，并且企业内外环境没有发生重大的变化；二是企业并不存在重大的经营问题或隐患，因而企业战略管理者没有必要进行战略调整，或者害怕战略调整会给企业带来利益分配和资源分配的困难。在这两种情况下，企业的管理者和职工可能不希望企业进行重大的战略调整，因为这种调整可能会在一定时期内减少企业的利润总额。采用无变化战略的企业除了每年按通货膨胀率调整其目标以外，其他都暂时保持不变。

2. 维持利润战略

这是一种以牺牲企业未来发展来维持目前利润的战略。维持利润战略（Profit Strategy）注重短期效果而忽略长期利益，其根本意图是渡过暂时性的难关，因而往往在经济形势不太景气时被采用，以维持过去的经营状况和效益，实现稳定发展。但使用不当的话，维持利润战略可能会使企业的元气伤害，影响长期发展。美国铁路行业在 20 世纪 60 年代处于十分困难的状况，许多铁路公司通过减少铁路维修和保养来减少开支，实行稳定型战略，维持分红。然而，不幸的是，这一困难时期延续到 70 年代，铁路的状况持续恶化，最终使得这些铁路公司的经营受到影响。

3. 暂停战略

在一段较长时间的快速发展后，企业有可能会遇到一些问题使得效率下降，这时就可采用暂停战略（Pause Strategy），即在一段时期内降低企业的目标和发展速度。例如，采用购并发展的企业，往往会在新收购的企业尚未与原来的企业很好地融合在一起时，先采用一段时间的暂停战略，以便有充分的时间来重新实现资源的优化配置。从这一点来说，暂停战略可以充分达到让企业积聚能量，为今后的发展做准备的功能。

4. 谨慎实施战略

如果企业外部环境中的某一重要因素难以预测或变化趋势不明显，企业的某一战略决策就要有意识地放慢实施进度，步步为营，这就是所谓的谨慎实施战略（Proceed with Caution Strategy）。比如，某些受国家政策影响比较严重的行业中的企业，在面临国家的一项可能的法规公布之前，很有必要采用谨慎实施战略，一步步稳固地向前发展，而不是不问青红皂白地大干快上，置未来政策于不顾。

三、稳定型战略的利弊

以上讨论了稳定型战略态势在不同内外部环境下的适用性。就一般意义来说，稳定型战略具有自己的优点和缺点。其优点主要表现为以下几个方面：

（1）企业经营风险相对较小。保持战略的连续性和稳定性，减小了风险。由于企业基本维持原有的产品和市场领域，从而可以利用原有的生产经营领域、渠道，避免开发新产品和新市场所必需的巨大的资金投入、激烈的竞争抗衡和开发失败的巨大风险。

(2)能避免因改变战略而改变资源分配的困难。由于经营范围和规模与过去大致相同，因此稳定型战略不必考虑原有资源的增量或存量调整，相对其他战略态势来说，显然要容易许多。

(3)能避免因发展过快而产生的弊端。在行业发展迅速时，许多企业无法清醒地看到潜伏的危机而盲目发展，结果造成资源的大量浪费。我国的许多彩电和空调企业就犯过这种毛病，造成了设备闲置、效益不佳的后果。

(4)能给企业一个较好的休整期，使企业积聚更多的能量，以便为今后的发展做好准备。从这点来说，适时的稳定型战略是将来的增长战略的一个必要的酝酿。

但是，稳定型战略也具有很多的缺陷，主要表现为以下几个方面：

(1)稳定型战略的执行是以包括市场需求、竞争格局在内的外部环境的基本稳定为前提的。一旦企业的这一判断没有被验证，就会打破战略目标、外部环境、企业实力三者之间的平衡，使企业陷入困境。因此，如果环境预测有问题的话，稳定型战略就具有很大的风险。

(2)特定细分市场的稳定型战略往往也隐含着较大的风险。由于资源不够，企业会在部分市场上采用稳定型战略，这样做实际上是将资源重点配置在几个既定的子市场上，因此如果对这部分特定市场的需求把握不准，企业可能更加被动，会丧失外部环境提供的一些可以快速发展的机会。

(3)稳定型战略也容易使企业的风险意识减弱，甚至形成惧怕风险、回避风险的企业文化。这就会大大降低企业对风险的敏感性和适应性，减少了冒风险的勇气，从而也增大了上述风险的危害性和严重性。

稳定型战略的优点和弊端都是相对的，企业在具体的执行过程中必须权衡利弊，准确地估计其收益和风险，并采取合适的风险防范措施。只有这样，才能保证稳定型战略优点的充分发挥。

四、稳定型战略的适用性

采取稳定型战略的企业，一般处在市场需求及行业结构稳定或者动荡较小的外部环境中，因而企业所面临的竞争挑战和发展机会都相对较少。但是，有些企业在市场需求以较大幅度增长或外部环境提供了较多发展机遇的情况下也会采用稳定型战略。一般来说，这些企业是由于资源状况不足以使其抓住新的发展机会而不得不采用相对保守的稳定型战略态势。

(一)外部环境

外部环境的相对稳定会使企业更倾向于稳定型战略。影响外部环境稳定性的因素很多，大致包括以下几个方面：

1. 宏观经济状况

如果宏观经济在总体上保持总量不变或总量低速增长，那么企业所处行业的上游、下游产业也往往只能以低速增长，这就势必影响到该企业所处行业的发展，增长速度也随之降低，会使得该产业内的企业倾向于采用稳定型战略，以适应这一外部环境。

2. 产业的技术创新度

如果企业所在的产业技术相对成熟，技术更新速度较慢，企业过去采用的技术和生产的产品无需经过太大的调整就能满足消费者的需求，并能与竞争者抗衡，这样产品系列及其需求也随之保持稳定，从而促使企业采取稳定型战略。

3. 消费者需求偏好的变动

这一点其实是决定产品系列稳定度的另一个方面：消费者频繁的偏好转移势必使企业在产品特性和营销策略上所采取的做法与过去有所不同，否则将会被竞争对手击败，而这种策略上的变动毫无疑问将影响到企业的经营战略，因而企业若继续采用稳定型战略态势，则很可能陷入被动状态。从这点来看，稳定型战略适用于消费者需求偏好较为稳定的企业。

4. 产品生命周期

对于处于行业或产品的成熟期的企业来讲，产品需求、市场规模趋于稳定，产品技术较为成熟，新产品的开发和以新技术为基础的新产品开发难以取得成功，因此以产品为对象的技术变动频率低，同时竞争对手的数目和企业的竞争地位都趋于稳定，这时提高市场占有率、改变市场地位的机会很少，因此较为适合采用稳定型战略。

5. 竞争格局

如果某企业所处行业的进入壁垒非常高或由于其他原因使得该企业所处的竞争格局相对稳定，竞争对手之间很难有较为悬殊的业绩改变，则企业采用稳定型战略可以获得最大的收益，因为改变竞争战略带来的业绩增加往往是不尽如人意的。

(二)企业内部实力

企业战略的实施一方面需要与外部环境相适应，另一方面要有相应的资源和实力来实施，也就是既要看到外部的威胁与机会，又要看到自身的优势与劣势。企业除分析其所处的外部环境之外，还要分析其内部环境。具体来说，企业应分析以下几个方面，看其是否适合使用稳定型战略。

1. 企业资源

如果外部环境较好，为企业提供了有利的发展机会，企业就可以采取提高市场占有率的策略。但是，如果企业资源不充分，如资金不足、研究开发能力较差、人力资源不足等，就无法采取提高市场占有率的战略。此时，企业可以采取以局部市场为目标的稳定型战略。

2. 资源分配

当外部环境较为稳定时，资源较为充足的企业可以在广泛的市场上选择自己的战略资源分配；而资源相对稀缺的企业可以在相对狭窄的细分市场上集中资源，可以采用稳定型战略，以适应外部环境。

3. 竞争优势

当外部环境较为不利时，资源丰富的企业可以采用一定的稳定型战略。资源不够充足的企业，如果它在某个细分市场上具有独特的竞争优势，则可以采用稳定型战略；但如果不具备相应的特殊竞争优势，则不宜采用稳定型战略。

当外部环境较为稳定时，资源较为充足的企业与资源相对较为稀缺的企业都应当采用稳定型战略，以适应外部环境。但两者的做法可以不同：前者可以在更为宽广的市场上选择战略资源的分配点，而后者则应当在相对狭窄的细分市场上集中自身的资源，以求稳定发展。

第三节　紧缩型战略①

一、紧缩型战略的概念和特征

企业的资源是有限的，既然企业采取了各种方式进入新的产业或扩大业务范围，就需要在

① 张国良. 战略管理[M]. 杭州：浙江大学出版社，2009.

必要时退出某些业务。而且企业的经营环境不断地变化，原本有利的环境在经过一段时间后会变得没有吸引力；原来能容纳许多企业发展的产业会因进入衰退阶段而无法为所有企业提供最低的经营报酬，或企业为了进入某个新业务领域需要大量的投资和进行资源的转移等。所有上述情况的发生都会迫使企业考虑紧缩目前的经营，甚至退出目前的业务或实施公司清算，即考虑紧缩型战略态势。

所谓紧缩型战略，是指企业从目前的战略经营领域和基础水平收缩和撤退，且偏离战略起点较大的一种经营战略。与稳定型战略和增长型战略相比，紧缩型战略是一种消极的发展战略。一般来说，企业实行紧缩型战略只是短期的，其根本目的是使企业挨过风暴后转向其他的战略选择。有时，只有采取收缩和撤退的措施，才能抵御对手的进攻，避开环境的威胁和迅速地实行自身资源的最优配置。可以说，紧缩型战略是一种以退为进的战略态势。与此相适应，紧缩型战略有以下特征：

(1)对企业现有的产品和市场领域实行收缩、调整和撤退策略。比如，放弃某些市场和某些产品线系列，因而从企业的规模看是缩小的，同时一些效益指标，比如利润和市场占有率等，都会有较为明显的下降。

(2)企业对资源的运用加以严格的控制并尽量削减各项费用支出，往往只投入最低限度的经管资源，因而紧缩型战略的实施过程往往会伴随着大量的员工的裁减，一些奢侈品和大额资产的暂停购买等。

(3)紧缩型战略具有短期性。与稳定型和发展型两种战略态势相比，紧缩型战略具有明显的过渡性，其根本目的并不在于长期节约开支、停止发展，而是为今后的发展积聚力量。

下面这个事例能说明紧缩型战略的特征：上海梅山集团 1995 年遇到了资金短缺、原材料价格大幅上扬等严重困难，第一季度出现巨额亏损。于是，公司从 4 月份开始实施紧缩型战略，狠抓成本控制，停止了 9 项开支，压缩预算开支和投资规模，终于使其第二季度的利润超过 1 000 万元，为下一阶段的发展战略提供了保证。

二、紧缩型战略的类型

根据紧缩的方式和程度不同，紧缩型战略可以分为三种类型：抽资转向战略、放弃战略和清算战略。

1. 抽资转向战略

抽资转向战略是企业在现有的经营领域不能维持原有的产销规模和市场而不得不采取缩小产销规模和市场占有率，或者企业在存在新的、更好的发展机遇的情况下对原有的业务领域进行压缩投资、控制成本，以改善现金流，为其他业务领域提供资金的战略方案。另外，企业在财务状况下降时也有必要采取抽资转向战略，一般发生在物价上涨导致成本上升或需求降低使财务周转不灵的情况下。

针对这些情况，抽资转向战略可以采取以下措施来配合进行：

(1)调整企业组织。这包括改变企业的关键领导人，在组织内重新分配责任和权利等。调整企业组织的目的是使管理人员适应变化了的环境。

(2)降低成本和投资。这包括压缩日常开支、实行更严格的预算管理、减少一些长期投资项目等，也可以适当地减少培训、广告、研究开发、公共关系等活动，缩小或减少某些管理部门或降低管理费用。在必要时，企业也会以裁员作为压缩成本的方法。

(3)减少资产。这包括出售与企业的基本生产活动关系不大的土地、建筑物和设备；关闭一些工厂或生产线;出售某些在用的资产,再以租用的方式获得使用权;出售一些盈利产品,以获得急需使用的资金等。

(4)加速回收企业资产。这包括加速应收账款的回收、派出讨债人员收回应收账款、降低企业的存货量、尽量出售库存产成品等。

抽资转向战略会使经营主方向转移,有时会涉及经营基本宗旨的变化,其成功的关键是管理者明晰战略管理概念,即必须决断是对现存的企业业务给予关注还是重新确定企业的基本宗旨。

2. 放弃战略

在采取抽资转向战略无效时,企业可以尝试放弃战略。放弃战略是指将企业的一个或几个主要部门转让、出卖或者停止经营。这个部门可以是一个经营单位、一条生产线或者一个事业部。

企业在放弃战略的实施过程中通常会遇到一些阻力,具体如下所述:

(1)结构上或经济上的阻力,即一个企业的技术特征及其固定资本和流动资本妨碍其退出,例如一些专用性强的固定资产很难出售。

(2)公司战略上的阻力。如果准备放弃的业务与企业的其他业务有较强的联系,则该项业务的放弃会使其他相关业务受到影响。

(3)管理上的阻力。企业内部人员,特别是管理人员对放弃战略往往持反对意见,因为这往往会威胁他们的职业并影响业绩考核。

克服这些阻力可以采用以下办法:在高层管理者中,形成"考虑放弃战略"的氛围;改进工资、奖金制度,使之不与"放弃"方案相冲突;妥善处理管理者的出路问题等。

3. 清算战略

清算是指卖掉其资产或停止整个企业的运行而终止一个企业。显然,清算战略对任何企业来说都不是最有吸引力的战略,而且通常只有当所有其他战略都失败时才启用它。但在确实毫无希望的情况下,企业尽早地制定清算战略,可以有计划地逐步降低企业股票的市场价值,尽可能多地收回企业资产,从而减少全体股东的损失。因此,清算战略在特定的情况下也是一种明智的选择。

放弃战略与清算战略并不一样。由于放弃战略的目的是找到肯出高于企业固定资产时价的买主,因此企业管理人员应说服买主,认识到购买企业所获得的技术或资源能使对方的利润增加。而清算一般意味着只包括对资产的有形价值部分的清算。需要特别指出的是,清算战略的净收益是企业有形资产的出让价值,而不包括其相应的无形价值。

三、紧缩型战略的利弊

与稳定型战略和增长型战略一样,紧缩型战略也有利有弊,一般来说,有如下优点:

(1)能帮助企业在外部环境恶劣的情况下节约开支和费用,以顺利地度过所面临的不利处境。

(2)能在企业经营不善的情况下最大限度地降低损失。在许多情况下,盲目而且顽固地坚持经营无可挽回的事业,而不是明智地采用紧缩型战略,会给企业带来致命性的打击。一些世界性的大公司往往并不避讳采取紧缩型战略。20 世纪 60 年代初,美国无线电公司和通用电气公司都试图进入计算机市场。然而,这两家公司的努力都没有得到预期的结果。于是两者都采用了紧缩型战略,退出了计算机制造业。

(3)能帮助企业更好地实行资产的最优组合。企业如果不采用紧缩型战略,在面临一个新的机遇时,则只能利用现有的剩余资源进行投资,这样做势必会影响到企业在这一发展机遇上的前景;相反,企业通过采取适当的紧缩型战略,往往可以从不良运作的资源中转移部分到这一发展点上,从而实现企业长远利益的最大化。

与上述优点相对应,紧缩型战略也有可能为企业带来一些不利之处:

(1)实行紧缩型战略的尺度较难把握。如果盲目地使用紧缩型战略,可能会扼杀具有发展前途的业务和市场,使企业总体利益受到损害。

(2)实施紧缩型战略会引起企业内部人员的不满,从而导致员工情绪低落。因为紧缩型战略常常引起不同程度的裁员和减薪,而且实行紧缩型战略在某些管理人员看来意味着工作的失败和不利。

这些紧缩型战略潜在的弊端往往较难避免,这为战略管理者在战略态势决策上提出了新的问题,要求他们在紧缩战略实施中对战略参与者加强宣传和教育,以减少可能的弊端。

四、紧缩型战略的适用性

采取紧缩型战略的企业可能出于各种不同的动机。从这些不同的动机来看,有三种类型的紧缩型战略:适应型紧缩战略、失败型紧缩战略、调整型紧缩战略。

(一)适应型紧缩战略

适应型紧缩战略是企业为了适应外界环境而采取的一种战略。这种外界环境包括经济衰退、产业进入衰退期、对企业产品或服务的需求减少等。在这些情况下,企业可以采用适应型紧缩战略来度过危机,以求发展。因此,适应型紧缩战略的适用条件就是企业预测到或已经感知到外界环境对企业经营不利,并且企业认为采用稳定型战略尚不足以使企业适应这个不利的外部环境。企业如果可以同时采用稳定型战略和紧缩型战略,并且若两者都能使企业避开外界威胁,为今后发展创造条件,则应当尽量地采用稳定型战略,因为稳定型战略的冲击力要小得多,所以对企业可能造成的伤害也就小得多。

(二)失败型紧缩战略

失败型紧缩战略则是指由于企业经营失误而造成企业竞争地位虚弱、经营状况恶化。只有采用紧缩型战略,才能最大限度地减小损失,保存企业的实力。失败型紧缩战略的适用条件是企业出现重大的内部问题,如产品滞销、财务状况恶化、投资已明显无法收回等情况。这就涉及一个“度”的问题,即究竟在出现何种严重的经营问题时才考虑实施紧缩型战略?要回答这一问题,需要对企业的市场、财务、组织机构等方面做一个全面的评估,认真地比较实施紧缩型战略的机会成本,经过细致的成本—收益分析才能最后下结论。

(三)调整型紧缩战略

调整型紧缩战略的动机则既不是经济衰退,也不是经营失误,而是为了谋求更好的发展机会,使有限的资源分配到更有效的使用场合。因此,调整型紧缩战略的适用条件是企业存在一个回报更高的资源配置点。为此,需要比较的是企业目前的业务单位和实行紧缩型战略后资源投入的业务单位。在存在着较为明显的回报差距的情况下,企业可以考虑采用调整型紧缩战略。

本章小结

本章主要介绍了企业成长型战略、稳定型战略和紧缩型战略。其中，成长型战略又包括集中化成长战略、一体化成长战略、多元化成长战略。

(1)集中化成长战略认为企业战略有四种要素，即现有产品、新产品、现有市场和新市场。市场渗透战略，将现有产品和现有市场进行组合；市场开发战略，将现有产品和新市场进行组合；产品开发战略，将新产品和现有市场进行组合；一体化战略，将新产品和新业务组合。

(2)一体化成长战略是指企业充分利用自身在产品(业务)上的生产、技术、市场等方面的优势，沿着其产品(业务)生产链条的纵向或水平方向，不断地扩大其业务经营的深度和广度，以扩大经营规模、提高收入水平和利润水平，使企业得到发展壮大。

(3)多元化战略是指企业的发展、扩张是在现有产品或业务的基础上增加新的产品或业务。这是一种产品/市场战略，企业实行这种战略是为了长期稳定地经营和追求最大的经济效益。

(4)国际化战略是指企业从国内经营走向跨国经营，从国内市场进入国外市场，在国外设立多种形式的组织，对国内外的生产要素进行配置，在一个或若干个经济领域进行经营活动的战略。

(5)当企业处在市场需求及行业结构稳定或者动荡较小的外部环境中，企业所面临的竞争挑战和发展机会都相对较少时，企业应该采取稳定型战略。稳定型战略包括无变化战略、维持利润战略、暂停战略、谨慎实施战略。

(6)紧缩型战略，指企业从目前的战略经营领域和基础水平收缩和撤退，且偏离战略起点较大的一种经营战略。一般来说，企业实行紧缩型战略只是短期的，其根本目的是使企业挨过风暴后转向其他的战略选择。

复习思考题

(1)简述集中化成长战略的基本内容。

(2)简述产品开发战略的实施策略。

(3)简述实施纵向一体化成长战略的优、缺点。

(4)分析国际化战略的运用条件及其优势。

(5)试述多元化战略的运用条件与途径。

本章案例

并购为主:万达开辟国际化之路

“国际万达，百年企业，要成为一流的跨国企业”。这些主题词是“万达”企业文化的核心和国际化发展志向，是“万达”在市场经济发展大潮中的精神支柱，也是引领“万达”不断地走向成功的确切保证。对于“万达”人，企业文化的核心点已经渗透到在每个细节。他们用先进的管理经验，使企业在经济领域中实现跨越式发展，向世界展现“万达”人的风采和雄心。以下是大连万达集团董事长王健林作为第一位受邀登上哈佛大学公开课的中国企业家，在哈佛商学院伯登讲堂为近千名学生所讲解的“万达国际化之路”——自 2012 年万达集团收购美国院线 AMC 以来，其海外影视资产逐年扩大。仅 2016 年万达集团就相继投资并购美国卡麦克、欧洲 Odeon & UCI、北欧院线集团三大院线，占据欧洲、北美院线市场首位。

2012 年 5 月，万达 26 亿美元并购美国院线 AMC。

2015 年 12 月，万达旗下 AMC 收购美国连锁院线 Starplex Cinemas。

2016 年 1 月，万达以不超过 35 亿美元收购美国传奇影业公司。

2016 年 3 月，万达旗下 AMC 拟 11 亿美元收购美国院线卡麦克。

2016 年 7 月，万达旗下 AMC 以 9.21 亿英镑并购欧洲 Odeon & UCI 院线。

2016 年 9 月，万达与索尼影视娱乐旗下 Motion Picture Group 宣布达成战略合作。

2016 年 11 月，万达拟 10 亿美元收购 Dick Clark Productions 公司 100%的股权。

2017 年 1 月，万达旗下 AMC 以 9.3 亿美元并购北欧院线集团。

一、国际化理由

一是做大企业规模。有些产业要做大规模，必须进行国际投资，特别是在娱乐、体育这些行业，国外市场比中国发达，这是万达国际化的重要原因。

二是成为国际企业。2004 年，万达对企业文化做了一次全面提升，梳理和总结万达的企业目标、发展宗旨、经营原则等，提出"国际万达，百年企业"。当时知道"百年企业"是做长久的企业，但"国际万达"究竟是什么还不太清楚，所以这个口号提出后，国际化并没有马上实施。直到 2012 年，万达才真正开始国际化，但这说明万达很早就有国际化志向。

三是规避经营风险。有句俗话讲，不要把鸡蛋放在一个篮子里，企业跨国发展意味着减小企业的经营风险。一个国家发展得再好，经济也有调整时期，但全世界经济同时出现大调整、大萧条，这种概率是极低的。而且中国政府也鼓励中国企业全球配置资源，利用全球市场。所以从规避企业经营风险角度，我们也应该走全球化道路。

二、国际化战略

1. 并购为主

万达海外投资以并购为主、投资为辅。为什么这么做？因为从英国工业革命到现在，世界市场特别是一些主要市场领域，基本上都被先进入的企业瓜分了。例如，金融行业不通过并购，自己重新闯荡，虽不能说绝对没有机会，但也基本没有机会。现在万达搞体育产业，各种国际品牌体育赛事所有权、转播权基本都被老牌家族公司或跨国公司瓜分，我们要进去，只能靠买。有人在中国媒体上说万达"就知道买买买"，我就问他，如果我不买，你告诉我怎么办？

2. 相互关联

有些人讲中国企业是不买对的只买贵的。但万达国际化的重点在于买得对。什么叫买得对？我们有两条标准：一是与万达现有产业有关联。万达国际化进入的产业都是万达已经在做的，不管是不动产，还是文化、体育、旅游，都是万达现在正在从事的产业。这样做的好处是我们有一定的知识积累和人才储备，了解行业是怎么回事。二是万达不管是跨国并购还是投资项目，都要求这些业务能移植到中国，能在中国获得更快发展。举一个体育公司并购的例子，万达 2015 年并购了世界最大的铁人三项公司——美国 WTC。并购不到半年，我们就把铁人三项比赛在中国厦门、合肥落地了。这项运动过去在中国是一个盲区，在我们推广后，大众才知道铁人三项到底是什么。目前中国在这方面的运动人数也少得可怜，13 亿多人口中只有 200 多人从事这项运动。我们在中国推广这项运动，至少可以做到几十万人参与。因为中国正进入健康时代、全民跑步时代，拥有巨大的发展空间。WTC 在国外很难做到快速增长，一般有百分之几的增长就不错了，只有在中国才能获得更多的增长点、更快的增长速度。

3. 本土人才

万达国际化强调使用本土人才。万达 2012 年并购美国 AMC 公司时，因为它是通过电影终端渠道，所以美国政府对这种类型公司的并购有一定的限制。我去找美国驻华大使骆家辉先生，请他为我们写一封推荐信，向美国政府推荐。他首先就问，万达买 AMC 是不是准备把大批的中国电影卖到美国去？我说这不太可能，就算我想把中国电影卖到美国，也要看是不是有那么多人看，电影不好，观众是用脚来投票的。然后他又问，万达是不是打算派中国人到美国去管理？我说这不会，并购后公司管理层全走了，其实意味着并购失败。骆先生挺高兴，给我们写了推荐信，再加上其他因素，最终万达并购 AMC 获得了美国政府的批准。

万达并购 AMC 后只派了一个联络员。这就带来一个问题，我们并购的对象原来的股东都是大型跨国企业，别人搞不好，万达来了凭什么就能搞好呢？我们发现，并购企业最好的管理办法是留住原来的管理层，使之更好地工作。万达并购美国 AMC 已被哈佛大学商学院作为教学案例，做这个案例的教授到我们公司调研，说了非常经典的两句话："首先，一切都没变，还是 AMC 这家公司，名字没变，管理层没变，经营地点也没变；其次，一切都变了，公司发生了深刻改变。"不愧是搞研究的教授，总结得不错。我说，过去中国企业的管理学思想基本都是从西方学来的，但我们在应用层面有自己的优势。管理最基本的是"制度设计"，其中最为核心的是调动人的积极性，而不是把制度设计成对待管理层就像防贼。当然，前提是因为万达并购后使AMC有了真正的主人。之前持有AMC的摩根士丹利、凯雷、黑石等在美国也都是赫赫有名的优秀企业，但是几家公司共同持股，股份都差不多，谁也做不了主，现在万达说了算。万达并购AMC时，全球金融危机的影响还在，工作岗位不像现在这么稳定。我们跟管理层签订了五年工作合同，而且规定，对于超出经营目标的利润，管理层和万达一九分成，一下就把他们的积极性调动起来，使公司一年发生变化，第二年实现上市。从中我也悟出一条：到世界上任何一个国家去并购和投资，都是要尽可能地留住原来的管理团队，使用本土人才，想办法调动他们的积极性，不要想着走哪都派中国人过去。

三、国际化进展

万达已经成为中国企业特别是民营企业国际化的代表，从2012年到现在三年多时间，在全球十多个国家投资，投资额超过150亿美元，其中在美国就投资100亿美元，所以我在美国是很受欢迎的。万达2012年并购AMC时，我承诺十年之内至少在美国投资100亿美元。第二天，一家美国媒体刊登了一篇文章，标题是"王先生，希望你遵守承诺"。我的话说完三年，2015年万达已在美国投资100亿美元。我让我的助手去跟他们说，希望再登一篇文章，"王先生提前兑现承诺"。万达在英国投资12亿英镑，拥有2 600多名员工。在《万达哲学》英文版全球发布仪式上，我们和英国政府还洽谈了一个大的投资项目，希望能尽快落实。

万达国际化虽然时间不长，步伐蛮猛，而且进展比较顺利，但是我已从辩证法的角度来看待万达跨国发展：没有失败就意味着离失败越近，万达在今后的国际化进程中不排除摔跟头，但是我们有一个原则，只要不发生颠覆性风险，就要去做这件事。其实勇敢迈出这一步才觉得，国际化也没什么了不起。

四、国际化目标

一是海外收入大幅增长。万达在去年提出未来五年新的战略目标，即到2020年实现"2211"目标，就是到2020年，企业资产超过2 000亿美元，企业市值超过2 000亿美元，收入超过1 000亿美元，净利润超过100亿美元，其中30%以上收入来自海外。衡量一家企业是不是跨国企业，一项核心指标是海外收入有没有超过30%。有国际业务的企业，一种是在本国生产产品，然后卖到世界各地，这只能算是产品国际化；一种是在一两个国家投资，但是占全部业务的比重小，管理方式、人才结构以及企业文化都未达到跨国企业水平。

所以，真正的跨国企业不仅要求企业规模足够大，至少数百亿美元，而且企业收入至少30%来自海外。今年万达海外收入将达到100亿美元左右，距离2020年目标还有不小差距，需要持续努力才能实现。

二是成为一流的跨国企业。万达不仅要成为一流企业，而且加了一个限制词，要成为一流的跨国企业。万达如果实现"2211"目标，企业资产、收入、净利润排名一定能排在世界前几十名。这个目标激励我们公司，也激励我个人持续努力。有人形容我是中国最成功的企业家，很多人问我为什么成功，我讲了很多原因，其实最为核心的一点是勤奋。所谓天道酬勤，如果不勤奋，所有的条件都不可能变为现实。正因为万达有远大的企业愿景，所以现在还持续保持着快速增长，2015年实现收入、资产、利润同比2014年增长20%。大家觉得增长速度很快，但对万达来讲，这是多年来增速第一次掉到30%以下。在此之前，我们每一年都保持30%以上的增长。随着全球经济的重大调整、中国经济的持续放缓，虽然我们的发展速度也降了一点，但是依然保持较快的速度增长，这也是万达最终成为一流跨国企业的保证。

资料来源：徐君．企业战略管理[M]．北京：清华大学出版社，2019：260.

思考题：

1. 万达"鲸吞式"海外并购有何风险？
2. 为什么万达要不断地并购和扩张？其战略目标可能是什么？

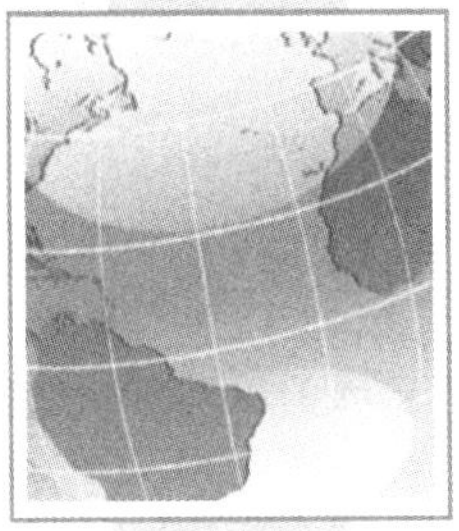

第六章 经营单位战略

【名言警句】

上兵伐谋，其次伐交，其次伐兵，其下攻城。

——孙子

【学习目的】

通过学习本章，你应该掌握以下内容：

☆ 掌握三种基本竞争战略的内涵、适用范围、优势、风险、实施策略；

☆ 掌握分散行业与集中行业的企业竞争战略以及如何选择。

【开篇案例】

热闹"双11"的背后

年年岁岁，网购相似；岁岁年年，快递服务却渐渐不同。2017年的"双11"，五大民营快递巨头——顺丰控股、圆通快递、申通快递、韵达股份、中通快递全部成功上市，天天快递也借道被苏宁收购实现证券化之后，首个最大规模的"网购狂欢节"，一众快递龙头正式步入资本竞逐新阶段。2016年10月初到11月初，圆通快递整体上涨超22%，申通快递和韵达股份2016年10月的月涨幅也超过15%；2017年10月，韵达股份、顺丰控股和申通快递的月涨幅也分别达到11%、9%和7%。

与美国的"黑色星期五"相比，始于2009年的中国"双11"天生自带互联网基因，且交易量增速更为迅猛。2016年，"双11"实现了1 770亿元的全网总销售额，同比增速为44%，相对于2009年则增长3 000倍。业内对于2017年"双11"交易额的预判是超2 000亿元，包裹数量逾16亿件。

由于A股四家快递公司在发展定位、业务布局、电商主营业务收入比和市场占有率等方面不尽相同，因此对"双11"的敏感度也趋于分化。在顺丰和"三通一达"中，电商卖家最倾向于选择哪家作为"双11"的合作伙伴呢？对此，国内某知名电商平台卖家负责人表示，时限、价格与服务通常被视为商家选择快递服务商时最关注的方面。"在目前服务于电商的主流快递公司中，尚无法断言哪家公司在这三个方面都拥有绝对优势。顺丰时效较强、安全性好，但是需要承担较高的成本；其他快递公司，有的实现了昼夜取件，有的实现了派送无盲区，各具优劣，在价格与服务方面，并没有明显的差异化体验。"因此，商家通常不会单一选择固定的快递伙伴。"从空间角度说，一些公司寄递线路和时效要优于其他公司，比如中国邮政对于偏远农村地区的覆盖率有优势，因此会被纳入服务商名单；对于'双11'而言，即便快递业龙头公司也会面临快件量快速飙升与运力短期不足的矛盾，无法确保整个快递流程不出现一点问题。"该负责人表示，多选择几家伙伴，以做到有备无患。

由于各快递公司的业务结构、发展重点不尽相同，因此"双11"对于各家公司及各业务板块的影响也有区别。国内商务件市场是以顺丰、EMS等直营快递企业为主；国内商务市场是以圆通、中通、韵达、申通等加盟快递企业为主；国际快递市场则由四大国际快递巨头(DHL、FedEx、UPS、TNT)占据主要市场份额。

自2017年以来，包括申通、圆通在内的部分快递公司，都曾被媒体曝出"爆仓"情况，被业内看作最大的风险点所在。国家邮政局相关人士认为，发生快件积压和处理问题，也反映出整个行业存在由于劳动力短缺，基层盈利率不高，带来的季节性、区域性末端网点运营不稳定等问题。对此，专业人士解释为，"双 11"对不少公司的运力确实构成很大的挑战。"某公司如果为了完成快递量而快速增加运力，意味着总体成本会高出很多，不具有经济性。但无论如何，'双 11'都可以看作一场超强度的对抗赛，既对快递企业强化练兵，也在倒逼快递企业强化装备、提升服务。"

不过，近年来"双 11"期间，龙头快递公司通常都会从人员、设备、车辆、线路等方面做好准备，以保障此期间的快递业务，但是末端配送的压力仍然存在。各快递服务商对此的应对措施近年来也出现加码趋势。其中，菜鸟网络通过菜鸟驿站、自提柜等方式分流压力；京东为平台商家和社会化商家"双 11"前的备货提供高达数亿元的补贴。为了表明解决问题的信心，苏宁更是明确，在全国多个核心城市推出迟到必赔服务。顺丰控股也在尝试采用新末端配送方式以及更新软、硬件，以提升效能。

一面是快递企业短板尚存，另一面是行业整体向好，如何调整业务结构、加快转型升级，便成为摆在快递龙头面前的新课题。而各公司在这方面的战略选择，既有重合，又有分化。

加速拓展国际快递网络，推进国际化进程，在多家快递公司中出现提速现象，典型代表为圆通速递。该公司目前正筹划收购先达国际物流 2.56 亿股股份。由于先达物流在全球多个国家和地区拥有公司实体和自建站点，业务范围覆盖超过 150 个国家或地区、超过 2 000 条国际航线，同时拥有菜鸟在俄罗斯地区一定比例的份额，因此本次收购被业内看作圆通速递布局国际业务，抢占先机，进入国际市场，进而创造新的业绩增长点的一大动作。

顺丰控股将战略重点放在国内"大物流"领域。公司负责人对《证券时报》记者分析说，国内"大物流"市场占中国 GDP 的 17%，这是一个 12 万亿元级别的市场，比快递市场 4 000 亿元的规模要大很多，其间既包括大宗商品物流，也包括消费升级带来的新机会。其中，冷链物流和重货运输成为顺丰控股未来深化拓展"大物流"业务的两大着力点。顺丰从 2015 年开始切入冷链物流，目前覆盖全国 1 000 多个县市，2016 年实现 10 亿元的营业收入。公司负责人指出，中国冷链物流市场每年超 4 000 亿元，是商务件市场的数倍，其中 3 000 亿元为食品生鲜，1 000 亿元为药品；生鲜冷运业务毛利率较传统快递 20%的毛利率高。顺丰将对部分核心战略资源与能力进行投资。"公司正在酝酿从人力密集转向技术密集，其中 IT 相关投入最为重视。"

韵达快递正在筹划联合多方成立相关保险公司，基于物流行业的保险需求，销售各类货物运输险、车险、财产保险等产品；拟成立融资租赁公司，推动国内外租赁资产的购买。

虽然快递公司之间存在差异，但整体而言，国内消费需求维持稳健增长，电商尤其网购市场保持较高的增速，跨境电商蓬勃发展。统计数据显示，近年来我国快递业发展迅猛，已连续 6 年每年增长超过 50%。从 2006 年到 2016 年，业务量增长 31 倍，业务收入增长 13.7 倍。我国快递业现已位居世界第一，在全球每年约 700 亿件的快递量中占 300 亿件。从历史数据看，2014 年，我国快递业务量首次突破 100 亿件，超过美国，跃居全球第一。2015 年，我国快递业继续以 45%以上的增长势头突破年业务量 200 亿件大关；2016 年，突破 300 亿件，同比增长 53%；2018 年，预计完成邮政业务总量 12 300 亿元，同比增长 26%。其中，快递业务量完成 505 亿件，同比增长 25.8%；业务收入完成 6 010 亿元，同比增长 21.2%；支撑网上零售额 6.9 万亿元；支撑跨境电子商务贸易超过 3 500 亿元。

自 2014 年开始，我国快递业务量连续 5 年稳居世界第一，超过美、日、欧等发达经济体总和。

资料来源：姚小涛，弋亚群．战略管理[M]．北京：高等教育出版社、经济管理出版社，2019：123.

公司战略所要解决的问题是确定经营范围和公司资源在不同的经营单位之间进行分配，指出企业的发展方向。经营单位战略所要解决的问题是如何在一个确定的、细分的市场上取得行业竞争优势，谋求发展，是对公司总体战略的细分执行。

第一节　一般竞争战略

在 20 世纪 80 年代被广泛阅读的、关于竞争分析方面的三本书是迈克尔·波特的《竞争战略》(*Competitive Strategy*,1980)、《竞争优势》(*Competitive Advantage*,1985)和《国家竞争优势》(*Competitive Advantage of Nations*,1989)。根据波特的理论,企业获得竞争优势的三个基点是成本领先、差异化和集中化,由此他将竞争战略具体地分为三种:成本领先战略、差异化战略和集中化战略。这三种战略又被称为通用的竞争战略或者一般竞争战略。

一、成本领先战略

成本领先战略是20世纪70年代由于经验曲线概念的流行而被得到普遍应用,是指通过有效的途径实现成本的降低,以建立一种不败的竞争优势的战略。这种战略要求企业努力取得规模经济,以经验曲线为基础,严格控制生产成本和管理费用,最大限度地减少研究、开发、服务、营销等领域的成本费用,成为行业中的成本领先者。为了达到成本目标,企业有必要在管理方面对成本控制给予高度的重视。尽管质量、服务等方面也不容忽视,但成本领先的主题贯穿于整个战略,成为一种主导思想。企业凭借其成本优势,可以在激烈的市场竞争中获得有利的竞争优势。

(一)适用范围

一般来说,消费者对价格越敏感,就越倾向于低价格企业,成本领先战略也就越有吸引力。成本领先战略的适用范围如下:

1. 企业所处产业的产品基本上是标准化或同质化的

在这种条件下,由于产品在质量方面几乎没有差异,因此消费者购买决策的主要影响因素就是价格的高低。

2. 产品实施差异化的途径很少

也就是说,不同品牌之间的差异化对消费者来说并不重要,从而使得消费者对价格的差异非常敏感。

3. 多数顾客使用产品和消费的需求相同

由于消费者的需求相同,标准化的产品可以满足消费者的需求。在这种情况下,低销售价格取代了特色或质量,成为消费者选择品牌的主要决定因素。

4. 消费者的转换成本很低

当消费者从一个企业转向另一个企业所承担的成本较低时,他就具有较大的灵活性,从而容易转向低价格、同质量的企业。

5. 消费者具有较强的降价谈判能力

6. 现有竞争企业之间的价格竞争非常激烈

除了具备上述条件外,实施成本领先战略对于企业的资源、技能以及组织都有一定的要求。降低成本的方式很多,可以通过比竞争者更快地积累经验,或是扩大经营规模以获得尽可能多的经济效益。这些只有大规模的生产才可能实现。同时,要求企业拥有较大的市场份额,为了达到这个目的,需做到以下几点:

(1)要求企业的产品设计便于生产、制造和维修,保持一个较宽的相关产品系列,以分散成本。同时,使该产品为所有主要的用户群服务,增加产品的数量。

(2)要求企业有很大的、购买先进设备的前期投资,进行定价和承受初期的亏损,以攫取市场份额。

(3)低成本会给企业带来高额的边际收益。企业为了保持低成本的地位,可以将这种高额边际收益再投资到新设备上,这种再投资方式是维持低成本地位的先决条件。

实施成本领先战略对于企业组织也有一定的要求：企业结构分明、责任明确，根据是否完成定量目标，对员工进行激励；实施严格的成本控制措施，要经常编制详细的成本控制报告。

（二）优势

随着人们对规模经济与学习效应认识的不断深入，20 世纪 70 年代开始的成本领先战略逐渐被多数企业所采用。采用成本领先战略的优势主要体现在以下几个方面：

1. 抗衡竞争者，形成行业壁垒

尽管行业内存在激烈的竞争，但具有低成本的企业可以获得高于行业平均水平的收益。它的低成本地位使其能够抗衡来自竞争对手的攻击，因为当其对手通过削价同它竞争时，它仍然能在较低的价格水平上获利，直到将对手逼至边际利润为零或为负数。当对手力不从心之时，低成本企业就可以实施全面攻击。低成本企业还可以利用已建立起来的巨大生产规模和成本优势，使想加入该行业的潜在进入者望而却步，形成进入壁垒。

2. 抵御买方和供应方议价的能力

低成本可以强有力地抵御买方和供应方力量的威胁。买方和供应方讨价还价的能力使得行业内企业的利润减少，正如低成本企业可以抵御竞争对手的威胁一样，当行业利润下降，使得其他竞争对手都无利可图时，低成本企业仍然可以有相当的利润维持生存和发展。

3. 抵御替代品的潜在威胁

低成本也可以抵御来自替代品的威胁。人们购买替代品无非是看好替代品的性能或价格。替代品如果是革命性的，那么，总成本领先的企业就可以在行业中坚持到最后，而且还可以同替代品展开成本和价格上的竞争。

（三）风险

选择成本领先战略对于企业来说也存在一定的风险，主要体现在以下几个方面：

1. 新加入者可能后来居上

行业中新加入者通过模仿、总结前人的经验或购买更先进的生产设备，使得自己的成本更低，并以更低的成本参与竞争，后来居上。这时，企业就会丧失成本领先地位。

2. 由于技术变化而降低企业资源的效用

生产技术的变化或新技术的出现可能使得过去的设备投资或产品生产经验变得无效，变成无效用的资源。

3. 降价过度而使利润降低

企业降价只有在以下情况下才能获得低成本优势：

（1）降低幅度低于成本优势的规模；

（2）单位销量的增加足以在降低单位销售产品利润率的情况下增加利润；

（3）产品包含能吸引消费者购买的其他属性。

4. 顾客偏好发生变化，开始重视非价格因素

如果出现这种情况，即使产品的成本再低、价格再低廉，顾客也不会购买，如人们对服装的购买已从过去的追求价格便宜，转为追求突出个性，追求标新立异。

5. 容易受外部环境的影响

成本领先战略使企业依靠低价位来保持其竞争优势，一旦出现差异化的竞争者或通货膨胀率的提高，就有可能提高企业生产的投入成本，其削价的竞争就可能使其获得的利润空间大大缩小，影响持续发展能力。

(四)实施策略

1.让产品“返璞归真”

这是取得低成本的最直接方式。让产品“返璞归真”,就是让产品简单化,即将产品或服务中添加的花样全部取消。因此,仓库型的家具商场、法律咨询服务站、毫无装饰的百货店,均能以远远低于同产业企业的成本从事经营。由于原来已附加的种种为顾客所熟悉而又无法取消的服务,企业的竞争对手不得不负担高额的费用支出,因此,简化产品而取得的低成本可以建立一项企业竞争优势。

2.节约原材料费用

企业如果能够控制原材料来源,实行经济批量采购与保管,并且在设计和生产过程中注意节约原材料,也能降低产品成本,建立不败的成本优势。

3.开发与竞争对手同质不同成本的材料

主要是指改进产品的设计或构成、开发与竞争对手同质但用料更经济的产品,从而形成成本优势。

4.降低活劳动成本

在劳动密集型行业,活劳动是其成本的主要构成要素,因此,企业如果能获得廉价的劳动力,也能建立不败的成本优势。如服装行业中人工成本约占50%,劳动力成本低的国家或企业就占有较大优势。近年来,乡镇企业服装加工业务量迅速增加,主要原因之一是其具有劳动成本低的优势。

5.技术领先,降低成本

企业在生产过程中如果能够进行技术创新或引进全自动化生产,也可以作为降低成本的重要基础。

6.缩短销售渠道

如果企业的营销渠道层级过多,则无形中会在很大程度上增加企业产品的成本。因此,缩短销售渠道是企业获得成本优势的另一个有效途径。如,目前正在全国兴起的一些平价药店,就是由于精简了销售渠道层级,剥离了中间商、经销商的利润,直接由生产商到药店,从而将利润直接归还给顾客,获得了成本领先的竞争优势。

二、差异化战略

差异化战略是将公司提供的产品或服务标新立异,形成一些在全产业范围内具有独特性的东西。差异化战略的重点不是成本,而是不断地投资和开发顾客认为重要的产品或服务的差异化特征。而且企业的产品或服务与竞争对手之间的相似性越少,企业受竞争对手行动的影响也就越小。实现差异化战略可以有许多方式,包括设计或品牌形象、技术特点、客户服务、经销网络及其他方面的独特性。

(一)适用范围

采取差异化战略的企业必须寻求与众不同的途径,某些行业中这种潜在的途径较多,如产品生命周期较短的时尚品等;而在另一些行业中,如食品、调味品等,这种差异化的途径相对较少,因此,企业往往采取成本领先战略或者集中化战略。具体来说,差异化战略的适用具有一定的范围,主要表现在以下几个方面:

(1)顾客对产品的需求和使用要求是多种多样的,即顾客需求是有差异的。

(2)可以有很多途径创造企业与竞争对手产品之间的差异,并且顾客认为这种差异是有价值的。

(3)采用类似的差异化途径的竞争对手很少,即真正能够保证企业是“差异化”的。

(4)技术变革很快,市场上的竞争主要集中在不断地推出有特色的新产品。

此外,实行差异化战略还要求企业在资源和技术方面具有强大的市场能力,有助于企业突出特色。企业要具有创造性的眼光,识别真正别具一格的、拥有基础研究方面强大能力的企业,以保证与众不同的生命力。另外,产品还应具有质量信誉和技术方面的领导力量,以利于其打开市场,同时需要得到销售渠道的高度合作。在组织方面,企业需在技术开展、产品开发和市场营销方面进行有力的协调,能够用主观测评和激励方法代替数量方法,还要具备能吸引高级研究人员、创造性人才和高技能职工的物质设施。

(二)优势

实施差异化战略是使企业获得高于同行业平均利润水平的一种有效战略。具体来说,实施差异化战略的优势主要体现在以下几方面:

1. 提高顾客的忠诚度

随着顾客对企业产品或服务的认识和依赖,顾客对产品或服务的价格变化敏感程度大大降低。这样,差异化战略就可以为企业在同行业竞争中形成一个隔离带,避免竞争对手的侵害。

2. 形成强有力的产业进入壁垒

由于差异化提高了顾客对企业的忠诚度,因此如果行业新加入者要参与竞争,就必须扭转顾客对原有产品或服务的依赖和克服原有产品具有独特性的影响,这就增加了新加入者进入该行业的难度。

3. 削弱购买商与供应商的议价能力

企业通过差异化战略,一方面,使得购买商缺乏与之可比较的产品选择,降低了购买商对价格的敏感度;另一方面,通过产品差异化,使供应商具有较高的转换成本,使其更依赖企业,增强了企业对供应商讨价还价的能力,这主要是由于差异化战略提高了企业的边际收益。

4. 削弱替代品的进入

由于差异化战略使顾客建立起对企业的忠诚度,因此,使得替代品无法在性能上与之竞争。

(三)风险

企业在实施差异化战略时也存在一定的风险,如,提供特色带来的高成本会使顾客望而却步;顾客需求的差异化程度下降会缩小差异化的空间;模仿者模仿领先企业的特色,使得已建立的差异化消失。所以,采取差异化战略应以企业在技术、质量、服务等方面所具备的特殊能力为依托,确保企业所创造的差异化难以被模仿,这样才能保持持久的竞争优势。

实施差异化战略包含以下一些风险:

1. 对手模仿使原有差别缩小

随着产业的成熟,这种现象更为普遍。

2. 消费者变得更加精明

消费者变得更加精明,对需要的产品或服务的差异化要求降低,这样就使得企业失去了竞争优势。

3. 企业形成差异化的成本过高

实行低成本的竞争对手与实行产品差异化的公司之间的成本差距过大,以至于产品差异化不再能笼络住顾客。在这种情况下，买方会牺牲公司所提供的某些产品差异化特性、服务或形象的诱惑，以节省大笔开支。

（四）实施策略

实施差异化战略的核心是取得某种对顾客有价值的独特性。企业要突出自己的产品与竞争对手之间的差异性，主要体现在产品质量、服务、人事、品牌形象这几个方面。因此，实施这一战略也应从下述几方面入手：

1. 实行产品质量差异化战略

这主要是指企业向市场提供竞争对手不具有的高质量产品，通过高质高价获得比竞争对手更多的利润，具体体现在产品性能、耐用性、可靠性、易修理性等方面。

（1）产品性能是产品的最基本衡量指标。

（2）产品的耐用性，指产品的预期使用寿命。一般而言，产品的耐用性越长，消费者愿意为之支付的价格就越高，但也并非全部如此。如宣传某些服装品牌时，耐用性就不一定具有吸引力，因为服装的流行时间是很短的。

（3）产品的可靠性是衡量产品在一定时期内不会发生故障或无法工作的指标。消费者希望企业的产品绝对可靠，即使在出现意外故障时，也不会完全丧失其使用价值。

（4）产品的易修理性，指当产品失灵或无法工作时易于修理。易修理性越强，当产品出现问题时，消费者自己处理问题的可能性就越大，就会感到产品使用越方便，从而比较满意。

2. 实行服务差异化战略

具体来说，可以通过转变销售方式或加强售后服务来实现差异竞争优势。服务的差异化主要通过送货、安装、顾客培训、咨询服务等因素实现。

3. 实行人事差异化战略

企业可以通过雇用、培训比竞争对手更优秀的员工来赢得强大的竞争优势。如新加坡航空公司的声誉在大部分市场上很高，因为它的航空小姐美丽、优雅，训练有素，员工具备必需的技能和知识，对顾客的态度友好，充满敬意，能为顾客着想，能自始至终、准确地提供服务，能对顾客的需要和有关问题迅速地做出反应，能尽力去理解顾客，并能准确地与顾客沟通。

4. 实行品牌形象差异化战略

即使其他竞争因素都相同，但由于企业或品牌的形象不同，消费者也会做出不同的反应。品牌可以形成不同的“个性”，便于消费者识别。公司个性设计是为了在公众心目中塑造形象，但其他因素也会影响公司的形象。公司形象不可能很快在公众心目中形成，也不可能凭借一种媒体就塑造起来。形象需要各种可能的渠道给予传播，并且不断地扩散。

三、集中化战略

集中化战略，是主攻某个特定的顾客群、某产品系列的一个细分区段或某一个地区市场。集中化战略的核心是集中资源于目标市场，取得在局部区域上的竞争优势。至于目标市场的大小、范围，既取决于企业的资源，也取决于目标市场中各个方面联系的紧密程度，如产品的接近性、顾客的接近性、销售渠道的接近性和地理位置的接近性。

（一）适用范围

集中化战略对于下述情形适用：

（1）市场上存在着明显不同的顾客群，他们或对产品有不同的要求，或习惯于以不同的方式使用产品。

(2)在同一目标细分市场上没有其他竞争对手专注于此。

(3)企业资源不允许追求较宽的市场。

(4)行业中各细分部门在规模、成长率、获利能力方面存在很大的差异,致使某些细分部门比其他部门更具有吸引力。

(二)实施策略

具体来说,集中化战略的实施可以通过以下几种方式进行:

1.实施顾客集中化战略

这种战略把经营重心放在不同需求的顾客群上。如,手表业中的劳力士,时装业中的皮尔·卡丹,体育用品中的阿迪达斯、耐克等公司都以市场中高收入顾客为重点,以高质高价为基础,对准高收入、高消费的顾客群。

2.实施产品线集中化战略

这种战略适用于产品开发和工艺设备成本偏高的行业。如,日本汽车厂家一直将经营重点放在小型轿车生产和销售方面,并以小型汽车性能好、节省油、外观美、价格低的特点打入美国和欧洲市场,大获成功。

3.对"金牛"类业务单元实行集中化战略

"金牛"类业务单元指市场占有率低的事业部,对于这些事业部,往往采取兼并或彻底整顿的战略,以便提高其市场占有率。但是,根据美国哈佛大学教授哈默什等人对市场占有率低、经营业绩好的美国公司的分析研究结果发现,市场占有率低的企业经营成功,主要依靠将经营重点集中在较窄的领域。

4.实行地区集中化战略

如果一种产品能够按照特定地区的需要实行重点集中,也能获得竞争优势,而且,在经营地区有限的情况下,实行地区重点集中战略,也易于取得成本优势。

(三)优势

集中化战略是企业在某一特定的目标市场上实施成本领先战略或差异化战略,因而可以防御行业中的五种基本竞争力量,同时也可避开在大范围内与竞争对手的竞争,所以对一些力量还不足以与大企业相抗衡的中小企业来说,可以增强其竞争力量。企业采取集中化战略可以获得以下优势:

(1)集中化战略便于企业更好地为某一目标市场服务,抵御外部竞争者的进入。同时将目标集中于特定的部分市场,企业可以更好地进行调查研究,以了解竞争对手与产品有关的技术、市场、顾客等各方面的情况,做到"知己知彼"。

(2)集中化战略可以使战略目标集中、明确,经济结果易于评价,战略管理过程易于控制,从而便于管理。集中化战略的特性及中小企业在规模、资源等方面的一些特性,使集中化战略成为最适合中小企业的战略。

(3)实施集中化战略的企业由于具有特殊的能力,因此形成了替代产品难以克服的进入障碍。

(4)集中化战略可削弱客户的议价力量,因为那些最有议价实力的客户是不愿将自己的业务转向那些经营能力较差的企业的。

(四)风险

采用集中化战略,企业也面临着与在整个行业范围内采用成本领先战略或差异化战略的公司同样的一般性风险。

(1)竞争对手可能会集中在一个更加狭窄的细分市场上而使本来的集中不再集中。如竞争对手在细分市场的基础上开发在性能、功能、规格等方面更能满足具体客户要求的产品。

(2)在整个行业内竞争的企业可能会认为由执行集中化战略的公司所服务的细分市场很有吸引力,值得展开竞争,并实施竞争战略,使原来采取集中化战略的企业失去了优势。

(3)由于技术进步、替代品出现、价值观念更新、消费偏好变化等,因此细分市场与总体市场之间在产品或服务的需求上差别变小,细分市场中的顾客需求可能会与一般的顾客需求趋同。此时,集中化战略的优势就会被削弱或清除。

(4)由于狭小的目标市场难以支撑必要的市场规模,所以集中化战略可能带来高成本的风险,从而又会导致在较宽范围经营的竞争对手与采取专一战略的企业之间在成本差别上日益扩大,抵消了企业在细分市场上的成本优势或差异化优势,使企业集中化战略失败。

第二节　分散行业与集中行业的企业竞争战略①

行业是企业竞争的重要环境。不同的行业有着不同的行业集中程度、不同的成熟状况以及不同的国际竞争状况。因此,企业在选择了基本竞争战略以后还要根据自己行业的特色,考虑如何面对行业中的竞争对手,增强自己的竞争优势。下面根据行业的特点以及寿命周期的不同阶段探讨企业的竞争战略。

一、分散行业中的竞争战略

分散行业是指由大量的中小型企业组成的行业。快餐业、洗衣业、照相业等都属于这种行业。在这种行业中,企业的市场占有率没有明显的优势,企业也不存在规模经济。没有一个企业能够对行业的运行产生影响。

1. 行业分散的原因

一个行业分散的原因有很多,既有历史的原因,也有经济的原因,主要有:

(1)进入障碍低。行业障碍低,企业就比较容易进入这种行业。结果大量的中小企业成为该行业中竞争的主导力量。

(2)缺乏规模经济。有的行业中,企业生产过程比较简单,难以实行有效的机械化和规范化。在这类企业中,尽管生产规模会不断地扩大,但其成本并不会下降,或者下降幅度很小。同时,企业的存储成本高,而且销售额的变化无规律可循,使企业难以发挥规模经济的作用。因此,这些行业往往会形成分散性行业。

(3)产品的差别化高。这可以有效地限制企业规模,使效率不同的中小企业得以生存和发展。

(4)讨价还价能力不足。在分散行业里,供应方与购买方的结构决定了该行业中的企业在与相邻企业或单位进行交易时不具备讨价还价的能力。同时,供应方与购买方也有意识地鼓励新企业进入该行业,使行业保持分散状态,并使企业维持小规模。

(5)市场需求多样化。在某些行业中,由于地域的差异,顾客的需求是分散的,而且形式多样化,因此导致行业分散化。

(6)行业初期阶段。在行业发展的初期阶段,所有的企业都处于发展状态,没有能力扩大

---

① 龚荒.企业战略管理[M].徐州:中国矿业大学出版社,2006.

生产或进行兼并。因此,此时的行业处于一种分散的状态。

2.行业的战略选择

针对行业分散的状态,理论界和实业界都在探讨整合行业的战略与方法,试图改变分散的产业结构,运用一般竞争战略获得竞争优势。企业常用的战略有三种形式:

(1)连锁经营。企业运用这种方法主要是为了获得成本领先的战略优势。连锁经营改变以往零售店分散布局的状态,建立网络,形成规模经济,拥有大量的购买力。同时,连锁经营可以建立区域性的供货配送中心,克服高运输成本的现象,减少库存成本,快速反映商店和顾客的需求,以及分享共同的管理经验。这些都可以大幅度地降低企业的成本,形成竞争优势。目前,国内出现的百货连锁店就是很好的例证。同时,麦当劳快餐店在华经营的情况也是一个很好的范例。

(2)特许经营。在分散行业里,企业要形成差别化,多采取特许经营的方式以获得竞争优势。企业通过特许经营还可以减少迅速增加的财务开支,并获得大规模的广告、分销与管理的经济效益,使企业迅速成长。必胜客(Pizza Hut)快餐店就是这样的例子。

(3)横向合并。为了求得发展,企业在经营层次上合并一些产业中的小企业,以形成大企业。例如,将一些地方性的企业合并成全国性的企业,使之形成规模经济效益或形成全国性市场。这样,企业可以采用成本领先战略或差别化战略。

二、规模集中行业中的竞争战略

在规模经济显著的行业中,往往会形成企业规模巨大、企业数目较少的寡头型企业规模结构。在这种行业中,企业首先要能确定自己在本行业中的地位,然后根据在行业中的不同位次,确定自己的竞争战略。

根据市场占有率等指标,就企业在行业中的竞争地位不同可以划分为领导型企业、优胜型企业和一般企业三种类型。

1.领导型企业的竞争战略

在规模集中的行业中,都有一个或几个企业处于市场领导地位,它们的产品在市场上有最高的市场占有率,而且在产品、市场、价格、销售和促销等方面起领导作用。处于领导地位的企业其战略核心就是稳定整个市场,使行业在价格、市场占有率、技术、销售等方面不发生激烈的竞争,以保持自己第一的市场地位。其次,通过寻找新用户、开发产品的新用途或增加产品的使用量等方式扩大行业的总需求量。以日本汽车行业为例,处于第一位的丰田汽车公司对于位次不同的其他汽车制造企业采用不同的竞争战略:通过对产品品种、销售区域、销售渠道等方面采取宽容政策,以谋求整个市场的稳定和扩大,目的是与处于第二位的日产汽车公司保持距离;对第三、四位的三菱汽车公司、东洋汽车公司的态度是在产品系列上采取宽容态度,以牵制第二位的日产汽车公司;对于第五位的本田汽车公司,则明确地采取产品差别化战略和市场差别化战略;对于第六位的大发汽车公司采用联合战略,让其承担对丰田轻便车、女性专用车、电动汽车等产品的装饰加工任务,以大发公司来补充丰田的产品系列。

2.优胜型企业的竞争战略

在行业中位于第二、三位的企业称为优胜型企业。由于优胜型企业的竞争地位决定了它可以有两种战略选择:一是采用进攻型战略;二是采用跟随战略。

(1)进攻型战略。所谓进攻型战略,就是将领导型企业、与自己企业规模实力相当的企业和比自己弱小的企业作为战略进攻的目标,以此制定竞争战略。在一般情况下,优胜型企业要比领导型企业更加注意产品和技术的开发，及时掌握环境和市场的变化，争取在新市场中取得有利的竞争地位，成为新领域里的领导型企业，然后再向原有经营领域里的领导型企业挑战。向与自己规模实力相当的企业或者比自己弱小的企业挑战的目的是进一步夺取市场，可以采用联合、兼并等手段，形成较强大的竞争集团，以便和领导型企业抗争。

(2)跟随战略。优胜型企业在对其目前的市场占有率、市场地位和利润水平比较满意时，可以根据领导型企业的战略变化及时调整自己的竞争战略，以保持自身的战略地位，避免领导型企业的激烈反应而采取报复行动，在领导型企业忽视的或者薄弱的细分市场上采用集中化战略和差别化战略，从而形成企业独特的竞争优势。

3. 一般企业的竞争战略

一般企业是指市场占有率比较低的企业。一般企业要想获得高收益，应采用的战略有：

(1)补缺战略。即对原有的细分市场再进行细分，寻找能有效利用本企业长处的市场环节，根据自己的优势，针对某一具有特殊性能的产品或某一特定消费群展开经营活动，避免与领导型企业、优胜型企业发生冲突，充当市场补缺者的角色。

(2)联合战略。创造弱者集结的条件，用弱者之间的联合形成强大的竞争实力，其目的是避免领导型企业和优胜型企业的侵犯，并尽量与之协调，努力稳定行业市场，利用企业之间的联合在特定的环节保持自己的市场地位。

(3)依附型战略。所谓“依附”，就是把本企业的生产经营与发展相对固定地纳入或联结在某个大企业上，成为大企业系列生产中的一个组成部分，进行专业化的生产和开发。这是根据中小企业力量单薄、产品单一的特点而制定的一种经营发展战略。其好处在于为企业长期的生存和发展提供一个可靠的基础。尤其对实力较弱、创办时间不长的小企业来讲，采用这种战略可以大大降低经营风险。

第三节　不同发展阶段的企业竞争战略

一、新兴行业中的竞争战略

新兴行业是指由于技术创新、新需求的出现、新产品的产生及社会经济的变化而使某种新产品或新服务成为一种现实的发展机会，从而形成的或重新形成的行业。简单地讲，新兴行业是由先驱性企业创造出来的行业。例如，苹果公司创造出计算机行业，施乐公司创造出复印机行业等。

1. 新兴行业的特点

(1)技术与战略的不确定性。在新兴行业中，企业的生产技术不成熟，还有待继续创新与完善。同时，企业的生产和经营也没有形成一整套的方法和规程，哪种产品结构最佳、哪种生产技术最有效率等都还没有明确的结论。企业技术的不确定性，导致了战略的不确定性。在新兴行业中，各企业在技术和战略上都处于探索阶段，表现为新兴行业初期的多变性，从而战略选择也是多种多样的。各企业的产品或市场定位、营销、服务方式都体现出这一点。从具体的经营活动看，新兴行业生产规模小，但生产成本高，随着生产规模的扩大、经验的积累、生产组织的趋于合理以及规模经济的形成，成本才会下降。同时，企业缺乏制定战略所必需的信息，不了解竞争对手的数目、分布状况及优势和劣势状态，购买者的需求规模和偏好以及市场成长的速度和将实现的市场规模等。在相当长的一段时间里，该新兴行业的参与者只能在探索中寻求适当的战略与成功的机会。

(2)行业发展的风险性。在新兴行业中,许多顾客都是首次购买者。在这种情况下,市场营销的中心活动是诱导初始购买行为,避免顾客在产品的技术和功能等方面与竞争对手的产品发生混淆。同时,许多潜在顾客对新兴行业持观望等待的态度,认为第二代或第三代技术将迅速取代现有的产品,他们等待产品的成熟与技术和设计方面趋向标准化。因此,新兴行业的发展具有一定的风险性。

2. 新兴行业的战略选择

在新兴行业中,企业的战略选择必须与技术的不确定性和行业发展的风险性相适应。由于不存在公认的竞争对策原则、尚未形成稳定的行业结构、竞争对手难以确定等因素,都使行业发展过程的新兴阶段成为战略自由度最大、战略影响程度最高的阶段。企业利用这一特点,在行业初期多变的环境中做出正确的战略选择,会在一定程度上决定其今后在该行业中的经营状况和地位。为此,企业在战略选择上应该考虑:

(1)选择适当的进入时机。企业何时进入新兴行业是个风险问题。一般来说,具有以下特征时,企业进入新兴行业较为适宜:①在企业的形象和声誉对该行业产品的购买者至关重要时,企业最先进入可提高企业的形象和声誉;②经验曲线在该经营领域作用重大,先进入的企业所积累的经验使后进入的企业不易模仿;③企业先进入可优先将产品卖给第一批买者,以赢得顾客的忠诚度;④对于原材料供应商和销售商的优先承诺,可使企业获得成本优势。

但是,最先进入的企业在下列情况下也会面临巨大风险:初期的竞争和市场细分可能会与行业发展成熟后的情况不同,企业在技术结构与产品结构等方面如果投资过大,在转变时就要付出高额的调整费用;技术变更也会使先进入企业的投资过时,而后来的企业则可能拥有最新的技术和产品。当然,企业进入的新兴行业必须是有吸引力的行业,即行业的最终结构将有利于企业获得超出平均收益水平的利润,同时企业能获得长期稳固的行业地位。

(2)促进行业结构形成。在新兴行业的战略选择问题上,压倒其他战略选择的是,首先考虑企业是否有能力促进行业结构趋于稳定而且成型。这种战略选择使企业能够在产品策略、营销方法以及价格策略等领域建立一套有利于自身发展的竞争规则,争取成为行业的领先企业。

二、成熟行业中的竞争战略

正如产品存在寿命周期规律那样,行业也存在一个由迅速成长时期转变为增长缓慢的成熟时期的过程。行业成熟所引起的竞争环境变化要求企业战略做出迅速反应,同时也深刻地影响着企业的组织结构,要求组织结构加以调整,以适应战略的转变。

1. 成熟行业的特点

(1)低速增长导致竞争加剧。由于行业不能保持过去的增长速度,市场需求有限,因此企业一方面保持自身原有的市场份额,另一方面将注意力转向争夺其他企业的市场份额。这样,行业在向成熟转变的过程中,其内部会形成两方面的竞争:一是众多企业对缓慢增长的新需求的竞争;二是企业相互之间对现有市场份额的竞争。企业将根据自己的实力对市场份额进行重新分配。

(2)注重成本和服务上的竞争。由于行业增长缓慢,技术更加成熟,购买者对企业产品的选择越来越取决于企业所提供的产品的价格与服务的组合。此外,在成本竞争的压力下,企业要增加投资,购买更加先进的设备。

(3)裁减过剩的生产能力。行业低速增长，企业的生产能力缓慢增加，有可能产生过剩的生产能力，企业需要在行业成熟期裁减一定的设备和人员。

(4)行业竞争趋向国际化。技术成熟、产品标准化以及寻求低成本战略等使企业竞相投资于具有经营资源优势的国家和地区，从事全球性的生产和经营活动。同时，在成熟行业中，企业所面临的国内需求增长缓慢而且趋于饱和。在竞争的压力下，企业转向经济发展不平衡、行业演变尚未进入成熟期的国家。在这种情况下，竞争的国际化便不可避免。

(5)企业间的兼并和收购增多。在成熟的行业中，一些企业利用自己的优势进行兼并与收购，产生行业集团。同时，这种行业集团也迫使一些企业退出该经营领域。伴随着行业的不断成熟，即使是强有力的竞争，企业也常因不适应战略与环境而遭到淘汰。所有这些变化都迫使企业重新审视其经营战略，进行战略调整和转移。

2. 成熟行业的战略选择

在行业成熟期，可供企业选择的战略一般有以下几种形式：

(1)缩减产品线。在以价格竞争为主要手段、以市场份额为目标的成熟行业中，原有产品系列结构必须调整，企业要缩减利润低的产品，将生产和经营能力集中到利润高或者有竞争优势的产品。

(2)创新。随着行业的发展成熟，企业要注重以生产为中心的技术创新。通过创新，企业推出低成本的产品设计、更为经济的生产方法和营销方式，力争在买方价格意识日益增强的市场中具有独特的竞争能力。

(3)降低成本。价格竞争激烈是成熟行业的基本特征。通过从供应商处获得更优惠的供应价、使用更低廉的零部件、采用更经济的产品设计、提高生产和销售的效率以及削减管理费用等方法，企业可以获得低成本优势，从而在竞争中发挥价格优势。

(4)提高现有顾客的购买量。在成熟行业中，企业很难通过争取竞争对手的顾客的方式，扩大自身产品的销售量。在这种情况下，企业应采取更好的促销手段，提高自己的现有顾客的购买数量。同时，企业也应开拓新的细分市场，以扩大顾客的购买规模。

(5)发展国际化经营。当国内行业已成熟时，企业应谋求国际化经营。其原因是：①同一行业在各国的发展是不平衡的，在一国处于成熟期的行业，可能在其他国家正处于迅速成长期；②企业进行国际化经营，可以充分利用各国的经营资源，使自己的生产经营更为经济；③企业进行国际化经营，可避免饱和市场上的激烈竞争。不过，企业应认识到，随着企业的国际化经营，行业内的国内竞争也会形成国际化的竞争。行业内的企业开始争夺海外市场，同时开展与该市场所在国企业的竞争。

总之，企业应该根据行业的具体情况和企业自身的优势与劣势，选择上述其中一种或几种战略形式。同时，企业也要注意战略运用的难点。企业不要为了短期利益而牺牲长远利益，不要为了一时销售额的增长而过度地投资，要对削减价格做出积极反应，在需求出现停滞趋势时减少生产能力等。不过，企业最危险的战略难点是，企业做不出明确的战略选择，在成本领先战略、差别化战略和集中化战略之间徘徊，使企业丧失竞争优势。

三、衰退行业中的竞争战略

许多行业迟早会进入衰退阶段。在这个阶段，行业的总体市场需求低于经济增长，经济规模开始缩小，企业的产品需求也开始减少，利润开始下滑。因此，企业应根据这种行业竞争结构的变化采取相应的竞争战略。

1. 衰退行业的特点

(1)行业需求下降。导致行业需求下降的原因有多种,主要有:①技术替代,新技术和技术改造替代了落后的技术与工艺,导致顾客对传统需求的减退;②需求转移,消费者偏好发生转移,从而引起行业的衰退;③人口因素,人口发生变化时,由人口因素引起的某一行业的衰退也必然会对其上游行业需求产生影响。

(2)衰退的方式和速度不确定。企业对未来需求继续衰退的估计存在不确定性。如果企业认为需求有可能回升,则将会继续保持其市场地位,在该行业中继续经营;如果企业确信该行业需求将继续衰退,则要转移其生产能力,有步骤地退出该经营领域。有时,由于衰退缓慢,又被某些短期因素所干扰,因此企业更难以估计未来的衰退状况。同时,企业也难以判断行业是平缓的衰退,还是由经济的周期性波动造成的短期现象,从而难以采取适当的战略。

(3)退出障碍的影响。衰退行业也存在退出障碍,会迫使经营不佳的企业继续留在行业中从事生产经营活动。在考虑退出时,企业要妥善地处理与退出障碍有关的事宜。

2. 衰退行业的战略选择

在衰退行业里,企业可以选择的战略有:

(1)利基战略。在衰退行业中,企业要寻找能够生存与发展的细分市场甚至更细分的市场,集中资源占领或垄断该细分市场,获得竞争优势。

(2)领先战略。在衰退行业中,企业通过提高产品质量和销售规模,在质量和成本上形成领先地位,建立差异化优势。

(3)收割战略。企业在考虑退出衰退行业时可以通过削减新投资、减少现有设备、压缩销售渠道等方法实行收割战略,收回大量的资金。

(4)放弃战略。在衰退加剧的行业中,企业应考虑及早出售其经营不善的经营单位或整体退出,以收回投资。企业何时放弃其经营单位,取决于企业对未来需求的估计。

本章小结

(1)一般竞争战略是指无论在什么行业或什么企业都可以采用的通用的竞争性战略。一般竞争战略的基本观念是,竞争优势是一切战略的核心。一般来讲,一般竞争战略可以分为三种,即成本领先战略、差异化战略和集中化战略。

(2)在不同的产业结构下,企业应采取不同的竞争战略:在分散产业中,由于其规模小、力量较均衡,提出了连锁经营、特许经营、横向合并等战略;在规模经济显著的行业中,往往会形成企业规模巨大、企业数目较少的寡头型企业规模结构。在这种行业中,企业首先要能确定自己在本行业中的地位,然后根据在行业中的不同位次确定自己的竞争战略。

(3)处于新兴行业的企业战略选择一般包括准备进入的新兴行业选择、目标市场选择、进入时机选择和促进行业发展等;对于成熟期的企业,主要竞争战略有价格领导战略和非价格战略,具体有以下战略:缩减产品线、创新、降低成本、提高现有顾客的购买量、发展国际化经营;至于衰退的行业,其领先战略、利基战略、收割战略和放弃战略的实施决定企业是继续发展还是适时撤出。

复习思考题

(1)企业获得竞争优势的基本途径有几种?

(2)以电子信息产业为例,分析其存在的问题及企业如何在这样的产业中进行竞争。

本章案例

新航是如何打造低成本的航空的?

一直以优质服务、定位高端著称的新加坡航空,在 2011 年冲破保守的企业文化,专门成立一家低成本航空公司——酷航。酷航于 2012 年年中开航,已经发展成为一家拥有 12 架 B787 的机队。航线网络通达澳大利亚、东南亚、大中华地区、东北亚和南亚的中远程低成本航空公司。

一、成立酷航:新航的防御思维与进攻策略

防御思维是因为在 21 世纪的头十年,以亚航、捷星航空为代表的低成本航空不断地侵蚀新加坡市场,新航在新加坡的市场份额逐步丢失,压力俱增却无应对良策。由于企业定位差异过大,新航既没办法也不会提供类似的产品组合,也不可能拥有低成本航空的成本结构,因此无法在特定航线有效地阻击入侵者。成立酷航是新航"保卫新加坡"的防御思维体现。

从旅客运输量看,新航与樟宜机场的十年增长率构成鲜明的对比。新航由 2000 年的 1 500 万增长至 2010 年的 1 660 万,年均增长率仅 1.1%;樟宜机场由 2 860 万增长至 4 200 万,年均增长率为 3.2%。

2000 年,新航在樟宜机场的市场份额是 50%。2011 年,新航在樟宜机场的市场份额降至 35%,外加全资子公司胜安航空,新航集团的市场份额是 41%;排名第二位的是澳航,外加子公司捷星亚洲,市场份额合计 10%;凭借 7%的市场份额,亚航排名第三位。

进攻策略是因为低成本航空已经成为全球航空业的重要组成部分,尤其是低成本航空在东南亚的市场份额已接近 60%,新航必须通过低成本子公司达到"以其人之道还治其人之身"的效果。原本新航无法进入的市场或者进入后,由于产品定位原因,盈利能力表现较差的市场,新航都可以交给酷航打理。至此,酷航成为新航的进攻利器,既能保证已有的市场存量,还能有效开拓市场增量。

二、酷航是如何长大的

从 2012 年到 2016 年,酷航的成长历程可以划分为四个阶段。在这个过程中,酷航的机队从 B777-200 变更为 B787;航线网络从澳大利亚、东南亚向大中华地区、东北亚和南亚挺进;客源结构从完全依赖点对点客源到中转客源比例的逐步增长;发展战略从孤军奋战到获得虎航这一兄弟品牌的有力支援。总之,酷航这四年的成长历程可以成为国内民营航空公司的参考蓝本,也可以是国内全服务型航空公司关于低成本航空发展战略的借鉴对象。

(一)快速发展期

酷航的快速发展期为 2012 年 6 月—2013 年 12 月,跨期 18 个月。成立之初,新航将旗下的 4 架 B777-200 转给酷航,并计划四年后,酷航的 B777-200 机队能达到 14 架,分别是 2012 年 4 架、2013 年 2 架、2014 年 2 架、2015 年 3 架、2016 年 3 架。在航线网络方面,酷航在快速发展期开通了 10 条航线,涉及 12 个通航点。基于地缘毗邻、中长程 LCC 定位,酷航首攻澳大利亚市场,第一条航线是新加坡－悉尼;第二条是新加坡－黄金海岸;第三条开始逐渐拓展到非澳大利亚区域,其中,天津成为中国大陆地区酷航的首开航线。

(二)暂时沉寂期

酷航的暂时沉寂期为 2014 年 1 月—2015 年 1 月,跨期 12 个月。酷航之所以很快转入沉寂期,主要是因为酷航的机型规划面临重大抉择。酷航持续亏损,让新航很快意识到 B777-200 机型只是权宜之计。酷航很快于 2012 年 10 月宣布将 B777 升级为全 B787 机队,并表示在第一架 B787 到货之前酷航将暂停扩张。

(三)重新扩张期

重新扩张期为 2015 年 2 月—2016 年 4 月,跨期 14 个月。酷航原计划于 2014 年 11 月接收第一架 B787,结果一直推迟到 2015 年 2 月。在重新扩张期,酷航逐步替换原有的 6 架 B777,同时额外引进 5 架 B787。航线布局方面,酷航在澳大利亚市场新增了墨尔本,大中华地区新增杭州、广州和高雄,东北亚新增大阪,并首次进入中东,新增吉达。至此,酷航的 B787 机队达到 11 架,航线 16 条,通航点 18 个。

(四)全新起点期

2016 年 5 月 18 日,新航成立了一家名为"Budget Aviation Holdings"的公司,统筹管理旗下的酷航和虎航。虽然当前酷航和虎航仍然保持独立运营，但是新公司的成立为酷航和虎航的进一步重组奠定了基础。酷航成立四年以来一直面临两大难题：一是老旧又庞大的B777机型让酷航不堪重负；二是过于依赖点对点客源，中转客源不足，让定位中远程LCC的酷航压力颇大。新公司成立后，虎航将为酷航提供更充足的中转客源支持，统一规划更为互补的航线网络，融合分散的市场营销资源，这将重塑新航的低成本航空发展路径。

三、新航如何具体呈现酷航定位

为打造全新的低成本航空品牌，新航从零开始为酷航的企业文化、机队、航线布局和产品策略等规划了全新的路线图。酷航成长的四年中，虽然路线图曾遭遇实践难题，多次修改，但是酷航的总体发展路径较为清晰，很好地贯彻了新航的战略意图。

（一）品牌定位

酷航成立之初确立了一种称为“酷航态度”的品牌定位。“酷航态度”明显不同于新航“顶级舒适、高品质体验”的定位。作为一家新成立、定位LCC的航空公司，酷航必须基于目标客户群特点、自身的发展战略和产品服务策略制定差异化的品牌定位。

按照酷航官网的解释，“我们的员工充满年轻活力，拥有年轻心态，力求创造价值。简而言之，他们具有酷航精神”。按照酷航创始人Campbell Wilson的解读则是：“它传达了自发、动感、不拘一格的气质，我们希望能够捕捉和提升旅行中的轻松和休闲感。”

（二）产品服务

酷航是全球首家运营全波音787机队的航空公司，机型豪华、机龄超短，对于一家定位为低成本的航空公司，乘坐酷航能为顾客带来较好的体验。LCC的产品策略历来与传统FSC不一样，而且中长程LCC与短程LCC也具有较大差异。

酷航的产品策略自成一体，颇具创新。

1. 套餐标准化

将常见增值服务打包，做成标准套餐，形成不同的定位产品，既能大大增强增值服务的销售机会，也能有效地区分客源，满足多样化需求。酷航制定了三类标准套餐，可以一键选择所需服务，分别是Fly（机票）、FlyBag（机票＋托运行李）以及FlyBagEat（机票＋托运行李＋餐饮）。

2. 产品差异化

从产品而不是价格层面细分客源，酷航将经济舱分为四个等级，每个等级对应一个产品子品牌，真正从产品层面细分客源，这与FSC或者短程LCC普遍将经济舱客人视为无差异化，仅仅通过价格篱笆区分不同价值客源的做法完全不一样。购买酷航的经济舱产品，不同的价格层次，能够真正享受到不同层次的体验，这是酷航的高明之举。

此外，酷航不仅仅从座椅空间的硬件层面区分经济舱产品，而且首次从客舱的宁静程度这一软件层面区分产品，如经济舱有“酷享宁静区”产品，既保证有最大的座位空间，同时谢绝12周岁以下孩童，又保证旅客乘坐体验。

（1）普通座椅：平均78.74厘米的座位间距和45.72厘米的座位宽度，空间优于其他低成本的航空公司，也可媲美传统的航空公司。

（2）超级座椅：腿部空间最多比普通座椅多30%（最高86.36厘米的座位间距）。腿部空间更宽敞，乘机体验更舒适，只需在订票时多花一点费用。

（3）伸展座椅：空间最大的座椅比普通座椅多50%的腿部空间（至少86.36厘米的座位间距），而且均属于前排座位，前方不会再有座位。

（4）酷享宁静区：除了独享个人空间（谢绝未满12周岁的孩童），专区内的每个座椅都是超级或伸展座椅，还配备了可调节靠枕。此外，在抵达目的地后，可优先下机。

3. 产品创新化

如何充分利用航班起飞后剩余座位的价值？大部分航空公司对空座视而不见，认为再正常不过。可是，酷航有创新解决之道。酷航实时核查订座状态，合理布局旅客座位，在航班起飞前12小时，确定剩余座位无法有效销售时，通过将可能的空座打包成“Max your space”产品卖给旅客，这既能获得空座的商业价值，而且满足了旅客长途飞行中的舒适、私密和睡眠需求。

资料来源：徐君．企业战略管理[M]．北京：清华大学出版社，2019：159．

思考题：

1. 新加坡航空公司采取了哪种竞争战略？
2. 新加坡航空公司的竞争战略对你有什么启示？

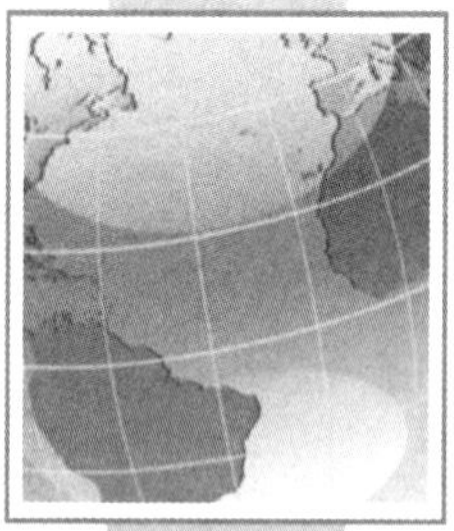

第七章 战略选择

【名言警句】

一切均须化为工作。任何计划若不能化为实实在在的工作，都只是空的计划，都只不过代表一种意愿。计划之所以能产生成果，主要在于能有人去分别推进。

目标不是命令，而是一种责任或承诺。目标并不决定未来，只是一种调动企业的资源和能量以创造未来的手段。

——彼得·德鲁克

【学习目的】

通过学习本章，你应该掌握以下内容：

☆ 熟悉战略选择的原则；

☆ 理解战略制定的框架；

☆ 掌握并能够运用战略制定的各种方法；

☆ 明确战略选择的影响因素；

☆ 了解战略选择的误区。

【开篇案例】

50亿元帝国转型猝死

2015年12月1日，在福州最大的IT市场大利嘉城，一张恒生银行的1.152亿元索偿函贴在一丁集团总部门口。

资料显示，一丁集团是一家以IT产品销售为主业，集设备制造、软件研发、内容提供、产品销售、运营服务为一体的智慧科技运营商，获得过“中国连锁百强企业”“中国软件百强企业”称号，年营业额超过50亿元，是福州市上市后备企业。

就在破产前一个月，聚合了该公司全部互联网转型项目的一丁网正式上线，号称国内领先的IT服务O2O平台获得了数千万元的投资意向。2015年7月，一丁集团还高调地宣称，从2016年起，三年内该公司O2O年销售收入至少达到100亿元。

但剧情在2015年11月30日这天发生惊天大反转。在毫无征兆的情况下，一丁集团突然宣布破产，董事长不知去向，留下了一个令世人唏嘘错愕的结局。

冰冻三尺非一日之寒，一丁集团的猝死绝非意外。

1. 传统IT分销的黄昏

时间回到15年前。2000年，刚刚从福州大学计算机系毕业的吴建荣，在福州大利嘉电脑城租了一间20平方米的门店，做起了卖电脑的生意。他将“IT”这两个英文字母巧妙地变体为中文，为公司取名“一丁”。“一丁”还与“一定”谐音，寄托了他百折不挠、持之以恒的创业决心。

不过从仅有1家门店到最高峰时391家，吴建荣成功靠的不仅仅是肯拼敢闯，他还能够敏锐地捕捉市场风向。梳理一丁集团的发展轨迹不难发现，它的崛起与两波IT硬件热潮密切相关：第一波是2000年组装电脑市场的快速发展。在那之前,电脑是极少数家庭才能消费得起的高级玩具,组装电脑的出现极大地推动了电脑普及。上大学时就看上了这块市场的吴建荣顺利挖到了第一桶金。第二波则是2008年iPhone风靡中国的时候。一丁成为较早一批拿到苹果销售代理权的分销商,从而赚得盆满钵满。

那些年,IT硬件是大风口,水货、翻新机又充斥网络,一丁的IT分销业务得以飞速发展。后来连苹果、三星、联想、英特尔、微软、IBM等世界级厂家都主动伸出橄榄枝,与之建立了战略合作伙伴关系。截至2013年底,一丁的业务网络拓展至全国22个省57个城市,员工逾2 000人,企业资产超10亿元,年营业额突破40亿元。

但2013年是一个转折点。受到电商的冲击,以及实体店租金、人工成本增加等影响,一丁的传统IT分销利润明显下滑,从高峰期的30%下滑到5%以下,曾如日中天的PC业务利润率更低。又过了一年,30多家一丁门店关门。

主营业务出现了严重的危机,转型的焦虑萦绕着吴建荣。他隐约觉得未来零售行业的趋势或将走产品和服务双线并行的模式。基于这样的判断,他决定重装上阵,带领一丁由产品分销商向综合服务商转型。

2014年5月23日,一丁旗下第一家智能生活馆在山东潍坊万达广场开业。与传统的一丁门店不同,新店的定位是"流行时尚潮品店",分为互动、户外、家居和服务四大区域,重点突出服务专区,服务内容包括笔记本电脑、手机系统升级、除尘、消毒等。在一丁集团破产之前,一丁智能生活馆在全国已有十余家。

一边是传统门店因持续亏损接二连三地歇业,另一边是高端的智能生活馆陆续开张,一丁集团"血流不止"。更让吴建荣惶恐的是,每次新店开张都热闹非凡,没过多久又回归冷清。

2. 冒进互联网+

时间来到2015年,"互联网+"成了一个烂大街的概念。

深耕线下十余年,传统业务走到穷途末路。这时吴建荣终于坐不住了,一团烈火在他心中熊熊燃烧,和当年在电脑城创业的感觉如此相似。他把目标瞄准了互联网,宣布一丁集团向O2O全面转型。一张"做全宇宙最牛的互联网公司"的横幅挂在了公司的大门口。

经过大半年的筹备,2015年11月1日,聚合了一丁集团所有互联网转型项目的一丁网终于上线了。在发布会上,吴建荣高调地把一丁网定位为国内领先的IT服务O2O平台,宣布要"打造一个包罗未来物联网社会所有方面的网站,提前三年布局,为即将在2018年全面到来的物联网社会做准备"。

一丁网的核心业务包括四块:一丁到家、全球购、智能生活和创客空间。一丁到家的定位是专业的IT技术上门服务O2O平台,业务包括上门维修、代购、回收和各类增值服务;全球购业务涉及的产品既有国际新潮电子产品,也包括国际设计师和极客自主研发的产品;智能生活则是一个第三方业务平台,意欲联合供应商、商业综合体和异业公司,打造一个由IT串联起来的新商业生态;以一丁创客咖啡为载体的创客空间,是一丁网的引流口和内容服务出口,首期开业的有福州利嘉、仓山、上海松江和南京江宁4家店。

吴建荣的格局太大了,他想通过一丁网一步到位,构建一个IT服务生态圈。这样的战略眼光得到了资本方的认可,一丁网刚上线,兴业创新资本就与之达成投资意向,数额高达数千万元。

但此时一丁内部出现了不同的声音,林德志就曾开诚布公地向吴建荣建言:"咱们能不能不要布这么庞大的局,只专心做其中的一块业务好不好? 那是BAT要干的活。"

也许是被逼急了,也许是过分自信,吴建荣没有采纳下属的建议。一丁后来的结局证明,他这次玩大了。一丁到家、创客空间、全球购、智能生活都是长期战略性投资业务,效益周期较长。业务要一步步发展,慢慢积累客户,更需要雄厚的财力支撑。

主营业务日薄西山的一丁哪里还有精力投入这场全面的持久战,就这样渐渐地陷入了泥潭,不能自拔。

资料来源:徐君. 企业战略管理[M]. 北京:清华大学出版社,2019:196.

从环境分析到最终的战略决策,既是智慧的结果,更是一个科学的过程。在这一过程中,战略家对战略方案与环境之间的复杂关系的判断是最为重要的,但仅有判断能力是远远不够的。在直觉判断的基础上,借助科学的分析工具进行战略决策,是提高决策质量、决策效率的重要途径。

第一节 战略选择的原则

战略选择的基本出发点是发现问题、揭示缺陷、找出差距，而不是证明优秀、论证最佳、追求完美。

一、一致性

1. 企业总体战略与公司使命、目标相一致

企业的战略选择是企业对外部环境、内部资源配置与构造创造价值的方式的评价。如果企业的主要目的是增加价值，那么为了企业目标而定义的战略就应当依据其使命和目标进行制定。无论企业的目标是什么，对可选方案的评价主要看它与存在理由的一致性。在具体的商业环境中，这要看企业使命与实现既定战略目标的能力是否一致。如果一个方案不满足这些原则，就有理由改变使命和目标(如果它没有太大的困难或不恰当)或者放弃这个方案。如果认真考虑过使命和目标，发现不存在一致性，那么放弃就可能是最好的选择。

2. 组织内各部门战略目标相一致

一个战略方案中不应出现不一致的目标和政策。组织内部的冲突和部门间的争执往往是管理失序的表现，但它也可能是各战略不一致的征兆。在这一问题上，建议采用以下判断准则：

(1)尽管换了人员，管理问题仍然持续不断，以及如果这一问题因事而发生而不是因人而发生的，那么便可能存在战略的不一致。

(2)如果一个组织部门的成功意味着或被理解为另一个部门的失败，那么战略间可能存在不一致。

(3)如果政策问题不断地被上交到最高层领导来解决，那么便可能存在战略上的不一致。

二、合理性

1. 企业发展的长远性

判断并保证企业战略的合理性，首先要求所研究的战略具有实现企业既定的财务和其他目标的良好前景。企业经营战略考虑的不是企业经营管理中一时一事的得失，而是企业在未来相当长一段时期内的总体发展问题。经验表明，企业经营战略通常着眼于企业未来3—5年乃至更长远的目标。

2. 外部适应性与外部环境相适应

战略要与组织面临的外部环境相适应，在组织外部，有四个主要限制会使一个战略选择缺乏合理性：顾客接受度、竞争性反应、供应商接受度以及来自政府和规范机构的批准。企业在评价战略的时候主要考虑以下问题：

(1)我们的顾客如何对我们采取的战略做出反应？

(2)我们的竞争者如何反应？我们有做出回应的必要资源吗？

(3)我们有来自供应商的必要支持吗？

(4)我们需要政府或规范机构批准吗？被批准的可能性有多大？

3. 内部可行性与内部环境相适应

可行性原则可以定义为组织根据内部情况和现有能力，实现战略的可能性和现实性。

战略方案很精致，能高度适应外部环境条件。但是，如果组织现有的人力、物力、财力、技术、信息等要素，无法满足完成战略的需要，那么，这样的战略就没有可行性。

可行性评价，能够提醒组织在制定和实施战略时尽可能做到量力而行——既不会过度使用资源，也不会出现无法解决的资源短缺问题。有多少钱，办多少事。没有金刚钻，不揽瓷器活。

可行性评价通常会贯穿整个战略管理过程。确定战略目标要分析可行性，制定战略方案以及计划每一项活动，都要考虑可行性。

是否具有可行性，是主要的和极其重要的战略选择原则。战略没有可行性，也就没有存在的意义和价值。

可行性是指一旦选定了战略，就必须认真考虑能否成功地实施。企业是否有足够的财力、人力或者其他资源、技能、技术、诀窍和组织优势，即是否有有效实施战略的核心能力。合理的战略应处于企业希望经营的领域，必须具有与企业价值观相协调的文化，还必须建立在企业优势的基础上，或在可能的情况下以可信的方式弥补企业现有的劣势。如果在可行性上存在疑问，就需要扩大战略研究的范围，将能够提供所缺乏的资源或能力的企业或者金融机构包括在内，通过联合发展达到可行的目的。为了实现可行性，企业必须确定实施战略要采取的初始步骤。

4. 适度弹性，适应环境的变化，包括外部环境与内部环境的变化

战略具有不确定性。引起战略不确定的原因之一就是环境的不确定性。为了应对环境的不确定性，同时保持企业战略行为上的灵活性，企业总体战略往往只指出了企业发展的方向。虽然这一方向以及与此相应的战略是明确的、有权威的，但在实施过程中必须根据环境的变化适时地调整、修正，必须因时因地地提出具体的控制措施。不确定性的存在要求战略制定要有弹性。

战略必须适应环境，同时应该具有一定的弹性，允许在环境发生一定程度的变化时，及时地调整计划、纠正偏差。可以肯定地说，适应组织环境的战略不一定能够成功，但是，不适应组织环境的战略一定不能成功。

5. 相关者可接受性，适应相关利益者

可接受性强调的是与公司有利益关系的人员是否满意并支持战略方案。一般来说，公司的规模越大，业务类型越多，与公司有利益关系的组织和人员就越多。虽然要保证得到所有利益关系群体的支持几乎是不可能的，但是，准备实施的战略必须得到最主要的利益关系群体的同意，这就需要在战略制定时充分考虑到利益关系群体的观点和可能出现的反对意见。

可接受性评价，是一项困难而复杂的工作。主要原因是利益相关者不仅主体众多，而且利益各异。满足这一部分主体的利益，不一定能够满足另一部分主体的利益。一项战略被利益相关者全体一致接受，不可能成为普遍发生的事。

追求“一致同意”不现实，也没有必要。因为在满足利益相关者利益的过程中，组织的利益不一定同时得到增长。基本的原则是组织战略要尽可能地争取得到重要的、主要的和多数利益相关者的支持，至少保证不受到来自重要的和主要的利益相关者的反对。

三、竞争性

竞争性是评价战略利用组织比较优势、保持并增强业务或组织竞争力程度的指标。好的

战略、成功的战略，能够充分利用组织的比较优势，使实施战略的业务单位或者整个组织的竞争力得到强化，市场地位得到提升；反之，就是差的战略、失败的战略。

经营战略必须能够在特定的业务领域使企业创造和保持竞争优势。竞争优势通常来自如下三方面的优越性：资源、技能、位置。对资源的合理配置可以提高整体效能，这一道理已为军事理论家、棋手和外交家所熟知。位置也可以在企业战略中发挥关键作用。好的位置是可防御的，即攻占这一位置需要付出巨大的代价，这会阻止竞争者向本公司发动全面的进攻。只要基础性的关键的内、外部因素保持不变，位置优势便趋向于自我延续。因此，地位牢固的公司很难被搞垮，尽管它们的技能可能只是平平。虽然并不是所有的位置优势都与企业规模相关，但大企业的确可以将其规模转化为竞争优势，而小企业则不得不寻求能够带来其他方面优势的产品或市场位置。良好位置的主要特征是，它使企业从某种经营策略中获得优势，而不处于该位置的企业则不能类似地受益于同样的策略。因此，在评价某种战略时，企业应当考察与之相联系的位置优势特征。

四、风险性

风险性意味着不确定性。评价组织战略的风险性，是指对组织所制定和实施的战略的不确定性做出判断。

一般而言，战略在制定过程中都要考虑成与败的可能性，分析发生危机或出现不确定性结果的概率。但是，古语说得好，"天有不测风云""人算不如天算"，无论多么精致的计划，无论多么周密的安排，都可能遭遇不测，面临风险，甚至深陷危机之中。

战略实施前和实施中一定要全方位地收集不确定性因素的信息，充分评估可能出现风险的危害性，制订应变计划和解决方案，尽可能做到在可控制的范围内凭借组织的力量及时化解风险。

大多数有价值的战略都可能有某种程度的风险，这就要求对风险进行明确的评估，寻找如果出现状况能减少困难的偶然因素，决定风险对组织来说是否可以接受。评估组织风险没有单一的方法，下面主要讨论两种技术——财务风险分析和敏感性分析。

1. 财务风险分析

对企业来说，对战略选择中的财务风险进行某种形式的分析是非常重要的，可以采用的分析方法有下面几种：

(1)现金流分析。这种分析是基本的分析方法。一个组织可以在由于缺少现金而趋于破产的同时报告体面的盈利率水平。每一个可选方案都需要对组织现金流的影响进行评估。

(2)收支平衡分析。这通常是一个有用的方法，它计算了收回最初投资所需要的销售量。其重点是讨论这个销售量是否合理。

(3)公司的借款要求。一些战略会严重影响需要从金融机构和股东那里得到的资金，这方面代表了战略的一项重要风险。

(4)资金比率分析。资金比率分析对公司的流动性、资产管理、股权状况及类似的检查是很有用的。有人认为因为公司应该对这些方面详细了解，所以是不需要的。但是，关键的供应商怎么办？关键顾客怎么办？当公司本身面临财务困难时，其中之一的破产所带来的影响都值得考虑。

对国际性活动来说，还有一方面也是很重要的，即货币分析。货币的一个重大变化会在一夜之间消除一项海外战略的营利性(或者，更乐观地说，提高营利性)。

2. 敏感性分析

这是一个非常有用的分析方式并应该在许多组织中作为基本战略建议的一部分。从根本上说，它讨论了“如果……怎样”的问题对所研究战略的影响。每一个可选方案的影响因素是很多的，如经济增长、定价、货币波动、原材料价格等。背后的基本假设是多样的，并且其影响是根据对所使用资金、现金和其他公司目标的回报来衡量的，可以运用成功的关键因素来确定需要考虑的主要方向。

这些因素由于主观的变化而上升或下降，其中每一个因素的敏感性都被评估，以便决定哪一个是关键的。特别敏感的是哪些变化，然后能够在战略被接受之前仔细地进行重新检查，也可以在战略实施后对它们进行检查。所有的敏感性分析都能为那些选择战略的人提供对风险的有用评估。

五、有效性

1. 检验未来假设的有效性

大部分可选方案都包含对未来某种形式的假设，这些假设需要被检验以保证它们是有效的和合理的，即它们逻辑上完美并符合可获得的研究证据。

2. 检验现有信息的有效性

许多可选方案会使用背景资料中有依据或相反的、本质上值得怀疑的商业信息。

对于上述两点，企业有必要检验每个可选方案中假设和信息的有效性。

第二节　战略选择的工具

战略制定框架可以帮助企业战略决策者在若干个可供选择的战略方案中进行确定、评价和选择。

战略制定框架第一阶段被称作“信息输入阶段”，概括了制定战略所需要输入的信息，其中的方法包括 EFE 矩阵、IFE 矩阵等；第二阶段被称为“匹配阶段”，通过将关键的内部和外部因素排序而制订可行的战略方案，采用的方法包括 SWOT 矩阵、SPACE 矩阵、BCG 矩阵、IE 矩阵和 GSM；第三阶段为“决策阶段”，所用的方法为定量战略计划矩阵（QSPM）。QSPM 利用第一阶段输入的信息和第二阶段得出的若干个备选战略进行评价，通过评价各种备选战略相对吸引力的大小从而为最终战略的选择提供客观的基础，如图 7－1 所示：

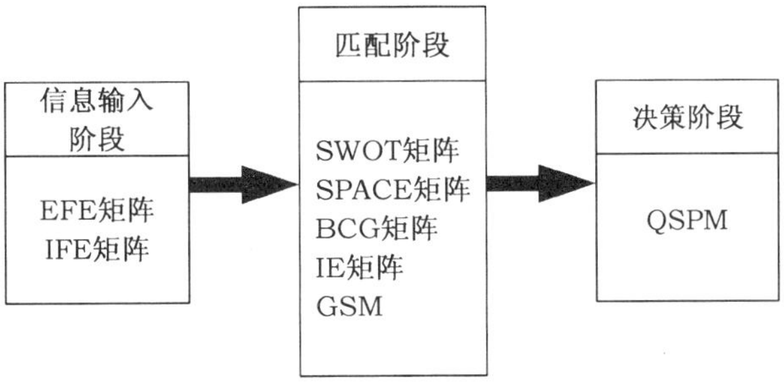

图 7－1　战略制定的框架

由于第一阶段的内容在前面的章节中已有详细的介绍，所以本章在此仅介绍第二阶段和第三阶段的方法。

一、SWOT 矩阵

优势—劣势—机会—威胁（Strengths-Weaknesses-Opportunities-Threats）矩阵，简称SWOT 矩阵。SWOT 矩阵把企业所面对的外部因素（面临的机会与威胁）和内部因素（企业的优势和劣势）综合起来进行考虑，使得分析更为全面和有针对性。SWOT 分析不仅仅在战略中得到广泛应用，而且还可以运用到其他任何问题的决策上。

SWOT 分析的核心在于"匹配"，即根据企业的机会、威胁、优势、劣势设计出 SO、WO、ST、WT 战略。

优势—机会（SO）战略是发挥企业的优势去把握机会的一类战略；劣势—机会（WO）战略是通过外部机会来弥补企业的不足或通过补短提高自己的竞争力，以把握机会；优势—威胁（ST）战略是利用企业的优势来应对外部的威胁；劣势—威胁（WT）战略是通过补短来应对威胁或通过弃短来回避风险。

SWOT 分析可以通过 SWOT 矩阵图来反映企业的战略全景。建立 SWOT 矩阵图包括以下八个步骤：

（1）列出公司的关键外部机会；

（2）列出公司的关键外部威胁；

（3）列出公司的关键内部优势；

（4）列出公司的关键内部劣势；

（5）将内部优势与外部机会相匹配，得出 SO 战略，并填入 SO 的格子中；

（6）将内部劣势与外部机会相匹配，得出 WO 战略，并填入 WO 的格子中；

（7）将内部优势与外部威胁相匹配，得出 ST 战略，并填入 ST 的格子中；

（8）将内部劣势与外部威胁相匹配，得出 WT 战略，并填入 WT 的格子中。

上述八个步骤的前四步工作是信息输入工作，即将环境分析环节中的结果输入相应的分析框架内。SWOT 分析的核心是将内部因素与外部因素进行综合考虑，匹配出合适的战略方案。从前面对环境的分析看，关键内部因素与关键外部因素的数量众多，在如此复杂的因素之间，凭直觉判断进行匹配往往难以保证分析的质量，一些重要的因素会在直觉分析中被遗漏。尤其对 SWOT 工具的使用不够熟练或对行业关键因素的把握不足的使用者，需要进行工具上的引导。

常见的外部环境和内部环境见表 7—1：

表 7—1　　常见的外部环境和内部环境

	潜在外部威胁（T）	潜在外部机会（O）
外部环境	市场增长较慢 竞争压力增大 政府政策不利 新的竞争者进入 替代品销售额上升 用户讨价还价能力增强 用户偏好逐渐转变 通货膨胀 其他	纵向一体化 市场增长迅速 可以增加互补产品 有新的用户群 有进入新的市场的可能性 有能力进入更好的企业集团 在同业中竞争业绩优良 扩展产品线，满足用户的需要 其他

续表

	潜在内部优势(S)	潜在内部劣势(W)
内部环境	产权技术 成本优势 竞争优势 特殊能力 产品创新 具有规模经济 良好的财务资源 高素质的管理人员 公认的行业领先者 买主的良好印象 适应性强的经营战略 其他	竞争劣势 设备老化 战略方向不同 竞争地位恶化 产品线范围太窄 技术开发滞后 营销水平低 管理不善 战略实施的历史记录不佳 不明原因导致的利润率下降 资金拮据 成本相对于竞争对手较高

资料来源:王一,贾云广. 战略管理工具箱[M]. 上海:上海远东出版社,2006.

案例:某跨国企业的 SWOT 分析

A 公司是一家大型的电脑设备与软件的跨国生产企业。在过去的 30 年中,该公司在个人电脑市场上取得了很大的成功。但是随着组织的日渐庞大和市场风向的转变,它的问题也越来越多。通过 SWOT 矩阵分析,匹配出该公司可供选择的多种方案,如表 7—2 所示。

表 7—2　　A 公司的 SWOT 矩阵分析

外部环境分析(OT)／内部条件分析(SW)		机会(O)	威胁(T)
		(1)PC 普遍进入家庭 (2)互联网兴起并主导市场需求 (3)客户需要整体解决方案	(1)各种网络相关产品公司兴起 (2)硬件价格下降
优势(S)	(1)优秀的专业人才 (2)广大的客户群 (3)强大的研发能力	优势—机会策略(SO)	优势—威胁策略(ST)
		(1)成立专门的服务事业部,着手提供整体解决方案 (2)创新并持续推出符合网络需求的新产品	(1)增加策略联盟并收购有潜力的公司 (2)投入研发数据库系统
劣势(W)	(1)组织庞大,不易指挥 (2)对低阶或 PC 相关产品的营销策略较不内行 (3)思想上仍有人难摆脱中大型软件才是最重要的营业收入来源的思路	劣势—机会策略(WO)	劣势—威胁策略(WT)
		(1)将人员往有潜力的市场区域调配 (2)人员按整合模型、混合编组与区隔编组来开拓市场 (3)逐渐转变为以网络为基础的、提供整体解决方案的公司	(1)裁掉不胜任的员工,并将组织改为矩阵式 (2)强调绩效管理 (3)积极与低阶产品的大型渠道建立关系

资料来源:王一,贾云广. 战略管理工具箱[M]. 上海:上海远东出版社,2006.

通过 SWOT 矩阵分析,能匹配出该公司可供选择的多种方案,然而,公司究竟应该选择 SO、ST、WO、WT 四种战略中的哪种战略类型呢? 为此,我们构建一个如图 7—2 所示的战略类型选择矩阵。

根据前面的外部因素综合评价矩阵(EFE)和内部因素综合评价矩阵(IFE)所得到的加权平均分,得到公司战略所在位置(坐标),然后再根据该坐标所在的区间(如Ⅰ,Ⅱ,Ⅲ,Ⅳ,Ⅴ……),确定公司战略具体采取 SO、ST、WO、WT 中的哪种战略类型,详见图 7—2。

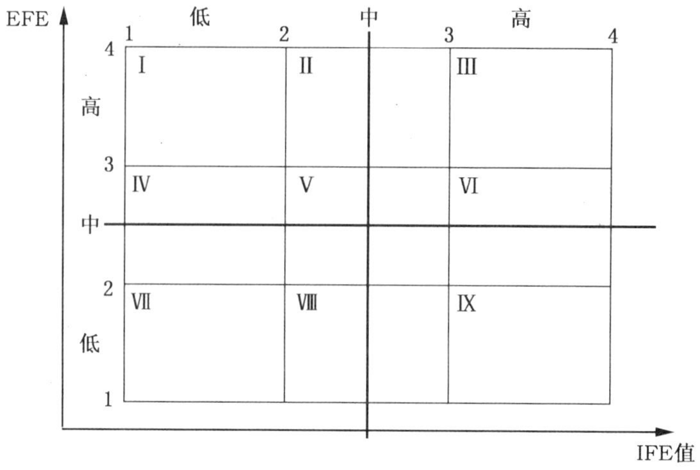

图 7—2 战略类型选择矩阵

二、SPACE 矩阵

战略地位与行动评价矩阵(Strategic Position and Action Evaluation Matrix,简称 SPACE 矩阵),是一种较为复杂的匹配工具。这一矩阵采用两个内部纬度——财务优势(FS)与竞争优势(CA),以及两个外部纬度——环境稳定性(ES)与产业优势(IS)来进行战略匹配分析。其中,财务优势(FS)与环境稳定性(ES)构成纵坐标,竞争优势(CA)与产业优势(IS)构成横坐标,将企业的战略地位分为进取、保守、防御和竞争四个象限,如图 7—3 所示。

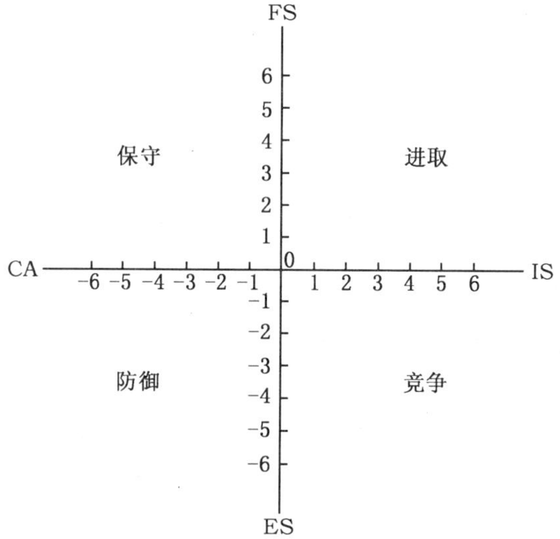

资料来源:[美]费雷德·R. 戴维,著.《战略管理》(第 10 版)[M]. 李克宁译. 北京:经济科学出版社,2006.

图 7—3 战略地位与行动评价矩阵

SPACE 矩阵的四个因素可以采用以下指标来进行综合评价:

(1)财务优势(FS):可采用投资收益、杠杆比率、偿债能力、流动资金、现金流动、推出市场的便利性、业务风险等指标来衡量。

(2)环境稳定性(ES):可采用技术变化、通货膨胀率、需求变化、竞争产品的价格范围、市场进入壁垒、竞争压力、价格需求弹性等指标来评价。

(3)竞争优势(CA):可采用市场份额、产品质量、产品生命周期、用户忠诚度、竞争能力利用率、专有技术知识、对供应商和经销商的控制等指标来评价。

(4)产业优势(IS):可采用产业的增长潜力、盈利潜力、业绩稳定性、专有技术知识、资源利用、资本密集性、进入市场的便利性、生产效率和生产能力利用率等指标来进行评价。

建立 SPACE 矩阵通常包括以下几个步骤:

(1)分别选定构成财务优势(FS)、竞争优势(CA)、环境稳定性(ES)和产业优势(IS)的影响因素,即构成变量。

(2)对构成 FS 和 IS 轴的各个变量给予从+1(最差)到+6(最好)的评分;对构成 ES 和 CA 轴的各个变量给予从−1(最好)到−6(最差)的评分。

(3)分别将各个数轴的变量评分相加,再分别除以变量总数,从而得出 FS、CA、IS 和 ES 各自的平均分数。

(4)将 CA 和 IS 的平均分数相加,并在 X 轴上标示出来;将 FS 和 ES 的平均分数相加,并在 Y 轴上标示出来。

(5)在 SPACE 矩阵中自原点至 X、Y 轴数值的交点画一条向量。这一向量所在的象限表明企业可采取的战略类型,即进取型、竞争型、防御型或保守型。

在进取象限中,企业可以利用自身的内部优势和外部机会来克服自身的劣势,同时回避外部的威胁,也可以采取市场渗透、市场开发、产品开发、后向一体化、前向一体化、横向一体化、混合多元化、集中多元化、横向多元化或组合式战略。

在保守象限中,企业更适宜采取市场渗透、市场开发、产品开发和集中多元化经营的战略。

在防御象限中,更适合采取紧缩、剥离、清算和集中多元化战略。

在竞争象限中,可以采取后向一体化、前向一体化、横向一体化、市场渗透、市场开发、产品开发及合资战略。

案例:某银行的 SPACE 矩阵分析

表 7—3 为某银行的 SPACE 矩阵分析,图 7—4 为某银行的 SPACE 矩阵图。

表 7—3　　某银行的 SPACE 矩阵分析

项　目	评　分
财务优势(FS)	
资本充足率为 7.13%,比行业标准 6%高出 1.13%	1.0
资产报酬率为−0.77%,行业平均为 0.70%	1.0
净收入为 1.83 亿美元,比上年下降 9%	3.0
营业额达到 34 亿美元,比上年增加 7%	4.0
总　计	9.0
产业优势(IS)	
行业管制放松,在产品开发方面更加自由	4.0
管制放松也带来更多的竞争	2.0
当地政府允许该行收购其他地区的银行	4.0
总　计	10.0

续表

项　目	评　分
环境稳定性(ES)	
一些分行所在的国家通货膨胀并面临不稳定的政治局面	−4.0
在贷款上过于依赖的一些行业在衰退	−5.0
银行管制的放松导致一些不稳定的因素	−4.0
总　计	−13.0
竞争优势(CA)	
营业网点分布广泛	−2.0
其他跨地区银行和非银行金融机构竞争增强	−5.0
拥有庞大的用户基础	−2.0
总　计	−9.0

FS 的平均值为 9.0/4=2.25

IS 的平均值为 10.0/3=3.33

ES 的平均值为(−13.0)/3=(−4.33)

CA 的平均值为(−9.0)/3=(−3.00)

向量坐标数值为:

X 轴:(−3.00)+3.33=0.33

Y 轴:(−4.33)+2.25=(−2.08)

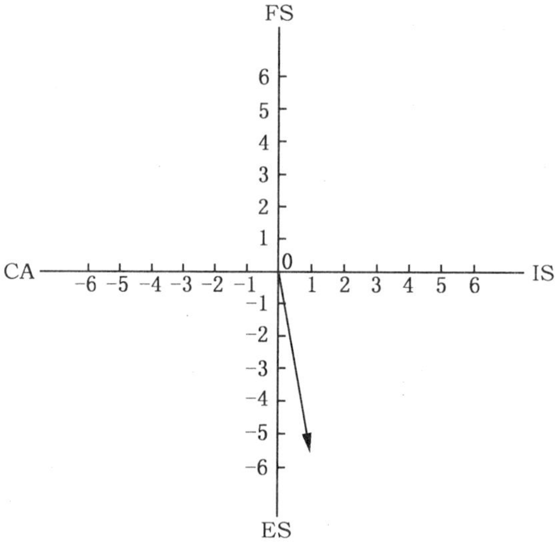

资料来源:王一,贾云广．战略管理工具箱[M]．上海:上海远东出版社,2006.

图 7—4　某银行的 SPACE 矩阵图

从图 7—4 可以看出,该银行应当选择竞争型战略。

三、BCG 矩阵

波士顿咨询集团公司(Boston Consulting Group,BCG)是一家顶级的管理咨询公司,它首创和推广了波士顿咨询集团矩阵(BCG Matrix),也被称为业务增长/市场份额矩阵。BCG矩阵分析法关注企业多元化业务组合的问题,通过考察各个经营单位对其他竞争者的经营单位的相对市场份额地位和产业增长速度而管理其业务组合。

1. 两个分析变量

在BCG矩阵图中,市场增长率和相对市场占有率两个因素作为公司内每个经营单位的战略选择的依据。

BCG矩阵的横坐标表示相对市场占有率(Relative Market Share Position)。这里采用相对市场占有率而不是绝对市场占有率,是为了使各种经营单位的业务更容易进行比较,也能够比较准确地反映企业在市场上的竞争地位和实力。计算公式为:

$$相对市场占有率=\frac{企业在本行业中的绝对市场占有率}{该产业最大竞争者的绝对市场占有率}\times 100\%$$

矩阵的纵坐标表示该产业的市场增长率。计算公式为:

$$产业增长率=\frac{当年本产业销售额-上年本产业销售额}{上年本产业销售额}\times 100\%$$

2. 四个分析类型

将两个因素分为高和低两个档次,就可以画出四个象限的矩阵。横坐标表示相对市场占有率,通常以0.5为界限,表示公司的市场份额为本产业领先公司的一半,纵坐标表示产业增长率,通常以10%作为高低产业增长率的分界点。需要注意的是,这些数字的范围可能在方法使用的过程中根据实际情况的不同进行修改。

波士顿矩阵法将一个公司的业务分成四种类型:问题、明星、现金牛和瘦狗。一个企业的所有经营单位都可列入任意象限中,并依据它所处的地位采取不同的战略。

(1)问题类(Question Marks)。这类业务是产业增长率较高、市场前景比较好,但是相对市场占有率比较低的业务,表明实力不强,不具优势。这往往是一个公司的新业务,通常对资金的需求量大而资金创造能力小。只有那些符合企业长远发展目标、企业具备资源优势、能够增强企业核心竞争能力的业务才可以采用扩张性的战略(包括市场渗透、市场开发和产品开发),追加投资,使之转变成明星业务,而对于剩下的问题类业务应采取收缩和放弃的战略。

(2)明星类(Stars)。这类业务产业增长率高,有进一步的发展机会。同时由于相对市场占有率也比较高,因此企业在该行业中具有较强的竞争力。这是由问题业务继续投资发展起来的,可以视为高速成长市场中的领导者,将成为公司未来的现金牛。明星业务应该得到大量的投资,以保持或加强其主导地位,公司可以采取市场渗透、市场开发、产品开发等扩张型战略,也可以采取前向一体化、后向一体化或横向一体化等战略,将这一优势扩展到整个产业链,还可以采取合资经营的战略,以加强对这一业务的控制。如果企业没有明星业务,未来发展前景将十分黯淡,但是,群星闪烁也可能会使决策者做出错误的决策。企业应该将有限的资源投入能够发展成为现金牛的业务上。

(3)现金牛类(Cash Cows)。这类业务指产业增长缓慢、占有较高的相对市场占有率的业务。企业在该业务中具有较强的竞争优势,也是企业获取现金的主要来源。此时,企业应尽可能地使现金牛业务长时期地保持其优势地位,对于强势现金牛业务,应采取产品开发、集中多元化业务来寻找新的增长点;对于弱势现金牛业务,更加适合采取收缩、剥离战略。值得注意的是,企业的现金牛业务享有规模经济和高边际利润的优势,往往被用来支付账款并支持其他三种需要大量现金的业务,尤其是明星类业务,因而无需继续加大对这些业务的投入。

(4)瘦狗类(Dogs)。这类业务产业增长缓慢,而且企业又无竞争优势。瘦狗业务既不能成为企业的资金来源,又无发展前途,是业务组合中最无价值的业务,应该采取收缩战略或剥离与清算战略。当业务刚刚沦为"瘦狗"时,企业首先应该采取收缩战略,通过大规模的资产和成本削减,可能会使瘦狗类成为有盈利能力的现金牛类。然而在现实中,人们往往出于感情上的因素,虽然瘦狗类业务占用了公司大量的资源,但还是不忍放弃,这往往成为公司沉重的负担。

从图 7—5 可以看出,分部 1 的业务为明星类业务,应加大投入,加强其主导地位。

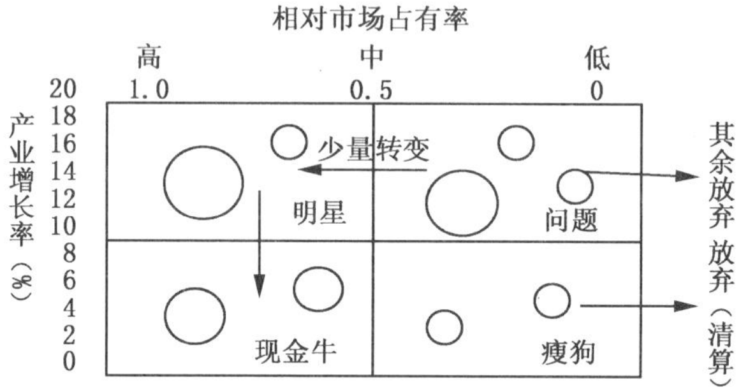

资料来源:王德中. 企业战略管理[M]. 成都:西南财经大学出版社,2002.

图 7—5　波士顿咨询集团(BCG)矩阵

3. 建立波士顿矩阵的四个步骤

(1)将公司分成不同的经营单位,并用圆圈在矩阵中表示。

(2)圆圈的位置表示这个经营单位的产业增长率和相对市场占有率的高低;面积的大小可以用经营单位的收入占公司总业务收入的比例或经营单位的资产在公司总资产中所占的比率来表示。

(3)确定每一个经营单位的产业增长率和相对市场占有率。

(4)依据每一个经营单位在整个经营组合中的位置而选择适宜的战略。

案例:A 集团 BCG 矩阵分析

表 7—4 为 A 集团的相关业务数据,图 7—6 为 A 集团的 BCG 矩阵分析。

表 7—4　A 集团的相关业务数据

分　部	业务收入(百万元)	收入百分比(%)	盈利(百万元)	盈利百分比(%)	市场份额百分比(%)	增长百分比(%)
1	60	18.75	5	11.90	80	18
2	80	25.00	10	23.81	20	15
3	60	18.75	10	23.81	40	10
4	100	31.25	15	35.71	70	4
5	20	6.25	2	4.76	5	5
总　计	320	100	42		—	—

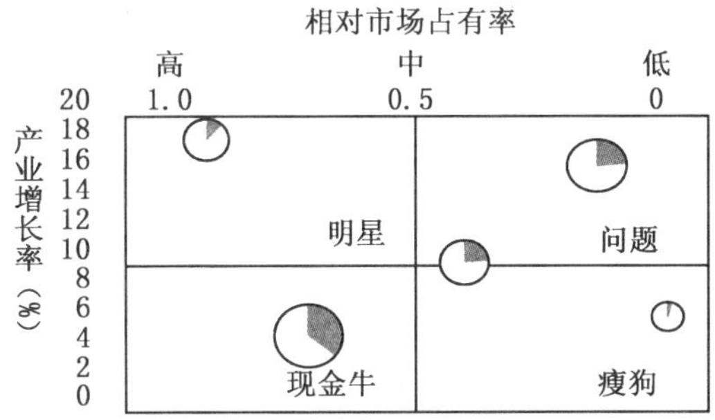

图 7—6　A 集团的 BCG 矩阵分析

四、IE 矩阵

内部—外部矩阵(Internal-External Matrix,简称 IE 矩阵),是由通用电气公司的业务检查矩阵发展而来的。同 BCG 矩阵一样,IE 矩阵也是用矩阵图表示企业的各个经营单位的工具,以此来检查企业的业务组合状态,因此也被称作组合矩阵。

IE 矩阵以 IFE 的评分(或加权评分)作为横坐标,以 EFE 的评分(或加权评分)作为纵坐标,按照强、中、弱和高、中、低的水平把整个矩阵分为 9 个区域。其中 1.0—1.99 代表弱势地位,2.0—2.99 代表中等地位,3.0—4.0 代表强势地位。

如果经营单位落到Ⅰ、Ⅱ、Ⅳ象限中,则表明该经营单位的内外环境评价分数较高,其处于增长和建立的区域,适宜采取的战略有加强战略(市场渗透、市场开发和产品开发)和一体化战略(后向一体化、前向一体化和横向一体化)。

如果经营单位落到Ⅲ、Ⅴ、Ⅶ象限中,则表明该经营单位的内外环境评价分数在中等水平,其处于坚持和保持的区域。适宜采取的战略有市场渗透和产品开发。

如果经营单位落到Ⅵ、Ⅷ、Ⅸ象限中,则表明该经营单位的内外环境非常不利,其处于收获和剥离的区域。这一区域的经营单位最好采取收获型战略和剥离型战略,如图 7—7 所示。

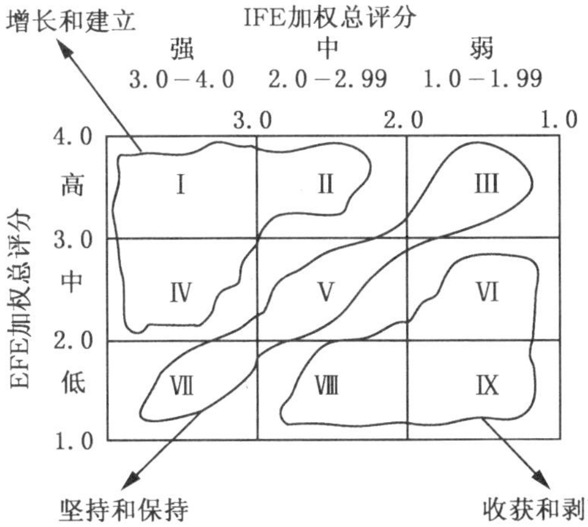

资料来源:黄旭．战略管理:思维与要径[M]．北京:机械工业出版社,2007.

图 7—7　内部—外部矩阵

从图 7—7 可以看出，分部 1 和分部 3 处于增长和建立区域，分部 2 处于坚持和保持区域，分部 4 和分部 5 处于收获和剥离区域。

案例：B 集团的 IE 矩阵分析

表 7—5 为 B 集团的相关业务数据，图 7—8 为 B 集团的 IE 矩阵分析。

表 7—5　　　　B 集团的相关业务数据

分　部	业务收入（百万元）	收入百分比（%）	盈利（百万元）	盈利百分比（%）	IFE	EFE
1	60	38.71	12	48.00	3.6	3.1
2	50	32.26	5	20.00	2.5	2.6
3	30	19.35	5	20.00	2.2	3.3
4	10	6.45	2	8.00	1.2	2.1
5	5	3.23	1	4.00	1.8	1.5
总　计	155	100	25	100	—	—

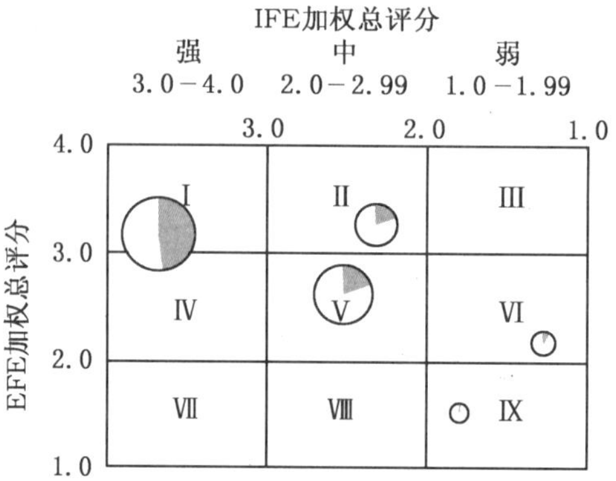

图 7—8　B 集团的 IE 矩阵分析

五、GSM

大战略矩阵（Grand Strategy Matrix）也是一种被经常使用的战略匹配工具。这一工具采用行业的增长率（纵坐标）和市场竞争力（横坐标）来表示企业的战略地位，如图 7—9 所示。

大战略矩阵也可以适用于多元化企业。在该矩阵中，竞争地位是以主业在行业中的竞争优势来定义的，市场增长率也是主业的行业增长率。

在第Ⅰ象限，内部环境和外部环境都对企业非常有利。在这种情况下，企业应集中在原有的产业链范围内展开经营，在此象限的企业适用加强型战略（包括市场渗透、市场开发和产品开发战略）。如果企业的资源充裕，则可以考虑采用前向一体化、后向一体化和横向一体化战略，以渗透到相关的产业链业务中；如果公司的产品线过于单一，需要分摊一些业务风险，则可考虑采用集中多元化战略。

处于第Ⅱ象限的企业，需要对自身的竞争能力做深入的分析。公司的主营业务的行业增长率虽然很高，但是企业在此领域的竞争效果不佳，需要做出继续加强此业务的经营还是放弃

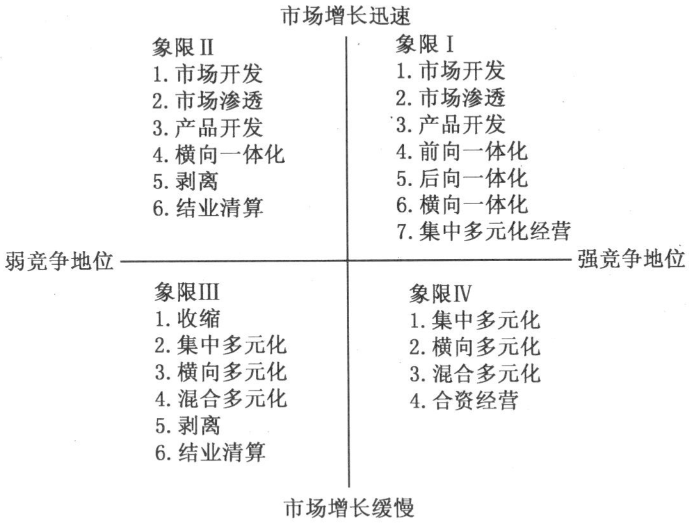

资料来源：黄丹，余颖．战略管理(研究注记·案例)[M]. 北京：清华大学出版社，2005.

图 7—9 大战略矩阵

这一业务的抉择。因此，可供选择的战略为市场开发战略、市场渗透战略、产品开发战略、横向一体化战略、剥离和清算战略。

如果企业处于第Ⅲ象限，战略选择的大方向是开拓新的业务领域，以摆脱行业发展缓慢和回避企业的劣势。可考虑的战略类型有集中多元化战略、横向多元化战略、混合多元化战略、收缩战略、剥离和清算战略。

处于第Ⅳ象限的企业具有较强的竞争优势，但主业所处的行业已经呈现萎缩的趋势，公司应该加强在新的多元业务上的发展。可以选择的战略包括集中多元化战略、横向多元化战略、混合多元化战略、合资经营战略等。

六、QSPM

有些情况下，企业也可以对战略方案进行定量化的评价，从而选择最有效的战略。美国一位学者就提出了定量战略计划矩阵法。

定量战略计划矩阵(Quantitative Strategic Planning Matrix，QSPM)是对备选方案战略行动的相对吸引力做出评价，从定量的角度来评判其战略备选方案的优劣程度。经过第二阶段的 SWOT 矩阵、SPACE 矩阵、BCG 矩阵、IE 矩阵和 GSM 的战略匹配阶段后，得到了一系列战略方案的结合，它们之间的重要程度如何？企业应如何根据自身条件的限制来选择最适合企业发展的战略(或战略组合)？处于决策阶段的 QSPM 便是解决这一问题的工具，也是一种使战略制定者根据先前分析过的关键外部因素、内部因素来客观评价备选方案的工具。

QSPM 的左栏包括从 EFE 矩阵和 IFE 矩阵得到的信息，而 QSPM 顶部包括从第二阶段战略匹配分析中得出的备选方案，此外还包括关键因素分析的权重、吸引力评分、吸引力总分等要素，见表 7—6。

表 7—6　　定量战略计划矩阵——QSPM

关键因素		权重	备选战略 1		备选战略 2		备选战略 3		备选战略 4	
			AS	TAS	AS	TAS	AS	TAS	AS	TAS
机会	1.									
	2.									
	3.									
	4.									
	…									
威胁	1.									
	2.									
	3.									
	4.									
	…									
优势	1.									
	2.									
	3.									
	4.									
	…									
劣势	1.									
	2.									
	3.									
	4.									
	…									
总　计			—		—		—		—	

建立 QSPM 通常包括以下几个步骤：

(1)在 QSPM 的左栏根据先前分析过的 EFE、IFE 矩阵得到关键外部机会与威胁和内部优势与劣势，并给出相应的权重。

(2)将得出的匹配战略备选方案填到矩阵顶部的横行中。

(3)确定每一备选方案的吸引力分数(Attractiveness Scores，AS)。根据所考察的关键因素与备选战略的关系给出评分，评分值在 1—5 分之间，根据机会、威胁、优势和劣势分别确定。具体定义见表 7—7。

表 7—7　　吸引力分数说明

分数	机会	威胁	优势	劣势
5	充分抓住机会	很好应对威胁	充分利用优势	很好地弥补劣势
4	较好把握机会	较好应对威胁	较好利用优势	较好地弥补劣势
3	把握机会程度一般	应对威胁能力一般	利用优势程度一般	弥补劣势程度一般
2	不能较好把握机会	不能较好应对威胁	不能较好利用优势	不能较好地弥补劣势
1	完全没有抓住机会	完全不能应对威胁	完全不能利用优势	完全不能弥补劣势

资料来源：黄旭．战略管理：思维与要径[M]．北京：机械工业出版社，2007.

(4)计算吸引力总分(TAS)。吸引力总分(Total Attractiveness Scores，TAS)表示各备选

战略的相对吸引力。吸引力总分越高，战略的吸引力就越大。

吸引力总分是关键因素的权重与吸引力评分的乘积，即：

$$TAS=权重\times AS$$

(5)计算吸引力总分和。它通过将 QSPM 中各个备选战略的 TAS 总分相加而得。分数越高，表明战略越具有吸引力。

案例：S 公司的 QSPM

表 7—8 为 S 公司的 QSPM 分析。

表 7—8　　S 公司的 QSPM 分析

关键因素		权重	国内合作研发战略		外资支持研发战略	
			AS	TAS	AS	TAS
机会	1. 轿车市场继续快速增长	0.10	4	0.40	3	0.30
	2. 环保政策利于公司技术能力的发展	0.15	3	0.45	4	0.60
	3. 国内代用燃料汽车技术研发取得进展	0.10	4	0.40	2	0.20
	4. 大多数经销商最关心产品质量	0.10	2	0.20	1	0.10
威胁	1. 我国新动力汽车研发和应用都相对落后	0.10	1	0.10	4	0.40
	2. “入世”后竞争将更加激烈	0.10	3	0.30	4	0.40
	3. 同行业竞争对手竞争力正在得到加强	0.15	3	0.45	4	0.60
	4. 国内银行在汽车消费信贷方面还未起步	0.05	—	—	—	—
	5. 未来较长时期内国内轿车可能供过于求	0.15	3	0.45	2	0.30
优势	1. 员工有较高的专业素质	0.10	3	0.30	4	0.40
	2. 工艺先进、技术含量高	0.15	3	0.45	1	0.15
	3. 产品质量业内领先	0.20	3	0.60	2	0.40
	4. 产品在细分市场上有一定的竞争力	0.05	—	—	—	—
	5. 企业将得到 X 公司全方位的支持	0.10	1	0.10	4	0.40
劣势	1. 长期债务负担沉重	0.20	2	0.40	4	0.80
	2. 市场占有率低，品牌价值不高	0.05	3	0.15	4	0.20
	3. 一些零部件成本较高	0.05	—	—	—	—
	4. 营销和服务体系尚不完善	0.10	2	0.20	1	0.10
总　计		2.0	—	4.95	—	5.35

注：“—”表示没有影响。

资料来源：贾旭东．现代企业战略管理思想、方法与实务[M]．兰州：兰州大学出版社，2006.

根据 QSPM 的分析，两种备选战略的吸引力总分和分别是：国内合作研发战略 4.95 分；外资支持研发战略 5.35 分。显然后者的吸引力大于前者，因此企业应优先选择外资支持研发战略予以实施。如果企业从每一组战略中选出了吸引力较高的备选战略，就可以进行最终的战略决策。

七、对战略选择工具的综合评价

1. 对 SWOT 矩阵的评价

优点：

(1)SWOT 矩阵分析法应用灵活，可以根据分析者的经验，在各种复杂的环境中匹配出细致多变的应对方案。分析直观，并且使用简单。

(2)与其他分析工具相比，SWOT 矩阵具有结构性和系统性。企业通过矩阵这种形式，对其内外环境和条件进行全盘考虑，有利于拓展思路，使战略制定更加科学、全面。

(3)优势和劣势分析主要着眼于企业自身的实力及其与竞争对手的比较，而机会和威胁分析将注意力放在外部环境的变化及其对企业的可能影响上。SWOT 矩阵分析的主要思想是：抓住机遇，强化优势，避免威胁，克服劣势。

局限：

(1)采用定性的方法形成模糊的判断，其中不可避免地有一定程度的主观臆断。因此，企业在罗列作为判断依据的事实时，要尽量客观、精确，并提供一定的数据，以弥补定性分析的不足。

(2)SWOT 矩阵进行战略匹配的目的在于产生可行的备选战略，而不是选择或确定最佳战略。并不是所有在 SWOT 矩阵中得出的战略都要被实施。

(3)在建立 SWOT 矩阵时，采用具体而不是笼统的辞令非常重要。

2. 对 SPACE 矩阵的评价

(1)SPACE 矩阵分析与其他分析工具不同的是，SPACE 矩阵对风险问题予以特别关注，将财务优势与环境稳定性这一对指标独立出来作为纵轴，并把风险因素单独分析和考虑。这一工具适合于风险较大的行业或对风险非常敏感的企业使用。

(2)SPACE 矩阵的设计作用在于确定企业整体的战略地位和每一项业务的战略地位，以帮助企业确定其所处行业的吸引力和企业在市场上的竞争能力。

(3)SPACE 矩阵与 SWOT 矩阵相比，增加了定量分析的因素。

3. 对 BCG 矩阵的评价

优点：

(1)BCG 矩阵关注多元化企业的业务组合问题，其特殊结构使多个业务的战略置于一个平面上进行分析成为可能。

(2)BCG 矩阵使人们很容易注意到企业各分部门的现金流动、投资特性和需求。BCG 矩阵是多元化公司战略制定的有效工具。它通过把企业生产经营的全部产品或业务组合作为一个整体进行分析，能够解决企业相关经营业务之间现金流量的平衡问题。

(3)BCG 矩阵具有简单、易用、明了等多方面的优点。

局限：

(1)把独立经营的单位归入四种类型，有过于简单化之嫌。组织类型迥然不同、产业状况千差万别、经营模式复杂多变，对业务单位进行简单分类，并不是一件轻而易举的事。有时，业务单位处于矩阵的中间地带，难以归类。

(2)BCG 矩阵没有历时性，无法纵向比较业务单位和产业的增长情况。BCG 矩阵是拍照而不是摄像，只能记录时点状态，不能演绎历史过程。

(3)指标比较单一，反映的信息不够充分。BCG 矩阵通过“相对市场份额”和“产业增长份额”反映运行情况。这两项指标是制定战略和做出决策的必要条件,但不是充分条件。还有许多因素,比如市场竞争优势、赢利潜力和核心竞争力等,没有包含在内。

(4)准确决定各项业务的市场占有率和市场发展率相当困难。特别对中线的确定更为困难,因为不同类业务的发展速度是不同的。

(5)BCG 矩阵的最大问题是对获利量与市场份额成正比关系的假设。根据此假设,企业的市场份额越大,获利量就越多。这一假设诱使许多企业追求扩大规模和提高市场份额。

(6)BCG 矩阵对于进入或维持最高发展率市场的提示也是有问题的。因为有最高发展率的市场,其进入障碍可能很大,使企业进入后获得的收益不足以弥补进入成本。当经济处于低发展或萧条时期,选择业务更为重要。这时,更不能完全由发展率来决定战略,特别是对瘦狗类业务,应该尽量让其做出贡献。

4. 对 IE 矩阵的评价

(1)IE 矩阵与 BCG 矩阵属于同一类型的分析工具——对企业的业务进行标志,从而检查企业的业务组合状态。因此,它们也被称为组合矩阵。这两种矩阵都用圆圈表示业务单位,圆圈越大,表示对组织业务的贡献(销售额)越大;用阴影部分占所在圆圈的比例表示该业务单位对总公司盈利的贡献率。

(2)IE 矩阵与 BCG 矩阵的不同是,IE 矩阵采用复合指标来反映企业在各个产业的内、外部关系因素,而 BCG 矩阵则采用单一指标来衡量业务的内、外部因素,从而 IE 矩阵比 BCG 矩阵要求有更多的关于企业各业务单位的信息。

(3)IE 矩阵采用 EFE 评分作为外部环境因素的评价指标,忽略了不同业务单位不同的关键外部因素,使得 EFE 评分不具有可比性。

5. 对 GSM 的评价

(1)大战略集合矩阵,即多元化经营企业的业务组合分析方法,是建立在波士顿矩阵的方法基础上,经汤普森(A. Thompson)和斯特克兰(A. T. Steckland)两人加以完善后提出的。

(2)通常而言,当企业拥有了一组多元化经营的业务,企业总体战略决策者将会面临三个问题:第一,必须确定目前这组业务的吸引力;第二,假如目前这组业务是有吸引力的,必须对每一个业务单位估计未来潜力;第三,如果这些答案都不令人满意,则高级管理者必须决定哪些业务应剥离,哪些业务需要继续发展。对这三个问题的分析和决策有许多可以参考的方法,比较典型的是大战略集合矩阵。

(3)企业在选择总体战略时,除了要考虑市场增长率及竞争地位外,还要考虑其他因素,如企业现有的生产经营结构及运行状况、财务实力、资本投资需求、独立竞争力及对市场机会所做出的反应等。

6. 对 QSPM 的评价

(1)QSPM 的最大优点是可以用量化的方式对一组战略进行相对可行性和合理性的比较与评价,为最终的战略决策提供了客观、科学的依据。同时,它使得战略制定者在战略决策过程中能够综合考虑相关的内、外部重要因素,避免关键因素不适当地被忽视或偏重。

(2)QSPM 把战略决策者们的主观判断定量化,使各方观点、判断都在一个平台上完好地呈现出来,更有助于决策团队达成共识。

(3)QSPM 只能在战略组合内进行战略评价。QSPM 矩阵中所包括的备选战略的数量和战略组合的数量均不限,只有在一组内的各种战略才可进行相互比较和评价,即进行比较和评价的备选战略应当具有可比性。例如,第一组战略可能会包括集中化和多元化,而另一组战略可能包括发行股票和售出分部以筹集资金等内容。

(4)QSPM 总是要求做出直觉性的判断和经验性的假设,因为权重的设定和吸引力的分数往往要靠经验来判断。同时,由于 QSPM 是建立在第一阶段和第二阶段的基础上的,所以 QSPM 的准确度往往要依据前两个阶段的准确度,这也限制了 QSPM 的精确性。

(5)实践证明,为了保证战略选择的准确性,不断地提高战略管理水平,需要加强战略决策者、中层和基层管理者以及关键雇员之间的沟通,就战略问题开展经常性、制度化和建设性的对话,这对于提高战略管理效率具有重要意义。

7. 正确认识和运用战略方法

综上所述,从信息输入、信息匹配到战略决策,我们介绍了一个完整的三阶段战略制定框架,其中主要的矩阵方法就是 EFE 矩阵、IFE 矩阵、SWOT 矩阵和 QSPM,这四个主要工具前后连贯、联系紧密,形成了一个量化环境要素,并在此基础上进行战略决策的方法模式,其他的战略分析工具都可以纳入这个方法框架中。这种方法的突出特点就是选择关键环境要素并对其进行定量评分和量化的比较和研究,最终做出科学的战略决策。其优点在于用科学、理性的方法梳理战略决策者的思维,使其全面、理性、冷静地进行战略思考,避免盲目决策,出现疏忽与漏洞现象。

必须注意的是,虽然这种方法本身并不复杂,甚至很好掌握,但如何科学、有效地运用这些方法却并非易事。运用这种方法最大的难度在于:

首先,如何保证环境要素选择的准确性和全面性,如果漏掉了重要的环境因素或将不重要的因素作为关键要素来分析,则结论一定大相径庭。

其次,如何保证对各关键要素赋权和评分的科学性和客观性。权重和评分虽然从绝对数看毫无意义,但是它们的相对比较是战略决策的依据,具有重要的战略价值。差之毫厘,谬以千里,细微的偏差有可能在被系统放大后成为巨大的错误。

最后,如何在运用这种方法时充分发挥战略决策者的创造力。战略是富有创造性的艺术,但往往在进行量化评分的过程中,战略决策者的创造性也消失殆尽,这样制定出来的企业战略死板、僵硬,很难成功。

因此,我们应当认识到,方法本身只是一种工具,而真正重要的是运用这些工具的人以及运用这些方法的指导思想。成功有效地运用战略制定方法应建立在战略制定者对企业内外部环境的深入分析、全面把握、准确认知和深刻理解的基础之上。数字的比较虽然是客观的,但是数字的产生取决于主观的判断,体现了战略决策者的战略思维,这也正是我们始终强调的战略思想在战略管理中的核心地位的根本原因。

第三节　战略选择的影响因素

一、企业过去的战略

在开始进行战略选择时,首先要回顾企业过去所执行的战略,因为过去战略的效果对未来战略的选择有极大的影响。现在的战略由过去某一有影响的领导者所制定的战略演化而来。这个独特的、紧密一体化的战略对以后的战略选择是主要的影响因素。官僚化的管理组织使战略得以贯彻和实施,即原决策者推出这个战略并向下属说明,而后底层管理人员将这个战略予以实施。当这个战略由于条件变化而开始失效时,企业总是将新的战略嫁接到这个老战略上，在此之后才探索出一种全新的战略。这种选择与过去战略相似和沿袭的倾向已渗透到企业组织中。当外部环境变化更大时，企业才开始认真地考虑采取防御战略、组合战略或发展战略。

研究表明，在计划过程中低层管理人员认为，战略的选择应与现行战略相一致，因为这种战略更易被人接受，推行起来阻力较小。在改变过去的战略时，企业往往需要更换高层管理人员，因为新的管理者较少受到过去战略的约束。

二、企业对外界环境的依赖程度

在战略选择中，企业必然要面对供应商、顾客、政府、竞争者及其联盟等外部环境因素。这些环境因素从外部制约着企业的战略选择。

企业对外部环境的依赖程度越高，企业选择战略的灵活性就越小，除非在发生危机的情况下。

(1)企业依赖于少数几个股东的程度越高，则它选择战略的灵活性就越小；

(2)企业依赖于其竞争对手的程度越高，则它越不可能选择进攻性的战略；

(3)企业的成功和生存越依赖于少数几个顾客，则企业对他们的期望越应做出较快的反应；

(4)企业越是依赖于政府和社区，则它对市场状况和股东的要求越不具有灵敏的反应。

企业经营面对市场的易变程度，影响着战略选择。市场中的情况变化程度越大，企业的战略需要的灵活性就越大。企业对外界的依赖程度越大，其战略选择的范围和灵活性就越小。

如果企业高度依赖于其中一个或多个因素，其最终选择的战略方案就不能不迁就这些因素。因此，企业战略决策者在进行最终战略方案选择时必须考虑源自企业各利益集团的压力，考虑企业的用户与股东、潜在职工、地方社团、一般社会公众、供应商、政府机构等对企业的期望与要求。

三、企业对待风险的态度

企业对待风险的态度也能影响战略选择的范围。任何一个战略方案通常都是有风险的，而且一般来说，战略方案吸引力的大小部分地与这些方案的风险性大小存在着正相关的关系。这就是说，盈利潜力大的方案往往所包含的风险也大。这里的“风险”不仅是指战略方案实现的可能性，而且还包括战略方案所需的资源大小、回收投入资源所需的时间长短等方面的风险性。战略方案所涉及的资源量越大，回收所需的时间越长，则企业战略决策者对于战略成功的可能性的要求就越高。由于对于战略成功可能性的估计严重依赖于个人的主观价值判断，因此企业战略方案的最终选择将在很大程度上取决于企业管理阶层对风险的态度。企业管理层如果对风险持欢迎态度，战略选择的范围和多样性便会得到拓展，风险大的战略也能被人接受；反之，企业管理者对风险持畏惧、反对态度，选择的范围就会受到限制，风险性战略方案就会受到排斥。冒险型管理人员喜欢进攻型的战略，保守型管理人员则喜欢防守型的战略。

四、时间因素

时间因素主要从以下几个方面影响战略选择：

第一，外部的时间制约对管理部门的战略决策影响很大。如外部时间制约紧迫，管理部门就来不及进行充分的分析和评价，往往不得已而选择防御型的战略。

第二,做出战略决策必须掌握时机。实践表明,好的战略如果出台时机不当,可能带来灾难性的后果。

第三,战略选择所需的超前时间同管理部门考虑中的前景时间是相关联的。若企业着眼于前景,则战略选择的超前时间就长。

五、竞争者的反应

在进行战略选择时,高层管理人员往往要全面考虑竞争者对不同选择可能做出的反应。例如,若企业采用增长型的战略,主要竞争者会做出什么反击行为,从而对本企业打算采用的战略有什么影响;如果选择的是直接向某一主要竞争对手挑战的进攻型战略,则该对手很可能用进攻型战略进行反击。企业高层管理人员在选择战略时必须考虑竞争者的这类反应、其反应的能量及他们对战略成功可能产生的影响。

在寡头垄断型的市场结构中,或者市场上存在一个极为强大的竞争者时,竞争者的反应对战略选择的影响更为重要。例如,IBM 公司的竞争行为会强烈地影响计算机行业所有公司的战略选择。而美国各汽车巨头也都必须紧盯其他巨头竞争者的反应,以确定自己的战略。

六、企业文化与权力关系

企业所选定的战略方案与企业文化是否能够很好地相容匹配,对于该战略方案的成功实施关系重大。在 QSPM 中,权重的确定就渗透了大量的组织文化的因素,同时也反映了企业对待战略问题的价值观。

战略方案的选择如果与企业文化完全匹配,虽然会对战略的成功实施产生极大的支撑作用,但是同时必然会阻碍那些具有创意和盈利潜力的方案的选择。越成功的企业,对其成功经验越迷恋,对环境变化的适应性也就越差。

如果战略方案的选择与企业文化不相适应,虽然可以应对环境的变化,但是共同的信念、强大的组织文化会大大增加成功实施该项战略的风险。不注意方案与企业文化的关系,脱离企业文化的要求进行战略管理,特别是在企业选定的战略与企业文化可能发生激烈冲突的情况下,对战略方案的选定一定要慎而行之。

企业中的权力关系对战略决策有很大的影响,在大多数企业中,如果一个拥有稳固的绝对权力的高层管理者支持某一战略方案,则该方案一般都会成为企业最终选择的战略并得到一致拥护。因此,企业的战略决策往往都是由企业中拥有最高权力的领导者做出的。如果企业权力并不集中,而是存在几个权力集团,那么最终的战略往往是权力集团博弈的结果。

七、中层管理者和职能人员

中层管理人员和职能人员,尤其是公司战略部门管理与规划人员对战略选择有重大影响。鲍威尔(J. Bower)和施瓦茨(J. Schwartz)的研究指出,如果中层管理人员和企业规划人员参加战略选择过程,由于受到个人视野及其所在单位的目标和使命的影响,因此他们选择的战略通常与总经理的选择不同,倾向于向高层推荐那些低风险、渐进式的战略,而不是高风险和突破性的战略。

卡特(E. Carter)研究了一些中小型公司做出的收购决策,发现中低层管理人员倾向于上报那些可能被上司接受的方案,而扣下不易通过的方案。各部门都会从自身的利益出发来评价战略方案,在可能的情况下,他们的选择总是适合于自身的目标。

因此，中层管理人员和职能人员能够通过草拟战略方案以及对方案进行评价来影响企业战略的选择。一般来说，他们对战略方案的建议和评价总是倾向于少冒风险，在不同程度上延续过去的战略。

第四节　战略选择的误区

企业在制定企业战略时不可避免地会在决策者心中产生一些急功近利的思想。快速成长，尽快赶上领先对手是许多企业管理者孜孜以求的目标。然而，企业与领先对手在竞争地位上的差距绝不是一朝一夕可以消除的。如果一味地追求成长速度，企业管理者的思想和行为就可能步入战略误区。

利润误区、规模误区、购并误区和多样化经营误区是企业战略决策者在实践中经常遇到的战略误区。

一、利润误区

亨利・福特早在 1916 年就曾经说过："我认为，我们不应该靠生产汽车来牟取太多的利润。获得适当的利润是应该的，但是不应太多。我认为，以较低的利润出售大量的汽车，这种做法更好……因为这可以使更多的人买得起和使用汽车，可以使更多的人有报酬较好的工作。这是我一生的两个目标。"许多目光远大的企业管理者的确没有把牟取最大利润作为最主要的目标，他们把社会责任、员工利益和投资者的利益都纳入企业的使命，为企业成长奠定了长期的思想基础。如今，绝大多数企业管理者都已经接受了这样的观念，利润只是企业的几个根本性的目标之一。

企业高层领导如果放弃了长期发展目标，只是一味地追求最大利润，就会形成以短期利润为轴心的经营模式，落入企业成长中的利润误区。这是一种常见的决策失误，其原因既有企业领导的主观认识问题，也有一些其他客观因素的影响。比如，一个创办不久的企业为了实现更大的发展，迫切需要更多的资金，企业领导自然希望在短期内赢得大量的利润；还有一些企业领导之所以热衷于短期利润目标，是因为他们希望能够较快地给员工增加收入，博得员工的认可和拥戴；另外，来自投资方的压力也可能影响企业的战略决策，使高层领导被迫在企业的长期利益和短期利益之间做出妥协。

利润误区的最大特点是企业的战略决策缺乏长远观念，它对企业的危害主要表现在以下几个方面：

第一，忽视竞争优势的培养过程；

第二，使企业迷失战略方向；

第三，不能对外界环境的变化及时做出反应；

第四，利润误区可能导致企业伦理的丧失。

所以，一个把标尺设定在更高、更远的目标上，试图实现快速成长的企业，必须在企业利益和社会公众利益之间、在企业短期利益和长期利益之间求得平衡，这就要求企业领导者正确地看待利润。

二、规模误区

在许多企业领导者的心目中，企业的规模等同于规模经济，等同于企业竞争优势，也等同于自己的经营业绩。在这种观念的指导下，他们大肆以企业购并、资产重组等手段将一大批劣质资产纳入自己的企业，使企业的规模在短时间内迅速膨胀。在这种观念及其指导下的行为都是极端错误的，因为它没有结合企业和市场的实际需要。

“规模经济”是用于描述企业经营投入—产出关系的概念，其基本含义是指在其他条件不变(如技术、价格、利率、税收等)的场合，随着投入的增加(即资产规模扩大)，产出(即收益)以高于投入的比例增加。规模经济形成的主要原因在于成本降低，即在经营规模扩大中采购成本、生产成本、管理成本、财务成本(主要是利息)、销售成本等并不与经营规模同比例上升，从而使产品(或销售)成本降低、利润增加。显然，规模经济符合资本运动的本质要求，属于资本经营的范畴。

但是，资产规模的扩大并不会自然地形成规模经济。企业购并、资产重组也并非都有利于构造规模经济格局，这是因为：

(1)规模经济是针对单个工厂(甚至单套设备装置)而言的；

(2)规模经济反映的是企业生产某种特定产品的成本和收益关系；

(3)理论上讨论规模经济时，舍去了一系列重要的影响因素。

由此不难看出，规模经济有其内在的规定。在不符合这些规定的场合，资产规模的扩大不可能导致规模经济的形成。可见，只有那些符合规模经济要求的企业购并、资产重组活动，才具有这些积极意义。

三、购并误区

在企业购并和资产重组中，一些企业提出“低成本扩张”的思路，试图以尽可能低的投资来最大限度地增加资产数量，实现资产的快速扩张；一些学者也认为，这是一种值得提倡的资本经营战略而加以论证和宣传。但是，“低成本扩张”应该结合购并双方的具体情况，兼顾国家、企业和员工的总体利益，万万不可作为企业发展壮大的捷径。以往的一些购并案例证明了两点：

1. 对国有资产来说，“低成本扩张”的成本并不低

一些企业通过低估目标企业的国有净资产数量，然后进行购并来实现“低成本扩张”。在这个过程中，国有净资产应有的价值与低成本之间的差额，构成了国有资产为“低成本扩张”所付出的成本。在这种情形下提倡“低成本扩张”，不仅严重影响国有资产的保值增值和资产评估的正常秩序，而且严重影响国有资产的正常交易秩序、存量盘活的正常进行，同时还将企业的购并活动引向误区。

2. 对企业来说，“低成本扩张”的成本并不低

在实践中，实施“低成本扩张”的企业往往简单地以企业在资产交易环节中付出的代价来计算成本。但对购并企业来说，真实的成本并不以此为限，它还包括购并企业在购并了目标企业后所进行的技术开发、项目投资、设备更新、经营管理、产品调整、市场开拓、人员培训及处理各种复杂事务方面所付出的代价。如果企业只重视在购并中以较低的价格收购价值量较高的资产而忽视购并后的各种代价和费用，那么这样做的结果往往是购并企业非但未能救活目标企业，而且自己也陷入了经营困境，甚至成为其他企业购并的目标。

事实上，对购并企业来说，能否以较低的价格获得目标企业的资产，在于其是否拥有技术、管理、产品、市场等方面的优势。如果拥有这些优势，即便按等价交换规则收购目标企业的资产，购并后的运营也能获得成功；如果缺乏这些优势，即便无偿获得了目标企业的资产，购并后

的运营也可能失败。因此，“低成本”不是实现企业购并、资产重组的关键，不应该提倡。应提倡和鼓励的是购并企业利用技术、管理、产品、市场等方面的优势来展开购并、重组，以促使企业运营方式的市场化和增强市场竞争力。

四、多样化经营误区

多样化经营也称为多角化经营或多元化经营，是指一个企业同时生产和提供两种以上不同的产品或劳务。近年来，国内许多企业追随国际潮流，不分大小，纷纷开展多样化经营，“多样化”也迅速成为经营上的一个热点。但 1998 年年初巨人集团的倒闭，给那些经营触角伸得过长的企业敲响了警钟。人们开始意识到以往对于多样化的认识还太肤浅，在这一领域还存在着很多误区。

(1)以盲目追求市场机会为多样化的指导思想；

(2)多样化就是进入利润高的行业，而不论业务是否与主业相关；

(3)多样化一定能降低风险；

(4)多样化是企业成功的必由之路。

总之，多样化是一种很好的企业发展战略，但实行多样化是需要一定的条件的，并非任何企业都可能或者都要实行，也并不是任何形式的多样化对企业都适用。企业应该结合所在企业和行业的特点来决定是否实行多样化，以是否能够充分发挥竞争优势来作为多样化目标行业的选择依据。

在企业的决策中，还有许许多多的误区，这就需要战略制定者时刻保持敏锐的洞察力和清醒的头脑，在发现机会的同时能发现其中隐含的风险，防止战略的效果偏离决策者的初衷。

本章小结

(1)战略选择的原则包括一致性原则、合理性原则、竞争性原则、风险性原则和有效性原则。

(2)战略制定的三个阶段为信息输入阶段、匹配阶段和决策阶段。

(3)SWOT 矩阵把企业所面对的外部因素和内部因素综合起来进行考虑，核心在于“匹配”，即根据企业的机会、威胁、优势、劣势设计出 SO、WO、ST、WT 战略。

(4)SPACE 矩阵采用财务优势(FS)、竞争优势(CA)、环境稳定性(ES)和产业优势(IS)来进行战略匹配分析，分别匹配出进取型战略、保守型战略、防御型战略和竞争型战略。

(5)BCG 矩阵分析法关注企业多元化业务组合的问题，通过考察各个经营单位对其他竞争者的经营单位的相对市场份额地位和产业增长速度而管理其业务组合。企业的所有业务可划分为问题类、明星类、现金牛类和瘦狗类四种类型。

(6)IE 矩阵以 IFE 的评分(或加权评分)作为横坐标，以 EFE 的评分(或加权评分)作为纵坐标，按照强、中、弱和高、中、低的水平把整个矩阵分为 9 个区域，划分为增长和建立、坚持和保持、收获和剥离三大区域。

(7)GSM 采用行业的增长率(纵坐标)和市场竞争力(横坐标)来表示企业的战略地位。

(8)QSPM 是对备选方案的战略行动的相对吸引力做出评价，从定量的角度来评判其战略备选方案的优劣程度。

(9)影响战略选择的因素有企业过去的战略、企业对外界环境的依赖程度、企业对待风险的态度、时间因素、竞争者的反应、企业文化与权力关系以及中层管理者和职能人员。

(10)战略选择的误区通常有利润误区、规模误区、购并误区和多样化经营误区。

复习思考题

(1)战略选择的原则有哪些?

(2)战略制定包括哪几个阶段? 各阶段主要有哪些方法?

(3)战略选择的工具有哪些?

(4)试述各种战略选择工具的建立步骤。

(5)请简要评价各种战略选择工具。

(6)战略选择的影响因素有哪些?

(7)战略选择的误区有哪些?

本章案例

小米科技的四次战略转型——谈雷军的创新远见

2015年4月6日,在紧张筹备五周年庆典的间隙,小米创始人、董事长兼首席执行官雷军发出一条微博,感叹创业五年的心路历程:"五年前的今天,2010年4月6日,北京中关村保福寺桥银谷大厦807室,14个人,一起喝了碗小米粥,一家小公司就开张了。小米就这样悄悄创办了……"

当小米家喻户晓以后,人们对雷军"站在台风口,猪都能飞上天"的理念深信不疑,并希望借鉴经验找准风口"飞上天",其实小米既是"风口"更是"伤口"。1992年1月,雷军经求伯君邀请加盟金山公司,直到2007年底离开,整整16年。2007年10月16日,8年间五次冲击IPO的金山终于在香港联交所挂牌上市,融资6.261亿港元,但雷军黯然神伤:2004年腾讯拿到15.5亿港元,2005年百度在纳斯达克融资39.58亿美元,2007年阿里巴巴在香港拿到15亿美元。眼看着马化腾、李彦宏这些昔日小弟变身为"带头大佬",雷军痛彻心扉地仰天叩问:"金山就像是在盐碱地里种草。为什么不在台风口放风筝呢?"苦等3年,当移动互联网时代到来、iPhone问世,雷军决定创办小米。

46岁的雷军看上去志得意满,最近多次手持自拍杆出现在全球媒体视野中。小米不仅刷新中国互联网企业的成长速度,而且开创了一种全新的商业模式和战略路径,引发海内外媒体关注。越来越多的人研究小米,质疑指责声亦此起彼伏,许多人批评雷军玩"饥饿营销",并倾向于"小米是一家营销公司"的观点。可实际上,小米是一家战略驱动型公司。而且,过去5年间,小米的成长并非一帆风顺,而是坎坷曲折。雷军不断地调整战略布局,以变革、创新,保持竞争优势。

雷军最早的战略布局是"流量分发,服务增值"。在创办小米之前,雷军以天使投资人的身份投资了凡客、乐淘、拉卡拉等几十家公司,涵盖移动互联网、电子商务和社交三大领域;2011年又成立顺为基金,投资了无忧英语、阿姨帮、雷锋网等互联网公司,涵盖在线教育、移动电商、医药垂直平台等热门领域。作为创始合伙人兼董事长,投资方向和领域都由雷军掌控大局。围绕小米的战略布局,金山软件、猎豹移动、欢聚时代等"雷军系"都可能成为小米的流量入口、应用软件、增值服务的棋子,即使小米手机不赚钱,靠系统内的业务支撑也能实现盈利。这项战略成功的标志事件是2011年8月16日小米手机发布会暨MIUI周年粉丝庆典,MIUI用户突破50万。

在这个战略中,MIUI、米聊两款软件是雷军最为倚重的支撑点。然而微信横空出世,并且在一年内注册用户量突破3亿,而米聊还不足其十分之一。雷军被迫调整战略,学习苹果走单品扩张之路,一年内陆续推出电视盒子、路由器、智能电视、平板电脑,其中,标志性举措是2013年7月31日发布红米手机,雷军为此不惜食言"不考虑中低端的配置"。与此同时,小米先后进军中国香港和中国台湾市场,并布局新加坡、马来西亚、印度尼西亚、泰国等华人为主的国家或地区,在六七个区域全面铺开。结果扩张并不成功,路由器、智能电视、平板电脑都没有获得"期待中的成功",海外市场也举步维艰,小米陷入混乱与麻烦之中。

好在这段时间持续不长,虽然雷军公开鼓励"互联网+",却在战略上开始做"互联网一",收缩战线,转而打造“生态链”。2014 年 11 月，雷军宣布“未来 5 年将投资 100 家智能硬件公司，小米模式是完全可以复制的”。一个月后，2014 年 12 月，小米以不超过 12.66 亿元入股美的。另外，雷军还请来新浪总编辑陈彤负责内容投资和内容运营，并入股优酷、爱奇艺、荔枝 FM 等内容公司。至此，小米边界分明，只做手机、电视、路由器三大产品线，掌控小米网、MIUI、供应链等核心环节，形成软件、硬件、服务、内容等“生态链”系统。

第四次战略布局几乎同时进行，不过是雷军基于未来三五年的考虑。2014 年 12 月，金山、小米联合向世纪互联注资近 2.3 亿美元，这意味着小米已瞄准未来的战略方向——云服务和大数据。小米通过“生态链”系统连接一切可以连接的智能设备。大量的终端数据汇聚小米，最终建成一个数据采集、服务中心。小米将成为一家数据公司。

作为一家“现象级”公司，小米的样本意义并不在于估值 450 亿美元或手机年出货量 6 112 万台、销售额 743 亿元，也不是“铁人三项”“参与感”营销或“风口论”，而是雷军的战略创新。尤其进入 2015 年以后，小米的“生态链”“云服务”战略是乔布斯都未曾走过的路，凶险、坎坷不言而喻。

这是小米成为伟大公司的开始，当然，也有可能衰败、没落。无论如何，小米都会被铭记，它的成败得失注定将凝聚成后来者前进的力量。

资料来源：徐君. 企业战略管理[M]. 北京：清华大学出版社，2019：215.

思考题：

结合该案例，分析小米公司战略选择的思路。

第八章 战略实施

【名言警句】

行动是思想的最好注解。

——约翰·洛克

思想和战略固然很重要，但实施这些思想和战略才是真正的挑战。

——波西·巴尼维克

【学习目的】

通过学习本章，你应该掌握以下内容：

☆ 理解战略实施的含义与性质；

☆ 掌握战略实施的基本模式，了解战略实施的主要任务；

☆ 明确战略分解、年度目标等基本概念；

☆ 掌握并能灵活运用资源配置及组织管理匹配的主要内容；

☆ 了解战略实施中的常见阻力因素及相应的克服途径。

【开篇案例】

华为自主品牌产品走向世界市场的国际化战略及实施路径

作为世界电信网络通信领域的巨头，2015 年，华为实现销售收入 608 亿美元，同比增长 37.1%，其中 58%的销售收入来自海外市场。华为的成长史，是一部催人奋斗的历史。短短二十几年，华为由深圳一家不知名的做代工产品的小公司成长为一家实力雄厚的国际大企业，成为中国民营企业打造世界级自主品牌的一面旗帜，赢得了世界的关注和认可。

一、华为自主品牌产品走向世界市场的国际化战略

1. 市场布局

在市场推进战略上华为采取了“先易后难”的产业布局，采用先进入发展中国家后进入发达国家的渐进式国际化发展策略和迂回侧翼战略，选择了布局俄罗斯—亚非拉—欧洲—美国市场的线路。1995 年，华为启动了自主品牌国际化的艰苦漫长旅程，首选的区位市场是俄罗斯。1997 年，华为在俄罗斯境内建立合资公司，利用本土化来降低企业进入的壁垒。然后，国际市场选择转向东南亚、中东和非洲以及拉丁美洲等地的发展中国家。1998 年，华为通过参加重要发展中国家或地区展会的机会，对该地区进行重点人员的长期投入，之后通过设立研发中心等方式进入发展中国家市场。2001 年，华为通过合资方式，包括与 3COM、西门子、松下等合作成立合资公司，进入发达国家市场，在稳定发展中国家市场的基础上步步渗透，各个突破。华为的自主品牌国际化市场布局很清晰，但走起来也并非易事。华为的可贵之处在于能够坚持到底，并最终取得国际化的成功。

2. 品牌推广

华为在推出自主品牌的初期将产品定位在中、低端，利用发展中国家的低成本优势，加大研发投入力度，生产出低价格、高性价比的产品，同时，以市场为导向，根据客户的需求提供差异化的产品和优质的售后服务。华为公司能将自主品牌在国际上推广，主要依靠领先的技术、优质的服务和快速满足客户需求的能力，这样华为才有可能在国际市场上树立自己的品牌形象，扩大企业的知名度。另一方面，华为通过“新丝绸之路”政策、“东方快车”品牌计划，以及印刷《华为在中国》画册等，不断地扩大华为的自主品牌在世界的影响力，也为华为自主品牌国际化提供有效保障。

3. 跨国投资

1997年，华为在拓展俄罗斯市场时开始运用与国内企业——贝托康采恩和俄罗斯电信公司建立合资公司来达到进入市场的目的。同样，2003年，华为与美国3COM公司设立合资公司；2004年，华为又先后与西门子、松下等企业合作成立合资公司；2007年，华为还与赛门铁克合作成立合资公司等。华为通过与合资公司共同研发，追求技术创新与进步，不断地促使其自主品牌产品优化升级。同时，华为也利用并购的方式，进行投资活动。并购也是华为自主品牌快速打入国际市场的一种方式。通过对先进技术品牌的并购，华为增强了自主开发知识产权的创新能力，并逐步提高了在国际市场上的品牌竞争力。

4. 研发创新

为配合华为的自主品牌国际化，华为的研发创新也在不断地朝着国际化的方向发展。华为不仅每年将销售额的10%以上用于研发创新，而且在世界各地都设立了研究所。例如，在俄罗斯、印度、瑞典和美国等，都建立了技术合作开发研究室或技术研发中心；在国内和国际市场上，采取全球同步研发体系，促使华为的产品一投入市场，在技术上就可以达到与全球同步的先进水平。

2015年，华为研发投入596亿元，占销售收入的15%。过去十年，华为研发投入累计超过2 400亿元。目前全球研发人员约7.9万名，占公司总人数的45%，全球拥有16个研发中心，累计申请中国专利超过5万件，申请国外专利万余件，在全球企业专利申请量上位居第一。华为在研究开发上的投入比例在世界上仅次于微软。

二、华为自主品牌产品走向世界市场的战略实施路径

1. 努力提升自主品牌技术的创新能力

华为公司一直坚持新技术的开发与创新，其进行自主品牌推广的过程也是以产品和技术创新为主线的。在华为，广泛流传着这样的口号：“销售管一时，研发管一世”“企业生存靠产品，长久发展靠研发”等。目前，华为在国内的深圳、上海、武汉等地，国外的俄罗斯的莫斯科、印度的班加罗尔、瑞典的斯德哥尔摩和美国的硅谷等地，都设立了研发机构，组建了研发的跨文化合作团队。

华为自2005年技术专利申请跻身全国第一后，连续多年位居第一。2014年，华为以3 442件的专利申请数超越日本松下公司，成为2014年全球专利的最大申请人。2015年，华为从事研究与开发的人员约79 000名，占公司总人数的45%；研发费用支出为596亿元，占总收入的15.1%。近十年，累计投入的研发费用超过2 400亿元。

2. 实施差异化的竞争优势

华为利用国内和国际上发展中国家的劳动力优势，加上高研发投入，生产出高性价比的产品，在国际市场上有一定的竞争力。例如，华为推出的C&C08交换机、HONET综合接入网、ETS、SDH等产品，不仅降低生产成本，追求客户利益最大化，而且满足客户对产品质量的要求。这些优秀的产品使得华为能够在国际市场上不断地发展壮大。华为品牌产品在强调性价比优势的同时也注重售后和技术服务。

在服务方面，华为主要以客户需求为导向，充分理解、掌握客户信息，为客户提供有针对性、个性化的产品和解决方案。同时，华为推出“新丝绸之路”行动和“东方快车”品牌计划，组织大批海外潜在客户参观华为深圳总部和各地研究所，让客户了解华为，树立客户对华为品牌的信心，提升华为的自主品牌形象。华为的这些努力，使华为的产品被更多国家或地区的用户接受，提升了华为在国际上的自主品牌形象。

3. 建立企业的核心文化：“狼性文化”

华为人非常崇尚“狼性文化”，正是这种勇于开拓、不断进取的文化，推动华为品牌从国内走向国外，实现自主品牌的国际化。

任正非将华为企业文化定义为“狼性文化”：首先，要有敏锐的洞察力；其次，要有百折不挠的奋斗精神；再次，要有团队竞争与合作的精神。在华为的企业运作和管理中，“狼性”被体现得淋漓尽致。它要求华为人明确个人和团队的共同目标，明确个人和团队的定位和作用，在各自的岗位上保持敏锐的洞察力，分工合作，发挥个人的最大潜能,从而推动整个企业系统的高效、快速运转,这也是华为在市场上超越竞争对手的重要利器。正是这样根深蒂固的文化,为华为的自主品牌注入了源源不断的血液,孕育出了华为品牌国际化的战略征程。

4. 提供"保姆式"的全程服务

华为拥有通信设备制造业界最为全面的产品线,能提供业界最为完整的端到端的解决方案和"保姆式"服务。"保姆式"顾名思义就是从产品出售前、销售中以及售后服务等对客户的全程服务,这使得华为比竞争对手更具有针对性地了解客户的具体情况及需求,以方便"一对一"地解决客户问题。华为已经推出了针对不同客户群体的客户化服务体系,致力于提高客户的利益和公司的市场盈利能力。

华为在海外市场总共建立了100多个分支机构,通过分支机构,迅速了解客户的需求与反应,为客户提供方便、快捷、更具针对性的服务。并且,华为领先的技术、优质的服务和与客户及时沟通的能力,使华为已经逐渐完成从"以利润换市场"到"以实力和服务赢市场"的转型。基于强大的研发能力,以客户需求为导向,生产性价比高的优质产品,提供优质的售后服务,使得华为不仅在国际上站稳脚跟,而且自主产品品牌影响力也不断地扩大,最终实现自主品牌国际化。

5. 坚持不打低价牌,以高性价比和客户优势赢得竞争优势

在国际竞争中,华为的自主品牌产品想要获得成功,就不能打低价牌,而是依靠研发投入和优质服务取胜。在欧美发达国家市场,运营商在考虑低价成本的同时更看重商品的质量和服务。只有高质量、好服务、低成本三者兼得,才会受到运营商的青睐。华为将大部分研发人员派往全球各研发和售后服务部门,使产品具备高性价比的同时,更有完善的售后服务体系。

华为在欧洲市场上与许多国际巨头一起竞争法国LDCOM公司的DWDM国家干线传输网项目。华为的产品竞争优势是在技术和质量方面丝毫不逊色于任何一家竞争对手产品的同时,可以帮助LDCOM公司减少投入成本:仅仅在一期建设中节省35%的投入,整个项目可以节省50%的投入。这对双方来说是一个共赢的局面。再加上华为完善的营销和服务体系,使得华为在竞标中具有明显的竞争优势。

资料来源:徐君. 企业战略管理[M]. 北京:清华大学出版社,2019:217;秦远建. 企业战略管理[M]. 武汉:武汉理工大学出版社,2017:267—269.

战略实施过程是将战略思想转变为战略行动的过程。它意味着企业的资源(人力、财力、技术等)、组织管理(组织结构、企业文化、财会等)以及由这些要素有机结合形成的各种动态能力,形成与企业的战略构思相匹配的持续竞争优势。实际做一件事情(战略实施)总是比决定做这件事情(战略制定)要困难得多。战略实施是一个比战略制定更复杂、更费时、更困难的工作过程。在本章中,我们主要从战略分解、资源配置、组织管理匹配等方面阐述战略的实施问题。

第一节　战略实施概述

战略实施是把企业战略付诸实践的过程。再好的战略,如果不付诸实践,那也不过是水中月、镜中花。战略实施要将战略总目标分解为一系列的具体战略目标,要对资源进行合理的、有效的、符合战略要求的配置,要对组织管理进行必要的调整,从而使之与战略相匹配。同时,战略实施过程中企业还要注意各种阻力因素,并及时采取有效的方法予以清除,以保证战略的有效实施。

一、战略实施的含义

战略实施(Strategy Implementation),也称战略执行,是指通过行动计划、预算以及标准

的操作规程等方式把企业制定的战略与政策付诸实践。行动计划是指为了完成一个单项计划要进行的行动或步骤，它使战略转化为行动导向。预算是指用钱来表达行动计划，即列出每项行动计划的费用，用于计划和控制。简言之，战略实施就是企业的各种战略活动都按照既定方案予以实施的全部活动过程。

企业在战略实施过程中常常会遇到许多在制定战略时未曾估计到或者不可能完全估计到的问题。因此，企业在战略实施中需要坚持一定的原则，具体包括适度的合理性原则，统一领导、统一指挥原则，权变原则。

1. 适度的合理性原则

由于信息、决策时限及认识能力等因素的限制，企业所制定的经营战略对未来的预测不可能很准确，也不是最优的。而且在战略实施的过程中由于企业外部环境及内部条件的变化较大，情况比较复杂，因此，只要在主要的战略目标上基本达到战略预定的目标，就应当认为这一战略的制定及实施是成功的。战略的实施过程不是一个简单、机械的执行过程，而是需要执行人员大胆创新的过程。在战略实施中，战略的某些内容或特征有可能改变，但只要不妨碍总体目标及战略的实现，就是合理的。所以说，在战略实施中企业应该遵循适度的合理性原则。

2. 统一领导、统一指挥原则

战略实施应当在企业高层管理者的统一领导、统一指挥下进行，因为对企业经营战略了解最深刻的应当是企业的高层领导人员。只有遵守这一原则，企业的资源配置、组织结构调整、企业文化建设等各方面才能相互协调、平衡，才能使企业为实现战略目标而卓有成效地运行。而且，统一指挥原则要求企业的每个部门只能接受一个上级的命令，在战略实施中所发生的问题能在小范围、低层次解决的问题，就不要放到更大范围、更高层次去解决，这样做所付出的代价最小。因为越是在高层次的环节上解决问题，涉及的面也就越大，交叉的关系也就越复杂，当然其代价也就越大。

3. 权变原则

战略实施过程本身就是解决问题的过程，但如果企业内外环境发生重大的变化，以致原定战略的实施成为不可行，这时就需要把原定的战略进行重大调整，这就是战略实施的权变问题。权变的观念应当贯穿于战略实施的全过程。从战略制定到战略实施，权变原则要求识别战略实施中的关键变量，分析并进一步提出这些关键变量的变化，超过一定的范围时，原定的战略就应当进行调整，并准备相应的替代方案。也就是说，企业应该对可能发生的变化及其可能造成的后果以及应变替代方案，都要有足够的了解和充分的准备，以使企业有充分的应变能力。

二、战略实施的性质

“说起来容易，做起来难”，制定了战略只完成了任务的5%，95%以上的工作都在执行上。因此，战略实施比战略制定更为关键。战略制定与战略实施属于两个不同的管理范畴，两者之间既存在诸多密切的联系，又存在根本性的区别。以下便是战略制定与战略实施的主要区别：

- 战略制定是在行动之前部署力量，战略实施是在行动之中管理和运用力量；
- 战略制定注重效能，战略实施注重效率；
- 战略制定主要是一种思维过程，战略实施主要是一种行动过程；
- 战略制定需要有好的直觉与分析能力，战略实施需要有特殊的激励和领导技能；
- 战略制定只需对少数几个人进行协调，战略实施则要对众多人员进行协调。

由此可见，战略实施最根本的特性是：以行动为导向，让期望的事情发生。如果战略制定主要是市场驱动性的企业家活动，那么战略实施则主要是企业内部运营驱动性的管理实践活动。成功的战略制定有赖于企业领导人的远见卓识和智慧以及捕捉机遇的能力；而成功的战略实施则有赖于企业领导人的胆识、魄力、行动和协调能力，以及全体员工的响应和执行能力。

上述差异决定了战略制定与战略实施对企业存在不同的组织要求：

1. 涉及的范围不同

战略制定阶段的参与人员数量较少，虽然战略制定过程中会咨询很多外部技术专家、政府官员以及相关人士，也可能会进行大规模的市场调研，并会听取内部关键成员的意见，但是最终决策权在于有限的几个人。战略实施是一个全员性的概念，是一个完整的系统，包括组织结构调整、企业文化塑造、物流管理、市场营销、生产运作、人力资源、研发等各个层次、各个环节，而诸多环节之间又是紧密相连、相互影响的，某一环节的小问题就可能导致企业总体战略的失败。因此，战略实施将涉及更多的参与人员。

2. 对人的要求不同

在战略制定阶段，需要的是分析能力与良好的直觉，注重的是一种概念技能。而战略的实施则需要脚踏实地，需要一种迅速、快捷、有效行动的能力。如果说战略的制定是"运筹帷幄、决胜千里"，那么就需要一批"攻城掠地""攻无不克""战无不胜"的将才来实施这些战略设想。因此，在这两个不同的阶段，对领导人和管理者的素质、个性和能力方面的要求是截然不同的。选择合适的人分别担任战略的制定与实施领导和指挥工作，是战略管理得以成功的关键。

3. 所需的文化氛围不同

由于战略制定与战略实施这两个阶段的工作性质不同，因此它们所需要的环境氛围也不尽相同。在战略制定过程中，创造力是至关重要的，这就需要一种灵活、创新的团队氛围，需要"高瞻远瞩"。而战略实施则更偏重于对效率的追求，强调执行力，此时更多的是注重"埋头拉车"。在战略管理中，战略实施是非常关键的一个环节，只有战略能够正确地实施下去，战略管理才会最终取得其应有的价值。当战略制定的工具、方法、概念得到基本普及和有效贯彻之后，战略实施的问题将会越来越受到业界的关注。

三、战略实施的基本模式

战略实施可以采取不同的模式，每一种模式有其特定的适用范围。正确选择战略实施模式，对于成功实施战略至关重要。

企业的战略管理实践中通常采用以下五种不同的战略实施模式，如表 8—1 所示。

表 8—1　　五种不同的战略实施模式

模式类别	侧重点	高层领导者的角色
指挥型	制定并组织战略实施	集权者
变革型	通过变革实施战略	设计者
合作型	发挥集体智慧，让其他高层管理人员参与决策	协调者
文化型	培育和改变企业文化，动员全体员工参与	指导者
增长型	激励下层管理者参与制定战略，创造性地实施战略	评判者

1. 指挥型模式

这种模式的特点是：由计划人员向企业高层提交企业经营战略的报告，通常先由总经理审阅，其工作重心放在如何制定最佳的战略方面，最终由企业高层做出决定；确定了战略之后，再逐级向下宣布企业战略，然后强制企业下层管理人员执行。

这种模式的运用一般会受到以下条件的约束：

(1)本模式下企业高层特别是总经理须拥有较高的权威，因为战略的实施主要是依赖其个人权威，通过发布各种指令来推进的。

(2)本模式只能在战略实施难度较小、实施条件较为有利的条件下运用。它要求战略制定者与执行者的目标保持一致；企业组织结构高度集权；企业环境稳定，多种经营程度低；企业处于强有力的竞争地位，资源较为宽松。

(3)本模式要求企业能够准确、有效地收集信息并能及时汇总到企业高层或总经理的手中，要配备有全局眼光的专业规划人员，以便协调企业各职能部门和各业务单位的计划。

该种模式的缺点是把战略制定者与战略实施者分开，下层管理人员缺乏执行战略的主动性和创造精神，甚至会拒绝执行战略。

2. 变革型模式

这种模式的特点是：企业总经理将工作重心放在如何通过变革实施战略上。为了促进战略的实施，总经理本人或在其他人的帮助下，通常会采取一系列变革措施。例如，建立新的组织机构，进行人事调整，修订各种政策和程序，改革奖惩制度，推进企业文化变革。为了进一步增大战略成功的机会，企业领导人往往会采取以下措施：

(1)利用新的组织机构和参谋人员，向企业全体员工传达新战略优先考虑的重点是什么，把企业的注意力集中于战略重点所需要的领域和活动。

(2)建立、完善企业的战略规划系统、效益评价系统和控制系统，采用各项激励政策和措施支持战略的实施。

(3)充分调动企业全体员工的积极性，争取全体员工对战略实施的支持和参与，保证战略的顺利实施。

一般而言，这种模式比指挥型模式更为有效，但仍然没有解决指挥型模式存在的、获取信息的准确性问题，各业务单位和个人利益与企业利益的协调问题以及下层管理人员实施战略的动力问题。此外，还产生了一些新的问题，例如，新建立的组织机构和控制系统会使战略失去灵活性，不利于根据外部环境的变化对战略进行及时调整。因此，受外部环境影响较大且环境不确定性较高的企业，在选择该种模式时应慎重。

3. 合作型模式

这种模式的特点是：总经理与其他高层管理人员一起对企业战略问题进行充分讨论，形成较为一致的意见，制定可行的战略，然后进一步落实和贯彻战略，从而使全体高层管理人员在战略的制定和实施过程中都能做出各自的贡献。也就是说，总经理的工作重心主要放在如何发挥集体智慧，让其他高层管理人员从战略实施一开始就承担相应的责任上。

该模式有效地克服了指挥型模式和变革型模式的缺点，有利于总经理接近一线管理人员，获得比较准确的信息。同时，由于全体高层管理人员参与了战略的制定，因此战略实施成功的可能性得以明显提高。但是，合作型模式仍然有不足之处，主要表现在：由于战略制定是具有不同观点、不同目的的参与者相互协商、折中的产物，因而有可能会降低战略的经济合理性；同时，由于战略的制定主要局限于高层管理人员，不利于充分调动中、低层管理人员和全体员工实施战略的积极性和主动性。

4. 文化型模式

这种模式具有以下特点：总经理运用企业文化的手段不断地向企业全体员工灌输企业的战略思想和意图，建立共同的价值观和行为准则，使企业全体员工在共同的文化基础上参与战略的实施活动。也就是说，企业总经理的工作重心主要放在如何通过培育和改变企业文化，动员全体员工都参与战略实施活动上。

该模式的优点在于打破了战略制定者和战略实施者的界限，全体员工都参与了战略的制定和实施工作，因而有利于统一思想和行动，集中众人智慧，确保战略的顺利实施。但是，文化型模式也存在着一定的局限性，主要表现在：对员工的学识素质要求较高；过度强调企业文化，会掩盖企业中存在的某些问题；员工参与战略制定和实施可能因为企业高层领导不愿放弃控制权而流于形式；等等。

5. 增长型模式

这种模式的特点是：企业战略采用自下而上的方式制定，而不是自上而下地推行。企业总经理的工作重心主要放在如何激励下层管理人员参与战略制定和实施的积极性与主动性，从而有效促进企业总体战略目标的实现。

该模式要求总经理认真对待下层管理人员提出的一切有利于企业发展的战略方案。只要方案基本可行，符合企业总体战略发展方向，就应及时予以批准或给予积极反馈，以激励员工的首创精神。

增长型模式对企业总经理的要求特别严格，它要求总经理在授权、员工参与决策等问题上持一种开明的态度。同文化型模式一样，这种模式对员工素质的要求也比较高。

上述五种战略实施模式各有利弊，分别有不同的约束条件和适用范围，在选择时应充分考虑企业自身的实际状况和特点。在企业管理的实践中，五种模式往往是交叉或混合使用的。

四、战略实施的主要任务

战略实施是战略管理过程的行动阶段，要求将选定的战略加以细化，制定实施战略所需的各项措施，并将这些措施付诸行动。具体来讲，战略实施的主要任务如下：

(1)制订战略实施计划；

(2)建立与战略相适应的组织结构；

(3)按战略的要求配置资源，确保有限的资源投入对战略成功至关重要的关键价值链活动中；

(4)建立对战略起支持作用的政策和运作程序；

(5)根据战略要求，对价值链活动进行优化，对业务流程进行再造；

(6)建立有利于战略实施的激励和诱导机制；

(7)建立与战略要求相适应的沟通和协调机制；

(8)营造、培育一种有利于战略实施的工作环境和企业文化；

(9)加强对战略实施的领导，排除变革阻力；

(10)对战略实施过程加以控制，确保预期目标的实现。

战略实施的任务归纳到一点，就是确保企业内部的运作方式和多项活动与战略成功的必要条件之间保持协调一致。其中，最重要的协调是战略与组织结构和组织能力之间的协调、战略与资源之间的协调、战略与内部支持系统之间的协调、战略与企业文化之间的协调。企业内部运作方式和多种活动与战略成功的必要条件协调程度越高，越有利于将整个组织和各种资源整合起来，形成竞争对手难以替代和模仿的核心能力，确保战略的顺利实施。

除明确战略实施的任务之外，企业在实施战略的行动开始之前还需要首先明确下述三个基本问题：

(1)主体——谁来实施战略？

(2)内容——实施战略有哪些工作要做？

(3)方式——如何做好战略实施工作？

第二节　战略分解

为便于战略实施，首先要做的一件重要工作就是战略分解，即将企业总体战略进行细分，是对企业战略的具体展开和实施过程。它具体包括纵向展开和横向展开两个体系，共同构成企业的战略目标网络，从而通过战略分解来保证战略的具体实施和落实。

一、战略分解的概念

所谓战略分解，就是按照一定的要求和细分标准将企业战略逐层细化，并最终演绎成企业经营单位或职能部门年度目标的活动过程。

战略分解，主要包括纵向展开和横向展开两个战略分解体系，它们共同构成企业战略目标网络。纵向展开的战略分解基本上按企业的组织系统展开，即把公司总战略逐层细化，落实到各个层次、各个部门及各类人员。这一目标体系会呈现出金字塔型，基本同企业的组织结构相对应。横向展开的战略分解是按企业目标管理的步骤，分别对各类战略目标展开。横向展开的战略分解图一般会有许多张，具体数目根据总体战略目标多少而定(见图8－1)。

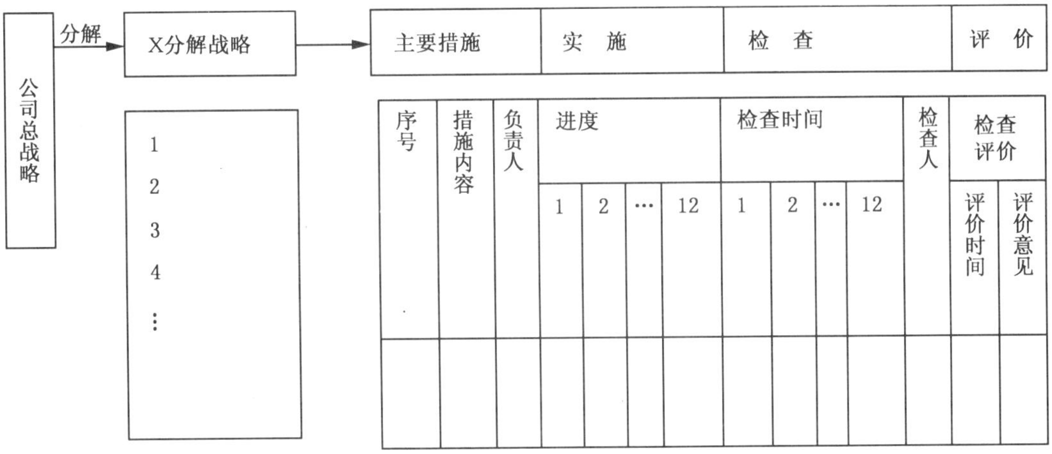

图8－1　横向展开的战略分解

二、战略目标分解

战略目标分解是实施战略的最基础工作。企业的战略目标一般来说会体现企业的战略使命和宗旨，但战略目标的设定还存在另一个目的，即体现企业的战略意图与战略性。例如，采取成本领先战略的企业要明确：相对于主要竞争对手，企业的成本优势要保持在什么样的差距范围内才能在市场竞争中体现这一战略特征，才能帮助企业在正确的定位下达到其战略目的。

采取差异化战略的企业，必须明确产品的差异化程度，同时也要确定差异化的成本。过高的差价是差异化战略的主要风险之一。因此，企业必须在两者之间保持一种平衡，具体操作上可从以下两个纬度对企业的战略目标进行分解。

1. 时间分解

将企业战略做时间上的分解，明确进度和分阶段的战略目标，即把战略方案的长期目标从时间上分解为一个个短期目标，使企业的长期行为转化为短期安排。明确规定什么目标在什么时候完成到什么程度，便于实施、检查。通常的做法是：将“战略阶段”进一步分解成“年度目标”，再进一步分解成季度、月度目标。需要注意的是，时间分解时应注意时间的同步性，各项目在时间序列上要符合需要。

2. 空间分解

将企业战略作空间上的分解，根据公司（集团）总战略分别制定各经营业务部门和职能部门相应的分战略，在分战略和分任务明确之后进一步制定相应的措施和策略，即将“集团战略”分解、细化为“经营单位（如子公司）或部门战略”。其实，这里所述的战略空间分解也就是战略在纵向上的分解形式（见图 8—2）。

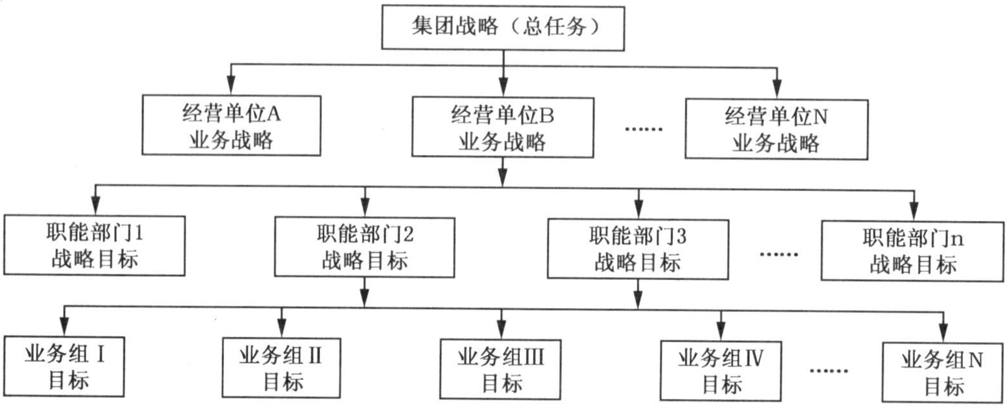

图 8—2 纵向展开的战略分解（空间分解）

三、年度目标

建立年度目标是由企业中所有管理者直接参与的一项分散化的活动。积极参与年度目标的制定可以加强管理者的认同感和责任感。年度目标对于战略实施有着非常重要的意义：

(1)它是配置资源的基础；

(2)它是评价管理者的主要尺度；

(3)它是监测运作过程，使其向实现长期目标方向前进的工具；

(4)它突出了公司、分部和各职能部门的工作重点。

企业普遍制定的年度目标包括盈利、增长和按业务、区域、用户群体及产品分类的市场份额等内容。被明确表述和传播的目标对于各种类型和规模的企业都至关重要。企业应当投入相当多的时间和努力，以保证年度目标恰当、合理，与长期目标一致，并支持企业战略的实施。批准、修改或否决年度目标绝不只是橡皮图章式的过程。

年度目标的作用和意义可以概括为：年度目标可以作为指引企业成员的行动、方向和努力的准则;它通过向利益相关者论证企业活动的合理性而为企业的经营提供依据;它还为企业的运作提供了标准;它是激励企业雇员并使他们加强自我认知的重要动力。它促使管理者和雇员努力工作,并为企业组织设计提供了参考和依据。

年度目标的基本模式如表 8－2 所示:

表 8－2　　某家电企业的年度目标模式　　单位:亿元

年　份	2003	2004	2005	2006	2007
集　团	50	66	80	90	100
冰箱产业	15				
洗衣机产业	10				
彩电产业	8				
空调产业	6				
手机产业	4				
其他产业	3				

一般而言,年度目标应具备以下几个方面的基本特征:

- 可度量性;
- 协调一致性;
- 合理性;
- 明确性;
- 挑战性;
- 有适当的时间要求;
- 附以相应的奖罚规定;
- 与管理者、雇员的价值观相符。

年度目标应当在整个企业中得到传播和贯彻。经常发生的情况是,目标制定过于笼统,而不具有实际操作性,诸如像“促进沟通”或“改进绩效”这样的目标就不明确、不具体、不可度量。目标应有明确的数量、质量、成本和时间规定,并应可调整,诸如“增加到最大”“减少至最小”“尽快”及“足够的”这样的辞令应避免使用。

年度目标应当与员工和管理者的价值观相符,并有明确、具体的政策支持。为了保证企业全体成员都能够充分认识和明确年度目标对于成功实施战略的重要性,企业往往将奖励和惩罚与目标实现情况挂钩。虽然明确、具体的年度目标并不能绝对保证战略的成功实施,但是它可以有力地促进企业战略及个人目标的实现。同时,需要注意的是,过于强调目标的完成也会导致许多不良的行为,如编造假数字、虚报假夸、不如实进行记录,以及为完成目标而完成目标。战略制定者和实施者应当对这些潜在问题有所警惕,并建立相应的预警机制。

第三节　资源配置

企业在实施战略的过程中应该对所属资源进行优化配置,以充分保证战略的实现。战略与资源相适应是最基本的关系。它是指企业在战略实施的过程中应当有必要的资源保证。战略管理本身有时也被称为“资源配置的过程”。战略管理使资源能够按照年度目标所确定的优先顺序进行配置。对于战略管理和成功经营来说，再也没有比不按年度目标确定的轻重缓急顺序配置资源更为有害。所有企业要成功实施战略，必须拥有用于实现预期目标的资源：人力资源、财力资源、技术资源等。

一、人力资源

企业的人力资源是全部资源中最富活力、最具创造性的资源。它具体包括企业的领导者、管理人员、技术人员等的素质情况、知识水准、经验技能等是否有利于企业的发展，其意识是否先进，企业的内聚力如何等。如果对人力资源问题不能给予足够的重视，设计得再好的战略管理系统也会失败。

企业在战略实施过程中产生的人力资源问题通常由下述原因所致：(1)社会和政治结构的破坏；(2)没有将个人能力与战略实施任务相匹配；(3)最高管理层对战略实施活动的支持不足。因此，企业的人力资源能否发挥效益，关键在于如何根据不同时期的战略需要对其人力资源进行组织、整合与调配。

战略专栏 1

海信的人力资源配置

海信的成功源于多个方面，而其统一的人力资源调配功不可没。

在海信，人力资源部的角色定位为“服务”。海信人力资源总监顾锴从三个方面对此作了解释：第一，人力资源部作为公司战略等方面的参谋，为公司的重大决策提供支持性服务；第二，为各部门直线经理管理好员工、用好员工提供人力资源方面的支持性服务，包括工具与方法等；第三，为员工的工作、生活中遇到的困难、疑惑提供帮助，协调员工间的关系，凝聚人心，从事业、待遇、氛围三个方面留住优秀人才。

海信的人力资源部做人力资源工作，不是被动、消极的，而是在公司制订战略规划时就积极参与，帮助公司制订相应的人力资源规划。为了做好战略参谋，人力资源部的负责人参与到总裁办公会中，第一时间了解公司的战略规划，并在参与和讨论中很好地理解它们，最后使人力资源的各项业务能与战略紧密结合。海信每一次新产业的战略调整萌芽阶段，人力资源部就及时开始前期筹备——人员的招募、储备、调配、培训、薪酬与绩效方案的设计等。

海信人力资源管理中一项很重要的原则是所有人力资源由海信集团人力资源部统一调配，而不归任何一个子公司私有。只有从集团的高度，结合产业变革、结构调整、职能调整等进行人员的统一调配，才能充分发挥集团人力资源的整体优势。为了强化这种观念，企业首先利用各种途径(如每季度、年度的经济工作会议)给各公司的老总及人力资源部的人员灌输和强化人力资源共享的大局意识。其次，通过公开的内部招聘信息平台，发布全公司的招聘信息，鼓励员工参与集团的内部竞聘。再次，集团内涉及产业变革、结构调整等重大战略性调整时，所有涉及的公司都必须无条件地服从。另外，在用人上，它们强调“把最好的人力资源放到一线去”，但其前提是：人才从子公司来，需到集团公司锻炼，然后再回到子公司。这样做的目的是让其更容易站在集团层面考虑问题，而且“具有大局观”，被作为集团选拔干部的要求之一。如果不具备大局观，即使能力、技能、业绩再优秀，则不具备被提拔为干部的资格。

正是这种基于战略考虑的人力资源配置，铸就了海信战略的顺利、有效实施，并成为海信可持续发展道路上的一个关键而和谐的音符。

资料来源：http://www.35wl.com/GL/renli/17666.html。

具体而言，人力资源的选择与分配主要包括以下内容：

(1)经营战略管理者为各个战略项目岗位配备战略实施必需的管理人员、技术骨干以及对战略能产生重大结果的关键战略部门的关键性人员。

(2)由于战略实施过程具有长期性，要为经营战略实施建立关键人员与技能的储备机制，不断地为战略实施输送有效的人力资源。

(3)战略实施人员的选配要注意整个队伍的综合力量，在人员结构上要兼顾背景、知识、经验、价值观念、管理方式、个性等方面的因素，对于战略实施的综合影响，注重整体效应，始终保持战略实施队伍的活力。

同时要注意，对人力资源的管理不仅要考虑当前的需要，而且要用战略的眼光充分考虑未来的长远需要。基于这种考虑，战略实施过程中人力资源的配置应遵循战略性人力资源的基本框架，即应包括制订人力资源计划、人员供需配置、员工技能开发、员工绩效评价管理、员工薪酬管理等内容，具体工作环节如图 8—3 所示。

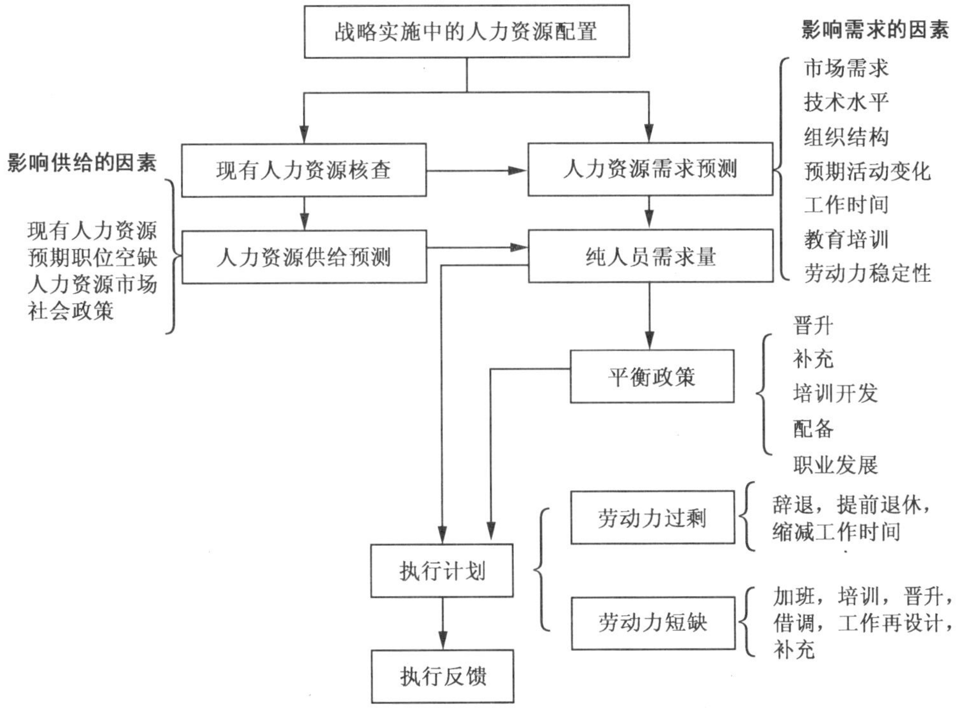

图 8—3　人力资源计划编制模型

人力资源配置可以为企业的各个战略岗位配备管理和技术人才，特别是对关键岗位的关键人物做出选择，而且可以为战略实施建立人才及技术储备，不断地为战略实施输送所需要的人才。同时，企业在实施战略的过程中还应注意整个队伍综合力量的搭配和权衡。

二、财力资源

战略实施的资源不仅要从实物形态上进行分配，而且要从价值形态上进行考察。在实际工作中企业往往通过资金的分配编制出战略财务预算，随后按实物形态对资源进行分配。

财力资源，是指企业生产经营中所需的各类资金，包括自有资本金、留存利润和借入资金等。企业在进行资源配置时要考虑企业的获利能力与经济效益是否处于同行前列，企业的利润来源、分布及趋势是否合理，各项财务指标及成本状况是否正常，融资能力是否强大等。良好的企业资金开发与管理系统是企业有效实施战略的基础和保障。资本管理能力、企业筹措资金能力、企业利用资金杠杆的能力等，都是企业创造竞争优势的基本能力。有了良好的企业资金管理与运用能力，企业可以大幅度地降低资金筹措成本，进而使企业的资金充分发挥效率与效益作用，抓住市场机会，实现小企业"炒卖"大企业的奇迹，实现企业的快速、持续、健康成长。

企业对各项战略行动和项目计划所需要的资源进行估算和分配，便形成了经营战略财务预算。从战略资源的价值形态的角度看，其分配的主要方法有：(1)考虑各项战略行动和项目计划的级别(ABC 分类排序)，按资金分配数额和顺序进行物质形态的分配；(2)对各项行动和项目计划所需资源以价值形态进行关联性分配，保证战略实施的整体效果。

资金分配程序大体经过三个阶段：

(1)第一阶段，申请分配。由战略项目或战略实施基层单位提出申请报告(一般应包括战略投资的目的及其运用、投资回报率、列出定量化的指标以及风险因素等)，然后逐级上报审批，最后呈报战略决策者。

(2)第二阶段，分配。由最高战略决策层按照资源配置原则权衡利弊，决定投资分配方案。

(3)第三阶段，实际运用。实施单位获得资金后，实际运用时可能会与原申请报告设想的有差别，这就需要对资源申请、分配与运用进行综合协调。协调的方法为：

①政策原则，即公司制定一个战略资源政策。此政策限制只考虑战略上的问题，而不考虑财务上的问题。

②申请报告要求注明资金与战略的关系，即说明哪些资金用于实施新的战略。

③资金预算，即按战略分解的结果(如年度目标等)提出更为明细的资金预算。

④单列预算，即在战略实施过程中对于战略调整或执行新的战略项目单列预算。例如，根据产品需求量的变化，公司进行战略调整。企业把现有产品按系列分成独立的部门，各个分部的经理必须预测本部门的产品在今后较长时期中的竞争情况、需求量的变化以及采取的相应措施，然后对其设置一套独立的预算机制进行单独预算，这样新、老战略界限分明，不会混乱。

三、技术资源

在战略实施过程中，我们进行资源配置时往往还会考虑如下几个方面的要素：企业的产品开发和技术改造的力量是否具备，企业与高校、科研院所等单位的合作是否广泛，企业的技术储备是否能在同行业中处于领先地位，等等。归纳起来，这些都是企业的技术资源。在知识经济时代，技术已成为企业的一项重要战略资源。企业对技术资源的拥有和配置情况将直接影响着企业的获利能力和企业战略实施的结果。

企业所拥有的专有技术通常包括专利、版权、专有知识、商业秘密、设计专有权以及员工团队所拥有的技术技能。企业的各种技术可以受到一项或者多项专利的保护。知识产权是保护企业资源的一种有效的法律机制。由于企业的知识产权资源(如企业的专利、商标等)受到法律的保护，因此企业在一定的期限内对受到保护的法律对象拥有垄断权；企业凭借这种垄断权可以将资源转化成企业的竞争优势源泉。为此，企业必须对其技术资源进行整合，或者采取其他的方式将拥有的所有知识产权资源都转化成现实的利润源泉和竞争优势源泉。

战略专栏 2

华为智能手机

近年来，中国智能手机制造商正加快进入欧洲、日本、东南亚等海外市场。例如，在西班牙，最新的业内报告显示，中国手机制造商正在西班牙复制其在全球智能手机市场的地位。而作为世界第三大智能手机制造商，华为已经成为西班牙最受欢迎的五大手机品牌之一。

智能手机的市场瞬息万变，与新技术的开发和新机型的推出密不可分。华为于 2018 年 3 月 27 日推出新一代 P20 系列智能手机，P20 Pro 搭载了后置徕卡三摄镜头，改善了用户在低光环境下的拍摄体验。不难看出，华为在加大研发领域投资的同时也释放出一个强有力的发展信号，P20 系列的推出让华为更有底气同苹果和三星竞争。

曾几何时，5 000 元以上的高端产品一直被苹果等国际大厂霸占，国产手机由于创新乏力，因此始终不能与之抗衡。华为通过自身的不断努力，在创新研发上加大投入，使其近几年的 P 系列和 Mate 系列手机与苹果的差距越来越小，并在 2018 年超越。消费者对中国智能手机“低价格、低品质”的印象正在淡化。

2018 年 12 月 25 日，华为宣布，华为智能手机发货量（含荣耀）已经突破 2 亿台。在 2018 年第二季度和第三季度，华为成为全球第二大智能手机生产厂商，全球的市场份额达到 14.6%。

华为的年度报告显示，2018 年华为的全球销售收入为 7 212 亿元，同比增长 19.5%；净利润为 593 亿元，同比增长 25.1%。华为的研发费用达 1 015 亿元，占销售收入的 14.1%。最近十年，华为的研发费用投入超过 4 800 亿元。目前，华为 100%的股权由员工持有，没有任何第三方股权和组织持有华为的股份。华为强调目前还没有上市计划。

2019 年，被誉为 5G 元年，在 1 月召开的 MWC2019 的预沟通会上余承东表示：届时将发布 5G 折叠屏手机，在未来持续推进技术创新并推出具有创意的产品。5G 时代的到来将是互联网生态的一大爆发点。对于华为而言，2019 年是关键的一年。

资料来源：姚小涛，弋亚群．战略管理[M]．北京：高等教育出版社、经济管理出版社，2019：229.

四、其他资源——形象信誉、信息、时间等无形资源的把握能力

开发企业的形象资源、塑造良好独特的企业形象，已成为企业占有市场、获取利润的法宝。无形资源对企业战略的具体影响程度是难以准确测定的，但这种影响是多方面的，也是不容轻视的。例如，企业的信誉资源对企业获取公众的支持、政府的帮助会产生很大的影响。无形资源具体包括企业及其产品在顾客中的形象、商业信誉和社会责任等，具体又可分为外观的物质形象和内在的精神形象。信息是指那些在特定背景下具有特定含义的数据。企业的信息资源包括信息、信息技术和人。它具有三个维度：时间、内容和形式。作为时间特征，它要求具有及时性和新颖性；作为内容，它要求具有准确性、相关性和完整性；作为形式，它要求具有详尽性和呈现性。企业是否能够充分地获取、储备和应用各种信息，时间管理是否合理等这些战略资

源的整合关系着企业竞争实力的构成。

总之，在战略实施过程中，我们要充分利用企业所拥有的各类战略资源，对其进行综合利用，优化配置，同时把握战略资源本身所具有的特点，在进行资源配置过程中注意下面几点：

(1)战略资源的流动方向和流动速度取决于战略规划的决定。

(2)企业中可支配的资源总量和结构具有一定的不确定性。在战略实施的过程中，资源的稀缺程度、结构会发生各种变化。

(3)战略资源的可替代程度高。由于战略实施周期长，随着科学技术的进步，原来稀缺的资源可能会变得十分丰裕，也可能发生相反的变化，因此，企业的战略管理者在战略实施阶段必须充分了解这些战略资源的内在特质，并采取适当的预防措施，从而保证战略的有效实施。

第四节　组织管理匹配

实施战略，不仅需要人力、财力、技术等资源的优化配置，而且必须充分考虑组织结构、企业文化、财务会计、生产运作、市场营销等各种有关组织管理及企业战略的协调与配合问题。如何根据战略的需要设计企业的组织结构；如何配合战略实施塑造一个有效的企业文化，从而为战略实施创造一个适宜的软环境；如何对企业的财务会计、生产运作、市场营销等工作进行调整、改善，使之更好地与制定的战略相适应、相匹配；等等，这些都是每个战略实施者不容回避的问题，即战略实施中的组织管理匹配问题。

一、组织结构调整

战略专栏 3

恒大集团战略发展

恒大地产集团有限公司是集民生住宅、文化旅游、快消、健康及体育为一体的现代化企业集团，总资产超过 7 500 亿元，年销售规模超过 3 000 亿元，员工人数为 86 000 多人，在全国 180 多个城市拥有 500 多个地产项目。从第一个项目奠基到全国 150 多个城市 300 多个项目的全面拓展，恒大集团始终秉持“质量树品牌，诚信立伟业”的企业宗旨，滚动开发，高效运作，以“规模＋品牌”的发展战略形成了企业强大的竞争力。在 20 多年的发展历程中，恒大先后制订 7 个三年计划，通过科学、前瞻的战略规划以及围绕战略的高效执行，确保公司创造出中国企业界独树一帜的辉煌成就。

从公司成立之初，恒大集团就坚持民生为本、产业报国的发展理念，着力打造中国老百姓负担得起的高性价比精品住宅，并不断地调整公司的战略重点，制定相应的中长期发展目标。在此理念指引下，恒大集团将企业战略划分为四大发展阶段，以科学、前瞻、有效的发展模式逐步形成规模战略、品牌战略、多元战略等，不断地创造恒大集团跨越式的发展奇迹。

1.“规模取胜”战略阶段

恒大集团 1996 年成立于广东省。公司从零开始，因此公司高层经过客观分析企业的实际情况和当前的市场环境，决定采取“规模取胜”的发展战略，以“小面积、低价格、低成本”的产品定位迅速完成企业发展最基本的积累。为了明确企业的未来发展方向以及解决发展初期规章制度体系不完善等问题，公司于 1997 年 3 月召开第一次全体员工大会，确立了恒大宗旨、恒大精神和恒大作风，明确了队伍建设标准，完善了各项规章制度3 000条，建立了与时俱进的激励机制和约束机制，创立了独特的"目标计划管理"体系。从2003年开始，公司在管理上实施了紧密型集团化管理模式，在运营上采用了统一规划、统一招标、统一采购、统一配送的标准化运营模式，同时确立了全精装修交楼的民生地产定位。到2006年，公司经过近十年的努力，最终实现了"规模取胜"的战略目标，顺利跻身中国房地产20强。

2."规模＋品牌"战略阶段

从2006年开始，公司总结企业的发展经验，在结合房地产市场未来发展方向的基础上制定了从广东省走向全国的发展蓝图，决定实施"规模＋品牌"的发展战略。为了保障战略顺利实施，恒大集团在管理方面确定了紧密型集团化管理模式；在运营方面，采用了统一规划、统一招标、统一采购、统一配送的标准化运营模式；在产品定位方面，确立了精装修交楼的民生地产战略。在"规模＋品牌"的发展战略实施阶段，恒大集团也获得新一轮的跨越式发展。另外，公司通过制定房地产开发全过程的6 000多条"精品工程标准"，与主体施工、园林建设、材料设备、装修装饰等行业排名前十位的龙头企业建立战略合作伙伴关系，确保高品质、高性价比的民生住宅产品覆盖全国，顺利实现产品升级换代，使恒大的品牌深入人心。

3."多元＋规模＋品牌"战略阶段

在我国经济发展模式转型升级大背景下，面对住宅需求下降、金融资源配置的不利变化等情况，公司从2009年起开始尝试多元化发展。恒大集团组建庞大的调研团队，在多个领域、多个产业进行了大量的调研、投入、探索和实践，于2014年正式提出"多元＋规模＋品牌"的发展战略，在进一步夯实房地产主业的基础上逐步拓展金融、文化旅游及健康等产业。2016年底，公司完成了以民生地户为基础，金地、健康为两翼，文化旅游为龙头的多元化产业布局，完成了由"房地产业"向"房地产＋服务业"的转型，并跻身世界500强。

2017年，恒大地产由"规模型"发展战略向"规模＋效益型"发展战略转变，由高负债、高杠杆、高周转、低成本的"三高一低"发展模式向低负债、低杠杆、低成本、高周转的"三低一高"发展模式转变，战略转型已取得明显成效。恒大集团目前已发展成为以民生地产为基础，金融、健康为两翼，文化旅游为龙头的世界500强企业集团，已形成"房地产＋服务业"的产业格局。

资料来源：熊爱华．战略管理[M]．北京：中国财经出版传媒集团、经济科学出版社，2020：275—277.

钱德勒曾提出：战略决定结构，结构跟随战略。战略实施前，企业应该检讨现行的组织结构及其运行机制是否与所制定的战略相适应，能否保证战略目标的达成。设计与战略相匹配的组织结构是战略实施过程中的重要任务和必要环节，每个组织都应根据自身的实际状况设计并选择与之相对应的组织结构，以保证组织结构在战略实施过程中发挥积极作用。

1. 组织结构的概念

组织结构指组织为实现共同目标而进行的各种分工和协作系统，用于决定与控制一个公司的战略方向和业绩表现的各种利益相关者之间的关系，也可以说为加强公司控制而确定的公司股东会、董事会、监事会、总经理之间的权利、责任和利益关系。其作用是通过集权和分权对组织的生产经营活动进行组织和控制，借以平衡组织内分工与整合两个方面的要求。

2. 组织结构的基本构成要素

组织结构的基本构成要素是分工和整合，包括两层含义：(1)基本要素的机构设置——职能的分解与组合；(2)基本要素的结构设置——工作的分工与协作。

分工是指组织为创造价值而把其各种资源分配至组织任务的过程。一般而言，组织的专业化程度越高，其分工程度也越高。因此，分工主要取决于工作性质和技术保养，使组织的总体任务按照一定的要求进行科学分解。整合是指组织为完成其任务而寻求各种资源和职能的协调。当个别的创造价值的职能部门存在时，它们都可能倾向于追求其各自的利益目标，因此一个组织必须建立组织结构，让不同的职能部门和事业部门彼此协调、互动。协调涉及控制及信息沟通，使已被分解的任务能相互联系地服务于总体战略目标。

3. 纵向分工结构

纵向分工结构主要包括高长型和扁平型两种类型，二者存在明显的差异，分别呈现不同的特点，如图 8—4(a)、(b)所示。

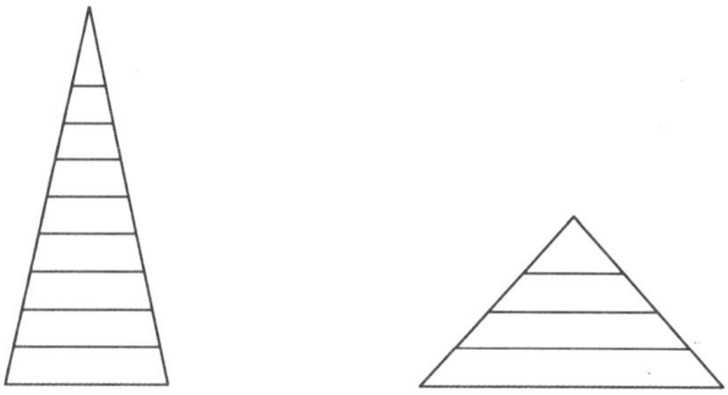

(a)高长型　　(b)扁平型

注：(a)高长型：管理层次多，管理幅度小。若设企业人数为3 000人，管理层次则应大于或等于9层。
(b)扁平型：管理层次少，管理幅度大。若设企业人数为3 000人，管理层次则应小于或等于4层。

图 8—4　纵向分工结构

不论哪种类型，纵向分工结构都会存在的管理问题主要有：集权与分权、中层管理人员的数量、信息传递效率、组织协调、人员激励。针对这些问题，在战略实施过程中，战略执行者可结合他们各自的特点分别有针对性地采取相应的对策。

4. 横向分工结构

(1)横向分工结构的基本类型。

①职能结构(直线职能制结构)。

职能制组织结构是按企业内部的各项职能，如人事、生产、财务、研究与开发等各职能部门来构造的组织结构，如图 8—5(a)所示。职能结构的核心在于管理职能分工和管理工作专门化。纯粹的职能结构由于存在严重的缺陷，因此很少有企业应用。现代典型的职能结构是在力求保持企业管理命令统一、目标一致的前提条件下充分利用职能分工的好处，形成企业统一的命令体系与管理职能化的有效配合。职能化管理在业务相对单一的中小型企业十分流行。

②事业部(战略业务单位)结构。

事业部(战略业务单位)结构包括一系列由企业最高层——企业中央节制的、有相对独立性与自主权的实体，如图 8—5(b)所示。以产品或市场为中心的事业部常被认为是企业战略业务单位。企业最高层和战略业务单位都有职能化管理结构。事业部(战略业务单位)结构对业务单位之间不需要紧密、高度协调的不相关，横向一体化企业的适用性较强；相对而言，业务单位之间需要有效、高度协调的纵向一体化，企业则不适用于这种组织结构。事业部(战略业务单位)结构的优点与缺点十分明显，主要适用于大型企业。

③矩阵结构。

矩阵结构是企业处理复杂的生产与经营项目问题，有弹性地利用企业资源的有效方法，如图 8—5(c)所示。它有职能分工功能，运用来自多个职能部门的专家形成工作小组，可以大大缩短职能服务与企业生产、服务流程之间的距离，这是矩阵结构的基本特点。而且该结构具有较好的弹性，提供了一个既存在职能化优势又跨越职能的信息沟通、协调通道；加大了资源、能力与问题的接触面；缩短了权、能与问题之间的距离；在一定的条件下为解决好问题及提高解决问题的有效性提供了一个平台。管理复杂和多头领导则是矩阵结构可能遇到的问题。

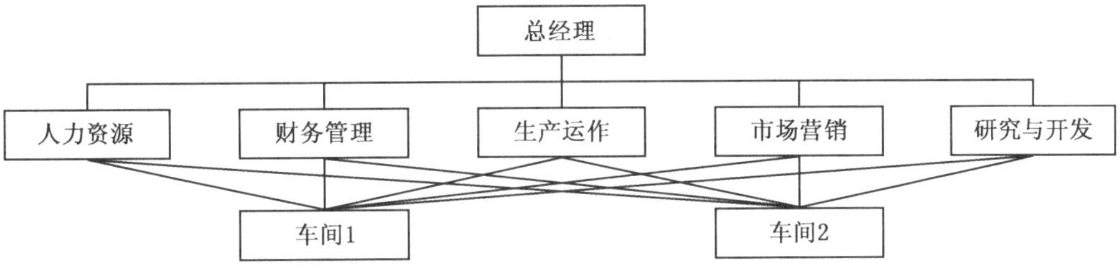

(a)职能结构(直线职能制)

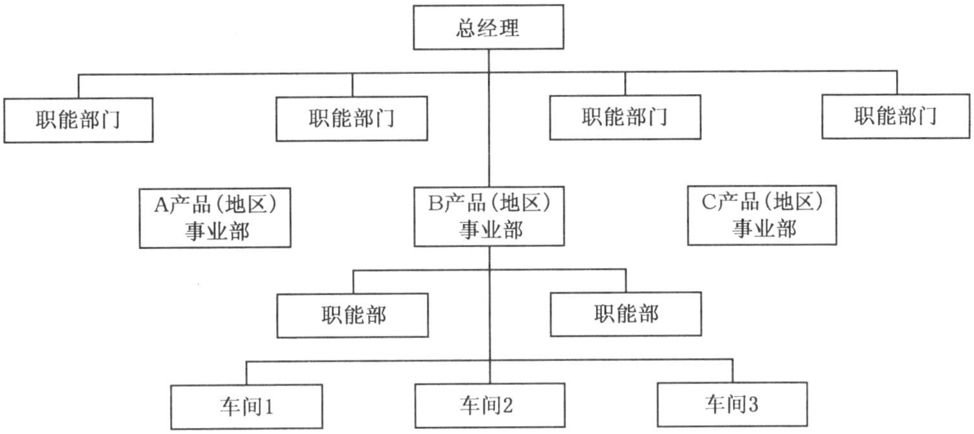

(b)事业部制组织结构

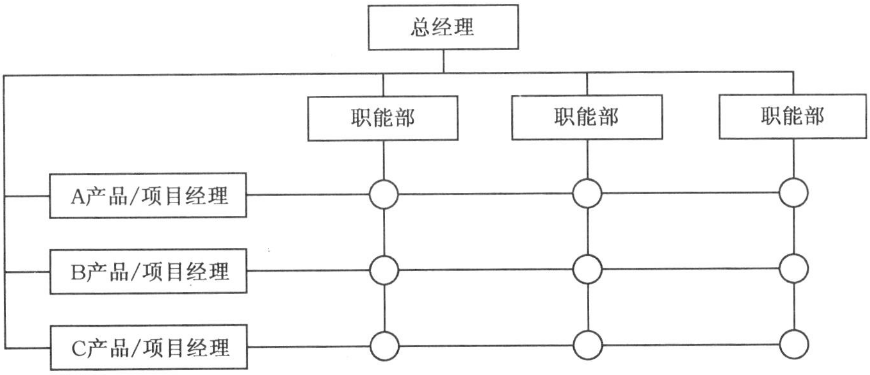

(c)矩阵制组织结构

图 8—5 横向分工结构的几种常见组织结构

(2)横向分工结构的协调方式。

①相互适应，自行协调；

②直接指挥，直接控制；

③工作过程标准化；

④工作成果标准化；

⑤共同价值观协调。

5. 企业战略与组织结构的匹配

企业根据不同组织结构的特点，结合企业的自身实力等现实因素，进行组织结构调整，使之与企业战略相匹配，从而彼此协调、互相促进。通常企业战略与组织结构类型的匹配关系如表8—3所示。

表8—3　　企业战略与组织结构类型的匹配

序号	战略类型	企业特征	组织结构类型
1	增大产量战略	简单小型企业，单一产品，单一市场	职能结构
2	扩大地区或品种战略	在较大的市场上提供单一或相关的产品和服务	分部结构
3	纵向整合战略	在原有市场上扩展相关产品	分部结构/战略事业部结构
4	多样化战略	在各种市场上提供相关或不相关产品	矩阵结构/战略事业部结构

二、企业文化培育

企业文化是处于一定的社会经济、文化背景下的企业，在长期的生产经营过程中逐步形成的稳定而独特的价值观、企业精神等，以及以此为核心衍生的行为规范、道德准则、文化传统、风俗习惯、管理制度、典礼仪式、企业形象等，是企业全体成员在工作过程中所创造的由观念形态文化、物质形态文化和制度形态文化构成的综合体。企业文化既是企业生存和发展的基本条件，又是确保企业战略有效实施的重要保障。企业文化既可能成为战略实施的动力，也可能成为战略实施的阻力。企业战略实施要获得成功，必须实现企业内新旧文化的更替和协调，以培育和支持企业战略文化。

战略专栏4

联想集团在企业文化塑造方面的经验总结

(1)企业文化是企业的精神支柱。

(2)企业文化是效益文化，是管理的软指令。

(3)市场决定企业文化的形成和发展，首先要形成“用户意识”。

(4)企业领导人与员工的素质、文化水平是企业文化的基点。

(5)企业文化的基本建设是岗位责任制和激励政策。要使员工认同企业文化，必须使员工有一种满足感和归属感。企业文化建设，就其主体而言，实质上是企业员工队伍建设。要让用户满意，首先要让员工满意，要想使员工认同公司，就要兼顾公司利益和员工利益，为此，就要有相应的制度保证。

(6)企业文化建设的重点是提升企业的核心竞争力。

(7)企业文化建设要对人进行定位,如企业员工是属于经济人、社会人还是文化人等,要实行以人为本的原则。

(8)干部文化决定企业文化,干部队伍建设是关键,干部可以带动群众认同本企业的文化。

(9)企业文化要解决的问题是:要求员工从目标、观念、行为上明确"应该如何,不应该如何"。

在战略实施过程中,我们的焦点不是企业文化的好与坏,而是企业文化是否与战略相适应。因此企业必须注意本企业文化与其战略的关系,积极培育有助于战略实施的企业文化类型。企业战略通常会与其当前的企业文化形成不同的关系和管理方式,如图 8—6 所示。

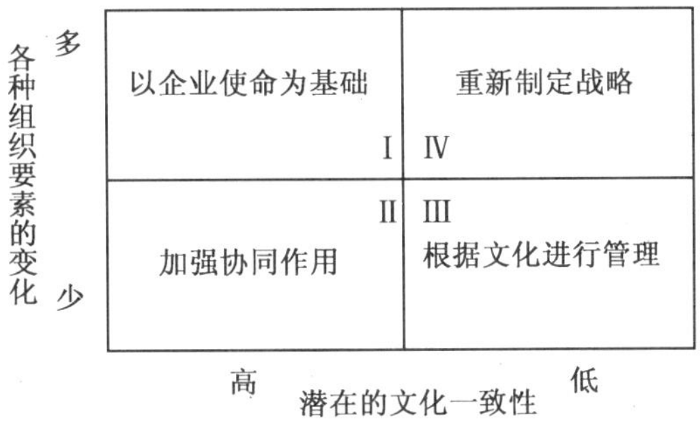

图 8—6　战略与企业文化关系的分析管理

从图 8—6 可以看出,企业在实施战略时战略与企业文化一般会存在四种不同的关系,我们可针对各种类型的特点分别采用不同的策略进行管理,进而从不同的角度对企业文化进行塑造和培育。

1. 以企业使命为基础

在第Ⅰ象限中,企业在实施战略时其重要的组织要素会发生很大的变化,但这些变化与企业目前的文化有高度的潜在一致性。这时,企业一般处于非常有利的地位,可以在当前企业文化的大力支持下实施新战略。这些企业通常经营状况良好,可以根据自己的实力寻找重大机会,或者可以改变主要的产品和市场。

在这种情况下,企业处理文化与战略关系的管理重点是:

(1)企业在进行重大变革时必须考虑与企业使命的关系。企业使命是企业文化的正式基础。因此,企业管理者在处理这一关系、促进二者匹配的过程中一定要注意组织变革与企业使命保持不可分割的内在联系。

(2)要发挥企业现有人员的作用,让现有人员填充由于实施新战略而产生的职位空缺,这是因为企业现有人员之间具有共同的价值观念和行为准则,可以保证企业在文化一致的条件下实施变革。

(3)在必须调整企业的奖惩制度时,企业应注意与其目前的奖惩措施保持一致。例如,当新的市场变化要求产品销售方式相应变化时,新的奖金制度仍需强调与过去相同的评价标准,以保证公司奖惩制度的连贯性。

(4)必须对那些与目前企业文化不相适应的变革予以特别关注,以保证现存的价值观念、行为规范的主导地位。

2. 加强协同作用

在第Ⅱ象限中，企业实施新战略时，企业组织要素发生的变化较小，而且这些变化与现有企业文化又高度一致，因此，企业所处的地位是相当有利的。在这种情况下，企业主要考虑两个问题：

（1）利用目前的有利条件和已有的优势，巩固和加强企业文化。

（2）利用文化相对稳定的时机，根据文化的需求，解决企业经营中的问题；或者利用战略的相对稳定，排除组织方面的障碍，转向所需要的企业文化。

3. 根据文化进行管理

在第Ⅲ象限中，企业实施新战略时，主要的组织要素变化不大，但这些变化与目前的企业文化不一致，这时，企业最好根据企业文化的要求进行管理。其管理要点是，实现企业所期望的某些战略变化，但不与现存的企业文化直接冲突，即在不影响企业总体文化一致性的前提下，根据具体需要对某种经营业务实行不同的文化管理。通常，当企业文化所带来的阻力逐渐消失后，新战略所带来的某些变化也就会渗透到企业的活动中。

4. 重新制定战略

在第Ⅳ象限中，在处理企业文化与战略的关系、促进二者的匹配时，企业遇到了很大的困难：企业在实施新战略时组织要素会发生重大变革，而且这些变革与目前的企业文化很不一致。在这种情况下，企业要考察是否有必要推行新战略。如果没有必要，则要考虑重新制定与目前文化相一致的战略；但如果企业外部环境发生了重大变化，企业必须推行新战略，那么企业文化就必须变革。

企业在必须根据战略革新文化的情况下应着重从以下四个方面采取相应的措施：

（1）全体企业高层管理者都下定决心培育适应战略的企业文化，同时向本企业的所有成员阐明文化变革的意义；

（2）为塑造和培育新战略下的企业文化，企业应从外部招聘或内部提拔一批具有该新文化意识并与该种文化相符的人才；

（3）充分重视具有新文化意识的群体或个人，企业要把激励的重点放在这些人身上，从而促进企业文化的转变；

（4）不断地倡导和贯彻新文化，努力保证大家（企业的所有管理者和一般员工）对新文化有明确的理解和把握，并落实到具体的工作中。

企业根据战略目标的需要进行文化建设，将会给战略的实施创造良好的软环境，使战略的实现得到可靠的保障。总而言之，企业文化是成功实施企业战略的重要保障。企业在塑造和培育企业文化时必须以战略对文化的要求为出发点，综合考虑战略类型、行业特点、管理风格、产品或服务特性等各种因素，进而形成有助于推动战略实施的文化类型。

三、财务会计

战略实施中的财务会计问题主要是财务保障与绩效分析的问题。对于前期的战略选择而言，财务可行性问题在内部条件分析时实际上就已经有所考虑。但前期的财务分析是一种事前分析，不可能做到对确切的战略方案进行具体的财务安排，更不可能对环境的变化进行动态的调整。战略实施过程中的财务会计工作主要就是如何在较为长远的战略规划期内为企业的战略运作提供可靠、稳定和低成本的资金保障，包括财务预算、资金计划、财务预测、资金保障等。

1. 财务预算与资金计划

准确的财务预算是提供资金保障的前提。我们知道长远的战略规划都会分解出具体的年度目标，而年度目标应分解到企业的每一个部门，对每个部门的活动进行预算，并汇总到财务部门，由财务部门再进行资金优化调度，就得到了企业的资金计划。因此，资金计划并不是各部门预算的总和，而是对各部门的资金需求进行整合，使资金流动最合理、效率最高，以达到降低资金成本、保障资金供给的目的。

资金计划跟财务预算一样为企业资金保障提供前提条件，而且资金计划是企业战略实施中融、投资管理的主要依据。在此基础上，预测企业的现金流，确定资金缺口，以提高筹资活动的计划性和适时性。资金渠道管理是战略实施过程中财务会计工作的重要环节，这要求企业对资金渠道做一个长远的规划，充分考虑如何使资金的使用与资金的来源相匹配，如何对现金的不足以及现金的溢出采取应对策略。

2. 财务预测

资金计划的编制是通过财务预测得来的，而财务预测的一般步骤是：

(1)销售预测；

(2)估计需要的资产；

(3)估计收入、费用和保留的盈余；

(4)估计所需融资。

对于在市场经济体制下运作的企业，市场导向是分析问题的源头。因此，财务预测的第一步就是销售预测，而销售预测的依据是企业的战略目标，这属于市场营销的范畴，此处不赘述。在销售预测的基础上，企业根据以往的资产—销售结构做一个资产规模的预测，然后计算资金缺口，即所需融资或资金溢出的具体数目。

3. 资金保障

有了明确的资金需求，接下来需要做的就是决定通过什么途径筹集资金以及如何落实资金的来源。资金筹集途径主要有三大类：

(1)权益融资，即通过增资扩股募集资金；

(2)负债融资，即通过银行贷款、发行债券等方式筹集资金；

(3)商业信用，通过调整与供货商以及顾客的信用条件来改变企业的资产—销售结构，从而改变企业的资金需求。

选择哪种融资方式，最根本的考虑就是资金成本的问题，当然，除了资金成本最低的考虑外，还需考虑融资方式的可行性。简单地说，此时的资金成本是一种战略成本，包括有形成本、无形成本和机会成本，是从整体、长远的角度进行衡量的。

4. 每股收益与息税前收益分析

每股收益与息税前收益(Earnings Per Share，EPS/Earning Before Interest and Tax，EBIT)分析是确定战略实施中如何在借贷融资与股权融资之间选择一个最优资本结构的最常用的财务技术，用于分析不同的资本结构对每股收益的影响。EPS/EBIT 分析是战略实施中进行融资决策的一种很有价值的工具。企业采用这一技术时需要充分考虑到如下几点：

(1)当每股收益水平更低时，股票融资的盈利水平可能更高；当公司的经营目标是利益最大化而不是股东财富最大化时，采用股票融资是最好的选择。

(2)进行 EPS/EBIT 分析时还要考虑一个灵活性的问题。当企业的资本结构发生变化时，其满足未来资金需求的灵活性也会发生变化。仅采用举债融资或股票融资可能会导致过于僵硬的责任和义务、限制性的契约关系，并会严重削弱企业未来进一步融资的能力。

(3)在进行 EPS/EBIT 分析时，与股票价格、利率和债券价格相关的时机因素非常重要。在股票行情低落时，从成本和需求两方面看债务融资都是最有利的选择。然而，当利率较高时，发行股票将成为更理性的选择。

四、生产运作

生产运作情况直接关系战略实施的成效，影响企业经营目标的实现。相关统计资料表明，生产过程中的资产通常占企业资产的 70%以上，生产成本也往往占总成本的 50%以上。可见，生产运作能力直接关系战略实施的成效，生产环节对产品的功能、质量、成本等重要的竞争要素起着至关重要的作用。因此，为了保证战略实施进展的顺利、高效，企业必须对生产运作进行相关的调整。表 8－4 给出了不同组织调整生产系统以满足各种战略实施的例子。

表 8－4　　战略实施与生产运作系统调整

企业类型	将实施的战略	生产运作系统的调整
医院	增加一个疾病治疗中心(产品开发)	采购专用设备，增加专业人员
银行	增设营业部(市场开发)	选址分析与决策
啤酒酿造	收购一家大麦农场(后向一体化)	调整库存控制系统
钢铁制造	收购一家快餐连锁公司(混合多元化)	改进质量控制系统
计算机公司	收购一家零售店(前向一体化)	调整送货、包装和运输系统

为了与企业战略相适应，企业在生产运作的组织管理匹配工作中还要着重做以下几个方面的工作：

1. 生产系统的目标规划

企业环境以及用户对产品的要求主要分为八个方面：

(1)生产规模。企业规模的确定以战略目标为依据，建立在对未来市场的预测与判断之上。战略目标的确定直接决定了企业的生产规模，并最终决定了配套生产设施、技术设施、物流能力、投资预算、流动资金预算等一系列的相关问题。另外，不同的战略对生产规模的要求是不同的。成本领先型企业都有大规模制造的需求，其生产规模一般都非常庞大，而差异化战略型企业由于对低成本的依赖并不突出，因此生产规模并不是企业的主要问题，这些企业甚至将生产制造业务完全外包。

(2)生产区位。区位一方面是出于成本的考虑，包括人力资源成本、物流成本、生产的外部性成本等。如能源的生产，就具有资源本地化的特征。企业的目标市场如果非常集中，属地化生产则是一种最好的选择。区位选择的另一种考虑出于目标市场导向的问题，一些行业的区域化消费特征非常明显，属地化生产也非常有吸引力。此外，生产区位还考虑产业集聚的问题，在产业集中的区域中，不仅生产成本较低，而且信息流动、技术创新等方面都比其他地区具有更大的优势。在进行生产布局之前需要考虑的因素包括主要资源的可得性、地区工资水平、与发货和收货相关的运输成本、目标市场的位置(顾客需求响应周期)、国家和地区的政治风险及高质量员工的供给情况。

(3)产品设计。产品设计主要是产品的外观和结构设计。由于不同的消费人群对产品的外在形态有不同的偏好，因此，它是针对企业的目标客户群来定位的。

(4)加工方式。加工方式的确定取决于企业的竞争战略。差异化的战略要求独特的加工工艺及方式、方法，而实施成本领先战略的企业则会采用大规模的、机械化的生产方式。

(5)物流管理。不同行业和不同战略对物流的要求也是不一样的，有的对物流的成本特别敏感，有的要求物流系统有很快的响应能力，有的却对物流系统的可靠性要求很高。

(6)质量控制。质量控制取决于产品的使用特征与消费层次的定位。对于一些时尚性的产品而言，质量相对来说可能不如款式更重要，但对于耐用品来说，质量就成为消费者购买的决定性因素。另外，对于低消费层次的消费者来说，价格要比质量更为重要，而对于高消费层次的消费者而言，则更关注质量。

(7)成本管理。成本定位直接受企业竞争战略的影响。作为一个成本领先的企业，其在成本上的定位会以低于同行的成本水平为基准，即使会降低产品的质量或功能。而采取差异化战略的企业则会在成本上留足一定的空间。

(8)过程控制。过程控制是生产管理精细化程度的一种反应，是工作质量的良好保证。过程控制必须遵循成本效益原则，而评判成本效益也需从企业的战略要求着手。

2. 战略性生产技术问题

目前生产管理问题基本围绕着成本的降低和品质的保障来展开，如准时生产制(Just In Time，JIT)、柔性制造系统(如何用低成本制造个性化产品)、供应链管理(降低物流费用)、清洁生产、全面质量控制、6σ管理等。在企业竞争战略中，成本优势是最为基础的。当然，这种优势可以体现在价格上，即用低价格参与竞争并赢得竞争优势；也可以体现在服务、质量、新技术开发上(差异化战略)。没有成本上的优势，无论采取哪一种竞争战略，都是难以长久的，从而也是不可靠的。品质保障一方面是企业产品差异化的表现，但同时对降低产品成本而言也是至关重要的。可以说，不论采取什么类型的战略，在生产技术问题上都需要体现自己的独特优势。值得一提的是，生产决策中的产品设计、质量水平等问题是依据公司的战略定位(目标客户群)确定的，这部分工作应以营销管理中的相关问题为依据，这也反映出企业内部工作之间的有机联系。

五、市场营销

市场营销是指那些将生产者的产品或服务送到顾客或市场中的活动，其基本任务就是在适当的时候将适当数量的适当产品或服务投放于适当的地点。当这个任务有效地完成之后，既能使企业获利，又能高效率地服务于顾客，使其得到满足。可以说，市场营销是企业战略实施中极其重要的环节。企业进行战略规划，通常需考虑以下几个方面的营销要素，如表8－5所示。

表8－5　　战略实施中的关键营销要素

产　品	价　格	渠　道	促　销
质量	价格水平	销售渠道	广告
特性	折扣	销售覆盖范围	人员推销
样式	付款条件	销售点布局	促销
品牌		销售区域	公共关系

续表

产　品	价　格	渠　道	促　销
包装 产品系列 质量保证 服务水平		库存数量与布局 运输工具	

由此可见，影响战略实施的市场营销因素有许多，但是由于篇幅所限，因此本教材着重从市场细分和营销组合两个角度进行分析。

1. 市场细分

市场细分是战略实施中的一个重要环节，尤其在小型、专业化企业中。市场细分是指按照需求和购买习惯的不同，将整个市场分为不同的用户群组。定位学派认为，战略就是一种定位，即在市场中找到一个最适合自己的市场。市场细分的基本观念是：通过统计方法，研究基础变量（如消费者的性别、年龄等）和行为变量（如对产品的购买率）之间的关系，在此基础上选择特定的顾客人群，制定相应的营销组合。

对于顾客而言，市场细分意味着需要更合乎自己的产品和服务。这种个性化的产品和服务是顾客以最小的代价获得最大价值的产品和服务的最佳方式。因此，市场细分是争取顾客最有效的手段之一。对于采取细分策略的企业来说，可以从两种途径着手：一种是“纵向细分”，即从现有产品和现有市场中作更有针对性的区分，并采取相应的营销策略；另一种是“横向细分”，即选择一个与现有产品或市场不相冲突的细分领域。前者更多的是加强自己的竞争优势；后者则注重回避竞争，寻找更适合自己的经营领域。

市场细分是企业根据行业竞争态势、自身能力、细分市场的吸引力三个维度综合考虑的结果。无论对于“纵向细分”还是“横向细分”，都是从获取价值出发的，其细分的目的就是实现企业利益的最大化。因此，市场细分使企业积极地寻求适合自己的生存空间，更好地实现企业的战略目标。要达到这一目的，需要从外部（行业竞争状况）和内部（企业自身能力和优势）两个方面来进行系统考虑，这一点正是战略思维的特征。因此，可以说市场细分实际上是构造市场营销与企业战略的桥梁。

2. 营销组合与战略

产品定位、价格定位、渠道选择、促销手段的安排等，是企业营销工作的核心内容。而这些营销组合的选择又在很大程度上取决于企业的战略定位。

产品定位是指企业决定所提供的产品或服务的准确类型，是由企业所选择的细分顾客群所决定的，即这些顾客的需要决定了企业的产品定位。如宝马汽车突出驾驶的乐趣，是为爱好驾车的顾客设计的；劳斯莱斯凸显尊贵，是为达官显贵们生产的；凯迪拉克是政治权威的象征；沃尔沃强调安全，其目标顾客群是众多的企业家等。

价格定位是指企业制定产品或服务的价格，往往由顾客需求和企业的战略目标两个因素决定。特定顾客群的价格接受能力是定价的根本因素，同时，企业的战略目标也是重要的决定要素。企业的目标是盈利、增长还是打击竞争对手，这对价格的制定起着决定性的影响。如果企业追求盈利，那么价格一般会定得高一些；如果企业追求的是增长，价格一般会低一些；如果企业要打击竞争对手，其价格一般都会非常低，而且定价会以产品定位、战略目标与竞争战略为依据。

除此之外，在战略实施中，企业还要决定如何将产品或服务的信息与顾客沟通（促销策略），以及选择何种方式、方法将产品或服务送达顾客，以满足其需求（销售渠道策略）；同时，还要注意定价政策的一致性，市场定位、战略目标与竞争战略这三者之间必须相互协调，不能相互冲突。营销定位必须准确回答以下问题：这样的目标市场能否达到你的战略目标？采取这样的竞争战略是否有优势？为了这个战略目标，采取这样的竞争战略是否合理？在这三个问题中，战略目标是最基本的，因此在考虑三者关系的协调时，应以企业战略实施为出发点进行考虑。

六、研究与开发

企业的研究与开发工作对于增强企业竞争优势和企业可持续发展有着重大意义。目前，全球企业对研发的重视程度与日俱增，统计资料表明，美国公司研究与开发费用平均为销售额的3.5%，日本公司为5.5%，德国公司为5.4%，加拿大公司为5.2%，瑞士公司为6.3%，瑞典公司为5.8%。一些高科技企业的研究与开发费用高达销售额的10%以上。为了保证企业战略的实施，实现企业战略目标，企业必须充分重视研究与开发工作。

常见的研究与开发战略主要有三种：第一种是做营销新技术产品的领先企业。这是一种既有吸引力又颇具风险的战略。3M、宝丽来、GE等公司都曾成功地实施了这种战略，但有不少采用这种战略的企业已经落伍甚至被淘汰。第二种是创新性地模仿成功产品，这样可以将风险和初期费用降到最低。日本公司是采取这类战略的典型。第三种是大规模地生产与新产品性能类似但更为便宜的产品。我国很多企业就是采用这种战略。

不论采取什么样的研发战略，都要综合考虑企业的实力、传统和目标市场的特征等各个方面的因素，然后再做出决定。其中，最根本的一项原则就是扬长避短，充分发挥自己优势的同时注意回避自己的不足，尤其要考虑风险的承受能力。

同时，企业的研发战略与其技术策略有密切的联系。技术策略是企业在开发和应用技术时采用的策略，对研究与开发工作起指导作用，对企业的其他领域，特别是生产领域也有重要的影响。技术策略所涉及的主要课题有：应开发何种技术，是否在技术上寻求领先地位，即技术领先策略。

技术领先指的是一个企业寻求引入技术变革的创始者，并以此作为其经营战略的一个支柱。对技术领先与否的权衡，主要是对其成本和特色经营上的一种权衡。技术领先者考虑是追求独特产品或其他活动上的创新等特色优势来吸引用户，还是追求成本优势，即首创成本最低的产品设计，使其他经营活动的成本降低，产品处于经验曲线最下端。技术追随者也需要考虑是追求成本优势即通过学习领先者的经验来降低产品和其他经营活动的成本及研究与开发费用，还是追求特色优势即通过吸取领先者的教训，更加适应用户的要求。

通常认为技术领先者寻求的是特色优势，追随者寻求的是成本优势。但如果领先者是在成本低的工艺上进行创新，则也可以取得成本优势。追随者若能吸取领先者的经验，加以改进，则也可以获得特色优势。

在一个行业中的技术领先者，可能不止一个而是好几个。他们是在不同的技术领域如某种产品、某项工艺内的领先者，寻求的是不同类型的竞争优势。至于在某种重要的研发技术中是否应寻求领先地位则通常取决于以下两个因素：

1. 技术领先地位的持久性

如果技术领先地位能持久地保持，则寻求这种地位是可取的。持久地保持领先地位意味着竞争对手不能复制这种技术，或企业的创新速度不低于竞争对手的追随速度。如果领先地位不能持久地保持，则为争得领先地位所付出的代价将难以得到补偿。

2. 首创者的利益

当首创者的利益逐步明显时，技术领先策略是可取的。首创者的利益主要有创始者的声誉，优先选择生产的产品种类及市场定位，形成用户改用其他企业产品的转变费用，优先选择供应和销售渠道，取得制定标准的、主动的经验曲线效应，取得专利权之类的法律保护权，取得早期利润。

七、管理信息系统

信息是现代企业把握机会、规避风险、扬长避短的基础和桥梁。它可以将企业所有的业务功能连接在一起，并为所有的管理决策提供依据。信息是所有企业生存的基础，是构成企业竞争优势与劣势的重要因素。评价企业在管理信息系统方面的内部优势与劣势是进行内部分析的一个关键方面。有效、科学的信息开发与管理可以大大地促进企业的内部协调，增强其风险管理能力，扩大知识分享面，从而有效地推进战略的实施。因此建立一个保证企业战略贯彻实施的管理信息系统，进行战略性信息开发与管理，是企业战略实施的重要保障。

管理信息系统(Management Information System，MIS)从企业的外部评价和内部评价两条渠道得到原始资料。管理信息系统收集数据的范围包括企业内部的营销、财务、生产、人事等功能领域及企业外部的社会、文化、人口、环境、经济、政治、法律、技术和竞争等因素。企业应根据战略实施的需要对各种数据进行综合加工。而且建立及时、有效、科学的管理信息系统，要顾及企业战略管理的未来导向问题，把企业的纵向、横向组织协调与合作信息，对企业未来具有重要意义的信息管理放到企业战略管理的中心地位，使企业信息开发与管理为企业的战略实施服务、为创造企业战略优势服务。同时，管理信息系统的建立应以开发与管理企业战略优势的先行指标为中心，应特别注重企业的创新能力开发与培养的信息支持，应特别注重企业满足消费者需求和为消费者创造价值的能力的培养与支持，应特别强调企业战略性威胁的早期预报，从而形成企业面向未来的优势创造支持信息体系。

建立管理信息系统(MIS)的目的在于，通过改进管理决策的质量提高企业的绩效。有效的信息系统通过收集、编辑、存储、合成和展现信息而回答重要的经营和战略问题。信息系统的核心是一个包含对管理者很重要的各种文件和数据的数据库。有效的管理信息系统应该联系企业各部门、各环节，促进协作一体化，提供测量与反馈手段，影响战略目标的有效实施。因此，管理信息系统的真正意义在于对业务功能有更好的理解、更充分的互相交流、事实依据的决策，对问题有更细致的分析及更有效的控制。

第五节　战略实施中的阻力及克服途径

企业在战略实施过程中会受到来自各方面阻力因素的影响和制约，会产生各种冲突，也会遇到种种障碍。为了保证战略的有效实施，我们必须高度重视，注意发现各种阻力并采取应对措施。

一、战略实施中的常见阻力

企业在战略实施过程中会受到各方面阻力因素的影响，如相关利益群体之间的冲突、人们思想认识上的障碍以及资源配置中产生的各种障碍。

1. 冲突

冲突(Conflict)是指双方或多方在一个或多个问题上的分歧。目标间的相互依赖和为得到有限资源而进行的竞争往往导致冲突。年度目标的建立可以导致冲突，其原因包括人们各不相同的期望和观念、计划带来的压力、人们个性的不合、部门及人员间的误解等。例如，收款负责人在某年将坏账减少50%的目标就可能会同分部使销售增加20%的目标相冲突。

企业在战略制定过程中也会发生冲突，其原因在于管理者和战略家必须在如下矛盾因素间做出权衡：短期盈利与长期增长、盈利率与市场份额、市场渗透与市场开发、增长与稳定、高风险与低风险、社会责任与盈利最大化等。在企业中，冲突是不可避免的，因此，在功能失调影响到企业业绩之前便处理和解决好冲突十分重要。产生冲突并不总是坏事，它可以激发对立群体采取行动进而使管理者发现问题。

2. 认识障碍

认识上的障碍主要表现为人们的思维惯性和惰性。思维惯性，是指人们在思想上、行为上总是力图保持原来状态的特性。这种惯性进一步演进，形成一种不良的思维特征和行为特征、不想改变的消极倾向，即惰性。为什么会有思维惯性和惰性呢？现代的人，都是在原来的人的基础上的现代人；原来的人，在原来的环境状态下对企业进行管理，那个时候，是计划经济体制下的企业，是封闭状态下的经济，没有对企业实施战略管理，企业也还生存得不错。于是人们产生了一种思维定式：对企业实施战略管理是可有可无的事情甚至是多余的事情。殊不知，情况在不断地变化，过去的企业管理适应过去的企业环境，现在的企业环境发生了根本性变化，如果还抱着“以不变应万变”的观念，以传统的企业管理方式面对现代环境下的企业管理是注定要失败的。

3. 资源配置中产生的障碍

企业在实施战略管理的过程中必然引起企业内部各种资源的重新分配，这实际上也是一种利益再分配。有的人担心自己的知识、技能不能满足要求，或者担心对未来的生活不能把握。人们对不确定性因素的担忧和厌恶是阻碍战略管理的一个重要原因。企业各种资源的重新分配也会造成人们既得利益的减少或改变，一部分人担心失去他们现有的地位、权势、友谊、个人的便利或其他好处。障碍还来自人们对战略管理必要性和科学性的怀疑，认为战略管理的目的或效果对企业没有好处或者有副作用。

二、主要的克服途径

针对战略实施中的各种阻力因素，我们必须采取及时、有效的方式、方法积极应对，学会正确地处理各种冲突，解决各种障碍，从而保证企业战略实施工作的正常进行。

1. 正确处理与解决战略实施中的各种冲突

处理与解决冲突的方法通常采用以下三类：

(1)回避：无视问题而寄希望于冲突的自行解决，将相互矛盾着的个人或群体进行分离。

(2)缓解：减少矛盾双方的冲突，强调双方的共同点和共同利益，通过妥协，使双方不分胜负，少数服从多数，请求更高级的权威裁决，或改变目前的立场。

(3)正视:包括对立各方交换人员以促进彼此间的相互理解,专注诸如公司生存这样的更高层次的目标,或召开会议使对立各方各抒己见、解决分歧。

2. 采取有效的途径,及时清除各种障碍

如前所述,战略实施中的障碍主要有两个方面:一是认识上的障碍,二是资源配置中引起各方面利益变化所形成的障碍。对于这些障碍因素,可考虑如下途径予以克服和清除:

(1)学习和培训。

有时候人们在思想认识上的障碍往往是因为知识、思维等精神认知方面的局限所致,所以针对人们精神上的障碍要用学习的方法才能解决。要组织员工学习新知识、研究新问题、认清新形势,从思想上与时俱进。人们通过精神方面的学习来提高其认识水平,从而有效地克服认识障碍,便于对公司战略的普遍理解和接受,进而产生思想共鸣。

(2)研讨和沟通。

企业对于企业战略的科学性要反复研讨,在研讨中完善企业战略的内容,在研讨中让员工加深对战略的理解,在研讨中增强对企业未来的信心。企业对未来可能出现的各种具体问题,要积极、广泛地沟通,让大家看清全局和局部利益的关系、眼前利益和长远利益的关系,从而让大家能够用战略性的思维考虑问题,用“顾大局,识大体”的理性思考战胜消极情绪,变阻力为动力。

(3)效果测评。

战略实施是事关企业前途、全体员工切身利益的重要战略管理环节,是全体员工的事业。要得到尽可能多的员工的拥护和认同才能实现战略管理的目标。因此,员工利益、员工情绪、员工意见和要求,是不可等闲视之的事情。通过学习、研讨和沟通,进行效果测评,及时把握动态,看大家是否对新战略形成共识,产生战略实施的责任感与紧迫感,同时要注意把握战略实施的时机,时机尚未成熟的时候超前实施战略,或时机已经成熟还瞻前顾后都是不对的。

(4)组织措施。

战略实施意味着企业可持续发展目标的实现,同时也意味着全体员工长远利益的改善,因此,通过学习、培训和沟通,一般都会得到全体员工的理解和支持。但是公司中总会有极少数人,或因为思想僵化、保守、落后,或因为把个人的眼前利益看得比什么都重要,患得患失,在新事物面前总是一味反对到底,成为企业战略实施道路上的最大障碍。对于在企业领导班子中的这类人,只能采取强硬的组织措施:力劝其离开企业。

本章小结

(1)战略实施(Strategy Implementation),也称战略执行,是指通过行动计划、预算以及标准的操作规程等方式把企业制定的战略与政策付诸实践。本章主要从战略分解、资源配置、组织管理匹配等方面阐述战略的实施问题。

(2)战略分解是按照一定的要求和细分标准将企业战略逐层细化,并最终演绎成企业经营单位或职能部门年度目标的活动过程。战略分解主要包括纵向展开和横向展开两个战略分解体系,它们共同构成企业战略目标网络。

(3)战略实施中必须拥有用于实现预期目标的资源:人力资源、财力资源、技术资源等。企业在实施战略的过程中应该对所属资源进行优化配置,以充分保证战略的实现。

(4)战略实施中的组织管理匹配问题是每个战略实施者不容回避的问题,具体包括组织结构、企业文化、财务会计、生产运作、市场营销等各种组织管理及企业战略的协调与配合问题。

(5)战略实施过程中的阻力因素主要包括冲突(是指双方或多方在一个或多个问题上的分歧)和各种障碍因素(认识障碍及资源配置中产生的障碍等)。针对这些阻力因素,我们必须采取及时、有效的方式、方法积极地应对和正确地处理。

复习思考题

(1)什么是战略实施?战略实施与战略制定主要有哪些区别?

(2)简述战略实施的五种基本模式及其各自的优点与缺点。

(3)什么是战略分解?举例说明战略目标分解通常采用的两个维度(时间分解和空间分解)?

(4)简述年度目标对战略实施的作用和意义。

(5)论述战略实施过程中资源配置的主要内容。

(6)纵向分工结构有哪些类型?它们各有什么特点?

(7)简述横向分工结构的基本类型及协调方式。

(8)试论述战略实施中主要存在的组织管理匹配问题。

本章案例

新宝电器组合定位战略的实施

广东新宝电器股份有限公司(下称“新宝电器”)于1995年成立于广东顺德,长期从事西式小家电的出口加工。经过20余年的发展,新宝电器在西式小家电的出口加工方面构建了全产品系列、全球市场和全产业链覆盖的经营组合,形成了制造成本低、产品系列全、配套能力强、交付速度快等关键领域的国际竞争力,其中,电热水壶、滴漏式咖啡机、多士炉、搅拌机等产品的销量连续多年位居全国第一、世界前列。

新宝电器在早期一直专注于中低端产品市场。2008年金融危机以后,在政府政策、上市要求和劳动力成本不断改变的压力下,新宝电器开始在西式小家电出口加工业务上推行从中低端定位向中高端定位的转型升级,希望在保持销售额稳定增长的前提下提高企业的盈利水平。凭着在中低端市场上建立起来的实力和客户关系,新宝电器获得了一些中高端客户或者中低端客户对中高端产品的订单,但是新宝电器在实施中高端产品定位战略过程中出现了战略实施不坚决、不到位和不落实的问题,在产品研发、客户服务和产品加工等方面难以令中高端客户满意。为此少数大客户要求新宝电器为他们的中高端产品设立专门的生产线甚至专门的车间。随着电器中高端订单的增加,新宝电器对中低端定位的承诺开始松动,各种投资和费用的增加弱化了低成本竞争优势,混线生产导致企业内部运营系统,尤其是制造系统难以适从。为此,少数产品制造分厂尝试为中低端产品开设专门的车间,取得了良好的效果。

在认真研究企业战略态势的基础上,新宝电器高管团队于2013年中正式向董事会提出新的组合定位战略,即在公司内部分别实施低成本和高差异两种定位战略。对于新宝电器来说,向后继续实施原来的单一低成本定位战略显然不是方向,向前继续实施单一高差异定位战略又没有优势,同时实施两种定位战略会导致整个运营系统陷入“夹在中间”的困境。基于前期转型升级的经验和教训,新宝电器高层管理团队认为如果能够先将两种定位战略加以区隔,分别推进两种定位战略,有可能消除两种定位战略的“相克之处”,并在以下三个方面发挥两种定位战略的“相生之处”:(1)通过销售渠道、原材料和零配件采购以及研发平台的共享,获得范围经济和规模经济效益;(2)通过分别建立和强化两种定位战略的竞争优势,使新宝电器能够以低成本获得高差异优势或者以高技术获得低成本优势;(3)分别实施两种定位战略将使新宝电器获得多点竞争的优势,在与单纯实施高差异或低成本定位企业的竞争中获得更有利的位置。

在新战略获得董事会批准之后,新宝电器高层管理团队对实施新战略所面临的困难做了认真和深入的分析,认为新宝电器在实施新战略方面将面临以下若干挑战:第一,企业的战略管理者,包括董事会和企业高层管理团队缺乏对两种定位战略在顾客诉求、竞争优势、价值创造活动体系、管理机制和文化上的差异或者对立性的认识。在实施从中低端定位向中高端定位转型升级的过程中，企业往往以实施中低端定位战略的思维去解决如何实施中高端定位战略的问题。第二，企业内部缺乏有效实施中高端定位战略所需要的人力资源，尤其中层经营和管理人才，往往让实施中低端定位战略的经营和管理人才去实施中高端定位战略。第三，缺乏实施两种定位战略所需要的组织结构、管理机制和企业文化，尤其缺乏实施中高端定位战略所需要的组织、机制和文化。新宝电器曾经希望利用外部人力资源市场解决企业在中高端定位战略中所面临的观念与人才问题，但是效果并不理想。

基于上述考虑，新宝电器董事会和高层管理团队在实施新战略的过程中：第一，没有采取系统推进的方式，而是采取柔性推进的方式。高层管理团队只是明确企业将在今后一段时间内同时实施中低端和中高端两种定位战略，力求在低成本和高差异两个方面建立世界级竞争优势。但是，企业高层管理团队没有为实施新战略制定量化的目标和实施目标管理与考核，没有编制严格的实施计划和设定相应的时间要求。第二，没有采取自上而下的推进方式，而是采取自下而上的推进方式。在实施新战略之初，企业高层管理团队只是为新战略的实施进行组织结构、管理机制和企业文化的设计，甚至连划分中低端和中高端的标准都没有明确，是否和如何具体实施新战略主要由各个制造群和经营部门决定。

虽然新宝电器坚定实施新战略的承诺并进行了精心设计，但是企业高层管理者有权根据其对战略意图的理解和环境的变化，尤其是实施过程中出现的问题对事前的决策做出动态的调整。在实施新战略之前，新宝电器高层管理团队所提出的实施方案是：(1)为了保证新战略的有效实施，按照实施中低端和中高端两种定位战略的需要，将企业现有的制造、研发和营销系统分别划分为两种不同的经营单位；围绕所制定的定位战略，负责不同定位战略的制造群、研究机构和营销单位在企业总部的协调下相互配合。(2)为了有效体现两种定位战略的差异或者对立性，总部需要将有效实施两种定位战略的责、权、利下放，包括相关的产品开发、采购权、品质管理、产品检验、人力资源管理、企业文化等。(3)为了发挥两种定位战略组合中的规模与范围经济效益，总部在有效行使股东权益的同时，在可以共享的经营职能领域仍然保持一定程度的集权，包括品牌管理、产品标准、品质管理、大宗材料采购管理、中高层管理者的人力资源管理和整个公司层次的文化管理等。

在公司董事会扩大会议上，企业中高层管理者对上述方案进行了认真的研讨，达成了共识，但整个战略方案在实施过程中却得到重大修改：(1)原来的方案是在总部之下设立中低端和中高端两个战略制造群，并且将现有的产品事业部分别纳入上述两个战略制造群。在实施战略的过程中，企业中高层管理者认为这种组织设计有利于管理者明确定位和树立定位意识，但是不利于各个产品线的规划和管理。因此，企业高层管理团队接受了上述意见，在每个产品事业部下面设置了若干按照定位划分的分厂。(2)原来的方案只按照中低端和中高端两种定位划分制造组织，主要目的是不想因为划分过细导致企业运营管理系统更为混乱。但是，一些产品事业部认为，高、中、低三个档次的划分更有利于通过产品线的全覆盖为顾客提供系统的解决方案，从而提升自己在产品线上的竞争力，因此在产品事业部下面分别设立了 A(高端定位)、B(中端定位)和 C(低端定位)。

新战略实施三年多来，当初设计的战略内容，尤其实施方案中的一部分内容已经被放弃，一部分内容还在落实，还有一部分内容是在实施过程中加进来的。以这种柔性推进的方式实施新战略取得了一定的效果：第一，从财务指标看，在国内外经济形势不好的情况下，新宝电器依靠两种定位战略的实施和两种定位优势的发挥，销售和盈利的增长连续三年远高于行业平均水平，2017 年的营业收入达到 80 多亿元，净利润超过 4 亿元。第二，从企业内部管理看，企业内部各个层次的管理团队对两种定位战略的差异和联系、对立和统一理解得越深刻，对企业所实施的新战略越认同，并且演变成自觉行动。第三，从企业的整体发展看，从原来同时实施两种定位战略到分别实施两种定位战略，新宝电器没有产生重大的动荡或者波折，企业战略推进稳定，实现了健康发展。

资料来源：蓝海林. 企业战略管理(第 2 版)[M]. 北京：中国人民大学出版社，2018：303－304.

思考题：

请结合案例材料分析新宝电器的战略实施过程中资源配置是如何进行的(可从人力资源、技术资源等方面阐述)。

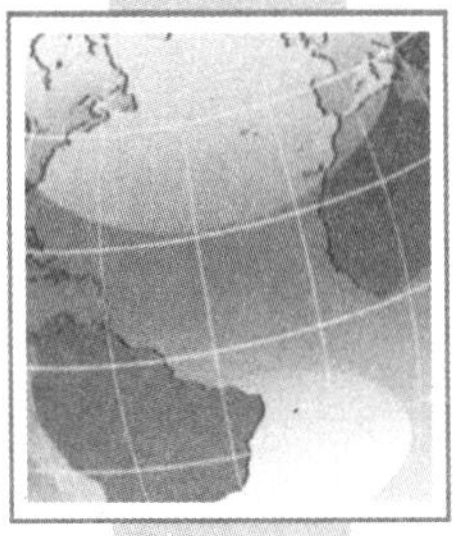

第九章 战略与组织结构、组织文化和领导

【名言警句】

有什么样的战略，就应有什么样的组织结构。然而这一真理往往被人们忽视。有太多的企业试图以旧的组织结构实施新的战略。

——戴尔·麦康基

在任何场合，企业的资源都不足以利用它所面对的所有机会或回避它所受到的所有威胁。因此，战略基本上就是一个资源配置的问题。成功的战略必须将主要的资源用于利用最有决定性的机会。

——威廉·科恩

【学习目的】

通过学习本章，你应该掌握以下内容：

☆ 了解企业战略与组织结构的关系，能根据企业战略进行企业组织结构整合；

☆ 掌握组织结构设计的基本原理、新型组织结构模式，以及组织结构设计的程序；

☆ 了解企业文化在战略管理中的作用及其相互关系；

☆ 解释领导人在战略管理中的重要性，了解战略管理对领导人的要求；

☆ 解释为什么要将战略管理与组织结构、组织文化、领导人联系起来。

【开篇案例】

疯狂的架构——图解组织结构和组织文化

Web设计师Manu Cornet在自己的博客上画了一组美国科技公司的组织结构图。在他的笔下，亚马逊等级森严且有序；谷歌结构清晰，产品和部门之间却相互交错且混乱；Facebook架构分散，就像一张散开的网络；微软内部各自占山为王，军阀作风深入骨髓；苹果一个人说了算，而那个人路人皆知；庞大的甲骨文，臃肿的法务部显然要比工程部门更加重要。

《第一财经周刊》也尝试着炮制了一份中国科技公司的结构图——百度、腾讯、华为、联想、阿里巴巴、新浪。结果发现，它们也是彼此风格迥异。不同的公司成长历史、业务架构、管理风格形成的企业文化差异，让它们的架构图也呈现出明显不同的特征。

1. 华为：技术创新引发矩阵结构变化

华为与很多强调组织结构稳定的企业不同，华为建立的是一种可以有所变化的矩阵结构。换句话说，华为每次的产品创新都肯定伴随组织架构的变化，而在华为每3个月就会发生一次大的技术创新，这更类似于某种进退自如的创业管理机制。

一旦出现机遇，相应的部门便迅速出击、抓住机遇。在这个部门的牵动下，公司的组织结构发生一定的变形——流程没有变化，只是部门与部门之间联系的次数和内容发生了变化。但这种变形是暂时的，当阶段性的任务完成后，整个组织结构又会恢复到常态。

2. 阿里巴巴：马云的影子无时无处不在

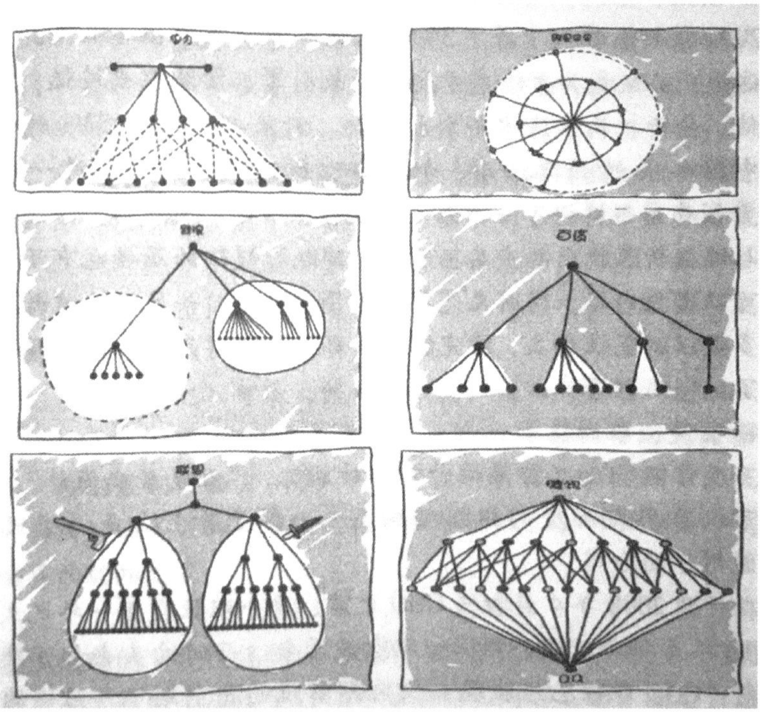

尽管2007年阿里巴巴B2B业务上市后，马云开始练太极、习道学、悟阴阳，但是，在阿里巴巴，马云的影子似乎无时无处不在。现在，他又向公众展示了一条完美的产业链。万网提供域名，并量身定制出两套网站——B2B和B2C，再通过阿里巴巴网站和淘宝商城、淘宝集市三大平台精确对接细分用户。散在全国的7个百万平方米以上的阿里大仓、若干个小仓，由物流宝打通的从供应商到阿里大小仓直至用户之间的物流数据流，囊括大阿里战略中所有的业务。而马云，正如他自己所说，“已经融化在这家公司里”。

3. 新浪：依托微博画了一张大饼

2009年新浪收入下滑3%。但这一年新浪推出了微博。不到两年，这个产品就成为新浪最重要的增长引擎，活跃用户过亿，股价翻了两倍。分析机构上海睿析科技估计，新浪拥有中国57%的微博用户和中国87%的微博活动。都说华尔街喜欢听故事，这一次新浪CEO曹国伟用微博讲了一个诱人的故事。

与过往新浪推出的产品不同，微博既有媒体的属性也有互动的属性，同时又是很好的传播平台。如果说此前新浪的用户大多数以浏览为主，看完就走，那么从微博开始，用户就开始沉淀了。

4. 百度：崇尚简单

百度前任COO（首席运营官）叶朋称，“百度崇尚简单”。这话同样可以套用在百度的组织结构上，即百度看上去是一家只需要CEO就够的公司。

在叶朋2008年4月担任COO之前，这个职位空了一年之久。当他2010年离职后，这个职位一直空缺至今。而回过头去看百度的发展历史，COO职位已经出现三次为期不短的真空期。同样的遭遇也发生在CTO职位上。而在2008年，这家公司竟然同时缺失COO、CFO（首席财务官）和CTO（首席技术官）。

一些分析师认为，出现这种情况，是因为内部清洗和股票禁售到期两股力量同时夹击。但是互联网观察家谢文认为，百度在找高管方面“判断有些失误”，他建议百度应该下决心把管理班子弄好，需要一个5—7人、各有专长的核心高管团队。

5. 联想：大小通吃但又左右互搏

与很多公司一样，联想希望能够大小通吃，既做好消费者市场，又出击商用市场。前者是以渠道为核心的交易型业务，后者则是以大客户为对象的关系型业务。一家公司同时做这两块业务，某种程度上就像金庸小说里的左右互搏。联想COO刘军则将此比喻成长枪与短刀，要想舞得好，就要在价值链的各个环节做到合理的区分与整合，并细致地平衡各方利益，化解模糊地带容易发生的冲突。

举例而言，与双模式相对应，联想国内的生产线、供应链的设计也兼顾了大客户和中小客户的采购特点。联想中国有两类生产线：一类即所谓的“大流水线”，一台 PC 通过不同工序多人组装，这种模式适合大批量、规模化生产；另一类是对小批量、多品种的订单，联想则采用单元式的生产线，由一位工人从头到尾完成一台 PC 的组装。

6. 腾讯：产品与部门的关系千丝万缕，QQ 是所有产品与服务的基石

腾讯是个令人费解的内外两重世界，就像一堵围墙，墙内的人觉得公司简单欢快如大学校园，墙外的人却觉得企鹅彪悍且来势汹汹。反映在腾讯的业务和组织架构上，这种矛盾也处处存在。

经过几次大大小小的架构调整，腾讯将不断增设的新部门重新归类后细分为八大单元。其中，根据业务体系划分出四个业务系统：无线业务、互联网业务、互娱业务、网络媒体业务；另外，根据公司日常运转划分出四个支持系统：运营支持、平台研发、行政等职能系统及企业发展系统。

看起来很清爽吧？可是通过比较腾讯的产品与服务结构图会发现，腾讯产品与部门之间有着千丝万缕的关系。而此中的原因便是，作为腾讯盈利的法宝，QQ 不仅是即时通信平台的核心，也搭载或捆绑着腾讯诸多的产品与服务。想了解这一点，打开任何一个 QQ 互联网端界面就知道了。

资料来源：熊爱华．战略管理[M]．北京：中国财经出版传媒集团、经济科学出版社，2020：238—241.

在企业确立战略方案之后，战略管理过程并没有结束，企业必须将战略思想转变为战略行动。战略的实施将由上至下地影响企业所有的部门和功能领域。本章就战略实施过程中组织结构调整、企业文化管理、领导作用发挥等一系列问题进行探讨。

第一节　战略管理与组织结构

战略实施的主动者是人或人群，他们为达到一组目标而同心协力地工作。这就要求企业将实现企业目标所必需的活动进行分类，并对每一类活动任命负责人，使其拥有从事这些活动的必要权力，进而规定各类活动之间的关系。这些内容就构成了企业的组织结构；因此，要有效地实施战略，还要建立适合于所选战略的组织结构。否则，不适合的组织结构会妨碍战略的实施，使战略达不到预期的目标，影响企业的绩效。

一、组织类型

组织结构的类型主要包括直线制、职能制、直线职能制、事业部制、超事业部制、矩阵制、多维立体结构等。

1. 直线制组织结构

直线制组织结构的主要特点在于：组织从最高管理层到最低管理层的各个职位均按垂直系统直线排列，形成统一的指挥链。各级管理人员对其下属拥有全部指挥权和监督权，一个下属只有一个直接上级，仅对该直接上级负责并汇报工作。

直线制组织结构具有以下优点：

(1)结构简单，适合性质单一的工作；

(2)权力统一，指挥统一，决策迅速有效；

(3)组织成员权责明确，便于管理和沟通；

(4)有利于保持领导权威，维护组织纪律，确保组织秩序；

(5)组织管理费用较少。

直线制组织结构具有以下缺点：

(1)组织结构刚性较强，缺乏弹性；

(2)强调下级对上级的绝对服从，容易导致专制，束缚成员的主动性和创造性；

(3)只强调上意下达，忽视下情上达和横向交流与沟通；

(4)需要技能全面的管理人才，而且组织效率深受个别人员的辞职、退休等情况的影响；

(5)管理人员容易忙于处理各种日常事务，没有时间和精力思考关于企业发展的重大问题和长远问题；

(6)由于没有专门的职能机构，因此不利于提高专业化管理水平，不利于组织总体管理水平的提高。

直线制一般只适用于生产规模较小、产品单一、管理简单、业务性质单一的企业，或者用于现场的作业管理。

2. 职能制组织结构

19世纪初期，美国的泰勒在其《工厂管理》一书中提出了职能工厂制，指出在职能工厂制度下，原来由军队组织下的一个班组长所做的工作，现在由调度员、检查员、工作计划管理人员、车间人事管理人员、作业指导管理人员、工作进度管理人员、设备维修管理人员、时间和成本核算管理人员八个人分管。这就是最早的职能制组织结构。

职能制组织结构的主要特点是按照专业分工设置相应的职能部门，实行专业分工管理，从而代替直线制的全能管理者。下级既服从直线领导的指挥，又服从上级各职能部门的管理。

泰勒认为，职能制组织结构可以在很大程度上实现职能专业化的优越性，但是这种结构违背了组织设计的统一指挥原则，容易导致多头领导、多头指挥，造成管理混乱。因此，单纯采用职能制组织结构的企业非常少。

3. 直线职能制组织结构

随着管理活动日益复杂化，直线管理人员为了提高管理效率，将一部分直线职权授予参谋部门或参谋人员，使其具有直接指挥下属的权力，从而形成直线职能制组织结构。

直线职能制组织结构的主要特点在于：直线部门和职能部门并存。职能部门拥有一部分直线职权(此时转化为职能职权)，并在一定的条件下拥有发布命令的权力。

直线职能制组织结构具有以下优点：

(1)提高了组织管理的专业化程度和专业化水平，符合现代企业生产规模不断扩大、分工日益细密的趋势；

(2)有利于充分发挥各职能专家的管理作用，并可对下级的工作提供详细的、专业的业务指导；

(3)有利于减轻直线管理者的工作负担，使其有时间和精力考虑具有战略意义的重大问题；

(4)有利于提高各职能专家的业务水平，使其专司一职，提高效率；

(5)有利于简化各部门人力资源的选拔、培训、考核等各项管理工作。

直线职能制组织结构具有以下缺点：

(1)直线人员和职能部门的权责难以明确划分，彼此之间难以协调和沟通，容易导致矛盾和冲突；

(2)过分强调按职能分工，容易使各职能管理人员的知识面和经验都比较狭窄，不利于培

养知识丰富、素质全面的优秀人才;

(3)组织缺乏弹性,决策速度较慢,难以适应剧烈的环境变化;

(4)难以规定职能职权的范围,范围过大或过小都不利于提高组织效率;

(5)职能机构和管理人员较多,使管理费用增加。

直线职能制组织结构特别适用于那些组织规模较小、地点集中、产品种类较少的中小企业,而且也适用于某些大型企业,尤其各部门业务联系紧密的制造业企业。

4. 事业部制组织结构

随着企业规模逐渐扩大,企业战略经营领域也由单一产品经营逐渐发展成为多产品经营,由此产生事业部制组织结构,这种新的组织类型由通用汽车公司首创。

事业部制是以产品、地区或客户等为依据,将相关的研发、采购、生产、销售等职能部门结合成相对独立的单位的组织结构。其主要特点包括:

(1)企业的第二级机构是按产品、地区、客户等为依据划分的事业部。每个事业部都有自己的产品和市场,能够完成某种产品或服务的生产经营全过程。

(2)按照"统一政策,分散经营"的原则,实行分权管理。因此,事业部虽然不具有独立法人资格,但拥有较大的生产经营权,基本上相当于一个完整的企业。

(3)事业部是一个利润责任中心。各事业部都独立核算、自负盈亏,彼此之间的经济往来要遵循等价交换的原则。因此,公司内部形成了由三种责任中心组成的完整的管理体制:公司总部是投资中心,事业部是利润中心,事业部所属工厂是成本中心。

事业部制组织结构具有以下优点:

(1)每个事业部都能够独立自主地规划其发展,决策迅速、有效,能够针对市场变化迅速做出反应,具有很强的灵活性;

(2)事业部作为利润中心,有利于评价、考核事业部及其经理的工作绩效,同时也有助于高层管理者对每种产品或服务进行贡献分析,从而做出正确的战略决策;

(3)在同一事业部中,各职能部门围绕同一产品、地区或客户开展工作,并服从于同一主管,有利于职能部门的沟通和协调;

(4)有利于使高层领导集中精力研究企业战略,同时,由于事业部自成系统,对事业部经理的要求很高,因此也有利于全面培养管理人才;

(5)各事业部自主经营、责任明确,有利于贯彻实施目标管理和自我控制。

事业部制组织结构具有以下缺点:

(1)由于各事业部具有相对独立的利益,因此容易导致本位主义,部门之间难以协调和合作,忽视企业的整体利益;

(2)对公司总部的管理工作要求较高,否则容易导致对事业部的管理失控;

(3)公司总部和各事业部都需要设置职能机构,会导致机构重叠、人员众多、管理费用增加。

事业部制组织结构是一种有效的组织形式,适用于组织规模较大、组织分散、产品品种多样化、市场环境变化较快的大型企业。

5. 超事业部制组织结构

20 世纪 70 年代中期,美国经济开始出现停滞,为了应付企业面临的困难局面,超事业部制组织结构应运而生。

超事业部又叫执行部,其主要特点是在分权事业部的基础上,在企业最高领导层与各事业部之间设立超事业部，负责管理和协调所属各个事业部的活动，从而实现集权与分权的有机结合。

超事业部制组织结构具有以下优点：

(1)几个事业部可以联合开发新产品，加快新产品的研发进度，降低研发成本；

(2)通过超事业部更好地协调各事业部的活动，形成适当的集中；

(3)增加了企业的灵活性。

超事业部制组织结构的主要缺点是增加了管理层次，需要协调好超事业部和事业部之间的关系。

超事业部制一般用于企业规模巨大、产品品种较多、所涉及的业务领域及市场分布很广、事业部较多且难以协调的企业。

6. 矩阵制组织结构

20 世纪 50 年代，美国洛克希德飞机公司、休斯飞机公司等大公司创立了矩阵制组织结构。

矩阵制组织结构的主要特点是在直线职能制的基础上，把按职能划分的部门和按产品或按项目划分的小组结合起来，形成矩阵。同一名人员既同原职能部门保持组织与业务上的联系，同时又参加产品或项目小组的工作，要受两位主管领导。因此，这是一种交叉的而不是单线的领导系统。

矩阵制组织结构具有以下优点：

(1)加强了组织间横向协调，使组织纵向联系和横向联系得到有机结合，有利于平衡各部门之间的冲突；

(2)有利于各种项目共享资源，提高资源使用效率；

(3)将不同职能部门的专业人员组织在一起，集中了不同的技术和经验，丰富了个人的工作内容，有利于激发员工的积极性，也有利于全面培养人才；

(4)项目小组可以根据具体情况随时成立或解散，能对迅速变化的环境做出及时反应；

(5)对人力资源的运用富有弹性，同一职能部门的知识和经验可以运用于不同的项目，有利于充分发挥职能专家的作用。

矩阵式组织结构具有以下缺点：

(1)由于实行双重领导，因此容易导致职能经理和项目经理之间争权夺利、互相推卸责任；

(2)矩阵结构中的各种关系比较复杂，协调难度大；

(3)具有双重指挥链，管理成本增加；

(4)具有临时性的特点，容易导致员工的责任心下降；

(5)如果企业中的矩阵组织较多，则在增强灵活性的同时破坏了组织的整体性、降低了组织效率。

矩阵结构一般适用于建筑、航天、营销、管理咨询等公司。在大企业中的工程、研发、营销等部门，也可以采用矩阵结构。

7. 多维立体组织结构

1967 年，美国道科宁化学工业公司创立了多维立体组织结构，并取得了显著的经济效果。

多维立体组织是矩阵结构的发展，是把矩阵结构与事业部制结构有机地结合在一起，形成了一种全新的组织结构形式。多维立体组织综合考虑了产品、地区与职能机构，形成了三类主要的管理组织机构系统，即三个中心：

(1)产品利润中心,即按产品划分的事业部;

(2)职能利润中心,即按职能划分的专业参谋机构;

(3)地区利润中心,即按地区划分的管理机构。

多维立体组织结构具有以下优点:

(1)通过多维结构,使产品事业部经理、地区经理和总公司专业职能部门有效地统一和协调起来,由三方代表共同组成产品事业委员会,对各类产品的生产与销售进行领导;

(2)产品事业委员会三方中的任何一方都不能单独做出决定,必须协商一致才能行动,这使得三方都能从组织全局的角度考虑问题,从而减少了矛盾和摩擦,提高了决策效率。

多维立体组织结构具有以下缺点:

(1)存在多重领导、多头指挥;

(2)决策速度较慢;

(3)沟通、协调的工作量巨大;

(4)容易产生管理混乱;

(5)多维立体组织结构通常适用于跨国公司或规模巨大的跨地区公司。

战略专栏 1

华为的超级流动性组织

竞争性市场的显著特点之一就是对各类刺激的反应极其灵活——价格、供应数量、产品规格、技术应用、营销渠道甚至商业模式都以惊人的速度进行调整。与此形成鲜明对比的是,组织内部的调整往往慢似蜗牛。这也是为什么许多曾位居全球领导者地位的公司在面临市场混乱时陷入困境甚至消失。随着商业环境的变化加快,迅速调整已事关生存,让内部架构和流程适应外部环境中的关键因素至关重要。在中国,有一家公司在提升内部的灵活性、积极适应市场变化方面做得非常出色,这就是华为公司。借助超级流动性,华为已成为全球最大的电信设备供应商以及全球第三大智能手机供应商。华为是如何实现超级流动性的?

一、围绕客户的需求设计组织

华为认为,要满足市场上不断变化的需求,最佳方法就是根据客户的需求设计并不断地调整企业。为此,华为发展出一套让自己区别于竞争对手的管理实践——只要客户的需求改变,就相应地调整内部组织。

1. 成立三大业务集团与服务集团。华为采取被称为“拧麻花”的混合结构,即将事业部组织的某些特点与职能平台及区域销售支持结合起来。组织架构不是围绕特定的产品设计,而是创建了三个综合业务集团:电信运营商业务集团、企业集团、消费者集团。每个集团针对特定的竞争对手争夺市场。

在三大集团背后,又有三个服务集团提供支持,主要目标是提升应变速度、敏捷性和灵活性。第一个服务集团由数个共享功能平台组成,包括财务、人力资源、采购、物流和质量控制,为三大业务集团提供必要的支持服务。第二个服务集团是区域销售组织,协助三大业务集团与世界各地的客户建立联系。第三个服务集团名为“产品和客户解决方案”,其功能是整合内部研发资源,为三大业务集团的客户提供产品和整合信息与通信技术(ICT)解决方案。

2. 随着客户需求的变化调整组织架构。2002年及以前,华为的组织结构是集中控制、功能驱动,基于产品线运作,而且层级分明。2003年,随着业务扩展到越来越多的国家和地区,华为转型为一个更加基于国家的组织架构。总部负责管理华为在各个国家的“代表处”(各国分公司),代表处再控制销售办事处。4年后,华为发现客户的新需求是定制网络解决方案,但要想抓住机会就得整合不同的产品线、职能部门甚至不同区域的资源和能力。华为毫不犹豫地拆散了原有结构,设立了7个地区办事处,覆盖全球市场。后来华为认识到,市场覆盖范围过大会影响办事处的响应速度,地区办事处于是又迅速调整为16个更为灵活的分区办事处。为了支持定期重组,华为还经常创建新的子公司,为客户提供更优质的服务。

3. 华为以客户为中心的组织创新和设计还有另一个重要基础,就是打造所谓的“资源池”。具体来说,华为将麾下高级人才纳入一个虚拟的人力资源库。此举可将顶尖人才与职能部门分离,随时在全球调配,从而使经验最丰富的人才得以完全自由流动,这也是建立超级流动性组织的关键。

4. 组建“铁三角”,即以全球代表处为核心的独特团队结构。该想法诞生于2004年,当时华为在国外的业务团队意识到,最有效地服务客户需求的方式是将重要领域的专家团队(如客户管理、产品解决方案和项目实施)聚在一起,从一开始就与客户开展合作,开发新项目。如今,每个新项目启动时都由项目经理组建“铁三角”团队,项目经理有权从人才库里征用具备专业能力的人员。虽然项目负责人的职级通常较低,但是动用资源时拥有巨大的决策权,远远超出了职级限制。这种机制下,决策权下放到一线“战斗”部门,负责人可以根据不断变化的市场状况立即做出关键决策,必要时可以凭借自己的判断“呼叫”总部,充分发挥整个组织的火力优势。用任正非的话说:“让能听到炮火的人(如项目经理)指挥炮火。”

通过应用以上各项创新举措,华为做到了以客户为中心,成为几乎完全围绕客户项目而构建的企业。为确保以客户为中心,评估个人业绩时,标准是其所在团队服务客户时的贡献比例。个人薪酬和晋升都要根据团队表现而定,奖金只颁发给获奖团队。

二、通过灵活的职能平台提供支持服务

华为开发了10个支持功能平台,内部称为“资源平台”,目的是帮助一线项目团队迅速获得所需的能力和资源。这些平台围绕不同的能力构建,包括研发和技术、测试、制造、全球采购市场和销售、人力资源、财务和资本、行政服务、知识管理和数据共享等。

由于以客户为中心的项目团队可以自由使用平台而不用单独设立职能部门,从而在行动时能够做到快速、灵活且流动,华为因此才能发展成为流动性极强的企业。不过,随着华为拓展新客户群及新地区,平台中的流程数量呈现爆炸式增长,操作变得过度复杂。目前,华为已开始大规模地简化流程。

三、中高层管理人员的持续轮岗

在华为,中高层管理者会在不同的工作岗位之间轮换,甚至包括首席执行官。高管轮岗有其缺点和取舍,不过华为认为,该制度在打造超级流动性组织方面,推动作用远超其负面影响。

1. 通过中层和高管的轮岗,可以消除建设企业帝国时常见的组织僵化问题。高管在内部建立小地盘的难度大大加强,在某个部门或子公司积攒资源和权力的动力会降低。同时，所有高管都经历过不同的领域和职责，这也意味着他们更加了解不同部门可能提供的更大价值、面临的压力和取舍，因此会在整个组织内实现更强的团队合作。

2. 避免讨好老板。对华为的项目负责人来说，拍老板的马屁毫无意义，因为你很清楚再过一两年他就会离开目前的职位，转岗到下一处。薪酬和晋升前景并不取决于老板喜不喜欢，只看项目有没有帮助客户盈利。

3. 培养管理者，让他们比较轻松地获得高管资历中需要的“多种职责”。升至高层后，华为的管理者不再是干了一辈子的“研发”“财务”或“营销”人员，而是多面手。

4. 有助于促进创新，随着中层和高管轮岗，每项工作都可以从新的角度审视。这是华为组织灵活流动的另一个关键因素。

5. 激励管理者提高新想法的实施速度。身处华为面临的快速变化的商业环境中，速度是关键，同时在工作的可延续性方面，也鼓励新任管理者在前任工作的基础上创造性地发挥优势和能力，而不是推倒重来。

资料来源：姚建明．战略管理[M]．北京：清华大学出版社，2019：251—254.

二、组织结构服从于战略

美国哈佛大学商学院教授钱德勒通过对美国大型公司，特别是通用汽车公司、杜邦公司、新泽西标准石油公司和西尔斯·罗布克公司经营发展史的研究，发现公司战略与组织结构具有以下关系：当企业选择了某一新战略后，由于管理人员在现行组织结构中拥有既得利益，或不了解经营管理以外的情况，或对改变组织结构的必要性缺乏认识，使得现行结构不能立即适应新战略而发生变化，直到行政管理问题暴露，企业效益下降，才将改变结构问题纳入议事日程。当组织结构变革以后，企业保证了战略的实施，其获利能力就会大幅度地提高。该过程可以用图 9—1 来表示。

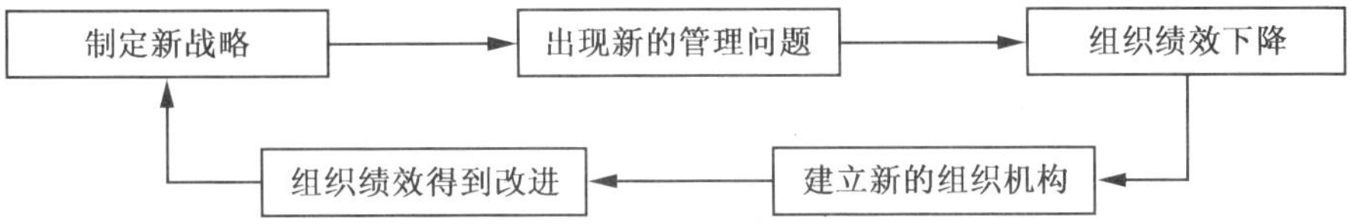

图 9—1　钱德勒的战略—组织结构关系

由此，钱德勒得出了著名的结论：组织结构必须服从于战略，即不能从现有结构的角度考虑如何制定战略、实施战略，而应根据外部环境、内部条件的变化制定相应的战略，然后再调整现有组织结构，使之与战略相适应、相匹配，从而确保战略的有效实施。

此外，钱德勒的研究还得出了下面的结论：

（1）在企业实施某一战略时不同形式的组织结构具有不同的效率；

（2）企业的组织结构具有生命周期；

（3）企业大幅度增长是重新设计组织结构的前提条件；

（4）企业进入各种相关或者不相关的产品或市场后，为获得经济效益，必须改变组织结构，这是重新进行组织的必要条件。

三、组织结构反作用于战略

战略是设计与选择组织结构的决定性因素之一，同时，组织结构也对战略具有反作用，在一定程度上影响战略的选择和实施。

1. 组织结构对战略目标和政策的影响

组织结构在一定程度上决定了组织如何建立战略目标和政策体系。例如，在按地区建立组织结构的企业中，战略目标和政策常用地区性术语来表达；在按产品建立组织结构的企业中，战略目标和政策常用产品性术语来表达。此外，组织结构是确保战略目标有效实施的有力保证。通过组织结构，企业战略目标转化成一系列具体的制度和政策，并融入企业日常的生产经营活动中，发挥指导和协调作用，保证企业战略的成功实施。

2. 组织结构决定资源配置

组织结构决定了企业的资源配置方式，进而影响到企业战略的制定和选择。例如，如果企业按照客户建立组织结构，那么企业资源也按客户进行配置；如果企业按照职能建立组织结构，那么企业资源也按职能进行配置。由于资源配置是企业战略的一项重要内容，因此组织结构通过对资源配置的决定作用也影响着企业战略的制定和选择。

3. 组织结构的变革影响战略的革新

在外部环境相对比较稳定、简单的时期，战略的调整和组织结构的变化都是以渐进方式进行的，战略与结构的矛盾并不突出。但是，当企业外部环境或内部条件发生了重大变化，企业需要实施战略转折和战略创新时，就对组织结构提出了严峻的挑战。这时，如果组织结构不发生变革，或者仅实行改良式的调整，就会制约和阻碍企业战略的转折和创新。

综上所述，企业战略与组织结构之间具有极其密切的关系。一方面，组织结构必须服从于战略，为战略的实施而服务。因此，当环境变化带来新的发展机遇时，必须首先调整组织战略，并以之为基础变革组织结构。另一方面，相对于环境的变化，战略具有前导性，而结构具有滞后性，并在一定程度上反作用于战略的制定和实施。因此，组织结构的调整和变革不能急于求成，尤其要努力克服来自组织本身和来自组织成员的各种阻力，保持和发展组织战略和组织结构之间良性的、动态的相互适应和匹配的关系。

四、战略的前导性与结构的滞后性

战略和组织结构对于环境的变化均会做出反应，但是，首先做出反应的是战略，然后才是结构。因此，战略的前导性与结构的滞后性是客观存在的。

1. 战略的前导性

战略的前导性是指战略的变化快于组织结构的变化。当经济、技术、人员等外部环境和内部因素发生变化，为企业提供新的发展机遇时，为了谋求新的经济增长点，企业首先会在战略上做出反应，即制定新战略或调整原有战略。这就要求组织结构做出相应的调整或变革，否则，难以发挥新战略的功能。

2. 结构的滞后性

结构的滞后性是指组织结构的变化速度常常慢于战略的变化速度，尤其在经济迅速发展时期更是如此。造成结构滞后性的原因主要有两个方面：来自组织的阻力和来自个人的阻力。

(1)来自组织的阻力。

在组织结构的调整与变革过程中，原有组织本身具有一种阻碍力量。组织一旦形成，其稳

定性就会发生作用,避免其因产生剧烈的震动而陷入混乱或无政府状态。具体而言,来自组织的阻力主要包括以下几个方面:

①结构惯性。组织所有的结构、制度、机制等具有稳定性。当新战略制定以后,新、旧结构的更替需要一定的时间。

②有限的变革点。组织由一系列相互依赖、相互作用的关系组成,要改变某一个子系统,也要相应地改变其他子系统,否则,此子系统的单独变革是无效的。

③群体惯性。组织群体也具有稳定性和惯性。即使群体中的个体接受了组织结构的调整和变革,群体依然可能成为阻力。

④对专业知识的威胁。组织结构的调整和变革有可能威胁到某些部门、群体的既有专业知识,从而形成阻力。

⑤对已有权力关系的威胁。在组织结构调整和变革的过程中,企业需要重新分配权力,对长期以来形成的权力关系造成威胁,从而引发阻力。

⑥对已有的资源分配的威胁。因为资源是有限的,组织结构的调整和变革将重新分配资源,从而引起某些部门和群体的不满和抵触。

(2)来自个体的阻力。

①习惯。面对组织结构的调整和变革,个体往往会以惯常的方式做出反应,从而产生阻力。

②安全。在原有组织结构中越感到安全的个体,就越可能阻碍结构的调整和变革。

③经济因素。组织结构的调整和变革可能导致收入降低或影响其他经济因素,从而造成经济恐慌。

④对未知的恐惧。组织结构的调整和变革常以模糊性和不确定性来代替已知的事物,个体由于对未知事物具有恐惧感而产生抵触。

⑤选择性信息加工。为了保护知觉的完整性,个体常常有意地对信息进行选择性加工。

五、组织结构设计的随机制宜理论

管理实践者以及学者们都承认,任何一种组织结构并不能适用于所有的情况,也不存在一种普遍的、最好的组织方式。因此,人们提出了组织设计的随机制宜理论(也称权变理论)。这个理论认为,最适宜的组织结构主要取决于企业的战略目标和战略,但是组织结构也受企业的规模和发展阶段与结构、企业环境与组织结构以及技术与组织结构等因素的影响。本部分着重讨论这三个因素与组织结构的关系。

1. 企业规模和发展阶段与组织结构

企业规模和发展阶段是确定其组织结构的关键因素。例如,一个小型计算机公司最适宜的组织结构就会与大型计算机公司的组织结构不同。因此,随着企业规模(用雇员和产品线的数量来衡量)的扩大,企业就需要不同的组织结构。

一些学者已经建立起一些组织发展阶段模型。这些模型的基本思想是,各企业是从简单到复杂连续地向前发展的。人们在这条连续发展线上确定阶段的位置,并认为当企业的发展达到连续线上某一特定点时,就应当实行不同的组织结构。具有代表性的企业发展阶段模型有塞恩(Thane)、斯格特(Scott)和陶森(Towson)等人的三阶段发展模型和加农(J. T. Cannon)的五阶段模型。下面介绍加农的五阶段发展模型。

(1)创业阶段。这个阶段的企业是小型的、单一产品的公司,基本上由一个人管理。这个最高层管理者几乎做出所有的战略和作业决策;组织结构相当不正规,对协调只有最低限度的要求；信息沟通也是建立在非正式的基础上，多数雇员直接地向最高层管理者汇报工作。除此之外，此阶段企业几乎没有规范化的战略计划系统，最高层管理者基于直觉判断做出决策。

(2)职能发展阶段。在这一阶段，企业仍是单一产品公司，但其规模和经营区域扩大了。随着企业开始成长，企业及其管理都变得较复杂。决策量增加，但决策越来越多地由其他管理者做出，而最高层管理者做的决策越来越少；组织结构建立在职能专业化的基础上，各项职能之间的协调问题也增加；纵向、横向的信息量增加，信息沟通变得更加重要和困难。这些问题把组织推进到第三个阶段。

(3)分权阶段。处于这一阶段的企业已不再具有单一产品线，而成为具有多种产品的公司。管理者采用分权来对付职能结构引起的种种问题，组织结构分成多个半独立的利润中心或产品组团。日常经营问题由各单位或事业部的经理来处理，但公司总部要做出战略规划和战略性的决策。实际上，处于第三阶段的公司是一些"小企业"的集合体。这些小企业可按前述创业阶段的方式来管理。但是，这又出现下面的问题：在各经营单位之间转移资源以开发新机会的灵活性减少；重复性工作使费用增加；最高管理者可能感到他们失去了对"小企业"的控制等。这些问题致使企业向下面两个阶段之一演进。

(4)参谋激增阶段。这个阶段是增加公司一级的参谋，以帮助最高管理者加强对"小企业"的计划和控制。此外，参谋单位增长过快也会使效率下降。因此，现在许多公司正日益减少公司参谋人员的数量。

(5)再集权阶段。这一阶段是企业采取再集权的办法来解决分权阶段和参谋激增阶段所出现的问题。再集权与职能发展阶段很相似，具有许多相同的问题。信息处理的计算机化和复杂的控制系统，已使得许多企业的管理进入这个阶段。

哈韦(Donald F. Harvey)依据加农的组织五阶段发展模型，勾画出美国公司主导性的发展道路，以及所采取的战略导致的新组织结构类型，如图 9—2 所示。

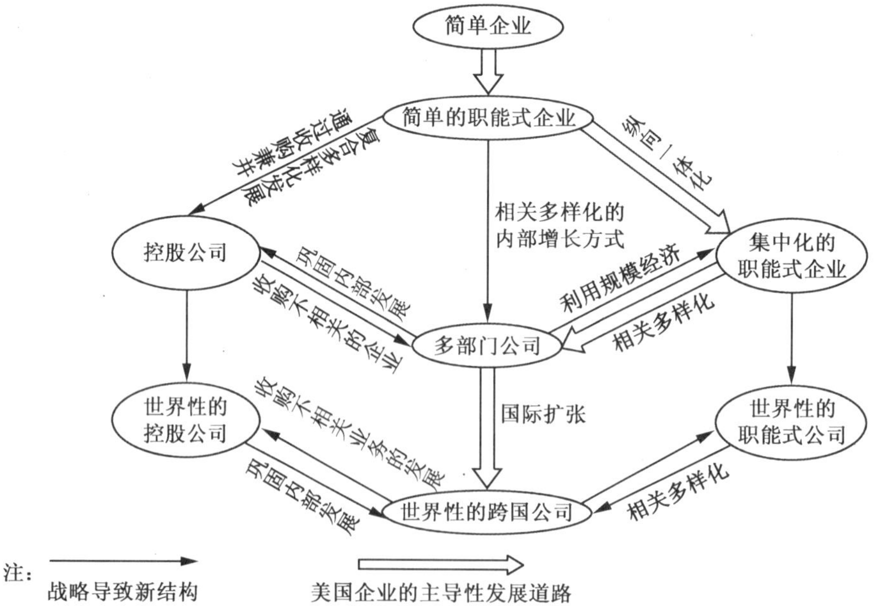

图 9—2 扩大了的发展阶段模型

应当指出的是，并非所有企业都遵循这样一个发展阶段模式。实际情况是，企业以完全各不相同的、通常是无法预料的方式通过上述各阶段。但上述发展阶段模型确实表明，随着企业从小变大，从单一产品或服务发展到多种产品或服务，企业的组织结构将随着这种规模的发展而变化。从加农对美国工业企业发展阶段及其结构的描述中可以看出，企业规模对组织结构的影响主要表现在以下三个方面：

(1)规范化程度。随着企业规模的扩大，大型企业要依赖条例、程序和文件等来实现标准化和对众多部门和雇员的控制，因而需要高程度的规范化。中小规模的企业对规范化要求就比较低。

(2)分权程度。规模大的企业由于人员和部门较多，全部决策若都由最高管理者负责，则必然负担过重，而且容易脱离实际情况，所以需要较多的分权。而中小规模企业，特别是小型企业，不需要再分权。

(3)复杂性。这是指等级层次的数量和部门或事业部的数量。规模大的企业要解决的管理问题多，需要更多的专业化部门，同时随着职工人数的增加和事业部门的增加，为了有效地控制，需要增加新的等级层次，以免管理幅度过宽。因此，规模大的企业具有较强的复杂性。相比之下，中小规模企业就不像大型企业那样复杂。

2. 企业环境与组织结构

影响组织结构设计的另一个主要因素是企业所面临的环境状况。毫无疑问，企业环境决定组织结构，组织结构应当服从于和适应环境的各种不同状态。因为企业的环境是组织所无法控制的，所以只有去适应它。为了简单起见，企业所面临的环境可分为稳定环境和不稳定环境这两种极端状态，看一看有什么样的组织系统与之相匹配。

伯恩斯和斯托克用组织结构与环境的关系研究和考察企业，将组织结构分成两种类型：一类称为机械系统；另一类称为有机系统。每种系统的具体特征列于表 9—1 中。概括起来，机械系统可描绘成：职责界限分明、工作程序精确、责权关系固定、组织等级制度严密。而有机系统表现为：工作程序不太正规、强调适应性、更多地实行参与制、权力不太固定。他们的研究发现，在稳定的环境中，成功的企业倾向于采用机械结构；而在不断发展变化的非稳定型的环境中，成功的企业则倾向于采用有机结构。这种对应关系列于表 9—1 中。

表 9—1　　　**机械系统与有机系统的特征**

组织上的特点	结构类型	
	机械系统	有机系统
对环境的开放性	比较封闭。试图选择和尽量减少环境的影响，并试图降低不稳定性	比较开放。设计得能够接受环境影响和对付不稳定性
活动的正规化	在结构的基础上具有更多的正规性	在结构的基础上具有较少的正规性
活动的差异化和专业化	明确的、相互孤立的职能和部门	通常或有时为重叠的活动
协调	基本上通过等级结构和明确规定的管理程序	多样性的手段和人们之间交互作用
权力结构	集中的、等级的	分散的、多样化的
权力来源	职位	知识和专门的特长
职责	附加于具体的职位或角色	很多成员分担

续表

组织上的特点	结构类型	
	机械系统	有机系统
任务、作用和职能	在组织图、职位说明以及其他文件中有明确规定与说明	受到有关的情况和彼此的期望等很不严格的规定与说明
交互作用与影响的形态	上级与下级的等级关系	上级与下级的水平与斜向关系

劳伦斯(P. Lawrence)和劳什(J. Lorsch)对组织结构和环境关系研究后也认为，为了取得成功，在动态环境中，经营的企业需要相对灵活的结构；而在稳定环境中，企业则需要较固定的结构；处于中间环境中的企业则需要一个介于两个极端结构之间的组织结构。在环境和组织结构方面还进行了其他许多的研究，但大多数研究的结论是，对于一个特定的企业组织，其最有效的组织结构在某种程度上取决于它所处的环境状况。

3. 技术与组织结构

在组织结构与企业所采用的技术之间的关系方面，伍德沃德(J. Woodward)和他的助手们曾经进行过许多专门的研究。他们分析了美国的几家公司，并按生产方法的“技术复杂性”标准将公司分类。这一研究鉴别出下列三种生产技术方法：单件或小批量生产(如顾客订制的产品)、大规模或大量生产(如装配线式生产)、连续性生产(如化工或炼油厂)。单件生产技术方法位于技术复杂程度的低端，而连续性生产方法则位于技术复杂程度的高端。根据上述三种生产技术方法，有 24 家公司划为单件或小批量生产技术方法，31 家被分为大规模或大量生产，25 家从事连续性生产。

伍德沃德关于技术生产与结构关系的研究所得到的某些结论可概述如下：

(1)管理层次的数目随着技术复杂性的提高而增加。

(2)如果使用前面所述的有机系统和机械系统的定义，则在采用单件或连续性生产方法的企业中，有机系统占优势；在采用大规模或大量生产方式的企业中，机械系统占优势。

(3)在技术复杂性和企业的规模之间没有发现显著的关系。

(4)管理人员和监督人员占总人员的比重将随技术复杂性程度的提高而增大。

这项研究也发现，在任何行业的公司中，成功的绩效均与公司的组织结构有着紧密的关系。这个发现具有重要的意义，它表明对于每一类型的技术来说，都有一个最佳的结构。伍德沃德认为，“组织的特征、组织的技术和组织的成就是联系在一起的。这一事实表明，生产系统不仅是决定结构的一个重要变量，而且对于每一生产系统来说，还有一个最适宜的具体组织形式”。兹沃曼对明尼安波利斯地区的 56 家公司重新进行了研究，结果基本证实了伍德沃德的发现。

哈韦也曾分析了美国的 43 家公司中技术与结构的关系。他将这些企业按照从技术分散性到技术专一性的一条连续分布线来进行分类。技术分散的企业有较宽的产品线，生产的产品逐年不同，并且较多地生产订制的产品。技术专一的企业其产品种类少得多，而且很少变化。与早期的研究结论相似，他的研究也发现技术与组织结构之间有着重要的关系。总之，许多关于技术与结构关系的研究所得的结论是：技术在决定组织结构类型中起着关键作用。

六、选择与战略相适应的组织结构

各种类型的组织结构都有其优、缺点及特定的适用范围，不存在普遍适用的组织结构模式。环境、战略、技术、人员等因素都对组织结构的有效性具有重要的影响。本节主要从战略发展阶段、战略经营领域、战略倾向、战略职能四个角度来探讨如何选择与战略相适应的组织结构。

1. 战略发展阶段与组织结构

钱德勒的研究表明，美国许多大公司都经历了战略发展的四个阶段，每个阶段都有与之相适应的组织结构。

(1)数量扩大战略阶段。

企业在创建初期规模比较小，地域集中，产品单一，往往采用数量扩大型战略，即在一个地区内扩大企业产品或服务的数量。与此相应，企业往往只需要简单的组织类型，执行单纯的生产、销售等职能。

(2)地域扩散战略阶段。

企业进一步发展，需要将产品或服务扩散到其他地区去实施地域扩散战略。这时，为了组织、协调好不同区域的产品和服务，形成标准化和专业化，就必须选择具有职能部门的组织结构。

(3)纵向一体化战略阶段。

随着企业的发展、竞争的激烈，企业为了减少竞争压力、扩大实力，需要拥有一部分原材料的生产能力或拥有分销渠道，即实施纵向一体化战略。与此相应，企业中出现了中心机构以及众多的职能部门，管理权力多集中于高层管理者，从而采用直线职能制等组织结构。

(4)多种经营战略阶段。

企业规模不断地扩大，实力不断地增强，为了避免或分散投资风险、经营风险，实施多种经营战略，从而选择与之相适应的事业部制、超事业部制、矩阵制等组织结构。

2. 战略经营领域与组织结构

企业的战略经营领域主要包括单一经营领域和多种经营领域两大类。不同的战略经营领域要求不同类型的组织结构与之匹配。

(1)单一经营领域与组织结构。

企业实行单一经营领域的战略，或者是由于处在创业阶段，规模较小、资源有限，通过将经营领域局限于某一行业或某种产品来扩大该企业的生产经营，形成规模经济，降低成本；或者属于上游企业，其生产技术和管理经验比较难以跨行业地有效运用；或者出于企业可持续发展的战略考虑，集中核心资源，保持在某一领域的特有竞争优势，确保在价值链的某一特定环节击败竞争对手……与单一经营领域的战略相适应的组织结构通常是传统的直线制、直线职能制等简单的组织类型，通过将管理权、决策权较多地集中于高层管理者，控制全部业务活动，从而减少管理人员，降低成本，提高决策速度和决策效率。

(2)多种经营领域与组织结构。

多种经营领域战略又可进一步细分为副产品型多种经营、横向一体化、纵向一体化和多角化经营等。

①副产品型多种经营的组织机构。

企业在生产主要产品时为了更充分、有效地利用资源、提高经营效益、减少环境污染等，同时还生产和经营某些超出本行业的副产品。例如，钢铁厂炼焦车间生产各种化工产品、有色金属冶炼厂利用尾气制取硫酸、机械制造企业利用边角余料生产日用小商品等。对于上述企业而言，副产品只是附属性的生产经营，比重很小，因此，这种副产品型的多种经营与单一经营并没有本质的差别。与之相应的组织类型也是简单的、以集权为主的直线制、直线职能制等组织结构。所不同的是，对副产品的生产经营应当实行单独的经济核算，从而体现副产品对公司经济效益的贡献。

②横向一体化的组织结构。

横向一体化又叫相关型多种经营，是指为了发挥同类技术优势或现有销售渠道优势，或者为了获得同行业竞争者的所有权或控制这些竞争者而横向地扩大生产经营范围。例如，计算机企业利用电子技术优势，兼营电视机、办公自动化机械、雷达设备、医疗电子仪器等产品；电冰箱企业利用现有销售网络生产和经营其他家电产品。实行横向一体化经营战略的企业，宜采用分权的事业部制或超事业部制组织结构，在充分分权的基础上适当集权管理。

③纵向一体化的组织结构。

纵向一体化又叫相连型多种经营，是指在生产技术等方面有一定联系的、纵向的跨行业多种经营。它包括前向一体化和后向一体化。前向一体化是指同时经营下游产业的业务，例如，印染企业兼营服装的生产和经营；后向一体化是指同时经营上游产业的业务，例如，造纸企业兼营木材采伐和纸浆生产等业务。与纵向一体化战略相适应，可采用事业部制或超事业部制组织结构，按照产品、地区等建立事业部，在总部统一领导下，实行独立核算、自负盈亏。此外，有些部门比较独立，可以实行母公司制，还有一些部门可以联合设立管理机构。

④多角化经营的组织结构。

多角化经营又叫非相关性多种经营。为了减少投资风险、保持均衡的投资利润率以及其他原因，规模较大、实力雄厚的企业往往同时会经营在生产技术、经营管理等方面都大不相同的领域。例如，生产性企业兼营房地产、金融、娱乐等产业。

实行多角化经营战略的企业，可以采用矩阵式组织结构、多维立体结构等。除了矩阵结构、多维立体结构以外，实施多角化经营战略的企业还可采用母公司制，即总公司对各经营部门只发挥持股公司作用，子公司具有独立的法人地位。

总公司级的行政机构十分精简，从事各种生产经营职能的部门都设置于子公司内。子公司能够根据本行业的特点独立自主地进行生产和经营，并且独立核算、自主决策。对于特大型公司，如果子公司数目太多，不可能由总公司全部直接管理，则可以对子公司分组，并设置联合经理，由他来代替总公司对这些子公司进行财务、人事等各方面的管理和监督。

总之，实施多角化经营战略的企业可根据具体情况采取相应的组织结构。但要注意的是，适合多角化战略的结构与实施横向一体化多种经营战略的结构是不同的。在多角化经营战略下，采用的组织结构一般具有竞争性，而不是合作性。这种竞争性的结构和控制都强调不同部门之间对公司资源的竞争。因此，为了获得资源，各部门必须进行独立的利润核算、绩效考评。总公司在一定程度上不干预各部门的具体经营管理，并以竞争为基础分配资源。

3. 战略职能和组织结构

生产、销售、财务、人事等都是企业不可缺少的基本职能。但是对于不同行业、不同企业，这些职能的地位和作用是不同的。也就是说，不同企业的关键职能、战略职能是不尽相同的。例如，有的企业以质量管理为关键职能，实施以质取胜的战略；有的企业以技术开发为关键职能，实施创新性的战略等。与不同战略职能相适应的组织结构也是不同的。

(1)以质量管理为战略职能的组织结构。

对于有的企业，例如电视机生产企业来说，由于大批量流水生产的技术已经成熟，竞争的关键在于产品的质量优劣，因此，常常以质量管理为关键职能、战略职能，实施以优质取胜的战略。与此相应的组织结构，也应当突出质量管理部门在整个组织系统中的战略地位。

如图 9—3 所示的组织结构，建立以厂长为首的质量管理小组，下设综合性的质量管理机构 TQC 室，其地位比生产、销售、财务、技术等其他职能部门高一层次，是直属厂长的决策性机构，对其他职能机构的绩效评价拥有质量否决权。这种组织结构有助于帮助厂长制订质量规划，并组织、协调企业的质量管理活动；有助于将质量保证体系各方面的工作纳入经营计划的轨道，并且还是全厂质量保证体系的厂内反馈和厂外反馈中心。

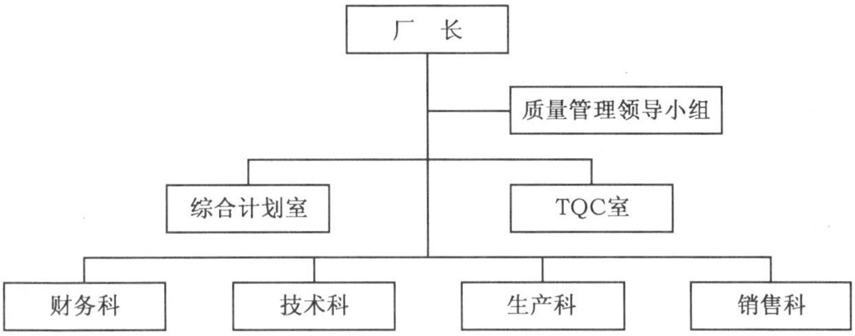

图 9—3 以质量管理为战略职能的组织结构

(2)以技术开发为战略职能的组织结构。

对于高新技术企业(例如生产经营电脑、精密电子仪器的企业)而言，竞争的关键在于技术的创新和产品的更新。因此，这些企业常常以技术开发为战略职能，实施创新战略。与此相应的组织结构就应当突出技术开发的战略地位，如图 9—4 所示。在这种技术组织结构中，技术开发领导小组及其日常办事机构开发办公室处于高层管理层，主要任务是研究和制定企业技术开发的战略目标和发展规划，并组织和监督实施。这种组织还注重加强开发部门的功能，不仅设立了独立的开发研究中心，还优先配备人力资源和分配资金。

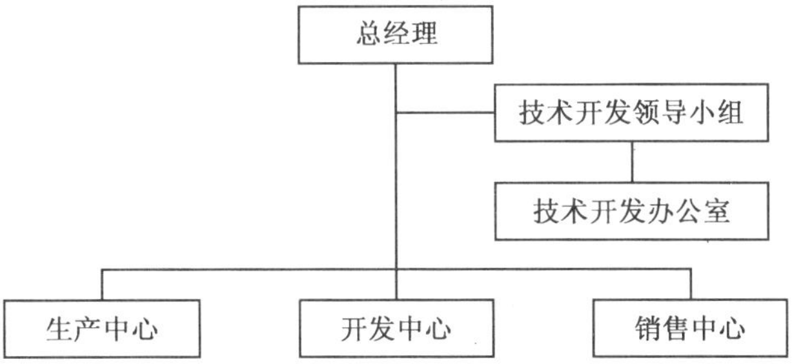

图 9—4 以技术开发为战略职能的组织结构

(3)以生产管理为战略职能的组织结构。

对于电厂、煤矿、油田等能源工业企业，战略重点是生产和产量。因此，这类企业常常以生产管理为战略职能，实施产量制胜的战略。与此相应的组织结构应当突出生产管理的战略性地位，如图 9—5 所示。为了大力组织生产，企业高层包括负责生产管理的副总指挥，与生产密切相关的各主要部门领导参加的生产办公室。生产办公室与总调度室负责统一组织和指挥生产。

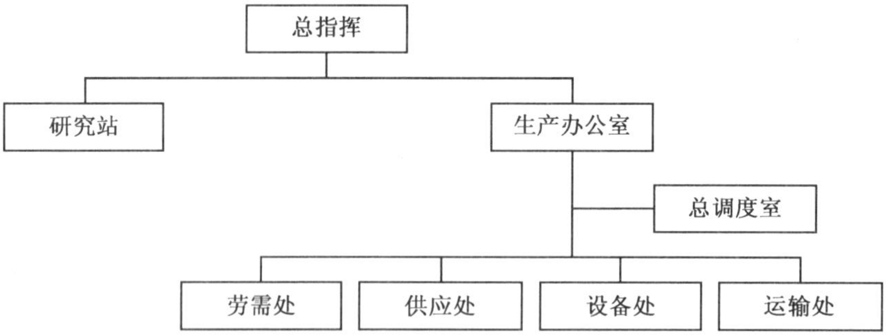

图 9—5　以生产管理为战略职能的组织结构

(4)以市场营销为战略职能的组织结构。

生产经营消费品的企业常常以市场营销为战略职能,形成以市场营销为战略中心的组织结构,如图 9—6 所示。在这种组织中,市场营销部门位于决策管理层,并常常把经营决策与计划职能同销售职能紧密结合在一起,成为计划销售部门或经营部门,从而有利于根据市场需求来制订企业战略和经营计划。

在选择过程中,关键在于要形成战略与组织结构的动态平衡。当二者关系的发展破坏了均衡状态,企业就会陷入混乱的危机;当二者之间保持动态的、均衡的发展,就能够使企业的组织资源有效地支持企业战略的制定和实施,使战略能够在一个富有弹性和包容性的组织框架中不断地寻求对环境制约的突破和自身的发展。

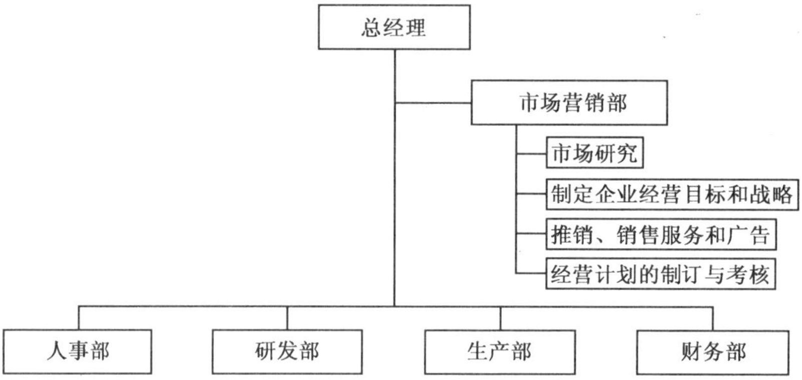

图 9—6　以市场营销为战略职能的组织结构

第二节　战略与企业文化

在战略的实施过程中,企业文化起着重要的作用,既可以成为战略的推动因素,又可以对战略的执行起到抵触作用。

企业文化主要指企业的指导思想、经营理念和工作作风,包括价值观念、道德规范、文化传统、风俗习惯、典礼仪式、管理制度以及企业形象。它不仅包括思想和精神方面的内容,还包括社会心理、技能方法和企业自我成长的特殊方式等各种因素。

一、企业文化的要素

企业文化是由若干要素构成的集合体，其包括的内容比较多。其中，对企业文化影响较大的要素有价值观、行为规范、企业形象与形象性活动。

1. 价值观

价值观是指企业组织成员或群体成员分享着同一价值观念。这一概念是企业文化的重要基础。美国学者巴纳德是最早提出共同价值观的学者之一。1938 年，他在《经理的职能》一书中就曾论述过非正式组织的管理和组织一般性目的的确定问题，指出这些目的渗透到组织各个层次中的重要性。后来，有的学者在阐述企业特性时指出，当价值观念灌输到组织中时，组织就会存在独特的同一性。

美国学者彼德斯·沃特曼对美国获得成功的公司进行了广泛和大量的研究后，指出这些公司基本信奉这样一些价值观：相信自己是"最佳"的经营者；认识到战略实施中每个细节的重要性，以及做好遇到困难与意外的准备；认识到人的重要性；认识到高质量与服务的重要性；认识到组织的大部分成员应该是革新者；认识到非正式沟通的重要性；认识到经济增长与利润的重要性。这些价值观念贯穿于整个组织之中，为组织成员所接受，指导他们很好地从事生产经营活动。

2. 行为规范

规范是指企业群体所确立的行为标准，可以由组织正式规定，也可以是非正式形成的。企业组织为了做到独具特色，需要规范自己的行为，影响组织的决策与行动。为此，有的人认为，企业文化是"一种非正式规则的体系，指示人们大部分时间内应如何支配"。还有的人认为，文化是"组织成员共享的信念与期望的模式……从而有力地形成了组织中个人与群体行为的规范"。由此，我们可以看出行为规范的重要性。企业组织的高层管理就是开发与培育企业的文化，按照所期望的方式影响组织成员的行为。

3. 企业形象与形象性活动

形象是指可以表达某种含义的媒介物的客体或事件。文化形象是表达有关基本文化与哲理的含义。在企业组织中，形象也用来表示组织的共同信念、价值与理想。

目前，企业组织常常运用改变组织体系或组织结构等方式来影响组织行为。但是，改变体系的方法容易使人们错误地估计经理人员完成目标的能力，改变结构的方法会形成更为复杂的组织结构，结果造成企业组织的行动僵硬，达不到预想的效果，甚至没有什么效果。与此相反，运用形象或形象性活动的方式去创造企业文化时，管理人员就需要考虑将处理体系和结构的能力与建立组织的统一目标结合起来，成为一个统一体，减少行动的盲目性。

在企业组织里，常被采用的形象与形象性活动有：

(1)创业者与最初的企业使命：创业者个人的风格与经历可以形成极好的象征；

(2)现代化的角色：利用现代化的方式改变企业组织原有的形象；

(3)形象性活动：企业组织的管理人员利用大量的时间从事某种可以影响文化的活动，改变或提高企业的形象；

(4)根据形象的要求重新设计组织结构或部分组织结构：为了改变或加强企业组织成员的价值观，企业可以根据形象的需要设立专门的销售服务或产品开发部门，或在特殊的市场上设置专门的机构，扩大影响。

二、企业文化的四个层面

1. 精神文化层面

精神文化包括企业经营哲学、企业目标、共同价值观、职业道德以及精神风貌等，是企业文化的核心和灵魂，也是形成制度文化、行为文化和物质文化的基础和原则。

2. 制度文化层面

制度文化主要是指对企业员工行为和企业组织行为产生规范性、约束性影响的部分，包括企业的工作制度、责任制度以及其他制度等。制度文化集中体现了精神文化、行为文化和物质文化对员工行为和组织行为的要求。

3. 行为文化层面

企业的各种行为包括经营行为和非经营行为，都体现了企业的意志、文化品位和价值取向。例如，杜邦公司在上海浦东新区开办企业并美化浦东新区的环境。这一行为，正是杜邦公司"通过自己的行为使生活更美好"的价值观的体现。

4. 物质文化层面

物质文化主要包括厂容厂貌、产品外观及包装、企业技术工艺设备特性等。它是企业文化的表层部分，是形成精神文化、制度文化和行为文化的条件，往往能折射出企业的经营理念、管理哲学、工作作风、审美意识等文化特色。

物质文化、行为文化、制度文化、精神文化这四个层面构成了由外到内、由表及里的企业文化结构。物质文化是具体实在的文化硬件，构成企业文化的表层外壳；行为文化是一种处于浅层次的活动，构成企业文化的软件外壳；制度文化是观念形态的转化，是企业文化硬件的支撑；精神文化是观念形态和文化心理，是企业文化的核心。一言以蔽之，精神文化通过制度文化来表现，支撑着员工行为和组织行为，使之具有企业核心文化的特点，并构造出反映企业核心文化的企业实物外貌。

三、企业战略与文化的关系

企业文化是处于一定的社会经济、文化背景下的企业在长期的生产经营过程中逐步形成的、稳定的、独特的价值观、企业精神等，以及以此为核心衍生的行为规范、道德标准、文化传统、风俗习惯、管理制度、典礼仪式、企业形象等，是全体成员在工作过程中所创造的观念形态文化、物质形态文化、制度形态文化构成的综合体。它不仅包括思想和精神方面的因素，还包括社会的心理、技能、方法以及企业自我成长的特殊方式等各种因素。

具体而言，企业文化与战略的关系主要体现在以下方面：

1. 企业文化引导战略定位

一般而言，企业战略是在企业价值观、经营理念等企业文化核心要素所规范的总体经营思想、路线、方针的指导下产生的，也就是说，有什么样的企业文化，就形成什么样的战略。企业在具有很强的文化特色时，会通过其经营理念、共同价值观等表现出其特殊性，这有利于形成别具一格的企业战略，为企业的成功奠定文化基础。

2. 企业文化是战略实施的关键

在战略管理过程中，企业内部新旧文化的协调和更替是战略实施获得成功的重要保证。

企业战略制定以后需要全体组织成员积极、有效地贯彻实施。长期以来形成的企业文化具有导向、约束、凝聚、激励、辐射等作用，是激发员工工作热情和积极性，统一员工意志和目标，使其为实现战略目标而共同努力的重要手段。

3. 企业文化与战略必须相互适应和协调

一方面，企业文化具有刚性和连续性的特点，一旦形成，便很难变革，因此，它对企业战略的制定和实施具有引导和制约的作用；另一方面，企业战略也要求企业文化与之相适应、相协调。如果企业根据外部环境和内部条件的变化制定了新战略，并要求新文化与之匹配，但原有的企业文化的变革速度非常慢，很难马上对新战略做出反应，那么原有的企业文化就可能成为实施新战略的阻碍力量。因此，在战略管理过程中，企业内部新旧文化的协调和更替是战略实施获得成功的重要保证。

战略专栏 2

阿里巴巴的生命线

企业文化和价值观是阿里巴巴的生命线，价值观和员工对其的执行才是阿里巴巴10多年立于不败之地的原因所在。这是马云非常认同的一句话。马云曾说："没人能抢走我的团队。当整个文化形成后，人们很少会受到诱惑，就像你把一个干净的空气里生活的人放到污浊空气中一样，即使工资再高，他不久也会回来的。"

然而，公司文化的渗透并非易事，成功的企业专注于公司文化建设，而非墙上的口号。但文化也不是一天形成的。阿里巴巴人力资源部经理陈丽说："阿里巴巴至少五分之一的精力和资金都放在改善员工的工作环境和员工培训上。"正是有日复一日、年复一年这样的重视和行动，才让阿里的员工流失率一直维持在3.3%左右，而一般公司的人员流动率高达10%—15%。

启示：企业文化对培养员工的思想、提高自我行为约束力进而形成和企业共命运的社会共识有重要影响，对企业的发展至关重要。

资料来源：https://www.sohu.com/a/231787892_242086；https://m.1688.com/blog_detail/61033620.html。

四、企业文化与战略的匹配

企业在实施战略时会与其目前的文化形成四种不同的关系和管理方式。

1. 以企业使命为基础

企业在实施战略时重要的组织要素会发生很大的变化，但这些变化与企业目前的文化有高度的潜在一致性，这时，企业一般处于非常有利的地位，可以在目前的企业文化的大力支持下实施新战略。这些企业通常经营状况良好，可以根据自己的实力寻找重大机会，或者可以改变主要的产品和市场。

在这种情况下，企业处理战略与文化的关系的重点是：

(1)企业在进行重大变革时必须考虑与企业使命的关系。在企业中，使命是企业文化的正式基础。因此，企业管理者在处理这一关系、促进两者匹配的过程中，一定要注意组织变革与企业使命保持不可分割的内在联系。

(2)企业要发挥现有人员的作用，让现有人员填充由于实施新战略而产生的职位空缺。这是因为，企业现有人员之间具有共同的价值观和行为准则，可以保证企业在文化一致的条件下实施变革。

(3)企业在必须调整企业的奖惩制度时应注意与企业目前的奖惩措施保持一致。例如，当新的市场变化要求产品销售方式相应变化时，新的奖惩制度仍需强调与过去相同的评价标准，以保证公司奖惩制度的连贯性。

（4）企业必须对那些与目前企业文化不相适应的变革予以特别关注，以保证现存的价值观念、行为规范的主导地位。

2. 加强协同作用

在企业实施新战略时，企业组织要素发生的变化较少，而且这些变化与现有企业文化又高度一致，因此，企业所处地位是相当有利的。在这种情况下，企业主要考虑以下两个问题：

（1）利用目前的有利条件和已有的优势，巩固和加强企业文化。

（2）利用文化相对稳定的时机，根据文化的需求，解决企业生产经验中的问题；或者利用战略的相对稳定，排除组织方面的障碍，转向所需要的企业文化。

3. 根据文化进行管理

企业实施新战略时主要的组织要素变化不大，但这些变化与目前的企业文化不一致。这时，企业最好根据企业文化的要求进行管理。其管理要点是：要实现企业所期望的某些战略变化，但不与现存的企业文化直接冲突，即在不影响企业总体文化一致性的前提下，根据具体需要对某种经营业务实行不同的文化管理。通常，当企业文化所带来的阻力逐渐消失后，新战略所带来的某些变化也就会渗透于企业的活动之中。

4. 重新制定战略

在处理企业文化与战略的关系、促进两者的匹配时，企业遇到了很大的困难。企业在实施新战略时，组织要素会发生重大变革，而且这些变革与目前的企业文化很不一致。在这种情况下，企业要考察是否有必要推行新战略。如果没有必要，则要考虑革新与目前文化相一致的战略；但如果企业外部环境发生了重大变化，企业必须推行新战略，那么企业文化就必须发生变革。

企业在必须做出变革的情况下应从以下四个方面考虑：

（1）企业高层管理者要下定决心进行变革，并向全体组织成员阐明文化变革的意义；

（2）为形成新的企业文化，企业应招聘一批具有该种文化意识的人才，或在内部提拔一批与该种文化相符的人员；

（3）企业要把激励的重点放在具有新文化意识的群体和个人上，从而促进企业文化转变；

（4）设法让管理者和一般员工明确新文化所要求的行为，使之按照文化变革的要求进行工作。

战略专栏 3

王兴与美团的发展

2017 年 2 月 14 日，美团点评出行事业部在江苏省南京市试点运行打车业务。2018 年 3 月 21 日零点，美团打车正式登陆上海；当天 22 点左右，美团宣布上海首日完成单量突破 15 万单。随着美团和滴滴大战的铺开，对于美团能否成功也引发了热议。

今日资本徐新曾经评价美团 CEO 王兴："很多业务都不是他第一个做的，他却能后来居上，把前人 PK 掉。"无论是起家的美团业务，还是此后的旅行、猫眼、外卖，美团都不是第一个做的，如美团在做外卖时，饿了么已经做得很不错了，而至于在携程上动土，更是鲜明的对照。

回顾王兴的创业史，王兴有过多次创业经历，他甚至可以算作失败次数最多的中国创业者。曾有记者采访王兴时问道："大家可能都知道经历挫折之后得到的收获感往往是最珍贵的，我想问，您在校内网被买走以后，在饭被停掉以后，是什么感觉？"兴哥说："我的答案非常简单。我其实并不花太多时间回头看这个东西，我认为美团有一个口号'既往不恋，纵情向前'，真的不止口号而已，是我们真实的态度。更有趣更好的事情还在前面，往往回头看，只是为了吸取教训而已，不用老是留恋这个事情，你应该永远活在当下，处理当前的问题。你在什么环境下该干什么事情，就用百分之百的精力把它干好就好了。"一路走来，"既往不恋，纵情向前"成为我们文化不可或缺的一部分，代表了大家看待历史、当下以及未来的态度。也正是因为一次次的失败和坚持造就了美团的耐性。王兴敢于一次次地尝试跨界业务，及时跟随消费者习惯的变迁，创造了今天海纳百川的美团。

不做第一个吃螃蟹的，但是屡屡吃到更大份的螃蟹，在美团成立 8 年之际回看王兴和他的美团成长史，人们会发现生猛和无畏是贯穿始终的。美团似乎从不愿意被业界划入既有的条条框框，不是团购网站、不是外卖平台、不是电影票 App，统统不是的背后，是无边界即边界，是后来而居上，是战略管理者的格局体现。

资料来源：李玉刚．战略管理[M]．北京：科学出版社，2019：137－142；https://www.baidu.com/link?url=MjtrXc1rqghi9Eto6hZgD0fkekq3B1Lb9h4HAn9EyV7GT_uTHOVYqUlc7Fphu8VauT1vTQLNDgLMrLPiLjf5Qa&wd=&eqid=d7a66317001702d9000000065f956de8；https://tech.meituan.com/2018/11/08/biography-xiahuaxia.html。

第三节　战略与企业领导人

战略管理是企业中管理人员尤其高层领导人的重要职责。从战略的制定到实施，均离不开企业的领导者。

一、战略管理对企业领导人的要求

企业若想在竞争中获取优势并保持下去，就必须制定与推行适宜的企业战略，而战略的实施必须要有其核心力量，这就是企业领导者。企业战略并非是什么样的领导者都能推行，它向领导者提出了更高的要求。

战略管理要求具有机智果断、勇于创新、远见卓识、知识广博、富有经验同时有独特管理魅力的人来担任企业领导者，他们必然是战略家。只有这样，企业战略才会在制定和实施过程中不会产生偏差。同样，战略管理要求企业领导者不能等同于一般管理人员，要求企业领导者超脱于一般的管理工作，能站得高、看得远，有精力、有条件地运用自己的知识、经验、技能为企业制定出创新的战略，并能积极、有效地推行战略。战略管理还要求企业领导人真正统领全局，领导和激励全体员工为实现企业真正的战略而努力。这也就要求企业领导人在关键时刻发挥关键作用，确保战略的平稳实施，并为企业指引生存与发展的方向。

二、领导者应具备的战略素质

能够有效地实施企业战略的领导者应具备以下素质：

1. 有长远的眼光

企业的领导人应该按企业未来发展的要求做出战略抉择。领导人的这种远见卓识取决于领导人广博的知识和丰富的经验，来自对未来经济发展的正确判断，来自企业全体员工的集体智慧。领导人在对未来有了科学的判断之后还应该迅速地转化到行动中去，即采取“领先一步”的做法来及早获取竞争优势。同时，作为一个领导人，应时刻关注竞争格局，经常分析竞争对手的状况，逐项将自己与对手进行比较，只有吃透了对手，才能做到“百战不殆”。

2. 有社会责任感

企业战略管理者的道德与社会责任感是指他们对社会道德和社会责任的重视程度。因为企业的任何一个战略决策都不可避免地会牵涉他人或社会集团的利益，所以，企业领导者的道德和社会责任感对战略决策的结果会产生十分重要的影响。企业战略会影响下列集团的利益：政府、消费者、投资者、供应商、内部员工和社区居民等，而企业战略常常不能同时满足各个团体的利益，企业领导人对各个集团利益的重视程度也不同，这就决定了不同的领导人对不同的战略会持不同的看法。此时总的原则是：企业领导人应综合平衡各方的利益。

3. 能随机应变

它可定义为接受、适应和利用变化的能力。在今天和未来的世界中，企业的领导人必须能迅速理解并接受变化，愿意主动、积极地根据这些变化来调整自己的思想和企业战略，以及善于利用变化来转化不利因素为有利因素，以达到发展企业的目的。

4. 具有开拓进取的精神

一个企业若要发展壮大，则企业领导人一定要有冒险精神，敢于在市场上，敢于在未知领域中，敢于在与国际强手较量时，保持一种积极开拓、顽强不屈的精神。

5. 有丰富的想象力

想象是从已知世界向未知世界的拓展。具有丰富想象力的企业领导人可帮助企业创造和利用更多的机会，协助企业进行自我改进与自我完善，并能帮助企业迅速适应千变万化的环境。

三、领导风格与战略矩阵

战略管理者除了要具备一定的素质和修养以外，还应与企业的战略类型相匹配。不同的战略类型，要求战略管理者具有不同的领导风格、领导艺术和行为模式。下面简单介绍西方学者的有关理论。

国外学者将企业战略按其发展方式及程度划分为爆发性发展、扩展性发展、持续性发展、巩固、单纯营利和紧缩六种方式，每种方式所需要的领导者类型分别为探索者、征服者、冷静者、行政型人士、节约型人士和体贴型人士（见表9—2）。

表9—2　战略与领导行为模式

战略方式 / 管理者类型 / 行为特性	爆发性发展	扩展性发展	持续性发展	巩固	单纯营利	紧缩
	探索者	征服者	冷静者	行政型人士	节约型人士	体贴型人士
处理准则	非常灵活，极富创造性，偏离常规	有节制地不遵从常规，具有利于新事物的创造性	准则结构牢固，根据时间表可靠地行动	重复例行公事，服从上级	按章办事，注重细节	在既定目标内表现出最大的灵活性，接受限制性

续表

行为特性 \ 战略方式 / 管理者类型	爆发性发展	扩展性发展	持续性发展	巩固	单纯营利	紧缩
	探索者	征服者	冷静者	行政型人士	节约型人士	体贴型人士
社交	非常外向，没有鉴别力和魄力，但受环境驱使，多疑	选择性外向，将挑选出来的人组成小组	保持控制，受人尊重	内向，有教养	程序式的	体贴，懂人情，果断的、鼓舞人的信念，避免激动
能动性	过分积极、好动、期待、自由不羁	精力专注，能对弱信号作出反应	导向目标，稳重，遵守协议	稳重、冷静，按部就班，审时度势	循规蹈矩，不得已才办，不主动	沉默寡言，但有灵活性

其他一些研究成果也发现，不同的企业战略要求其管理者具有不同的素质和个性的组合。如果企业采用稳定型战略，那么就需要保守型的战略管理者，而且具有生产管理背景，以及在成本、库存、生产标准化等方面富有经验。如果企业采用增长型战略，则需要敢于冒险和决断、有市场或财务背景的、善于计划的国际公司战略管理者。例如，美国 AM 国际公司在处于长期亏损的情况下，任命弗雷曼为公司总经理。弗雷曼上任以后，一方面采取各种措施降低成本，另一方面则努力改善企业与投资者、债权人之间的关系。几年后，公司终于赢利了。然而这时，公司董事会又解雇了弗雷曼。这一决定引起了很大的争议，却得到了弗雷曼的理解。后来他在回忆这段往事时说："公司发展已进入一个新阶段，而我个人精通的财务知识和技巧只能适应公司达到这一阶段。公司现在需要选用一个有不同背景和能力的人来领导公司的进一步发展，这个人要懂得经营战略的人际关系，而我一向将大量的时间放在内部管理和改善与投资者的关系上。"

四、领导者的战略思考逻辑

一般来讲，当面对具体的问题或事件时，领导者总是先将其分解为若干个组成部分，弄清楚每部分构成要素的特点，然后进行归类，在理解各部分意义的基础上尽可能地利用知识、智力的灵活性，按设想中的最优方式把各个要素重新组合起来，使之能对环境变化做出实际反应，以求得企业内外的平衡，这就是所谓的战略思考（见图 9—7）。

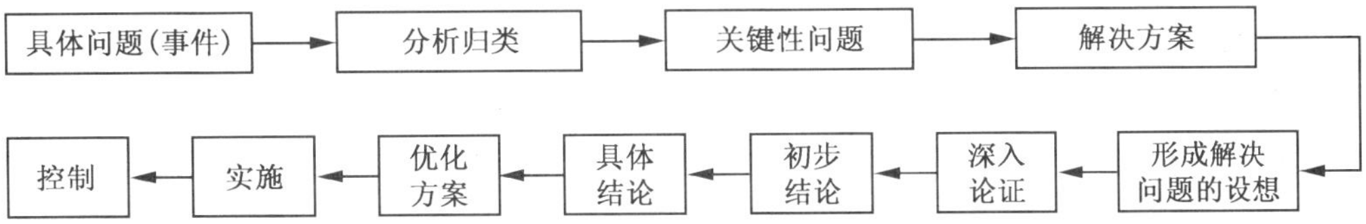

图 9—7　战略思考过程

企业领导人制定战略是为了取得竞争优势，而绝对的竞争优势是不存在的。因此，企业仅能获取相对于竞争对手的优势。领导者在战略思考过程中应以四个方面为基础来构造战略思考逻辑框架。

1. 确定关键战略因素

确定关键战略因素，需要从外部环境的机遇和威胁分析到内部的优势与劣势，进行从原材料到产品售后服务的整个经营过程的评估。当然，对于企业领导者来讲，面面俱到不太可能，主要是控制几个关键环节，分析其关键因素，抓住战机，及时将有限资源集中于一个具有战略影响的功能中，获得领先企业地位，然后利用这一领先地位所产生的效应，加强其他功能，从而成为行业的主导企业。

2. 开辟战略自由度

关键战略因素有时指某一战略领域，范围过大，概念较笼统。因此，战略领导者还应围绕一个特定的关键战略因素所属的领域采取战略行动的自由度思考，以选择一个特殊的方向来探求成功战略。

所谓“战略自由度”，是指能由问题的成因所导引的切实可行的战略方向线簇。它一般是由若干战略方向线构成，其概念的基本要素是目标，即领导者期望战略要素所能获得的最大的值或变量；其概念的基本功能是在关键战略因素领域内，为确保竞争优势所采取的战略行动的自由程度，即可行的主要战略行动，其中，方向线可能是单向的，也可能是多向的。因此，战略自由度的选择与确认，是在某种程度上对战略关键因素的进一步细化。

开辟战略自由度的程序有：

(1)确认竞争中战略发展的主攻方向；

(2)在主方向中抽象出几条主轴线，即战略自由度方向线；

(3)沿着每条战略自由度方向线找出关键点；

(4)对每个点进行成本效益分析；

(5)对竞争对手可能在每个自由度方向线上的活动及顺序进行预测，形成完整的战略自由度选择分析图，为确定企业最后的战略行动方案打下基础。

3. 确立相对的竞争优势

一般来讲，竞争中的各企业都会在争夺关键战略要素和开辟战略自由度方面做出努力。但是，因为各企业的内部条件存在差异，所以许多企业不可能与强大的竞争对手作持久抗衡。此时，高明的领导人会避开正面冲突，进行创新思考，另求他途，建立相对的竞争优势。例如，在价格竞争中，如果单纯从降价(成品)出发，则未必是一条好的措施；相反，在售后服务上大做文章，可能会另创一片新天地。

4. 积极、主动地进攻创新，无疑为企业获得领先地位做出巨大贡献

当企业发展到一定程度后，无论做何努力，企业都不会取得明显的进步，呈现一定的僵局。为了打破这种僵局，领导者必须采取一些果断措施，主动、积极地出击，向普遍接受的常识提出彻底挑战，另辟一条生路。许多成功的企业就是走这条路线而在竞争中获胜的。例如，在世界企业界享有盛誉的丰田(准时生产)管理就是对习以为常的生产组织方式寻求主动出击的结果。

战略专栏 4

总裁的战略眼光

革命需要政治家，打仗需要军事家，市场经济需要企业家。无论是政治家、军事家还是企业家，都应该首先是战略家。战略家就应当具有战略眼光、市场观念、竞争意识……在企业外部环境变化无常、市场竞争瞬息万变的情况下，企业如何处变不惊、化险为夷，始终向既定的目标稳步发展，关键在于企业领导得有把握形势的战略眼光。

一、居安思危，审时度势

1987 年，当 2.4 万人的山区小镇沉浸在欢乐之中，祝贺横店乡镇企业产值突破亿元大

关、成为浙江中西部地区的第一个“亿元镇”时，徐文荣却异常冷静。他从市场脉搏的跳动中预感到某种潜在的危机：横店骨干企业的丝绸和针织产品出现了积压，应收款增加；再看经济形势，在国民经济高速增长背后隐藏着许多混乱现象，物价轮番上涨，通货膨胀已很明显；同时，社会上也出现了对乡镇企业的种种非难。这些无疑是对企业亮出的一张张“黄牌”。徐文荣认为，国家将会有大的举措，企业将面临“低温气候”。此时，横店企业正酝酿着第二轮技改大投入。徐文荣根据形势的变化，指出第二轮大投入不变，但项目要调整。他提出了“稳定轻纺，发展电子，开拓化工”的调整策略。果然，第二年，国家开始了为期三年的“治理整顿”，采取了压缩信贷、抽紧银根等一系列宏观调控措施，给企业带来了很大的影响，不少乡镇企业停产倒闭。而横店却在资金严重不足、能源紧张、原材料涨价和受到百年不遇的洪涝灾害等重重困难中，凭借主动的调整策略，使企业渡过了难关，获得了大发展。

二、调整结构，优化配置

横店企业根据“限制差的，发展好的，引进新的”指导思想和发展方针，卖掉300多台绸机，转产5家产品滞销的企业，拍卖了2家亏损企业，对外租赁了11家小型微利企业，把收回的资金用于新产品、新项目的开发，选择了11项技术有依托、原料有来源、产品有销路、企业有效益的项目首先进行调整，3年调整中，共投入2 326万元，用于开发新产品和技改项目。这些项目的建成，使横店从根本上改变了行业和产品结构，形成了磁性材料、机械电子、针织印染、有机化工、制药和经济贸易等多种经营、多元化发展的局面。

三、开源节流，双管齐下

精简机构，压缩人员。机关科室从14个精简为7个，科室人员压缩了42%；企业自筹资金，确保重点。原计划兴建的综合大楼决定缓建，压缩一切非生产性开支，把有限的资金用到生产和项目开发上；组织“讨债队”，收回被拖欠的2 350万元，保证了生产建设的资金需要。

四、主动出击，战果辉煌

经过3年的主动调整，横店办的企业不但没有在危机中垮掉，而且还出现了好的发展势头。近年，横店企业的工业产值比调整前三年增长了32.06%，实现了产值、利润同步增长的良性发展，税后利润增长了32.75%。当年曾为卖掉300多台绸机而惋惜、抱怨的人，如今无不心悦诚服，他们称横店主动调整策略为“徐文荣眼光”。后来，徐文荣又超前决策，成功地组建了浙江省第一家乡镇浙江横店企业集团。今天，横店集团的企业集团8个支柱行业——高科技企业群体的形成，与当时主动调整策略所打下的基础密不可分。

资料来源：唐拥军，王宝荣．中国企业管理科学案例库教程(战略管理)[M]．北京：光明日报出版社，2001.

思考题：

(1)预测国家宏观政策的发展动态必须具备怎样的素质?

(2)你认为中国乡镇企业取得成功的主要原因是什么。

本章小结

(1)组织结构的类型主要包括直线制、职能制、直线职能制、事业部制、超事业部制、矩阵制、多维立体结构等。

(2)钱德勒的战略与组织关系:组织结构必须服从于战略,即不能从现有结构的角度考虑如何制定战略、实施战略,而应根据外部环境、内部条件的变化制定相应的战略,然后再调整现有组织结构,使之与战略相适应、相匹配,从而确保战略的有效实施。

(3)组织结构设计的随机制宜理论强调要考虑企业规模和发展阶段与组织结构、企业环境与组织结构、技术与组织结构这三方面的关系。

(4)企业战略与文化的关系,表现在企业文化引导战略定位,企业文化是战略实施的关键,企业文化与战略必须相互适应和协调。

(5)领导者应具备的战略素质:要有长远的眼光;有社会责任感;能随机应变;具有开拓进取的精神;有丰富的想象力。

复习思考题

(1)企业组织结构有许多种形式,你认为哪一种形式最好?哪一种形式最不稳定?对一家便利商店、网上商店、连锁快餐公司、软件开发企业、大型多品种家用电器制造企业而言,应分别采用哪种组织形式?试予以说明。

(2)试分析一家历史较长、你所熟悉的企业组织变革与发展的过程及其动因。

(3)有的经理认为企业组织应经常随客观环境的变化而变化,有的经理则倾向于尽可能地维持组织的稳定,甚至为此而对企业总体战略进行调整,你偏向于哪一个经理的观点呢?为什么?

(4)阐述战略与企业组织的关系。

(5)如何理解企业文化与企业战略之间的关系?

(6)如何理解企业领导与战略的关系?

本章案例

企业文化造就了令世界瞩目的“华为现象”

两万多元创业资本起家的中国民营企业——华为技术有限公司不断地突破欧洲、美国和日本的电信业巨头的“围剿”,逐步成长为拥有15万员工、业务遍布全球170多个国家和地区、步入行业第一阵营之列并位居全球数一数二的国际化大公司,成功地改写了全球通信制造业的格局,成为中、美、欧三足鼎立格局中的一方“巨足”,创造了当今世界通信制造业的奇迹。是什么使华为从一家无资本、无人员、无技术的小公司跃居全球通信制造业的顶端,造就了令世界为之瞩目的“华为现象”?答案是:企业文化。

一、纵“观”全局,寓文化于管理

随着企业的发展,华为的核心价值观也不断地丰富和完善,但核心价值观中“以客户为中心、以奋斗者为本、长期坚持艰苦奋斗”这一最本质的内容从未变过。以客户为中心是长期坚持艰苦奋斗的方向;艰苦奋斗是实现以客户为中心的手段和途径;以奋斗者为本是驱动长期坚持艰苦奋斗的活力源泉,是保持以客户为中心的内在动力。华为的核心价值观构成了企业管理的“铁三角”,为华为的成长与发展构筑了坚不可摧的群体意识壁垒。

华为文化在企业组织管理体系的形成中发挥着至关重要的作用。华为以核心价值观为内核,开展制度建设、构建组织管理体系,历时三年反复修订完成了《华为基本法》,明确了公司的前途与方向,系统地阐述了“以客户为中心、以奋斗者为本、长期坚持艰苦奋斗”的企业文化体系及管理要求；在此基础上，华为启动了职业化管理的流程制度，以IBM的IPD、ISC(集成供应链)变革咨询为主轴，在多个方向上与美、欧、日10多家咨询公司开展合作，全面打造和提升适应国际化市场的管理平台，并在“以客户为中心”的价值观导向下着力构建“一切为了客户”的组织管理体系，包括人、组织链条、业务流程、研发、产品、文化的每一个管理细胞都被“客户化”，始终坚持“先僵化、后优化、再固化”的原则，对组织管理体系不断地优化和调整，以期更加符合企业发展需求，使之不断地提升服务全球客户的能力。

华为从成立以来就高度重视创新，尤其是科技创新和技术研发：自1987年到2013年，华为每年坚持投入销售收入的10%以上用于研发；2013年，研发费用更是高达307亿元，占销售收入的13%以上，具有7万名研发人员，近于华为员工总数的一半。2013年，华为累计获得中国专利44 168件，国际PCT专利14 555件，外国专利18 791件，并成立170多个国际标准组织。但华为从不“唯创新论”和“技术至上”，而是坚持创新文化和研发文化必须符合企业的核心价值观，那就是“以客户为中心”。坚持科技创新和技术研发符合客户需求导向，才能使创新成为实现企业战略的双翼，加速企业发展。

华为“奋斗者文化”的核心就是“以奋斗者为本”，具体体现在三个方面：在价值认同上，以核心价值观为纽带将企业价值与员工价值有机统一，形成共同的努力方向与奋斗目标。在人力资源管理上，从来都排除工龄、年龄、学历、职称等人力资源管理的惰性因素，坚持“责任与贡献”作为衡量奋斗者的标尺，严格执行“多劳多得”的分配原则。在价值评定和利益分配上充分体现奋斗者的贡献度，使具有奋斗精神、勇于承担责任、冲锋在前并做出贡献的奋斗者的作用最大限度地发挥；推行“工者有其股”虚拟股权制度，任正非只占1.42%的股份，其余98.58%的股份由7万多名员工持有，从而使华为团队形成利益共同体，将“为企业而战”和“为自己而战”高度融合统一，激发了推进企业发展的内在动能的核变效应。在团队活力长期性上，通过内部人力资源变革，如1996年“市场部大辞职”和2007年“7 000人辞职门”，打破当时的人力资源格局，重新按照“责任与贡献”进行人力资源配置，有效遏制组织长期运作带来的“肌体疲劳症”，重新激发团队的奋斗活力；华为坚持不上市，就是杜绝由于上市造成员工财富增长过高，丧失了斗志，从而让员工始终保持奋斗本色，保持团队的“精气神”。

二、“道”亦有道，化无形为有形

20多年来，任正非一直都是华为文化不懈的倡导者、践行者和传播者，并以精神布道者的形象长期影响着企业的组织和群体。早期他提出的“为客户服务是华为存在的唯一理由”而形成服务文化，以及窄胡同里逼出的“狼文化”、创业初期带有艰苦奋斗精神的“垫子文化”，是华为核心价值观直接而朴素的体现；随着企业发展和面对内、外部竞争环境的变化，他提出的“开放、妥协、灰度”的观点是对核心价值观的升华，使华为更好地适应发展的内、外部环境；为形成企业良好的领导决策机制，他推行实施了轮值CEO制度，以优秀的团队领导力代替个人领导力，以强有力的领导机制带领公司持续发展。

无处不在的华为文化。位于深圳坂田的华为基地，无论是高效的管理流程、蓬勃的工作状态、规范的员工行为，还是集中展现华为前沿科技与文化内涵的企业展馆、极具人文色彩的办公环境，处处都彰显着华为文化的魅力。位于东莞的华为生产厂区，体现了华为文化与企业的日常管理、生产紧密相融：管理者因地制宜、匠心独运，通过各类内涵丰富、制作精美的文化标牌和展板，宣传华为文化以及本部门(车间)的生产流程、要求等，形成便于管理与执行的部门文化；每个部门(车间)都设置反映员工工作绩效、个人综合发展以及心情指数等的创意展板，还有反映员工心声与交流互动的留言展区、展现员工才艺的艺术展区等，无不凸显以人为本的文化内涵和良好的文化氛围。

多层面的文化平台与多视野的文化活动。从网站到纸媒，从传统模式到微博、微信等传媒新领域，处于电信通信行业顶端的华为着力打造多层面的文化平台：华为官网和《营赢》《华为技术》《ICT新视界》三本杂志全方位地展现了华为在业界领先的视野、技术、产品、管理、服务、文华与形象等；《华为人》(分别创有网络版和纸媒版)则重在展现华为对员工的人文关怀以及华为人的创新奋进、关爱社会的感人故事等。华为还持续开展多视野的文化活动：“金牌员工”评选、爱心公益行动以及各类创意新颖的活动等，充分显现了华为文化的正能量，不仅增强了华为员工的文化认同，更增添了每一位华为人的文化自豪感。

三、一"脉"相承，于反思中发展

自我批判是华为文化不断提升的有效途径。经常地、定期地、有目的地、系统地开展组织机体的自我批判与否定，是华为文化的传统和保持企业文化流水不腐的内因，可谓是华为文化的自洁机制。华为通过不同阶段的自我批判，不断地剔除与企业发展不相适应的文化因素，吸收符合企业发展内、外部需求的新元素，从而避免组织"病变"，使企业文化始终保持生机活力，符合企业发展的需要。

"包容开放"是华为文化自我完善的良好品质。华为的文化不是故步自封的，而是充分体现了包容性与开放性。随着企业国际化、全球化进程的不断推进，华为以海纳百川的包容品质与博采众长的开放心态，加强与全球客户的合作、沟通与共赢，使华为文化由"中国品牌"走向"全球视野"。华为近年来提出的"灰度、均衡、自我批判、开放进取"等观点，就是对华为"以客户为中心、以奋斗者为本、长期坚持艰苦奋斗"核心价值观的补充与完善，使华为文化得到进一步的升华与发展，更具广泛的文化影响力与竞争力，从而助推华为全球化发展之路。

资料来源：徐君．企业战略管理[M]．北京：清华大学出版社，2019：322.

思考题：

(1)华为所提倡的企业文化有什么特点？

(2)结合本案例，说明华为如何建设有利于企业战略实现的企业文化。

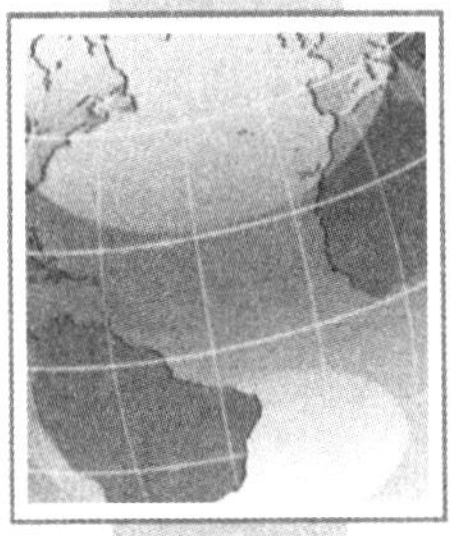

第十章
战略控制

【名言警句】

除非战略评价被认真地和系统地实施，也除非战略家决意致力于取得好的经营成果，否则一切精力将被用于为昨日而辩护，没有人会有时间和精力开拓今天，更不用说去创造明天。

——[美]彼得 • F. 德鲁克(Peter F. Drucker)

【学习目的】

通过学习本章，你应该掌握以下内容：

☆ 了解战略控制的概念、构成要素及特征；

☆ 掌握战略控制过程；

☆ 掌握战略控制的类型及方法；

☆ 掌握战略绩效评价的重要工具——平衡计分卡。

【开篇案例】

新奥用战略去牵引公司的成长

新奥能源控股有限公司(原新奥燃气，股票代码：02688. HK)，于1992年开始从事城市管道燃气业务，是国内规模最大的清洁能源分销商之一。

经过二十多年的经营实践，新奥能源成功地构建了以天然气等清洁能源为主要产品，以城市民用、园区、公建、交通和工商业用户为终端客户，以城市燃气、园区能源、交通能源和分布式能源为主要业务的能源分销体系，为客户量身定制清洁能源整体解决方案。

截至2016年底，公司总资产超过500亿元，拥有100多家全资、控股公司和分支机构，员工28 000多人。

面对这样一个跨区域、多层次的大规模企业，新奥集团采用了战略管控的方式进行管理，用统一的战略驱动企业。

循环互动的战略制定流程

新售设有市场和战略统效部，进行行业和市场分析，结合企业竞争的优、劣势，从中寻找发展新机遇。该部门首席绩效总监梁志伟说："发现机会不是短期的行为，要立足于企业的长远发展，进行方向性的选择。同时，结合董事局、各个产业板块的提议，形成我们整体的战略。"

新奥整个战略规划有完整的一套流程。第一步，在进行持续的市场洞察，即分析外部环境和竞争对手情况，以及内部自身资源和能力的基础上，集团每年的7月下旬都会召开一次战略年会，由集团和产业集团的管理层出席，对新商业模式、未来增长和发展方向等进行研讨。之后，依据整体战略，结合各个产业集团的特点，编制集团总体战略规划，其中包括各个产业集团的业务目标。第二步，10月1日之前，各个产业板块和成员企业对集团整体战略进行逐层分解落实，并据此制定自己的发展目标，互动完成"三一计划"的制订。"三一计划"的3年逐年滚动调整去实践战略，在此过程中不断地分析市场前景，以增强对战略进行逐步落实的支撑。第三步，10月到12月上旬，进入制订年度计划预算阶段，这时要完全依据详细的市场洞察资料，具体地把宏观战略规划从业务规划、生产、财务测算、营销到具体的资源配置，包括人力资源、财务资源等进行落实，在业务上形成详细的年度业务计划,在财务上形成计划预算。第四步,与年度计划预算相并行,到次年1月,要完成绩效责任书的制定。各级产业集团、成员企业根据战略规划将确定的核心考核指标纳入绩效考核责任书中。当然,这样的考核除了对各个产业板块和企业的考核,还包括对那些承担战略性工作的管理层的个人绩效管理。集团、产业集团、企业成员三层组织之间可以根据各板块业务的市场环境进行战略目标沟通,最终达成完整、有效的集团战略规划。

有效地对战略目标进行层层分解与传递。2004年,新奥在城市燃气的基础上开展加气站业务。当时国内还没有将燃气用于汽车的尝试,新奥看到了这个市场机遇,欲将之推广运用到出租车上。作为一种企业行为,当新奥从战略上思考这种业务值不值得在中国做的时候,主要看到了市场拓展的可能性和资源条件优势。首先,天然气在价格上比油便宜。当时天然气跟油价的差距虽然不太大,但是油价已经呈现上涨的趋势。天然气比较环保,排放的尾气标准比油要高很多。有了这两点优势,新奥认为加气站业务的市场是值得开拓的。其次,当时国家西气东输工程启动,从气源资源上为业务运行提供了基础。于是,新奥将加气站业务方向纳入整体战略规划。梁志伟说道:"虽然市场看得很清楚了,但是当时并没有把战略业务具体化,比如需要哪些资源、能力等。"结果做了一年发现,全国总共只设了一两个站,根本没有达到战略预期的要求。"一项新的业务战略在制定过程中要分析研究执行过程中需要具备的可行条件",而当时新奥没能发现加气站业务在资源配置上存在问题。所谓的资源不是钱的问题,而是技术和能力的欠缺问题。CNC,全名:明压缩天然气,对钢瓶以及技术的安全性要求很高。当时这种高压技术在国内还没有技术标准,因此更要重新规范工艺流程、技术标准、人员配置等。把商业和技术的流程理清楚了,按照这个程序就能够顺畅地开展新业务。果然,第二年,在准备了这些资源后,新奥加气站新业务便迅速地展开了。"一个新战略需要梳理清楚业务模式,然后持续地考察它所需要配置的能力资源,并逐步清晰化,不光是单纯的技术和人员的问题,而是需要它们之间协同合作来落实新战略。"梁志伟强调道。

正是意识到集团战略在企业层面存在目标不清晰、资源配置不到位的问题,新奥集团将战略执行工具平衡计分卡运用到战略制定、执行、监督、回顾等各个环节,并将战略转化为可以明确传达给所有部门和员工的目标和措施。源于绩效评价体系的平衡计分卡遵循"只有量化的指标才是可以衡量的,必须将要衡量的指标进行量化"的原则,其核心内容是从财务、客户、内部运营、学习与成长四个角度将组织的战略落实为可操作性的衡量指标和行动方案。梁志伟总结四个层面的内涵:"财务层面主要是诸如收入、投资回报等目标性的指标;客户层面就是寻求目标市场在哪里,客户的需求是什么;接下来公司内部要有效地运营来保证目标达成;最后,有效运营需要员工和组织的能力以及信息化的支持。"四个层面环环相连,反过来,卓越的内部运营支持客户满意,并给客户创造价值。客户满意了,才能维持市场,有了客户,才能从根本上实现公司乃至集团的价值。所以,"要把战略落实,就要考虑几个问题:业务增长来源于哪里?细分客户群是哪些?需要什么样的内部运营,需要提升哪些能力?"梁志伟说。

通过战略回顾,检验和调整战略执行中的偏差

哈佛大学的罗伯特·卡普兰和戴维·诺顿提出的闭环式管理体系,将战略和运营紧密地结合起来。这个体系中的最后一个阶段就是进行战略检验和调整,即公司要对现有产品和客户的成本与收益进行分析,研究战略和业绩之间的相关性,考虑战略所依据的假设是否已经过时或者存在问题,必要时及时调整战略,从而开始新一轮的系统循环。

实行战略管控的新奥也缺少不了这样的闭环体系。新奥集团每个季度都会进行一次战略回顾,对战略执行过程进行监控。因此,当需要快速决策或者做一些战略调整时,新奥能够快速响应,及时纠偏。战略回顾的内容包括:各个业务板块原定的战略预期目标执行情况;如果有些没有达到目标,原因是什么?下一季度该如何去做?下一级的成员企业,这种战略回顾的周期可能会缩短至每个月份。通过这种回顾,从集团总部到产业集团,再到成员企业,逐层分析战略执行情况并及时进行调整,遇到难以解决的问题在会议现场解决,重大的问题可以在会后形成专题会议。

"集团战略管控主要通过战略的沟通、过程的监控和最终绩效与激励这条主线,同时将核心资源的配置贯穿其中,包括技术、资金和组织能力的准备,这样就可以实现将集团的战略逐步落地,并步步为营地向着集团的战略目标迈进。"梁志伟总结道。

资料来源：李维胜．企业战略管理[M]．北京：经济管理出版社，2019：266—269；世界经济人：http://www.ceconline.com/。

第一节　战略控制的概念、构成要素及特征

一项战略任务，良好的开端固然重要，但圆满地结束更为重要。有了良好的开端就应有精彩的结尾。战略控制是监控战略实施过程、及时纠正偏差、确保战略方案顺利实施的必要手段。

一、战略控制的概念和必要性

战略控制就是根据既定的目标和计划任务，监督、检查战略的实际执行情况，发现偏差，找出原因，以便更好地实现组织既定的目标与计划任务。战略控制是战略实施的保证。

战略控制之所以必要，是因为在战略的实施过程中不可避免地会出现以下两种情况：一是会产生与战略计划的要求不相符合的行动，这主要由个人的认识、能力和掌握信息的局限性以及个人目标与企业目标的不一致等因素引起的；二是会出现战略计划的局部或整体与企业当前的内外部情况不相适应的状况，其原因可能是原来的战略计划制订不当，或是环境的发展和变化与企业事先的预测有差异。因此，企业要对战略实施过程进行控制，并在适当的时候对战略计划进行适当的调整和修改。战略控制要评价企业的效益，分析实际效益与计划效益的差距，提出改进措施。

从行为科学的角度看，控制系统所要注意的最重要的问题就是企业中个人认识上的局限性，尽量使个人的目标与企业的目标结合起来，使个人有利于企业战略目标。

二、战略控制的要素

战略控制的要素为“标准—对照—纠偏”，也叫“三段式”的“三要素”。

(1)确立标准。标准是控制的前提条件，是控制过程中计量、鉴定、对照的基础。控制的标准可能是原计划规定的标准，也可能是对原计划标准或指标的细分。标准既不能过高，又不能过低，应该具有先进性、可行性。

(2)衡量成效，就是将工作实绩与控制标准进行比较，进而对工作成效做出客观评价。主管人员不能完全依赖事后进行控制，只有能够对于即将出现的偏差有所预见并及时采取措施，才能进行有效的控制，这也是“向前看”的控制。

(3)纠正偏差，即针对那些偏离标准的误差，进行及时有力的纠正。首先，要分析原因。一般有三种原因：一是执行部门或工作人员的责任；二是外部条件发生了变化；三是原计划不科学，甚至失误。其次，有的放矢采取措施。当外部环境发生变化时，以变应变采取补救措施，应及时纠正偏差，提高效率，找到关键、真正的原因，不能头痛医头、脚痛医脚。造成偏差的原因可能在组织内部，也可能在组织外部；可能是主观原因，也可能是客观原因；可能是可控的，也可能是不可控的。控制人员必须对此进行认真、深入的分析。对造成偏差的原因判断不准，纠正措施就会无的放矢，收不到好的效果。

控制的最后一环就是采取措施，纠正偏差。偏差是控制标准与实际绩效双方偏离的结果，纠正偏差也应从这两方面考虑。如果偏差是可控因素造成的，就要落实部门、人员、方法、步骤，贯彻执行纠正措施，改善实际工作的绩效。如果偏差是不可控因素造成的，则应对控制标

准进行修订，甚至改变组织计划、目标。

当然，采取修订标准的行动之前应非常慎重。因为在一般情况下，当某部门或员工的实际工作与控制标准之间差距很大时，对偏差的抱怨大多会转到标准上。此时，管理者应客观地判断，如果你认为标准是合理的，则应该坚持并向他们解释你的观点。

三、战略控制过程的特征

战略控制是一个动态过程，具有以下三个特征：

1. 渐进性

一般来说，企业总体战略是逐步演变而成的，并在很大程度上是凭直觉得到的。虽然人们在平时的点滴想法中发现一些十分精练的正规战略分析内容，但真正的战略是通过公司内部的一系列决策和一系列外部事件逐步得到发展的，是最高层管理班子中主要成员们有了对行动的新的、共同的看法之后才逐渐形成。在管理得法的企业中，管理人员积极、有效地把这一系列行动和事件逐步概括成成文的战略目标。

从某种程度上说，突发事件是完全不可知的，而且，一旦外部事件发生，公司可能没有足够的时间、资源或信息来对所有可能的选择方案及其后果进行充分的战略分析。因此，企业高管应该有意识地采用渐进的方法来进行战略控制。

2. 交互性

企业面临的多样性和相互依赖的环境决定了企业必须与外界信息来源进行高度适应性的互相交流。

对企业战略来说，最起码的先决条件是要有一些明确的目标，以便确定主要的行动范围，在这一问题上做到统一指挥，留有足够的时限以使战略有效。使公众形成对自己有利的观点和行动需要很长的时间，而这需要积极的、源源不断的智力和资源投入。

由于许多复杂因素的影响，因此应该进行适当的检验、反馈和动态发展，注重信息收集、分析、检验，以便唤起人们的意识，扩大集体的意见，形成联合和其他一些与权力和行为有关的行动。

3. 系统性

有效的战略一般是从一系列的制定战略子系统中产生的。子系统是指主要为实现某一重要的战略目标而相互作用的一组活动或决策。每个子系统都有自己的、与其他子系统不相关的时间和信息要求，但它又在某些重要方面依赖于其他子系统。通常情况下，每个子系统虽然牵涉的人员和班子各不相同，但是这些不同的班子一般并不组成分立的单位来单独实现战略目标。

四、战略控制的要求

1. 适宜性

要判断并保证企业战略是适宜的，首先要求这个战略具有实现公司既定的财务和其他目标的良好前景。因此，适宜的战略应处于公司希望经营的领域，必须具有与公司的经营哲学相协调的文化，如果可能的话，则必须建立在公司优势的基础上，或者以某种人们可能确认的方式弥补公司现有的缺陷和不足。

2. 可行性

可行性是指公司一旦选定了战略，就必须认真考虑企业能否成功地实施，公司是否有足够的财力、人力或者其他资源、技能、技术和组织优势，换言之，即企业是否具备有效实施战略的核心能力。如果在可行性上存在疑问，就需要将战略研究的范围扩大，并将能够提供所缺乏的资源或能力的其他公司或者金融机构合并等方式包括在内，通过联合发展达到可行的目标，特别是管理层必须确定实施战略要采取的初始的实际步骤。

3．可接受性

可接受性强调的问题是：与公司利益有关的人员是否对推荐的战略非常满意，并且给予支持。一般来说，公司越大，对公司有利益关系的人员就越多。要保证得到所有的利益相关者的支持是不可能的，但是，所推荐的战略必须经过最主要的利益相关者的同意，如主要股东等，而在采纳战略之前，必须考虑其他利益相关者的反对意见及原因。

4．调节性

企业的整体是由局部构成的。从理论上讲，整体利益和局部利益是一致的，但在具体问题上，整体利益和局部利益可能存在着一定的不一致性。企业战略控制就是要对这些不一致性的冲突进行调节。如果把战略控制仅仅看作一项单纯的技术、管理业务工作，就不可能取得预期的控制效果。

5．不确定性

战略具有不确定性。公司的战略只是一个方向，其目的是某一点，但其过程可能是完全没有规律、没有效率和不合理的，因此这时的战略就具有多样性。同时，虽然经营战略是明确的、稳定的且具有权威的，但是在实施过程中由于环境变化，战略必须适时地调整和修正，因此也必须因时因地地提出具体的控制措施。这就是说，战略控制具有适应多样性和不确定性的特征。

6．弹性和伸缩性

战略控制中如果过度控制、频繁干预，容易引起消极反应。因此针对各种矛盾和问题，企业有时需要认真处理、严格控制；有时则需要适度的、弹性的控制。只要能保持与战略目标的一致性，就可以有较大的回旋空间而具有伸缩性。所以战略控制中只要能保持正确的战略方向，尽可能地减少干预实施过程中的问题，尽可能多地授权下属在自己的范围内解决问题，对小范围、低层次的问题不要在大范围、高层次上解决，反而能够取得有效的控制。

第二节　战略控制过程

战略控制的目标就是使企业战略的实际实施效果尽量符合战略的预期目标。为了达到这一点，战略控制过程可以分为四个步骤，即制定评价标准、建立监控系统、审查实际效果以及采取纠正措施和权变计划，如图10—1所示。

一、战略控制

（一）制定控制标准

控制标准是战略实施的期望结果，分为按照时间分解的战略控制指标和按照空间分解的战略控制指标。在时间分解体系中，时间间隔长度可由企业根据具体产品和经营特点来确定。空间分解体系则可以理解为将战略期望结果分解为各子公司、各部门的期望标准，并由各子公司和职能部门分别执行和监督（张愫淳，2004）。常见的战略控制标准如表10—1所示。

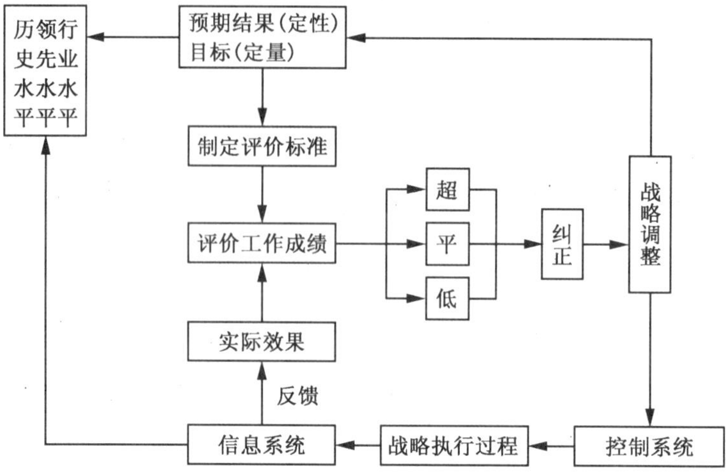

资料来源:何彪.企业战略管理[M].武汉:华中科技大学出版社,2008.

图 10—1　战略控制的过程模型

表 10—1　　**常见的战略控制标准**

指　标	短期(1 年)标准	长期(5 年)标准
市场份额	30%	55%
销售增长额	4 000 万元	8 000 万元
ROI(投资收益率)	0.12	0.15
D/E 比率	0.40	0.30
EPS(每股盈利)	2.40 元	4.80 元
员工流动率	0.15	0.08

在实际工作中,制定控制标准应注意以下几个问题:

(1)控制标准应该具体化。战略目标应逐级逐层分解,以使组织中的每一个成员都有具体的控制标准。

(2)控制标准应具备可实现性。分解后的目标是可以达到的,即经过执行人员的努力或相应的资源配置后是可以实现的。过高或过低的标准对战略控制来说都是不利的。

(3)控制标准应该可以测量,指目标的实现是可以衡量的,即执行人员完成后,能够用业绩来进行考核。在战略控制方面,一个很重要的理念就是,只有可以测量的才是可以管理的。

(4)控制标准应该具备相关性。相关性是指分解后的目标与长期目标的实现是相关的,当分解后的若干短期目标实现后,长期目标也就可以实现。

(5)当战略实施结果与控制标准相背离时,不仅应该考虑纠正战略实施过程,而且也应该关注战略控制标准是否科学、合理,是否与企业内外部环境的变化相协调,是否应该调整。

阅读材料

某市在年初召开的全市招商引资工作会议上，与各乡镇签订了年度招商引资目标，并对年末未完成和不能完成目标的各种情况规定了具体而严厉的奖惩办法，如“对不完成目标的乡镇长，两年内不得升职”等。转眼半年过去了，乡镇长们明显感到目标实现的艰巨性，他们一直在努力，但到第四季度，他们互通的信息表面，除了极少数乡镇有可能完成目标外，其他大多数将无法按期完成目标，于是他们泄气了。可是，到了年终总结汇报会上，绝大多数乡镇长都报告他们完成或超额完成了预定目标。这是怎么回事？

资料来源：刘志坚，徐北妮．管理学——原理与案例[M]．广州：华南理工大学出版社，2002.

（二）衡量实际工作

衡量实际工作是指对战略实施的实际效果与控制标准之间进行比较分析，发现问题，找出原因，具体包括对实际效果信息的收集、整理、计算，与标准比较，进行分析的全过程。这是发现战略实施过程中是否存在问题和存在什么问题，以及为什么存在这些问题的重要阶段。

在战略控制中，同任何控制系统一样要解决下列主要问题，即在什么时候、什么地方，用什么频度衡量哪些项目，具体包括：

（1）确定衡量实际工作效果的频度。频度是指在一定时期衡量实际工作效果的次数或衡量一次的间隔周期。为了提供充分而及时的信息，工作效果应当经常衡量，但是，一方面，如果做得过分，人们感到对他们的工作过于频繁挑剔，可能会产生负面影响；另一方面，如果衡量过于频繁，也使得费用变得太高，消耗许多资源，因此，要根据问题的性质及对战略实施的重要程度，确定合理的衡量频度。

（2）界定被衡量的部门。一般来说，任何部门执行战略的实际效果都要予以衡量。但是什么时候衡量什么部门，上一级衡量下一级哪些部门，都应做出一定的计划和规定，既要突出重点，又能照顾一般，发现问题，追踪分析。

（3）选择衡量的项目。各个部门和不同时期所要衡量的项目可以各不相同，要做出预先的规划。不一定对所有项目在同一时间内都进行衡量，而是有重点地进行。信息过多过杂，会让人无所适从；信息过少，又难免以偏概全。

在衡量工作效果时，企业不仅将实际效果与控制标准相比较，而且也应当将自己的实际工作效果与竞争对手相对照。这样的比较更能发现自身的长处或弱点，以便采取适当的纠正措施。对于竞争对手以及同行业的平均绩效水平，可以从统计年鉴或行业协会所发表的季度或年度报告中获取。譬如在美国，邓和布拉德斯托特（Dun and Bradstreet）公司每年在《邓氏评论》（*Dun's Review*）上发表有关零售业、批发业和制造业的主要业绩比率（孙睦优，2006）。

（三）采取矫正措施

对衡量实际工作中所发现的问题，必须针对其所产生的原因采取矫正措施，这是战略控制的目的。如果制定了评价标准，对实际工作进行了衡量并发现了问题及原因，但没有接着采取恰当的矫正措施，那么控制就没有任何现实意义。

实际工作效果与控制标准发生偏差的原因很多，主要有以下几个方面：

（1）战略目标不现实。

（2）为实现企业目标而选择的战略错误。

（3）用于实施战略的组织结构错误。

(4)主管人员或作业人员不称职或玩忽职守。

(5)缺乏激励。

(6)组织内部缺乏信息沟通。

(7)环境压力。

对于不同原因导致的偏差,企业应采取不同的矫正措施。例如,如果某一战略经营单位或事业部的利润低于预期水平,则需要重新审视该单位的战略目标;如果工作成绩欠佳,则可能是由于主管人员的不称职或玩忽职守,在这种情况下就必须撤换这些经理人员;如果组织结构不适应战略的实现,则应对现有的组织结构进行调整。这样,整个企业的战略管理过程实际上是一个反馈系统,它依据控制系统和组织环境的信息而必须经常地加以调整。

二、制订权变计划

无论战略被多么精心地制定、实施和评价,诸如罢工、抵制、自然灾害、外国竞争者的出现以及政府的措施这样的不可预测事件都可以使战略过时。为降低潜在的威胁,企业应制订权变计划,作为战略控制过程的一个组成部分。

(一)权变计划的概念

权,本义秤锤,引申为"称量,权衡","权,然后知轻重"(《孟子·梁惠王上》);变,指"变化、变通";"权变",就是权衡、比较各种因素,再采取相应的措施。

所谓权变计划(Contingency Plan),是指特定关键事件未能按照预期设想发生时或不可预测事件突然发生时所采取的变通应对计划。

有人认为,只有应对不利事件才需要准备权变计划,这是一种误解。有时候,应对有利事件也需要准备权变计划。应对不利事件的权变计划可以减少威胁,应对有利事件的权变计划可以更充分地利用机会,两者都可以提高企业的竞争地位。应该说,好的战略管理要求企业能够提前提出有利事件及不利事件的应对措施。

在理论和实务上,任何企业都不可能也没有必要对所有领域的所有可能发生的事件都预先做出计划,只有那些非常重要的领域才需要权变计划做保证。

企业在准备权变计划时应尽可能地利用各种没有被采纳的备选战略,以节省企业资源。很多企业将没有被选中的战略抛进废纸篓,但实际上,各种备选战略本身包含着大量的信息,当被采用的战略失效时,那些未被选中的战略正好可以作为权变战略。

通常,企业的权变计划会考虑如何应对以下问题:

(1)若商业情报显示主要竞争者正在从特定的市场退出,则本企业将如何做?

(2)若本企业的销售目标未能达到,则应采取何种措施防止盈利损失?

(3)若对本企业新产品的需求超过原先计划,则应采取何种措施以满足这一更大的需求?

(4)若某些灾难性事件发生,如计算机系统出现故障、存在对本企业敌意接管的企图、专利被盗用或发生大自然灾难等,则应采取何种行动?

(5)若某种新技术使本企业的某些产品比预期的过时,应采取何种行动?

阅读材料

美国和西欧在使用原子能的问题上仍然摇摆不定，而东欧国家为满足不断增长的需求已建立了新一代核电站，在用于发电的核燃料使用方面，美国几乎落后于所有的欧洲国家或地区。

虽然煤和天然气发电厂可能更安全(这一点仍有争议)，但核电肯定更清洁且电力更强。因此，东欧国家为满足日益增长的需求，建立了新的核电厂，而美国和西欧仅将此列入它们的权变计划。现在，法国、捷克共和国、斯洛伐克、罗马尼亚、芬兰和保加利亚正在建新的核电厂，而德国、英国和美国却在讨论关闭它们国家的一些核电厂。事实上，德国承诺到2021年成为无核国家，这意味着德国将关闭19个核电厂，而这些核电厂现今具备30%的发电能力。

资料来源：引自 Nina Sovich，“Europe’s New Nuclear Standoff：Eastern States Embrace Atomic Energy，as Western Neighbors Waver”，*Wall Street Journal*(June 29，2005)：A13.

(二)制订有效的权变计划的步骤

制订有效的权变计划主要有七个步骤：

第一步：识别可能使现行战略失效的有利和不利的事件；

第二步：确定这些事件可能发生的环境条件及触发点；

第三步：评价各种突发事件的影响，估计这些事件会带来的益处与害处；

第四步：制订权变计划，确保这些计划与现行战略的兼容性和经济上的可行性；

第五步：估计每一项权变计划在多大程度上可以利用突发事件带来的机会或抵消该事件带来的不利影响；

第六步：确定并监视各重大突发事件的早期征兆；

第七步：对于已经显现征兆的即将发生的事件，预先制订行动计划以获取应对先机。

当战略控制活动显示需要立即采取重大举措时，适当的权变计划可以迅速地被实施。当企业现行战略的内部及外部基础发生重要变化时，权变计划可以使战略制定者很快地对这一变化做出反应。例如，当原来对于经济形势的假设被证明是错误的而又有现成的权变计划时，管理者就可以立即实施适当的调整。

第三节 战略控制类型及方法

一、战略控制的类型

(一)按控制时间分类

按控制时间分类，企业的战略控制方式可以大致分为如下三类：

1. 事前控制

在战略实施之前，要设计好正确、有效的战略计划，这些计划内容一般是企业制定考核经营活动绩效控制标准的基础。事前控制多用于对企业战略重大问题的控制，如任命重要的人员、重大合同的签订、购置重大的仪器设备。

由于事前控制是在战略行动成果尚未实现之前进行的，通过预测，发现战略行动结果可能与事先规定的标准之间产生差异，因此，管理者必须对预测因素进行分析与研究，一般将预测因素分成三种类型：

（1）投入因素，即战略实施过程中资源种类、数量和质量投入情况，这些资源投入因素会直接影响产出结果。

（2）早期成果因素，即通过分析早期成果对企业未来结果进行预测。早期成果可以是判断未来结果的基础。

（3）外部环境和内部环境因素。外部环境的不稳定性以及内部环境的重大改变对企业战略实施都将产生重大影响。

2. 事后控制

这种控制方式发生在企业经营活动之后，即在战略活动取得结果后再与控制标准进行比较，查看战略执行效果。这种控制方式的工作重点是明确战略控制程序和标准，把日常控制工作交给职能部门人员去做，即在战略计划部分实施之后，将实施结果与原计划标准进行比较，企业职能部门及各事业部门负责定期向企业高层领导汇报战略实施情况，由企业高层领导根据具体实际情况决定是否采取措施纠正战略实际执行中产生的偏差。

事后控制方法主要有联系行为和目标导向两种具体形式，下面分别介绍。

（1）联系行为，即对员工战略行为的评价和控制与他们的日常工作行为相联系，并且做出评价。这样做，员工一般比较容易接受，同时能够明确员工在战略行动中应该努力瞄准的方向，使个人的行动目标与企业经营战略目标保持一致；同时，通过战略评价系统的反馈信息，修正战略实施行动，使之更加符合战略要求；通过战略行动评价和实行合理的分配机制，激励员工工作，强化员工的战略意识。

（2）目标导向，即让员工参与战略行动目标制定以及工作业绩评价，使员工既可以看到个人行为对实现企业战略目标的作用和意义，又可以从工作业绩评价中看到自己取得的成绩以及工作中存在的不足，使员工感受到企业的肯定和鼓励，为战略推进增添动力。

3. 随时控制

随时控制即过程控制。企业高层领导者要控制企业战略实施中的关键性过程或全过程，随时采取控制措施，用于纠正实施中产生的偏差，引导企业沿着战略制定的方向经营。

这种控制方式主要是对关键性战略措施进行随时控制。

应当指出，以上三种控制方式所起的作用不同，因此在企业经营中采用哪种控制方式要根据具体内容而定。这三种控制方式可能随时被采用，也可能随时被其他控制方式替换。

（二）按控制主体的状态分类

从控制主体状态看，战略控制分为如下两种形式：

1. 避免型控制

避免型控制是通过采用适当的方法避免不适当的行为发生，使不需要的结果没有产生的机会，达到战略控制目的。例如，可以通过自动化使工作的稳定性得以保持，按照企业目标正确工作；通过与外部组织共担风险，减少企业自身的控制工作；转移甚至放弃某项活动，消除有关控制活动。

2. 开关型控制

开关型控制又称为事中控制或行与不行控制。其原理是：在战略实施过程中，按照既定标准检查战略行动，确定行为是否可行，在行与不行之间做出选择。这种做法类似于开关的工作原理，如果可行，就使行为发生；如果不行，就使行为无法发生。

开关控制方法的具体操作主要有以下几种形式：

(1)直接领导。管理者对企业开展的活动进行直接领导和指挥，发现差错及时纠正，使其行为符合战略既定标准。

(2)自我调节。执行者通过非正式沟通方式，采用地位平等的沟通手段，按照既定标准进行自我调节，改变与战略不适合的行为，以便与协作者之间的配合更加默契。

(3)共同愿景。组织成员对目标、战略宗旨认识一致，在战略行动中表现出一定的方向感与使命感，从而达到殊途同归的效果，另外，也有利于企业内部协作，从而实现共同目标。

开关控制法一般适用于实施过程标准化的战略实施控制，或某些过程标准化的战略项目的实施控制。

(三)按控制切入点分类

从控制切入点看，企业的战略控制可以分为如下五种：

1. 财务控制

这种控制方式覆盖面广，是用途极广的、非常重要的控制方式。它主要通过企业在财务上的表现进行控制，包括预算控制和比率控制。

2. 生产控制

生产控制是对企业产品品种、数量、质量、成本、交货期及服务等方面进行控制，即生产上的全面控制。这类控制可分为产前控制、过程控制及产后控制等。

3. 销售规模控制

由于规模效益现象的存在，销售规模太小会影响企业的经济效益；但销售规模过大也会带来不利影响，这样可能占用企业较多的资金，也会影响企业的经济效益，因此要对销售规模进行必要的控制。

4. 质量控制

质量控制包括对企业工作质量和产品质量的控制。工作质量不仅包括生产工作质量，也包括领导工作、设计工作、信息收集与处理工作等一系列非生产工作的质量，因此，质量控制的范围包括生产领域和非生产领域的一切控制过程。企业质量控制是动态的，因此质量控制更加重视对行为发生前的控制和对未来发生事件的质量控制，其难点在于企业如何让全体员工共同具有质量意识。

5. 成本控制

成本控制的最根本目的是使各项费用降到最低水平，从而达到提高企业经济效益的目的。成本控制既包括对生产、销售、设计、储备等有形费用的控制，也包括对会议、管理和时间等无形费用的控制。在成本控制中，较为重要的任务是建立各项活动费用开支范围和开支标准，并且依据这些标准进行严格控制。成本控制最重要的内容就是事先对企业行为进行成本预算。成本控制的难点在于企业大多数部门和单位是非独立核算的，因此在思想上缺乏成本意识。企业应该加大这方面的培训，同时将部门之间的成本尽量明确划分，以便更好地节约成本。①

二、战略控制的方法

为了实施有效的控制，人们在战略控制系统中使用了许多控制方法。下面介绍几种常用的控制方法。

(一)预算评价和控制

预算就是用数字编制未来某一个时期的计划。预算评价和控制就是通过数字化的财务报

① 李春波．企业战略管理[M]．北京：清华大学出版社，2011.

表、人力资源统计、研究和发展开支、销售增长幅度、资源配置等来约束经营活动，使企业或各战略经营单位的决策者在从事其经营活动时受到有效约束而不能任意行动。预算评价和控制具有如下几点好处：首先，预算使企业经营各阶段具有可比性，便于衡量和评价各阶段的成效。其次，预算使企业各战略经营单位之间具有可比性，这样易于对比各战略经营单位的经营好坏，以便对它们进行评价和控制。实际上，预算的编制过程就是确立标准的过程。利用这种计量化的战略活动标准来衡量经营单位的战略实施，就比较容易得到实施与预算之间的差异，这样有利于提高评价和控制的成效。预算评价和控制的实施有利于加强对企业决策者或战略经营单位决策者的行动约束，使其更加合理，从而有利于保证企业战略目标的实施。预算评价和控制由于自身的原因，因此在战略管理的运用中存在着局限性。

第一，预算只是数字化了的战略计划，只能反映可计量的企业业务活动，而对于那些取得成效而不易计量的企业活动、企业文化、企业活力、研究和发展计划等无法予以足够的重视。

第二，编制预算大多以先期的开支作为本期的参照，决策者很少从本期的实际支出来研究本期的预算开支项目设置，所以可能造成这样一种错误：先期有的而本期不需要的开支项目仍然沿用，而本期所需先期没有的开支项目，会因为无此先例而不能增设。

第三，企业内、外部环境的变迁，市场动荡能使预算过时，特别是长期预算，过细的预算更是如此，从而束缚战略决策者的行动。

第四，企业往往通过编制各战略经营单位的预算来规定战略经营单位决策者的职权范围和所应实现的战略目标，这样可能使这些经营单位的决策者们只注重经营开支不得超过预算评价和控制的准则，而忘记自身的职责是实现企业的战略目标。

第五，当战略实施状况与预算发生偏差时，造成这种偏差的真实原因，预算评价和控制是很难准确地反映出来的。如职工或管理者的情绪变动而造成产品的质量和产量下降，显然预算只能反映这一事实而无法反映这一原因。尽管预算评价和控制存在上述局限性，但由于它易于反映战略实施成果与计划的差异，因此不失为一种有用的评价和控制方法。

(二)审计评价和控制

战略评价和控制中的审计方法(战略审计)是对企业战略实施过程中的全部管理人员的工作成效进行系统的评价、审核与监督。战略审计的重点在于战略管理的成效而不是评价战略管理工作的目的或其他。它是按照企业的战略目标来衡量战略实施的成果。因此，从事战略的审计人员(它是由内部审计人员和外部审计人员组成的专家审核团体)不仅要弄清企业的财务账目的准确性、合法性，而且要对企业文化、政策、组织结构、职能设置、职权范围、市场地位、竞争对手等企业内外部环境做比较全面的、客观的了解和评价。不仅如此，审计人员还要对战略管理本身以及战略管理过程有明确的了解。只有这样，才能保证战略审计可信、真实和有效。

1. 内部审计

审计可分为内部审计和外部审计。内部审计是指企业内部的审计机构和审计人员为达到预定的目的而对本企业的会计资料及其所反映的经济业务活动进行的审查与监督。这种对企业会计资料的审查和监督实际上是验证这些记录的准确性，从而为评价和控制提供一种手段。由于从事审计工作的是内部的审计机构和审计人员，因此内部审计可以伴随企业经济活动的发生而随时进行。同时，审计人员对本企业的企业文化、组织结构，以及企业业务活动比较了解，这样就比较容易获得企业的有关资料，因此可以根据所得的资料进行分析和判断，从而对企业所制定的方针、政策，所设计的程序和工作方法提出建议，还可以对企业目标的分割(即各战略经营单位目标的设置）和权力的委任提供一种有效的评价和控制。但是也正由于从事内部审计工作的是企业内部的审计机构和审计人员，因此存在着局限性。最显著的不足是审计人员常常受到企业内部的文化特点和决策者思想的影响，从而很难真实地达到审计的目的。

2. 外部审计

外部审计是指被审计企业以外的专门审计机构和审计人员对该企业的会计资料所进行的审查和监督。外部审计的显著优点是：由于审计工作是由与该企业无关的第三者进行的，审计机构和审计人员只对国家和社会负责，因此审计的结果具有独立性、公正性。外部审计虽较好地弥补了内部审计的不足，但内部审计的优点成了外部审计的缺点。首先，由于外部审计人员对企业内部的文化、组织结构以及技术、工艺流程不了解；其次，被审计的企业人员对外部审计人员存在抵触和不合作情绪，使得外部审计工作开展起来不那么顺利。上述分析表明，无论是内部审计还是外部审计，均是通过对企业的财务记录进行审查，衡量其准确性和合法性，来评价企业的经济运行和财务状况的，它是监督和鼓励企业人员遵纪守法、保护企业财务资源的一种有效的评价和控制手段。战略审计改变了长期以来决策者们只受上级部门的审查、监督，只对上级负责的现象，这种公正的、对专门机构的评价和审查使得这些决策者对国家、对社会负责；战略审计改变了那种“窥探”或“小报告”的评价方式，代之以公开的商议和评价，这样就迫使决策者提高管理水平，按照经济规律办事，而不是按上级的眼色行事；战略审计的实施还能促进主管部门或高层决策者公正地评价下级人员的业绩，从而使管理更有效。

（三）目标管理

目标管理是美国管理学家彼得·德鲁克在20世纪50年代最先提出来的，在以后的几十年中，目标管理得到了迅速的推广和广泛的应用。目标管理通过集体参与，共同设置目标，对组织的每一战略经营单位所负责实现的目标加以明确的规定和说明，并据此评价每个战略经营单位的工作绩效或贡献。

目标管理由集体参与，共同设置目标，而传统管理中的目标是由决策部门制定并分派给执行者，这里的执行者处于一种被动的接受地位，从而在接受任务时可能产生抵制和反感。目标管理使得战略经营单位进行自我评价和控制成为可能，由于各战略经营单位在实施其目标时已清楚地了解了目标的进程和实现目标过程中将面临的各种困境，因此战略经营单位在实施目标时可以自觉地进行自我评价和控制。①

第四节　平衡计分卡

在复杂多变的动态竞争环境中，全方位地评价企业的战略绩效是企业了解自身运行情况、发现缺陷和不足之处并及时进行调整的有效途径。但是，要想使绩效评价能够指导企业的经营行为，其方法必须全面地反映企业的运行情况，并能够与企业的长远发展战略结合起来。

平衡计分卡（Balanced Scorecard）是由哈佛商学院教授罗伯特·卡普兰（Robert Kaplan）和复兴方案企业总裁戴维·诺顿（David Norton）在对美国12家优秀企业进行为期一年的研究后创建的一套企业业绩评价体系，后来在实践中扩展为一种战略管理工具。1992年，卡普兰和诺顿在《哈佛商业评论》上发表了关于平衡计分卡的第一篇文章《平衡计分卡——业绩衡量与驱动的新方法》。1996年，关于平衡计分卡的第一本专著《平衡计分卡：化战略为行动》出

① 黎群. 企业战略管理教程[M]. 北京：中国铁道出版社，2008.

版，标志着这一理论的成熟，将平衡计分卡由一个业绩衡量工具转变为战略实施工具。

平衡计分卡的核心思想就是通过财务、顾客、内部流程及学习与成长四个方面的指标之间相互驱动的因果关系展现组织的战略轨迹，实现绩效考核—绩效改进以及战略实施—战略修正的战略目标过程。之所以称为“平衡计分卡”，主要因为它是通过财务指标与非财务指标考核方法之间的相互补充“平衡”，同时也是在定量评价与定性评价之间、客观评价与主观评价之间、组织的短期目标与长期目标之间、组织的各部门之间寻求“平衡”的基础上完成的绩效考核与战略实施过程。

一、平衡计分卡的内涵

平衡计分卡是一个核心的战略执行和评价工具、一种崭新的绩效衡量模式，通过四个层面——财务、顾客、内部流程及学习与成长——来实施战略管理。平衡计分卡是一项将企业的成功关键因素、绩效指标和企业目标同企业的长期愿景目标相联系的评价技术。它提供了一个综合性框架，由此可将企业的战略目标以一系列紧密相连的业绩评价方法来反映。平衡计分卡不仅是一种评价和计量方法，还是一个管理系统，有助于促进产品、经营过程、顾客、市场开发等关键领域的显著改善。其基本构成关系如图 10－2 所示：

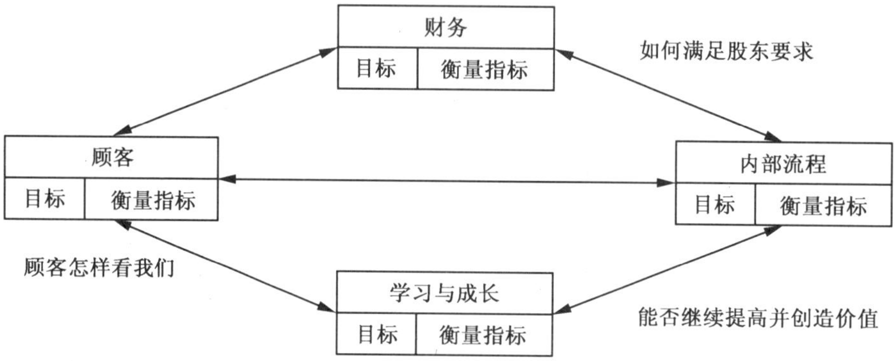

资料来源：[美]彼得·德鲁克等著．公司绩效测评[M]．李焰、江娅，译．北京：中国人民大学出版社，1999.

图 10－2　平衡计分卡的基本构成关系

下面从四个角度对平衡计分卡进行阐述：

(一)财务

财务评价是平衡计分卡的四个层面之一，编制平衡计分卡能促进各经营单位把自己的财务目标同全企业的战略相联系。尽管传统的、仅偏重财务衡量的业绩衡量系统存在种种缺陷，但这不等于否定与废除财务衡量。财务衡量在平衡计分卡中不仅仍是一个单独的衡量方面，而且是其他几个衡量方面的出发点和落脚点。一套平衡计分卡应该反映企业战略的全貌，从长远的财务目标开始，然后将它们与一系列行动包括财务、顾客、内部流程和学习与成长过程相联系，最终实现长期经营目标。假如质量、顾客满意度、生产率等方面的改善和提高无法转化为销售额的增加、营业费用的减少、资产报酬率的增加等财务成果，那么做得再好也无济于事。

财务目标可以简明地体现企业对利润最大化的长期追求。使用平衡计分卡与这一重要目标并不矛盾，平衡计分卡能够使财务目标变得明确，使之适合不同经营单位和不同成长与生命阶段的具体需求。平衡计分卡其他方面的所有目标和测评方法都应该同财务方面的一个或多个目标相联系。

处于生命周期不同阶段的企业，其财务衡量的重点也有所不同。在成长阶段，企业要进行数额巨大的投资，其现金流量可能是负数，投资回报率也很低，财务衡量应着重于销售额总体增长百分比和特定的顾客群体、特定地区的销售额增长率；维持阶段则应着重衡量获利能力，如营业收入和毛利、投资回报率、经济增加值；在收获阶段的财务衡量指标主要是现金流量，企业必须力争实现现金流量最大化，并减少运营资金。

阅读材料

平衡计分卡的潜台词

永远不要忘记，财务指标是企业价值最直接的反映，是衡量企业价值最重要的指标。在批评财务指标的时候，有些人走得过远。他们认为，财务绩效是经营活动的结果，通过改善基础的经营性活动，自然会得到理想的财务数据，因此，应该停止使用财务评价指标。持这种观点的批评家们忘记了关键的一点，经营性指标与财务指标之间并非一种确切的逻辑关系，完全忽略财务指标会走向另一个极端，使人们忘记了企业的根本目的，而过于关注过程性指标。

资料来源：黄丹，余颖．战略管理——研究注记·案例（第2版）[M]．北京：清华大学出版社，2009.

(二)顾客

在顾客层面，企业要确认他们选择的顾客群体和希望达到的市场份额。市场份额标志着企业的收入来源。平衡计分卡的顾客层面使各企业能够把自己的核心顾客衡量标准（顾客满意度、顾客忠诚度、购买率和获利能力）同所选中的顾客群体和市场份额相衔接。

企业往往能够集中精力提高内部能力，注重产品性能和技术革新。但是，如果对顾客的需要没有清楚的认识，那么其市场份额最终将被能够提供符合顾客偏好的产品和服务的竞争对手所侵占。显然，经营单位要想获取长期的财务收益，就必须创造出受顾客青睐的产品和服务。除了努力使顾客满意外，企业管理者还必须在平衡计分卡中将战略愿景转变为以顾客和市场为依据的具体目标。

企业必须确认现有的和潜在的顾客市场，然后做出选择，向选中的市场提供各种资源，这成为制定关于顾客方面的目标和测评标准的关键。因此，平衡计分卡的顾客层面将战略转变为具体的指标，并将这些目标传达给整个组织。

顾客方面的核心衡量指标包括市场份额、老顾客重复购买率、新顾客获得率、顾客满意度和从顾客处所获得的利润率。这些指标存在着内在的因果关系：

第一，顾客满意度决定新顾客获得率和老顾客重复购买率；

第二，以上两者将决定市场份额的大小；

第三，所有指标共同决定了从顾客处获得的利润率；

第四，顾客满意度又源于企业对顾客需求的反应时间，产品的功能、质量、价格。

(三)内部流程

为企业内部经营过程制定目标和测评手段，是平衡计分卡体系与传统的绩效测评体系之间显著的区别之一。所有的企业在经营过程中都试图改善产品质量、缩短生命周期、增加回报率、最大限度地扩大生产能力和降低生产成本，因此仅仅改善生产周期、生产能力、质量和成本不足以使企业在市场竞争中获得有利地位。平衡计分卡将评价范围扩展到产品开发和售后服务等方面，制定了企业内部经营过程及其目标和测评手段：

第一，生产制造过程的业绩衡量可以沿用财务指标，例如，标准成本与实际成本的差异、成品率、次品率、返工率等。

第二，产品设计开发可以采用以下指标衡量：新产品销售额在总销售额中所占的比例、专利产品销售额在总销售额中所占的比例、比竞争对手率先推出新产品的比率、第一次设计出的产品中可全面满足顾客要求的产品所占的比例、在投产前对设计进行修改的次数等。

第三，对售后服务的衡量，可以从时间、质量和成本几方面着手，采用的指标包括：企业对产品故障反应的速度(即从接到顾客请求到最终解决问题的时间)、用于售后服务的人力和物力成本、售后服务一次成功的比例等。

(四)学习与成长

平衡计分卡的第四项内容是企业的学习与成长。财务、顾客和内部流程的衡量手段为企业列举了取得业绩突破所掌握的关键要领。评价学习和创新的目的是使企业实现上述财务、顾客和内部流程的规划。学习和创新过程是前三项主题的推动力量。

一些企业的管理者已经注意到，一旦以短期的财务标准来衡量业绩，他们就难以获得新的投资，以加强员工、系统和内部流程的生产能力。削减这方面的投资固然是增加短期财务收入的有效手段，而且这种举措对员工、系统及企业经营过程的负面影响短时间内也不会暴露，但对企业未来发展的影响是长远而深刻的。平衡计分卡强调对企业未来投资的重要性，而不局限于传统的投资领域。要实现长期的财务目标，必须对企业基础——员工、系统和经营过程进行投资。

过去企业的管理观念是：企业的上层人员规定工人的工作任务，并制定相应的标准和监督体制，确保工人能按计划完成任务。工人的任务是干活，而不是思维。然而在最近几十年中，这种管理观念发生了重大变化。人们认识到，企业若想超越现有业绩、取得学习与成长的收获、保持竞争优势，仅仅墨守企业上层制定的标准经营程序是不够的，还必须尊重、重视和尽可能地采纳第一线员工对改善经营程序和业绩的建议和想法，因为他们离企业内部的工序和企业的顾客最近。正如福特汽车公司的一个汽车修理厂厂长所言：职工的任务是思考问题，确保质量，而不是看着零部件生产出来，此外，还必须加强对员工的培训，改善企业内部的信息传导机制，激发员工的积极性，提高员工的满意度。这方面的衡量指标包括培训支出、培训周期、雇员满意度、雇员保留率、信息覆盖率、每个员工提出建议的数量、被采纳建议的比例、采纳建议后的成效、工作团队成员彼此的满意度等。不过，应该承认，在学习与创新方面的衡量手段目前还远未达到成熟的程度，尚待进一步研究和探索。

这四个指标间存在的相互驱动的因果关系如下：财务指标是企业最终的追求和目标，也是企业存在的根本物质保证；而要提高企业的利润水平，必须以客户为中心，满足客户的需求，提高客户的满意度；要满足客户，就必须加强自身建设，提高企业内部的运营效率；提高企业内部效率的前提是企业及员工的学习与发展。也就是说，这四个方面构成一个循环，从四个角度解释企业在发展中所需要满足的四个因素，并通过适当的管理和评估促进企业发展。可以说，它们基本囊括了一般企业在发展中的几个关键因素。

需要强调的是，平衡计分卡并不是几个方面的简单组合，而是根据企业总体战略，由一系列因果链贯穿起来的一个整体。例如，某企业希望提高财务方面资本回报率的水平。如何实现这一目标呢？这就需要顾客重复购买以及增加顾客每次的购买量。而顾客为什么会青睐该企业呢？顾客偏好的分析结果可能会显示，顾客重视按时交货。这样，按时交货就被记入平衡计分卡的顾客方面。那么，怎样才能保证按时交货呢？这依赖于缩短经营周期，于是，也被记入平衡计分卡的内部经营过程。企业如何缩短周期呢？应该通过培训雇员，提高他们的能力，于是这个目标可以记在学习与创新方面。这样，一条因果关系链就贯穿了平衡计分卡的四个方面。

成功的平衡计分卡制度是把企业的战略与一整套财务和非财务性评估方法联系在一起的一种手段。它将企业的使命和战略变成具体的目标，对每个员工而言，企业的战略不再是虚无缥缈的东西。通过对平衡计分卡的分解，每个员工都可以看到自己的努力将对企业战略目标的实现发生什么样的作用，每个员工都可以主动思考并提出改进建议。在传统企业管理中，由上级制订目标计划、下级严格遵照执行而不问目标计划，适宜性的"单循环反馈过程"就为互动的"双循环反馈过程"所取代。随着平衡计分卡的推广，它的用途也日益得到发掘，这些用途包括：阐明战略并就战略达成共识，在整个组织中传播战略，把部门和个人的目标与这一战略相联系，把战略目标与长期的具体目标和年度预算相衔接，对战略计划进行确认和联系，对战略进行定期和有序的总结，利用反馈的信息改进战略。因此，平衡计分卡是一个传播企业使命和战略的系统、一个告知雇员什么是促使企业成功的业绩驱动因素的系统、一个学习的系统，而不是竭力让个人和组织的各个单位与事先制订的计划保持一致的传统控制系统。从这个意义上讲，平衡计分卡就不再仅仅是一个绩效评价系统，而是一个战略管理系统。

平衡计分卡创始人卡普兰教授在上海做讲座时特别提醒中国的企业管理者：平衡计分卡的好处不只在于它给企业带来的商业成果，更在于其实施的过程。平衡计分卡的实施需要企业所有中高层管理人的参与：全体经理人同心协力，共同制定企业的经营战略，从财务、顾客、内部流程以及学习与成长四个领域全面考虑企业经营的方方面面。

二、平衡计分卡的不足

平衡计分卡的不足，具体有以下几个方面：

第一，运用平衡计分卡的难点在于平衡计分卡中有一些条目是很难解释清楚或衡量出来的。财务指标当然不是问题，而非财务指标往往很难建立起来。

第二，确定绩效的衡量指标往往比想象的更难。企业管理者应当专注于战略中的因果关系，从而将战略与其衡量指标有机地结合起来。管理者通常明白客户满意度、员工满意度与财务表现之间的联系，平衡计分卡不能指导管理者怎样才能提高绩效，从而达到预期的战略目标。

第三，当组织战略或结构变更的时候，平衡计分卡也应当随之重新调整，而负面影响也随之而来，因为保持平衡计分卡随时更新与有效需要耗费大量的时间和资源。

第四，平衡计分卡的另外一个缺点是它很难执行。一份典型的平衡计分卡需要5—6个月执行，另外再需几个月调整结构，使其规则化，从而总的开发时间经常需要一年或者更长的时间。衡量指标有可能很难量化，而衡量方法却又会产生太多的绩效衡量指标。

三、平衡计分卡的实施步骤

经验告诉我们，通过认真实施以下步骤，可以将平衡计分卡作为企业的一个战略管理流程加以实现：

第一步：明确企业的使命、愿景和战略，确定企业的平衡计分卡（包括财务、顾客、内部流程、学习与成长四个角度)；

第二步：将企业的平衡计分卡目标落实到各部门的计分卡中；

第三步：落实到关键经理人和关键员工这一个层面；

第四步：在企业、部门和个人层面建立了绩效考核和能力发展模型；

第五步：建立了浮动薪酬的绩效激励系统，与企业、部门和个人层面挂钩。

虽然平衡计分卡的成功实施将会把企业的发展带到一个新的层面，但成功实施平衡计分卡需要一些因素的保证，最重要的一条即高层管理人员的决心、支持和推动。前面提到过，平衡计分卡系统是一个战略管理系统，不只是一个人力资源项目。人力资源管理专员需要提升到战略高度，使之成为企业高层管理人的合作伙伴。其他重要的成功因素还包括设定与企业目标相链接的、合适的战略目标、指标、行动计划和任务，包括跨部门团队合作，而且还需要一个有效的 IT 系统以减少行政性事务，因为有效的 IT 系统能够及时跟踪三个层面的绩效——企业、部门和个人，让高层管理人员可以适时地对平衡计分卡做适当调整，以实现既定的业绩目标。

本章小结

(1)战略控制是战略实施的保证。本章对战略控制的概念和必要性进行了阐述。

(2)战略控制要把握控制的基本要素。战略控制包括“标准—对照—纠偏”三个要素。

(3)战略控制是一个动态过程，具有三个特征，即渐进性、交互性、系统性。

(4)战略控制要满足适宜性、可行性、可接受性、调节性、不确定性、弹性和伸缩性六个基本要求。

(5)战略控制过程可以分为制定评价标准、建立监控系统、审查实际效果以及采取纠正措施和权变计划四个步骤。

(6)战略控制可分为若干类型，按控制时间可分为事前控制、事后控制、随时控制；按控制主体的状态可分为避免型控制、开关型控制；按控制切入点可分为财务控制、生产控制、销售规模控制、质量控制、成本控制。

(7)战略控制的方法主要有预算评价和控制、审计评价和控制、目标管理。

(8)平衡计分卡的核心思想就是通过财务、客户、内部流程及学习与发展四个方面的指标之间的相互驱动的因果关系展现组织的战略轨迹，实现绩效考核—绩效改进以及战略实施—战略修正的战略目标过程。本章介绍了平衡计分卡的内涵、不足及实施步骤。

复习思考题

(1)周公恐惧流言日，王莽谦恭未篡时，向使当初身便死，一生真伪复谁知？结合这首诗，谈谈你对战略控制及战略评价的理解。

(2)什么是战略控制？

(3)战略控制的构成要素及特征是什么？

(4)战略控制的要求是什么？

(5)简述战略控制过程。

(6)简述战略控制的类型。

(7)简述战略控制的方法。

(8)平衡计分卡体现了哪些方面的平衡？

(9)试用平衡计分卡为某个企业建立战略绩效评价体系。

(10)战略评价能够使企业以积极的姿态面对未来。请讨论这句话的含义。

本章案例

让战略落地——蓝光公司战略管理解决方案

执行力低下成为当前企业管理者不能承受之痛。如何让华丽的企业战略落地，如何保证部门、团队与员工的绩效考核与企业的战略目标保持一致？企业绩效管理成为连接这一切的桥梁。

企业背景

天胜集团：位于深圳的一家大型电子元件和附件制造商，共由四个事业部组成。蓝光公司：天胜集团下属的仪器事业部。

蓝光公司在开发和生产激光设备方面处于国内领先地位，现有员工600人，其中，研发和设计人员100多名，其余是工程、销售、市场和管理人员，主要生产电子数字计算器和激光器。该公司主要通过直属销售团队和代理商来销售产品，现有遍布全国的3家分支机构和11家代理商。

战略目标变化

随着经济的发展，蓝光要保持在业内的领先优势，需达到更高的要求：市场变化快，要求企业的透明度越来越高；市场竞争加剧，要求企业反应更快；市场对企业的创新能力要求越来越高。

因此，蓝光公司在2008年找到金蝶公司为其改善战略管理流程及强化执行力。

金蝶调研后得出结论，前任CEO留下的过时守旧的管理方式和信息化工具已成为公司实现战略目标的一大障碍。蓝光公司要实现战略成功的关键因素是：提升数据分析和决策支持能力；扩大销售渠道，增强销售能力；加强预算控制；改进生产工艺，提升产能；降低库存，提高库存周转率；降低成本、准时交货；提高内部沟通效率；开发新产品，缩短新产品的上市周期。

如何在短期内使上述指标得到显著的提升？蓝光迫切要解决的问题是使决策信息彻底贯穿企业战略制定、战略执行和战略优化这一战略管理的全过程。金蝶公司向蓝光CEO推荐了最新的战略管理信息化解决方案，该方案以企业绩效管理（BPM）为核心，能有效连接蓝光公司战略与执行。其最大作用是能够帮助蓝光公司及时获悉决策信息，实现战略从制定到执行再到实现企业价值的全过程。

战略管理应用架构

蓝光CEO等公司管理层在认真研究了金蝶公司的“战略实现的可行性调研报告”后，决定听从该公司的意见，选用该解决方案来对企业管理进行重新规划。

以企业绩效管理（BPM）为核心思想的战略管理信息化解决方案，在传统事务处理的基础上，凭借先进的商业智能（BI）和数据仓库（DW）技术，提供了一整套衡量企业绩效的工具与方法，体现以业绩为驱动的经营管理模式，帮助企业实现战略目标。

BPM紧密连接企业管理的三个层次：战略管理层、管理控制层、业务操作层。具体分析如下：

战略管理层：企业根据发展愿景和内外竞争因素，制定战略目标，确定战略执行途径，并将目标逐层分解，落实到行动方案，在管理控制层与业务运作层的战略执行过程中获取实时反馈信息，优化战略。

管理控制层：将行动方案转化为计划预算，对绩效运作过程进行实时监控，根据分析报告调整行动方案。

业务操作层：借助ERP/ERPⅡ系统，执行具体的业务操作，并产生绩效评估的实际业务信息。

根据这一思路，金蝶为蓝光搭建了面向多层次的战略管理应用架构。

第一层是面向蓝光业务操作人员的业务运营管理层，包含财务管理、物流、制造、客户关系管理、人力资源、办公自动化等，为蓝光公司提供企业日常业务的处理功能。主要的实现工具包括预算监控等以及具体的业务监控工具。业务操作人员在ERP、CRM、SCM等业务运营管理系统上进行相关的业务处理，监控业务结果，并进行相应的处理。

第二层是面向蓝光公司管理控制人员的商业智能层，包括财务分析、物流分析、制造分析、人力资源分析以及客户关系管理分析等，为蓝光公司提供全面的商业分析与优化功能，通过管理驾驶舱、管理合并、报表合并、全面预算、预算监控等工具，帮助蓝光中层管理者贯彻执行企业战略，并对战略执行情况实时监控，以便采取相应的措施。

第三层是面向蓝光公司战略管理人员的战略企业管理层。通过提供企业战略管理和战略规划的各种工具与方法，实现目标管理、业务规划、预算管理、管理监控、业务合并、投资者关系管理等功能，运用平衡计分卡、战略地图、业务建模、运营预测、全面预算、管理合并、报表合并、管理驾驶舱等工具，帮助蓝光高层进行战略制定、监控和优化。

金蝶针对蓝光公司解决过去在战略执行和绩效考核中出现的问题，提供了平衡计分卡(BSC)的工具与方法。蓝光公司战略目标执行的第一步是要将战略目标进行有效的分解，在四个维度建立起关键绩效指标。同时利用战略地图有效地分解战略对象，建立起关键成功因素(KSF)的因果关系。

蓝光的战略目标是"创造最佳的股东回报率和实现今年销售收入增长50%"，要实现这一目标，需要做到：

财务方面：税后股东利润率达到15%、税后利润率达到10%、销售收入增长50%、提高设备产能、提高存货周转率、加强预算控制、降低成本。

顾客方面：扩大代理商的规模近150%、提高市场占有率、提高客户满意度(24小时内上门服务)和忠诚度。

内部流程方面：保持技术领先地位、改进生产方式和营销方式、保持内部沟通渠道畅通、加强与供应商的沟通、减少重复采购、具体流程重新再造。

学习与成长方面：明确部门、员工绩效目标，提升企业整体客户意识，创建具有进取精神的环境，提高员工满意度，促进信息系统的集成，提升信息分析能力。

在战略目标分解后，严格按照"目标—量度—指标—计划"路径，将关键绩效指标转化为行动方案。

在执行的过程中，还需要实时的绩效监控。从ERP、CRM、SCM等业务交易系统中实时获取关键绩效指标的实际值，与战略目标值相比较后，透过管理驾驶舱展现差异，便于企业管理者实时掌握企业的运营状况。借助消息平台、预警平台、ABC成本管理等各种管理监控工具，指导业务人员采取相应的处理措施，保证部门和个人的行动与战略目标始终一致。

通过实践，企业管理信息化方案在蓝光公司取得了显著成效：蓝光公司一次性总投资成本为655万元，而每年产生的投资总效益为386.4万元，减去每年的重复费用123万元，得到每年的净投资效益为263.4万元；每年净投资效益除以一次总投资成本得到40.2%的投资回报率，约3年可以收回投资，当年即实现了销售收入增长50%的战略目标。

资料来源：秦远建．企业战略管理[M]．武汉：武汉理工大学出版社，2017：267—269.

思考题：

(1)你如何评价蓝光公司的战略控制过程？

(2)你从蓝光公司的案例中得到了哪些启示？

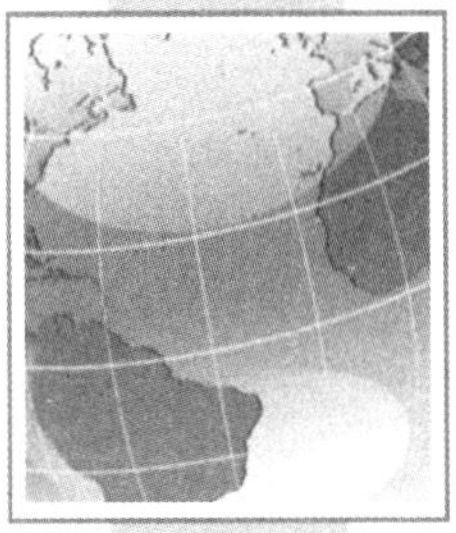

第十一章 企业战略变革

【名言警句】

我们中绝大多数人都惧怕变革。尽管我们的大脑知道变革是正常的,我们的内心却在为将要发生的变化而颤抖。但对今天的战略家和管理者来说,除变革外你别无选择。

——小罗伯特·沃特曼(Robert Waterman,Jr.)

【学习目的】

通过学习本章,你应该掌握以下内容:

☆ 战略变革的概念;

☆ 战略变革的原因;

☆ 战略变革的过程;

☆ 战略变革的选择;

☆ 战略变革的成功因素。

【开篇案例】

金融生态的战略变革

当面临互联网的飞速发展,尤其是移动互联网技术猛烈冲击的时候,中国金融业开始寻求战略的变革和突破。传统金融生态模式正在被以新支付模式、网络投融资平台和跨界金融机构为特征的新型金融生态系统改变。

新支付模式:截至 2015 年年初,共计超过 270 家企业获得支付牌照,包括互联网巨头(阿里巴巴、京东、百度、腾讯、新浪)、三大运营商(中国移动、中国电信、中国联通)和物流巨头(顺丰快递)。2014 年,第三方支付行业交易规模达 23.3 万亿元,同比增长 36%。其中,以支付宝和财付通(线上为主)为代表的新支付机构占据 80.2%的市场份额,以银联商务(线下为主)为代表的传统支付机构的市场份额为 19.8%。

网络投融资平台:网络投融资平台的主要模式包括:①网络贷款平台。借鉴电子商务,把放贷方与借贷方通过网络连接起来。典型的案例如阿里小贷和 P2P。②众筹融资平台。如果说网络贷款平台意欲取代的是银行,众筹融资平台取代的就是风险投资。这种模式相当于团购的形式,通过社交网络募集资金,其融资来源不再局限于银行、风投等机构,可以来源于"草根",让每个人都成为"天使投资人"。③金融垂直平台与理财产品。目前较典型的包括:网络投融资平台"平安陆金所",互联网金融搜索、推荐和服务平台"融 360",理财产品搜索平台"91 金融超市"。

跨界金融机构:在"2014 年夏季达沃斯财新夜话"互联网跨界金融专场上,中国银监会副主席闫庆民表示,互联网金融在资本市场已经成为推动整个股市人气和市场热度的一股重要力量。由阿里巴巴的马云、中国平安的马明哲、腾讯的马化腾联手设立的国内首家互联网保险公司——众安在线财产保险公司获得了保监会同意筹建的批复。在产品研发上,亦将避开传统车险业务,专攻责任险和保证险这两大非车险专业险种。证券公司不甘落后,网络开户、手机炒股已然实现。基金深受震撼,类似于"余额宝"的产品被火速研发。一批嗅觉敏锐的企业大胆跨界,力争在金融生态链上占据一席之地。其中既有互联网巨头(如阿里巴巴、腾讯、百度、新浪、京东),也有许多传统实业和平时行事低调的民营企业(如中国移动、联想集团、万向集团、复星集团、海航集团),这些进入者将原有的产业优势与新金融密切结合,孵化出中国产融资本的雏形,促使新金融业态萌芽。

互联网使空间与专业的屏障消失,实体资源和虚拟资源相互融合,跨界也将无处不在。在“数据”“连接”“思维”的支撑下,未来金融生态的变革空间无穷,将借助信息媒介和平台发挥巨大潜力。新金融正在萌芽,整个金融生态正在发生基因式巨变,其生长空间在未来将大大超出人们的想象。

资料来源:徐大勇. 企业战略管理[M]. 北京:清华大学出版社,2019:371—372;陈志军,张雷等. 企业战略管理[M]. 北京:中国人民大学出版社,2018.

第一节　战略变革的概念

洛克希德・马丁公司的董事长、前首席执行官诺曼・奥古斯丁(Norman R. Augustine)说:“世界上只有两类企业:一类在不断变化,另一类被淘汰出局。”我们经常可以看到世界知名企业由于未能及时实施战略变革而陷入困境甚至倒闭,或者由于成功地实施变革走出困境,或者主动进行变革而保持持续的成功。今天,越来越多的组织面对的是一个动态的、变化不定的竞争态势。用彼得・德鲁克的话讲就是:“我们处在不连贯时代”(The Age of Discontinuity),以及后来的学者进一步提出的非连续时代,“昨天已不是明天的序幕”。这是时代的变化,反过来要求组织变革,以适应这样的改变。

面对动态变化的环境,战略必须以变制动,在战略变革中求得企业发展的平衡。变革是战略管理的常态,是环境、使命、实力动态演化的客观要求。变革总会打破静态的旧有平衡,创造新的动态平衡,导致一些令人意外、违背习惯的事件经常发生,这一点与绝大多数人希望生活在相对稳定的、可预期的环境中的意愿不甚相符。但这种伴有风险与不确定的变革是不可回避的,对此,企业别无选择,唯有微笑着积极迎接它!

传统的观念认为,战略变革是一种经常性的,有时是一次性的、大规模的变革。然而,最近几年企业战略的成熟化往往被认为是一种连续变化的过程,一个战略变革往往带来其他变革的需要。在对大量的战略变革进行的研究中,人们都倾向于认为战略变革就是企业组织和目标重大的、长远的、全局的结构性变革。

我们认为,战略变革是指当企业所处的内部环境或外部环境发生重大变化,企业的战略规划与环境发生了不可调和的矛盾时,企业为了实现自身的生存和发展而自主地根据变化了的外部环境和企业的现有内部资源状况对原有战略进行的改变和革新。它更多的是一种根本性的变革,而不是在原有基础上的权变。它是在原有的理念、制度、流程或产品组合上有所突破,彻底放弃老的信条和做法,突破旧有的战略管理模式,改变原有的流程,取得突破性的、根本性的变化。因此,战略变革是一种整体性、根本性的变革,需要我们系统地思考和规划,所以它也是企业战略管理的一个重要组成部分。

第二节　战略变革的原因

一、战略变革的一般原因

变革是每一个追求卓越的企业永恒的课题。在市场竞争这场没有终点的接力赛中,一个企业只有不断地变革，不断地挑战自我、超越自我、重铸自我，才会始终保持领先。如果夜郎自大、坐井观天，或是故步自封，就会丧失生命力，被淘汰出局。

对于战略变革的一般原因，我们可以从以下几个方面来探讨。

从成本效益的角度看，战略变革之所以发生，是因为新的战略能给战略决策者和执行者带来更大的好处。一般来说，战略变革的目的，就是适应企业外部经营环境和内部条件的变化，抓住机会，规避风险，促进企业的经济发展，使利益相关者的经济效益有所提高。但是，任何创新活动都是要付出成本的，战略变革也是如此。在一定的条件下，过高的战略变革成本会使得战略变革本身成为“不合算”的事情。所以，战略变革实际发生的前提条件就是新战略实施之后所能提供的净收益减去战略变革的成本大于原战略所提供的净收益。

从熊彼特的“创造性破坏”的观点看，战略变革可以理解为“创造性破坏”的过程。熊彼特认为，任何市场都存在相对静止的时期，此时形成了优于一般水平的产品、技术或者组织能力的企业将获得正的经济利润。当旧有的优势源泉被破坏并代之以新的源泉时，这些静止时期将由于基础性“冲击”或“不连续”而发生中断。能利用冲击创造机会的企业家，在下一个相对静止的时期获得正的利润。熊彼特称这种演变过程为创造性破坏。创造性破坏有两层含义：第一，静止效率（在给定时点上社会资源的最优分配）不如动态效率（获得长期增长和技术提高）重要。第二，经营战略和市场结果只能在创造性破坏过程的范畴中估价。

理查德·达维尼认为，在消费电子产业、航空产业、计算机软件和快餐领域，竞争优势的来源正以逐渐加快的速度被创造出来和侵蚀。也就是说，图 11－1 中持平的时间正在缩短，因此，对所谓可持续竞争能力的关注可能是致命的。相反，企业的主要战略目标是在优势被侵蚀之前便破坏掉业已存在的优势来源，并不断地创造新的优势来源。他认为在竞争环境中长期成功的道路并不是试图维持长期竞争优势，而是追求一系列暂时的领先优势，使得企业领先一步。在一个技术飞速进步和偏好多变的环境中，一个停留在已有优势地位、仅仅追求收获已存在的优势来源的企业，很快就会被更富创新的竞争对手所取代。而且，企业也许可以创造冲击，而不是等待环境变化或行业中其他企业打破现存优势，也就是说，企业需要不断地进行战略变革，以维持自身的竞争优势。

二、战略变革的具体原因

战略变革的具体原因可以分为两类：外部环境因素和企业内部因素。

1. 外部环境因素

孙子曰：“夫兵形象水，水之形，避高而趋下；兵之形，避实而击虚。水因地而制流，兵因敌而制胜。故兵无常势，水无常形。能因敌变化而取胜者，谓之神。故五行无常胜，四时无常位，日有短长，月有死生。”企业战略如同用兵一样，必须根据不同的外部环境进行适当的变革。

罗宾斯认为，环境是指对组织绩效起着潜在影响的外部机构或力量。通常，企业的“环境”是一个范围很广的概念，是所有存在于企业范围之外、影响企业经营活动的各种因素。它包括文化、法律、社会、自然等，也包括企业的供应商、顾客、竞争对手、其他相关行业与企业、政府机构、社区和公众等。

外部环境是企业无法控制的，但会严重影响企业的命运。在战略变革中，环境变化或许是企业所面临的最大挑战。如果企业面临的环境从不发生变化，那么管理者只需一次性制订计划，然后不遗余力地实施即可。然而，企业外部环境发生显著变化时，管理者就必须识别那些变化，理解变化对企业战略有什么影响，并相应地调整战略和内部环境。成功战略的中心是获

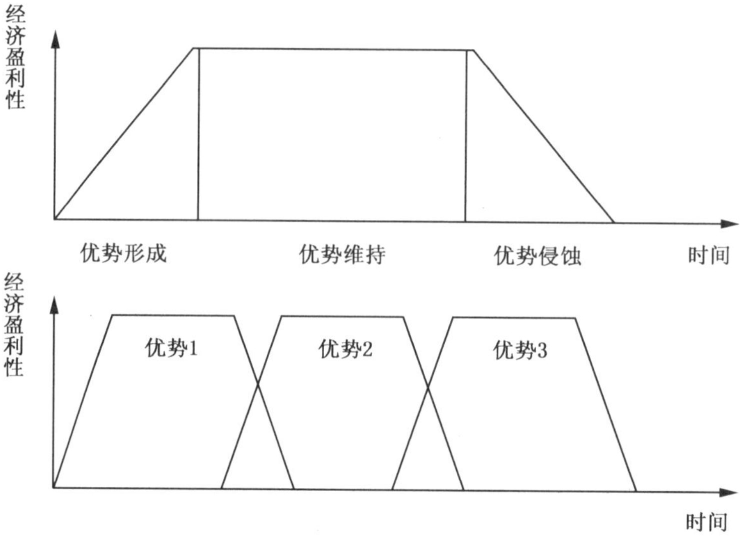

图 11—1 超级竞争和竞争优势

取持续竞争优势,而企业的环境变化又会影响其竞争优势。一度拥有稳固在位优势的企业还会面临新的激烈竞争。随着这些变化的出现,每个企业都必须调整战略来寻求新的机会或抵御新的威胁。例如,小型独立药店向社区消费者提供零售服务,其基本的竞争优势来自地理位置和顾客关系。如果有效率的大型连锁店进入这些地方性市场,竞争焦点将随时间推移而转向成本和产品线宽度,由于在位企业没有很好地以此为竞争基础进行定位,无法在新的环境中竞争,因此大多数的当地零售店被迫退出这一领域。我们还可以看到企业与供应链的全球化、许多产业中技术变革的飞速发展,所有这些都意味着许多企业的外部环境正在迅速地发生变化,企业必须通过寻找竞争优势新来源和资产组织新方法与之适应。为了应对这些转变,当环境正在发生变化时,管理者必须弄清企业当前所处的位置以及企业将向何处发展。

企业发展与进化的实践总是同其经营环境的巨大变化相联系,企业就是在这种着眼于与之适应的变革中得到成长与不断发展的。21 世纪的企业经营背景与过去相比发生了很大的变化,环境呈现出复杂、动态性和非线性的不确定性特征。如今企业所处的环境与 20 年前相距甚远,可用“变化”来概括,而且变化速度之快,超出人们的预料。随着知识经济的兴起,市场、技术、人才、空间、速度都在发生翻天覆地的变化。快速变化的环境改变着市场经济的游戏规则,对世界经济和企业竞争产生了深刻影响,给企业战略管理带来巨大的挑战。企业能否对各种变化做出正确而快速的反应,从容应对产业方面的大变革,及时进行战略变革和产业创新,成为企业可持续发展的关键。在市场需求瞬息万变的今天,顾客需求偏好成为价值的“量表”,这种需求偏好具有不断求变的内在属性,而趋于相对固定的、属于刚性的战略则与此常常发生矛盾。当企业的战略不适应消费者的需求偏好时,价值转移便将成为必然,此时价值将从陈旧的战略范式向新的战略范式转移。因此,环境的变化致使价值发生转移,导致范式转变,并在其他变革动因的共同作用下引发了战略变革的频繁发生。例如,在制鞋业中,进入 19 世纪 70 年代后,阿迪达斯没有意识到平民运动已经成为一种潮流,还是专注于专业运动鞋。由于对销售预期的失败和对市场竞争状况的低估,阿迪达斯的地位受到了挑战,最后在 70 年代后期被耐克取代。正是因为阿迪达斯未意识到消费者需求偏好已经发生了改变,所以才导致失败。为此,在这个“只有偏执狂才能生存”的时代,企业必须注意防止因忙于日常管理事务及满足于当前成功战略而忽略对未来市场变化的洞察与关注。保持战略与顾客需求之间是一种不断变化的动态关系，持续不断地跟踪与分析行业价值转移规律，识别自身面临的价值转移范式，并在此基础上及时、准确地对现有的战略进行变革，才能在新一轮行业价值增长浪潮中抢占先机，赢得主动，保证企业具有持续的竞争优势。

2. 企业内部因素

企业内部因素包括组织直觉的变化和组织权利的变化。

(1)组织直觉的变化。组织直觉的变化是指组织渴望生存，渴望增加盈利、成长或诸如高品质和创新等一些其他的目标。这些内部因素目标将形成战略变革的压力。环境变化对组织提出了机会、威胁的信息，组织用自己的文化来解释。如果组织觉察战略严重滞后，经斟酌，就可能采取全局性的、快速的变革行动即战略变革来适应。如果组织直觉难以察觉战略滞后，或者察觉了，但斟酌后，难以承受战略变革的物理成本和心理成本(包括组成成员，特别是经理人员估计的变革对自己利益的损失，如权利削弱，甚至被取消)。这时战略变革却需要发生，但不能发生，战略路径依赖就继续发挥作用，战略变革难以进行，组织依然在原来的战略路径中运行。因此，组织直觉是战略变革的重要内因之一。

(2)组织权利的变化。组织权利的变化也是影响战略变革的内部动因之一。查尔斯·汉迪(Charles Handy，1989)指出：某种意义上来说，“管理变革”可能不仅要知道组织变革的方向，也要能引导每个人齐心协力地向同一方向努力。战略变革，是涉及全局的、深层次的变革，要求组织从结构到文化上的全面变动，这种变动无疑会影响组织中人员的既有目标、期望、利益。无论是实际利益还是心理利益，有的组织成员受益，有的受损。此时，无论高层领导，还是基层员工都可能运用自己的权利和影响力确保自己的实际利益不受或者少受损失。例如，组织内部权利变化时，个人、团体或其他股东可能竭力取得决策权，享受组织的利益，如从产品取向到顾客取向的战略改变会伴随这两个职能部门权利平衡的变化。当人们为利益集结成群时，权力就发挥作用了。人们试图找到严格、适合的职位以发挥自己的影响，赚取报酬，在事业上取得进展。当组织中的成员将他们的权力付诸实践时，我们称他们卷入了政治行为。那些政治手段高明的人就能更有效地运用他们的权力，为自己和自己的利益集团谋利益。这时，组织的权力政治机制就启动了。战略变革必然会影响组织的权力政治。如果战略变革增加主要权力政治的个人或集团的实际利益和心理利益，战略变革就容易发生；相反，如果战略变革减少他们的实际利益和心理利益，战略变革就难以发生。因此，权力政治机制是战略变革的另一个重要内因。

由此可见，既定战略的有效性建立在原有的内、外部环境结构的基础之上，一旦这种基础被动摇，既定战略就需要调整，这是战略管理变革的基本逻辑。战略变革是外部因素和内部因素共同作用的结果，同时内因和外因是密切联系的。如果内因和外因缺乏共振，战略变革就难以产生。举例来说，如果外部环境发生较大的变化，而组织由于保持惯性知觉，用老眼光来解释新问题，实际上就察觉不到环境变化；或是权力政治的个人或集团已察觉，但不肯放弃自身的利益，采用拖延、抵制、破坏等策略阻止变革发生，这些都使变革难以发生，战略还是回到老路上。只有在这三方面的影响足够大时，组织面临的变革压力也足够大，组织才有可能突破原来的战略惯性，战略变革才可能发生。

战略专栏 1

无颠覆　不海尔

30 年来，海尔集团从一家小工厂成长为全球白色家电第一品牌，其间经历了 5 次战略转型阶段、多元化战略发展阶段。从 1984 年创业至今，海尔集团经过了名牌战略发展阶段、国际化战略发展阶段、全球化品牌战略发展阶段、网络化战略阶段。在互联网时代，为适应不断变化的客户需求和竞争日益激烈的市场，海尔这艘“航空母舰”正在做出怎样的调整？如何继续走在时代的前沿？本案例或许可以为您揭开神秘的面纱。

在海尔的企业文化中，有两句非常重要的话：一句是“永远以用户为是，以自己为非”，另一句是“没有成功的企业，只有时代的企业”。只有居安思危，才能实现以变求胜，也就是所谓的“无颠覆　不海尔”。

2014 年 1 月 16 日，海尔 CEO 张瑞敏首次对外宣布“三化改革”战略——“企业平台化、员工创客化、用户个性化”。不久，海尔旗下近千个小微组织开始了一场内部“竞赛运动”，就是海尔提供一个资源平台，让员工甚至潜在员工可以实现自主创业。最具“颠覆战局”的项目是“雷神游戏本”项目。海尔作为一个大型白色家电厂商，在不到一年的时间里就孵化出让游戏玩家疯狂追捧的笔记本品牌，几乎是业界的一个奇迹。

尽管国内笔记本电脑市场竞争异常激烈，但是对于游戏玩家而言，中低端价位的电脑配置太低，无法满足网络游戏对电脑配置的要求，而专业的进口游戏本动辄一两万，绝大部分玩家的钱包“不堪重负”，初步搜索一下，网游玩家对于笔记本电脑的抱怨就多达 3 万余条。雷神团队从中总结出最核心的 13 个改进目标，决心做一款专为发烧友级网络游戏玩家设计的中高档笔记本电脑。尽管是在海尔内部创业，但由于海尔的知名度仅在白色家电领域，对于游戏玩家产生的品牌印象并不适合直接做笔记本电脑，因此，团队在高管层的支持下决定“去海尔化”，采用了“雷神”这个源于网游神作《雷神之锤》的霸气十足的名字。

从冒出创新的想法到寻找生产商家，从设计到制造出第一批成品，短短数月的时间，首批雷神笔记本就在 2013 年 12 月上线试销，尽管只有 500 台投入销售，但累计预约购买的玩家多达 3 万余人。2014 年 1 月 15 日，3 000 台正式上线，21 分钟被全部抢光。4 个多月，“雷神”就超越了诸多老品牌，成为京东游戏类笔记本电脑的第二名。京东为此专门设计了每月“雷神日”活动，推出各款京东定制版，预约发售，限时限量，粉丝的热情一路高涨。可见，不断谋求战略的变革以适应环境发展变化，是海尔集团成功的关键因素。

启示：企业的战略要根据企业生存的环境变化而变化。

资料来源：霍春辉．战略专栏[M]．北京：清华大学出版社，2016：186—187.

第三节　战略变革的过程

一、战略变革的阻力

艾戈尔·安索夫(Igor Ansoff)将战略家克服变革阻力的必要性概括如下：“对历史上从一种思想观念转变到另一种思想观念的观察表明：如果顺其自然，过程将变得充满矛盾、发展迟缓并耗费大量的人力和财力。”

(一)产生阻力的原因

就像飞行会遇到重力和空气阻力一样，变革也会遇到阻力。现实世界中没有一个企业或个人可以逃避变革。但变革会使人产生忧虑，因为人们害怕与之相联系的经济利益受到损失，不方便性、不确定性和对通常社会模式的破除。企业组织结构、技术、人员和战略的任何变化都可能打乱人们已经习惯了的相互关系，因此，人们往往抵制变革。战略管理的实施会导致企业个人和业务过程的变化，因此，转变企业的经营思想，使人们从战略的角度进行思维和采取行动并不是一件容易的事情。在现实世界中，人们并不愿意打破原有的行为方式和思维习惯，他们总希望保持自己的传统方式而不加改变，因此，在战略变革中要面对各种阻力。我们认为，产生战略变革阻力的原因可以从实施战略变革所必须付出的成本来探讨。从成本效益的角度分析，战略变革的成本主要包括实施成本和摩擦成本两个方面：

1. 实施成本

实施成本包括战略变革过程开始以后一切由于实施新战略所需的信息和知识不充分、员工能力缺乏和行为不适应、部门间工作不协调、经营模式不稳定造成的效率损失。在某些情况下，战略变革过程中的效率损失甚至比旧战略条件下的损失还要大，除了员工行为不能适应新的战略以外，还有新战略所需要的新市场的开拓成本较高、新产品的生产工艺不完善、产品合格率低等技术层面的原因，造成在战略变革阶段，不但企业效益没有增加反而降低的现象。

2. 摩擦成本

摩擦成本是因企业利益相关者对战略变革的抵制和反对所引起的经济损失。战略变革要求组织结构和人事的调整，必然引发原有的利益分配格局的改变。一部分人的利益就要受到绝对的或相对的损害，从而反对变革，并且会采取实际行动对战略变革制造种种障碍。摩擦成本的产生不是因为新战略的实施所需信息和知识不充分、所需能力短缺，而是一些人认识到自己的利益在变革过程中受到损害故意反对变革而产生的一类经济损失。

这种由战略变革的阻力而引起的损失可以有多种形式：

首先，部分人为了不使自己的利益受损，对战略变革设置种种障碍，迫使企业浪费大量的时间进行关于要不要进行战略变革的争论，延误战略变革的有利时机，延长旧战略的寿命，不能及时地使经济效率有所提高，造成资源的浪费。

其次，战略变革开始以后，也会遇到来自既得利益集团各种各样的抵抗或意见不一致的摩擦，造成种种经济损失。例如，在联想的发展历史上，1994 年前，总工程师倪光南倡导的技术导向的战略与柳传志倡导的市场导向的战略相吻合，企业发展顺利。但 1994 年以后，两人在研发路线上产生了一些分歧。柳传志认为，企业注重的是利润，没有想明白的事情就不能做，这与倪光南的思路不尽相同。产生明显分歧的一件事是，1994 年倪光南提出要做 ASIC 专用芯片，组织一个 ASIC 芯片研究设计中心，但被否决了。后来倪光南又提出要搞程控交换机，执委会全体成员讨论后也否决了。在这种情况下，倪光南感到自己所倡导的“技工贸”的战略被柳传志所倡导的“贸工技”的战略所取代，自己说话不算数，技术主导地位不牢，就开始采取各种方式，反对柳传志倡导的“贸工技”发展战略，耗费了领导人员的大量精力，推迟了战略决策的实施，给企业财务造成很大损失。

再次，在战略变革过程中，当企业的效益下降时，一些原本反对战略变革的人或对新战略的正确性抱有怀疑态度的人就会要求回归旧战略。战略决策者受到来自各方面的压力也不得不做出妥协，从而造成实际战略的反复和摇摆不定，带来一定的效率损失。

从实质上说，企业的变革意味着权力、利益和资源的调整或再分配，因此必然会触动人的切身利益，进而形成不满和阻力。比如，在因机构变动而引起的权力再分配活动中，丧失权力的人将产生不满，并可能形成阻力；组织机构的变动可能会触动一些原有团体的利益，从而引起其不满，并形成阻力。来自利益方面的阻力是最顽强的和最富有破坏力的，对此应当始终保持高度的警惕。一般来说，当企业变革所带来的预期收益低于预期成本时，人们就会对变革持反对态度。

因此，从成本效益的角度看，变革中产生的摩擦成本和实施成本是战略变革的阻力产生的原因。

（二）阻力的类型

要进行战略变革必然会受到各种各样的阻力。战略变革按阻力的类型可分为影响战略变革的惯性力量和对变革有意识的阻力。前者可以从外部环境、战略变革的物理成本和组织文化三个方面进行深入分析。

1. 战略惯性

战略惯性（Strategic Momentum）是组织战略发展中普遍存在的态势。战略作为重要的协调企业拥有资源能力和外部环境的手段，有着全局性、长期性、匹配性的特点，同时也是符合组织的、现时的价值观和期望的。既然企业战略涉及组织资源能力和环境匹配的问题，涉及企业发展符合利益相关者的价值观和期望问题，涉及企业长远发展方向问题，要做出挑战和变革绝非易事。因此，企业战略有一种惯性趋势：一旦组织采用某种特定的战略，那么它就以这个战略为基础发展，而不易根本性地改变发展方向。

企业战略惯性的形成有三个主要原因：外部环境、战略变革的物理成本、组织文化（见图 11—2）。

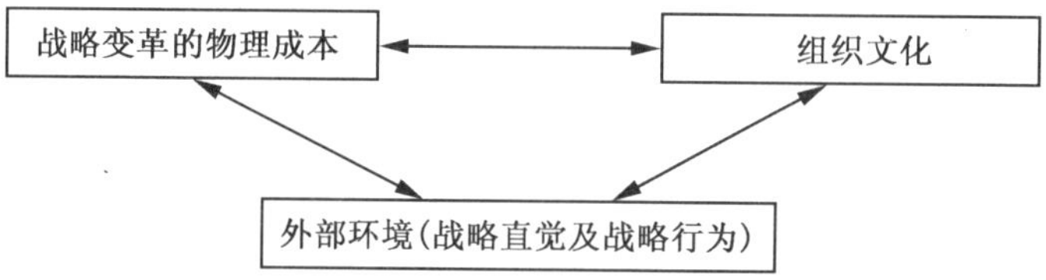

图 11—2　战略惯性形成的三个原因

（1）外部环境。

战略惯性的存在，除了限制变革的因素使组织战略难以变革、不得不保持惯性外，还有另外的可能。外部环境比较舒适、稳定，组织没有必要变革，也无变革意图，进而保持惯性，因为对环境的适应性也是需要成本的，对环境的适应性是一把“双刃剑”。在稳定的外部环境下，企业随时间推移采取各种行动，以便于使当前环境保持良好。当环境不再对该项工作的卓越表现提供良好的回报时，企业可能会突然发现自己处于竞争劣势。当然，这种状况不可能持续太长时间。

（2）战略变革的物理成本。

变革的物理成本对变革有较强的制约作用，使战略不得不维持惯性。战略变革的物理成本特指战略变革时需要耗费的人力、财力、物力。它仅涉及资源转换成本，不涉及资源间联系机制。战略变革是资源的重新配置，同时也是资源联系协调机制的重新调整。战略变革的物理成本具体包括财务资产减少时的损失和增添的费用，人员调整时减员、增员的损失和投入。支付战略变革的物理成本是战略变革的前提条件。

（3）组织文化。

迷恋于已有的价值观和信念，重视现有的任务和关系，也会造成一种惯性力量，从而使职工忽视正在变化的环境形势，抵制或扭曲有利于战略变革的信息，避免或扭曲变革最初的动力。例如，日本企业文化中的终生雇佣的观念和假设，从某种程度上制约了企业的灵活性和战略的发展。

战略惯性的阻力主要表现在以下两个方面：

（1）如果企业一开始战略定位不准确，在外部环境普遍较佳的情况下，企业勉强维持，形成非健康的惯性；但是环境稍微恶化，企业又难以突破原有惯性，非健康惯性地使企业直接进入衰落阶段。在中国众多的民营企业中，流行一句俗语“做大就死”，意思是环境在繁荣时期，企业有特定机会（如贷款支持），就使企业迅速发展，但是没有一套较好的战略，遇到经济紧缩等原因就迅速衰亡。中国的国有企业的重复投资导致失败的现象，理由大致如此。

（2）如果企业一开始定位准确，如 IBM、阿迪达斯等，则随着时间的推移、环境的改变，既定战略与环境难以匹配，并且由于战略惯性，又难改变既定战略而导致衰落。IBM 发展大型机，视 PC 为“小玩意”，小瞧比尔·盖茨，忽视 PC 的开发；在企业繁荣时期建立终生雇佣的信念，在企业危急时刻象征性地裁员，最终于 20 世纪 90 年代初期出现上百亿美元的亏损，十多万人被解雇。

2. 对变革有意识的阻力

对变革有意识的阻力主要来自以下几个方面：反对评价变革的必要性及性质，这些人往往采用到处游说的方法阻止最初的变革，从而使变革夭折于萌芽状态；对变革缺乏承受能力，这些人往往通过制造推迟变革的理由或转变变革的方向，给变革制造人为阻力；出于个人利益或集团利益，也会人为地制造阻力。除了上述几种办法外，还常常会采用攻击变革行动者的办法。

对变革有意识的阻力也可以理解为此时企业形成的常规已遍布整个组织，难以改变。除了来自常规的惰性，变革难以发生还因为企业总有那么一些人，由于不能从变革中受益而极力加以抵制。约翰·P. 考特（John P. Kotter）认为，人们抵制变革的首要因素是狭隘的利己主义。作为个人，害怕失去自己的既得利益，如权力、自由、威望、友谊和参与决策的机会等。因此，在这种条件下，他或她的抵制仅仅出于狭隘的利己主义，对组织和同事的利益考虑甚少或根本不予考虑。当个人没有充分理解变革的动因和意义时，他就必然是一个抵制者。而当个人与变革的倡导者之间缺乏信任时，他就更可能对变革的目的、内涵或结果产生误解。在一个缺乏信赖的组织中，战略变革无时不被误解。同时，由于每个人对变革的认识不同，如变革的内容、潜在的成果、对个人的影响（或效用）等，因此导致对变革的评价不同。那些倡导变革的人总是较多地看到变革的积极方面，而那些抵制变革的人则较多地看到变革的代价。变革的抵制者掌握的信息和判断常常与支持者完全不同，这就导致他们对变革产生抵触。人们反对变革的原因可能是缺乏对新结构的适应能力。他们在理智上清楚地理解变革的必要性和意义，但是由于他们担心无法适应新的结构（新的技术、新的方法、新的竞争等），因此在感情上无法接受。

因此，进行战略变革，人是很重要的一个因素，这不仅包括企业内部的管理人员和普通员工，还包括企业外部能够对企业的经营管理和运作产生影响的人。战略的分析、定位、选择、执行和控制都是由人来完成的，没有企业内、外部人员的支持和理解，企业的战略变革是无法实施和执行的。因此，以人为本，让战略变革的方案在企业内部充分地被了解和讨论，在组织管理中实行民主管理，让员工的积极性和创造性充分地发挥出来是十分必要的。

二、战略变革的一般过程

既然战略变革是一个系统的活动过程，那么对战略变革进行管理就要仔细分析这个过程的每一个步骤。这个过程大概可以分为三个部分。

1. 战略分析

企业一旦决定进行战略变革，就要进一步考虑如何进行变革的问题，这就需要分析问题的症状以发现问题的实质。在这个阶段，企业要对变革的意愿和现实战略进行诊断分析。在高层经理愿意并且有能力实施战略变革的前提下，企业要审查组织当时的产业环境情况以及财务状况和效率情况，以便为评价战略方向的可行性提供必要的信息。

战略分析阶段的任务是根据企业目前的市场“位置”和发展机会来确定未来应该达到的市场位置。具体工作内容包括：

(1)分析企业所处外部环境的特征和变化趋势。

推动企业变革的因素之一是外部因素，如市场的变化、技术的变化和环境的变化。它们都是管理人员无法控制的因素。其中，关系最为密切的因素是市场中有关竞争对手的变化，如新的产品、新的营销方式(如广告的增加)、降低价格、改进对消费者的服务等。在这种条件下，除非进行变革，否则将失去用户、市场和利润。外部环境是企业生存和发展的空间，是企业战略行动的主要制约因素。调查、分析和预测企业的外部环境是企业战略制定的基础。通过环境分析，可以认清企业所面临的主要机会和威胁，了解现有和潜在竞争对手的图谋和未来的行动方向，了解未来一段时期社会、政治、经济、军事、文化等的动向，以及企业由此而面临的机遇和挑战，从而找出在特定情况下企业获得战略性成功所必备的要素。

(2)评价企业内部能力。

推动变革的另一因素来自内部，比如，无法制定决策或决策太慢且质量不行、信息传递不畅、组织系统对外部变化反应迟钝(如不能及时交货、按时支付货款)等。首先，应该确认这些问题是不是严重到必须进行变革不可。其次，根据企业的资源配备潜力和企业具备的核心专长，即那些能形成企业区别于竞争对手，并被市场认可是有价值的，因而能成为企业核心竞争力来源的有关职能活动方面，决定企业相对于关键竞争对手的竞争优势和劣势，从而找出企业的核心竞争力。

根据以上分析所得的外部战略性成功要素和内部企业核心竞争力两类因素，决定企业在本战略期间有关战略性关键事件的排序，作为该战略期的目标。

2. 战略选择

一旦理解了现有的战略方向，就应该开始设计新的战略方向。在这个阶段，高层管理人员可以设计未来前景，并为实现未来前景设计二三个可选择的战略方案。这一步决定了战略变革的内容或者说进行什么样的战略变革。

在许多方面，战略选择都是企业战略管理的核心。根据企业的任务、目标与内外部情况分析，战略制定者通常可以提出多个备选战略方案。战略选择则旨在通过对各备选战略方案的评估与比较，选定使企业能够最好地实现任务与目标的行动方案。战略选择的任务是为企业长期目标确定恰当的总体战略和竞争战略目标的途径。主要工作包括：

(1)根据战略分析阶段确定的战略目标，制订能同时符合“企业使命”“环境机会和威胁”“内部优势和劣势”三方面要求的若干战略方案。

(2)根据预先确定的评价标准和分析模型，对各战略方案进行仔细的分析与评价，找出各自的价值部分和资源约束，并从中做出选择。

(3)决定战略方案所需的资源量，根据战略性关键事件的要求对企业的资源进行分配。

(4)制定有关战略实施的政策和计划，在评价和比较方案的基础上企业选择一个最满意的战略方案作为正式的战略方案，并将战略目标进行层层分解，确定相应的具体目的和实现目的的方法。

3. 战略实施和控制

实施战略变革计划。这一步要求高层经理积极推行变革计划，比如着手将资源分配给特定的行动，设立较高但可以达到的目标，对完成情况的反馈以及时刻准备解决出现的问题等。成功的战略选择并不能保证成功的战略实施，从某种角度来说，战略实施和控制比战略选择更困难也更重要。这是因为：一方面，如果精心选择了战略而不能很好地实施和控制，则战略选择和制定所花的工夫将毫无价值；另一方面，现实生活中有许多企业制定了一个好的战略，但由于实施和控制不力而失败。因此，为了保证企业战略管理的成功，有必要强调战略实施和战略控制的重要性。战略实施和战略控制阶段的任务是为战略的具体实施安排组织条件，并对战略实施过程进行领导、指挥和控制，以保证战略目标的实现，或是根据战略平衡状态的变化及时调整战略目标。

同时，我们必须认识到，对战略变革过程的管理不仅是一种管理方式，更是一种指导企业利用资源的长期思想，一种在认识规律的基础上形成的、指挥企业活动的超前意识。只有将企业视为一个处于特定环境、具有自身生存压力和利益目标的独立生命体，才谈得上企业战略和变革管理，才谈得上高效率地利用潜在资源实现自身的目的。只有认识企业这一经济主体成分的发展规律，并且自觉地遵循这一规律，才谈得上是企业理智的战略思维和行为。

第四节　战略变革的方式

企业所处环境的复杂性、所具备条件的多样性以及所面临目标的多样性，导致企业的战略变革会呈现不同的方式。清晰地划分战略变革的方式，深入地理解这些不同方式变革的特点，对企业战略变革的顺利进行有着重要意义。

对于战略变革的本质、速度、规模和程度等相关问题，理论界有不同的认识。唯物辩证法规律清楚地告诉我们，量变和质变是事物变化的两种基本形式。而在企业经营实践中，这两种形式不仅是一个抽象的表述，而且是出现相互交织的具体表象。我们从变革的频率与幅度考察企业战略变革方式，即从时间与空间两个维度将其分成“战略渐变式”“战略突变式”和“战略跳变式”。下面就其特点分别加以探讨。

一、战略渐变式

“战略渐变式”是指企业在相当长时期内小幅度、循序渐进地进行战略变革的方式。“渐变”是各种持续性、演进性与累积性变化的统称，这是以对现有系统的改进和完善为目的，通过预先设计或谋划，在长时间里对内外压力做出反应，在自然而然的过程中实现企业战略的改变。造成这种变化的原因很多，任何一次战略行动都可能会偏离原有的主要战略。这些主要战略也在逐渐发生变化。随着时间的推移，这些行动会逐渐形成一个企业的总体战略意图。每个被采用的决策都是由这个正在日益明显的战略支持，反过来又强化这种战略，由此将导致在战略上逐渐地发生改变。因此，“战略渐变式”是指那些长时期内实施的由点到面的循序渐进的变革方式。变革是一个各种层次的、跨部门逐步推进的过程，从长期看是一种重复和杂乱的方式，由一系列的、相互联系的、大量的、小规模或者中等规模的变革所构成。

企业采取渐进式的变革方式有许多原因：一是在现有的战略框架内，相对于竞争者仍然具有竞争优势，同时某些方面的变革仍有利可图，即在原有的战略框架内边际变革的效益仍然能够满足决策者的要求。二是企业的战略变革是一个渐进学习的过程，并不是战略决策者不愿意采取革命性的变革战略，而是受环境复杂性和决策者认知局限性的影响，对未来的预见困难或风险较大，不得不采取"摸着石头过河"的战略。三是"两点之间并非直线最近"。尽管战略决策者具有明确的目标和战略，但是企业战略的变革涉及许多人的利益得失，受政治、文化和社会因素的影响，在物理世界中存在的直线最短规律在社会生活中则不一定存在。争取、妥协、讨价还价甚至善意(有时恶意)的欺骗等都是存在的。所以，表现出来的战略轨迹就不是直线，而是曲线；不是垂直的升降或跳跃，而是具有螺旋式的特征。四是战略决策者受自身利益的驱使自愿选择渐进式变革。对企业有利的战略变革可能会影响现任领导者个人或领导者群体的地位和利益，战略决策者本身并不愿意变革，但是随着企业环境的日益恶化，迫于利益相关者的压力不得不进行战略变革，这种战略变革是被动的、不情愿的，因而是缓慢的、应付性的。

"战略渐变式"的最大优点在于进度容易控制，不会遇到太大的阻力，执行也较顺利。渐进式变革的进度容易控制，其前景也更容易预测，因此一般而言不会遇到太大的阻力，比较容易施行。变革成本尤其是心理成本会小些，并且变革会获得高效率，使组织平稳过渡，其风险较小，非常可能得到各方面的认可。例如，1993 年 3 月开始担任 IBM 首席执行官的路易斯·郭士纳(Louis V. Gerstner)对陷入严重亏损的 IBM 实施渐进式变革。郭士纳仅仅只是从 IBM 之外吸收了 8 名高级管理人员，加入 IBM 多达 37 人的"全球管理委员会"中。不过，郭士纳的变革是成功的，1994 年 IBM 的利润达到 30 亿美元，比 1993 年增加了 110 亿美元。一般认为，企业采用渐进变革方式是有益的，因为它是在现有的企业深层架构下以企业中的技术、能力、日常惯例以及价值观与文化等为基础而推行的变革。由于这种变革所采用的循序渐进方式是一个从量变到质变逐渐转换的过程，其间没有剧烈的变革，因此对企业和个人造成的冲击较小，容易得到企业内部广泛的认可。这种方式既可以防止由于过分强调协调而产生的停滞，又可以防止出现由于组织的快速转变而引起的失控状态，而且可以给企业在稳定与不稳定时期进行变革增加兴趣与信心。

渐进式变革的缺点在于：其一，当事者只见过程不见结果，为变革而变革。其二，渐进式变革只限于局部的改革，影响整个进程的一小部分。尽管总体前进了一部分，一种职能的内部可能会有所改进，但这些改革措施不能带来跨职能、跨组织的改革所带来的更大成果。其三，为了保证渐进式变革成功而尽可能多地搜集信息，拖延变革行动，有时会使企业陷入一种错误的平静中，使那些已经做好准备接受变革的主体感到失望，如果真正进行变革，则反而会导致更多的损害。

二、战略突变式

"战略突变式"是指企业在短时期内迅速地、大幅度地推进战略变革的方式。该方式是一种无法事先计划的、不可确定的、剧烈式的变革。企业作为开放系统，当面对不可预测和快速变化的环境时，环境强烈地影响和冲击着企业的决策行动，渐进式变革难以应付，而突变式变革更加符合环境的要求。在企业内部发生危机，尤其企业的经营业绩严重下滑时，可能会发生转型式的变革；即使企业在长期是通过渐进方式变革的，在短期也会出现快速和革命性的转变。对于企业采用突变式的起因，可以是由组织挫折造成的。由于内外环境变化，导致企业经营遭受重创，前途岌岌可危，甚至濒临破产的境地。企业在紧要关头果断进行战略变革，以扭转企业经营的败局，使企业重新回到发展的轨道上。随着市场竞争激烈程度的上升，采用突变式战略变革的频率也越来越频繁，“战略突变式”将变革看作一种短期的“突发”的企业战略转型或转折过程。该变革方式本质上是一种适应性的变革，是一种从量变到质变的快速分裂及连续性的变革过程，这种涉及企业深层的剧烈变革会导致不可逆转的一种战略转变。

以富力地产为例，几年来，全国发展风风火火的富力地产又一次捷足先登。在中央投资百亿元设立的西安航天经济技术开发区，富力一举拿下总规划建筑面积达 85 万平方米的一块土地，成为首家进入这个国家级开发区的全国性地产企业。即使在“国八条”等相关房地产政策出台、地产界叫苦不迭的情况下，也并未影响富力全国扩张的步伐。2005 年 7 月，富力在中国香港的成功上市，为其在全国扩张提供了充裕的资金保障。但富力在进入新区域市场的模式上有一些与众不同的变化，就西安来说，富力并非通过招、拍、挂所得，而是与当地一家房企合作，收购了后者手中持有的该项目 70％的股权。正是借助这样的模式，在整体资金调配方面，富力无疑将拥有更大、更灵活的空间，以确保扩张的速度和质量。

采取“突变式”变革的理论依据是：企业所处的环境是一个由大量独立且相互作用的因素组成的、复杂的开放系统，企业的行动常常受到内、外部因素的干扰而偏离方向。因此，企业必须具备一种能力以一种彻底的方式进行持续的变革，以保证企业的生存，并使企业具备核心竞争力。这是一种全面的转化，使企业的整体发生重大变化，可以在短期内改善企业的经济效益，从而有助于显示企业变革的决心，并利于变革的推行。“突变式”是从一种战略向另一种战略的快速转移。在相对稳定的时期，组织承受着渐增的变化和由许多小的调整造成的在方向上的逐渐转移。不幸的是，在某些情况下这些渐增的变化还不足以使组织结构与变化的环境保持联系。随着组织结构远离环境需要，战略行动就会发生，直到达到某一点，在这一点上，需要根本的和革命性的转变来移动组织结构，以达到与环境一致。当原有的战略已经不能适应变化了的形势，在原有的框架内难以取得竞争优势，甚至不能容忍任何要素的创新时，进行突变式变革就成为理所当然的选择。

突变式变革的优点是：容易突破传统观念和习惯势力的阻碍，迅速提升企业的竞争力，适应外部环境的变化，从而达到整体最优。这是一种彻底的变革，是从企业的内层开始挖掘企业变革的动因与要素的。这是一种全面的转化，使企业的整体发生重大变化，在短期改善企业的经济效益效果明显，从而有助于显示企业变革的决心，并利于变革的推行。

突变式变革的缺点是：因为大幅度地精简机构和裁员会严重地挫伤员工的积极性和士气，可能会产生很大的阻力，而且短期成本的降低可能会不利于企业的长期利益。因此，突变式变革的风险比渐进式变革的风险要大。由于突变式变革是对企业过去的否定，影响整个企业系统，因此可能引起企业的动荡；由于变革通常包含着大规模地减少冗员，关闭分支机构或是部门重组，因此一般会带来巨大的恐慌和不稳定感，而大多数人的心理是求稳怕乱；更由于人们见过太多的突变式变革失败的实例，因此会强烈抗拒。

2006 年 10 月，雅虎中国聘请谢文为 CEO。谢文的进入可以说使组织面临新的变革，尤其是谢文推行的公司发展战略的变化，实际上是公司整体发展战略的一个大的转向，在这样的一个转向的过程中会带来公司员工的心态变化、原有战略坚决维护者的情感变化、公司的实际领导人马云的心理变化。从谢文在雅虎推行的变革看，不管是快速地在 Web 2.0 上进行战略转型，还是雅虎中国的组织结构的变革，都受到了雅虎中国员工的一致抵触。甚至当谢文激动地向员工讲述雅虎的中国之梦时，台下少有人附和。谢文推行的这些变革都试图快速地对雅虎中国进行调整。这种变革导致组织失去了平稳性，比如谢文要求雅虎上网助手的负责人离开公司。这样一种简单粗暴式的变革对组织的破坏是巨大的。所以说，“战略突变式”的变革是导致谢文在雅虎中国失败的最主要的原因。

三、战略跳变式

“战略跳变式”，又可以称为跳跃均衡变革方式或动态均衡变革方式，它使企业在均衡时期处于渐变式变革中。这种变革基于企业深层结构所界定的基本范式的活动，而这些活动在短期又有节奏地通过革命性的变革被不断地打破，导致深层结构发生改变。该变革方式是一种不连续的、非常规的战略变革。企业在均衡时期以较小的规模与幅度循序渐进地推进战略变革；而在革命性的动态或非均衡时期，又以较大的规模，有节奏地、不连续地通过激进的方式不断地打破和改变原有的均衡状态，实施战略变革。这种革命性的变革，即“跳变”一般发生于企业偏离其平衡点的时期，而偏离是企业内在深层结构与环境要求之间的严重不适应所致，并由一些内外动因或事件所触发。在革命性变革时期，这种跳变通常打破已经建立的均衡活动范式，并且通过变革与调试为新的均衡奠定基础。

该方式主要有以下特征：(1)变革所涉及的规模和范围大小不一，有时涉及局部，有时涉及全局；短期快速式的变革在一个延伸的时间范围内是由一系列小规模的变革组成的，于是在审视重大变革方案的管理时，不能把它仅仅看成操作性的，也不能仅仅看成强迫性的。它们可能是两种性质都有，但是在不同水平、不同的时间和由不同的人管理时具有不同的性质。为了适应环境，要么以一种局部和渐进的方式发生，要么以一种全局和激烈的方式对来自环境的机会与威胁给予利用和反应。(2)跳变是一种不连续的、非常规的战略变革。企业在长期的均衡时期以较小的规模与幅度循序渐进地实施战略变革，而在短期即动态或非均衡时期，又以较大的规模与幅度，有节奏、不连续地通过激进的方式不断地打破和改变均衡状态。(3)变革的程序采用上下结合和互动的方式，可能是“自上而下”或“自下而上”的方法来引发和实施变革。(4)变革过程是一个学习过程。企业需要通过学习，进行环境扫描，及时对环境的机会与威胁加以认知。该学习既有各阶层所经历的“持续性学习”，又有较高层管理所经历的“间歇式学习”。(5)变革体现了一种计划与非计划相结合的方式。变革既是有目的的，也是突发的。变革方案的规划是由企业层次做出的，但是变革的实施由一系列相关联的变革方案组成，其中一些或者所有的方案是局部合作和遵循的结果。科特也认为，战略型的变革是由一些大的或小的变革方案所组成。这些方案的目的都是完成组织的整体目标。它们开始于不同时间，在本质上这些变革都不同，管理也各不相同。但变革又具有不可预测和发展的本质。变革被认为通过在组织中多变量的相互作用而展现的。因为时间的压力和情景变量，所以成功的变革往往没有简单的事先规定。如果新的机遇“蓦然”出现或企业计划寻找收购机会但不能预测何时会有适当的价格和合适的目标，则企业战略会做适应性的变革。(6)变革的阻力相对较大。

“战略跳变式”变革既可以杜绝采用“战略渐变式”，由于过分强调协调而产生的停滞与惰性，又可以防止采用“战略突变式”，因企业过分依赖“力挽狂澜”的举措而引起的动荡与失控。该变革方式的最大优点是吸取了两种方式的优点而对其缺点进行了较好的规避。企业采用跳变式，既有助于保证企业在均衡时期的正常经营秩序，又便于通过“跳变”对环境的变化及时加以应对，快速打破均衡和惯性，克服企业的惰性，强化和调适企业对环境的适应性。“惰性”是指企业在适应环境变化方面所表现出的“无能”的特性。它具有各种各样的形式，无论将“无能"归因于深层结构、规范、高层领导权、角色维持、文化、自满或是技术中的哪一种，与"战略跳变式"相联系的分析框架都将"惰性"作为其关注的中心。惰性经常是企业成功时带来的、出人意料的副产品。成功的组织容易在成功的光环下放弃进一步的实践，对需要变革的信号视而不见，变得与世隔绝，适应迟缓。由于这类组织内部关系非常紧密且深层结构坚实，因此需要更有力的干预对其加以松解。"战略跳变式"通过对平静的变革加速和不连续的跳变，从而有助于克服企业的惰性。该方式主要在企业的全体员工中形成一种意识和习惯，即有节奏的跳变是企业经营管理活动中重要的一部分。另外，通过跳变，打破原有的深层结构，纠正"惰性"陋习，强化企业战略决策对外部变化的能动作用和自主选择。当然，跳变式同样具有一定的风险。有效地运用该方式的关键是把握跳变的节奏，防止出现失误。为此，企业应在不断地寻求新的机遇的同时不仅能够敏锐地感知与洞察，还应具有作出积极反应的能力；能够对竞争对手的潜在威胁有充分的认识；还能够正确认识到不断提高、革新和增加新价值是竞争优势至关重要的来源。同时，基于"战略跳变式"有助于企业建立一种对战略适应性追踪的机制。当其低下时进行战略重新导向，从而有助于在动乱的环境下避免毁坏企业的竞争力。通常，在高速变动环境下的快速决策将导致卓越的绩效，如果企业的战略跳跃或战略重新导向能够与变动的环境快速而高度适应，那么企业的战略跳跃变革才能产生高度的绩效。表 11－1 为方正电脑的"战略跳变式"变革历程。

表 11－1　　方正电脑的"战略跳变式"变革历程

时　期	战略举措
1998－1999 年	以"改变、加强、发展"为思路，开始对主营业务实施战略变革，推出股票投资业务，涉足高科技电脑硬件制造业务。
2000－2001 年	PC 市场环境出现动荡，公司开始构筑以"高科技和信息产业为核心内容的产业链"战略，加大业务拓展力度，完善公司管理制度，重组各项业务，建立三大产品公司和四大产品供应链平台，通过种种措施，实施由 PC 厂商向互联网接入设备供应商的转变。
2002－2003 年	面对互联网泡沫时代以及全球 IT 产业滑坡，公司立足信息产业，重新定位于"做一个集软、硬件于一体的介入设备和方案提供商以及服务供应商，并进入印刷电路板产业"的纵向一体化战略，巩固现有地位，积极开发和培育新业务。
2004－2005 年	坚持走专业化基础上的多元化战略，在坚持发展以 IT 为主的高科技产业的同时，结合金融资本，有选择地进入某些传统行业。2004 年，方正明确了第二主业为医疗医药业。2005 年，方正全面退出金融业，成为方正集团回归 IT 的重大举措。芯片领域是方正集团 IT 产业寻求高端转型的战略突破口。

第五节　战略变革的选择

企业战略变革的三种方式，即"战略渐变式""战略突变式"和"战略跳变式"，具体运用到企业战略变革过程中各有其特征和适用性。它们之间的区分不仅仅体现在慢与快、例行性与例外性方面，而且还有"连续性与间断性""持续性学习与间歇式学习"之分。三种变革方式无优劣之分，它们相互联系、相互作用、相互影响，共同构成企业战略变革的有机体。从唯物辩证法的观点看，并不是哪一种变革是绝对正确或优异的，它们均有其合理性，同时对它们的区分与认识也并非是多余的。通过研究这些方式，可以使我们更好地认识和了解不同方式的适用性及采取这些方式的必要性和组织生存的必要条件。无论变革的目的是什么，如果负责管理变革的人不了解不同的变革管理方式和方法，并且不能将其与所适用的情况相匹配，那么企业就不能指望其通过变革取得成功。

表 11－2 在对已有研究成果加以借鉴的基础上结合“战略变革主导逻辑范式”，将“战略渐变式”“战略突变式”和“战略跳变式”这三种变革方式的主要特征进行归纳和整理。

表 11－2　　三种变革方式特征的比较与分析

项　目	战略渐变式	战略突变式	战略跳变式
基本特征	企业在相当长时期内小幅度、循序渐进地实施战略变革	企业在短时期内迅速而大幅度地实施战略变革	企业在长期的均衡时期以渐变式求得稳定发展，而在短期又有节奏地通过突变式而改变
变革的计划性	计划性	非计划性	计划与非计划
变革的确定性	线性	非线性	线性与非线性
变革的时间跨度	长	短	较短
变革幅度与规模	小	大	大、小
变革时机和当时所面临的危机程度	小	大	大
变革的着眼点	机会与威胁	威胁	机会与威胁
实施变革的阻力	小	大	大

一、在企业成长与发展的生命周期不同阶段选择采用三种变革方式

企业可能在其整个成长与发展过程中采用同一种变革方式，如当影响企业的环境动因简单而稳定时，企业战略变革通常可以在一种平稳发展的过程中以“战略渐变式”加以推进，但这类企业在现实中确实少见。更多的是，企业在其成长的不同生命周期阶段采用不同的变革方式，这三种方式可能会运用于其中的某个阶段。如在某个时期企业成长生命周期的某些阶段采用“战略渐变式”，而在另一段时期的某个阶段将实施“战略突变式”，而某些阶段又可能采用“战略跳变式”。企业成长与发展的不同时期，其战略变革过程呈现不同的组合方式，即在一段时期内企业采用的是“战略渐变式”，而在另一段时期内，其变革方式又明显具有“战略跳变式”的特征；某一时期，变革缓慢，而在某个时期以突变的方式进行快速而彻底的战略变革。

二、企业视自身的经营状况、市场地位及其变革目的而对三种战略变革方式择其所用

如果企业处于稳定的增长时期，而且市场、技术又处于一个相对稳定的状态，那么采用“战略渐变式”比较合适；当企业经营状况不佳，发生严重亏损甚至危及企业的生存与未来的发展时，为改变现状，扭转不利局面，这就需要采用“战略突变式”，以果断地、迅速地采取行动，实施彻底的战略变革；当企业经营运转良好，只不过不如预期的那样好，但也不排除当企业发现对自身有极好的潜在发展机会，而这种机会需要企业及时、快速地加以把握时，“战略跳变式”是一种较好的变革方式。

三种战略变革方式基于不同的环境机会和威胁时价值取向是不同的。在市场需求迅速变

化或发生重大技术创新等情况下，为了把握环境变化中出现的机会或解决所面临的危机，此时企业战略变革的价值取向有所不同。采用"战略突变式"的企业着眼于消除环境的威胁；"战略渐变式"与"战略跳变式"有时关注机会的把握，有时着眼于对威胁的消除。

三、"渐变"对其他变革方式的基础性作用，以及"渐变"与"突变"的相互关系

渐变在整个机制上有其独特性，是在更微观层面上的变化，并假设事物时时处处都在变化。由于企业战略具有长期性、全局性、根本性特征，无论是"战略突变式"还是"战略跳变式"，都需要以大量、扎实、有效、环环相扣的具体工作为基础，其实这恰恰是渐变的基本内涵。面对环境不断重构的反应方式，而非无意识地按照过去的常规范式进行反应；将变革视为企业的一种常态；等等，这一切均可以为其他战略变革方式的采用打下坚实的基础。从"渐变"与"突变"的相互关系看，"渐变"与"突变"作为变革方式的基本单元，二者并非互不相干的两种方式，它们相互之间存在着转化的关系。通过"突变"实现企业战略和深层基本架构发生质的飞跃，而通过"渐变"则是对飞跃后的"平台"进行精益求精的改善。格鲁夫(1996)在阐述其"战略转折点"概念时曾强调：任何企业历史上都至少有一个必须进行巨大变革以提高到下一次经营高度的时点。错过这一时刻，就会开始走向衰落。M. L. 塔什曼和 C. A. 奥莱利试图将渐变与突变综合在同一个组织中，称其为二元性组织。对领导者来说，这意味着他的经营一段时间要在一种相对稳定的"渐变"状态下进行，一段时间要在一种"突变"状态下进行。通过提高战略、结构、个人能力、文化、操作流程之间的协调性、适应性和创新性，取得企业短期与长期的双重成功，是对企业领导者的真正考验。

四、打破均衡，进行系统剧变的内部主要障碍

在"战略跳变式"中，通常是"渐变"与"突变"两元素交替进行，但在"渐变"的均衡时期会有一些因素对打破均衡而实施革命性和系统性的巨变起着推动和阻碍的作用，有一种"维持系统均衡的惯性"的特点，因而有"系统难以做大幅度地改变"的情况。由于这种"惯性"的作用，使"渐变"的整体的状态和深层结构要么被打破，进行转型式的战略变革，要么不至于被打破而使其状态得以延续。阻碍企业系统发生"突变"的内部主要障碍有前述的外部环境、战略变革的物理成本、组织的文化等，它们是产生惯性的因素。因此在没有外力及深层结构未变更的情况下，企业系统将产生顽强的、抗剧变的惯性。

韩非子说过："世异则事异，事异则备变。"通过战略变革，求取竞争优势，已经为企业界众多有识之士所认同。但许多"变而不达"的案例和"只领风骚三五年"的事实也令一些领导者对变革望而生畏。关键不是变不变，而是变什么、怎么变的问题。我们在这里探讨变革的方式只是想通过了解各种类型的变革方式对不同条件下的战略变革的适用性，从而为企业准备变革提供适宜操作的方案。为此，领导者在发动战略变革时，首先，要诊断企业现状，明确企业变革的目标；其次，要分析不同模式变革所带来的成本与风险；再次，要将不同模式的变革紧密结合起来，不同时期、不同阶段，有计划、有步骤地实现变革；最后，变革既要有相对稳定性，又要有灵活的适应性。

第六节　战略变革的成功因素

事实上，对未来的不确定性是组织发展的根本难题，而战略变革是组织从一种熟悉的环境

转向一个不熟悉的环境，其间的困难可想而知。世界上，许多企业都实行了战略变革，但成功的不多。我们认为，战略变革的成功因素有如下几个方面：

一、共同愿景是企业变革的驱动力

彼得·圣吉在《第五项修炼》中指出："共同愿景之所以能够孕育无限的创造力，是因为共同愿景会唤起人们的愿望，特别是内生的共同愿景。愿景令人欢欣鼓舞，使组织跳出庸俗，产生火花。"

所谓企业的共同愿景，是指企业这个组织中的所有成员共同发自内心的意愿。这种意愿不是一种抽象的东西，而是具体的、能够激发所有成员为组织这一愿景而奉献的任务、事业和使命，它能够创造巨大的凝聚力。切合实际的、通过努力能够达到的愿景易于成为激励和驱动的力量。企业的每一个成员都有自己的个人愿望或意愿。这些愿望或意愿中有许多是不一致的，也有许多是一致的，但在这些许多一致的意愿中它未必能表达企业的根本利益和企业发展的根本要求。因此，在企业组织内部要找到和构建一种共同的发自内心的愿望就显得十分困难。

一般来说，基层员工对于变革总是抱有怀疑的态度，担心自己在变革中利益受损，而且每个人的想法都不一样，每个人对变革产生的动力的方向是不一致的，有时甚至相反成了阻力。这时创建学习型企业，建立共同愿景，创造企业变革的强大磁场，使杂乱无章的动力（阻力）个体磁化，并使力的方向与企业变革所拟定的方向保持一致，形成强大的凝聚力，反过来促进企业变革。真正的共同愿景或愿望能够使全体成员紧紧联系在一起，淡化人与人之间的个人利益冲突，从而形成一种巨大的凝聚力。只有当人们致力于实现某种他们深深关切的事业、任务或使命时，他们才会忘掉自己的利益，才会不顾一切地团结起来。

无数的事实可以证明这样一个道理：如果没有一个强大的动力推动人们追求真正想要实现的目标，维持现状的力量将牢不可破。事实上，一个共同愿景通常建立在一个高远而又可逐步实现的目标中，引导人们一步步排除干扰，沿着正确的方向达到成功的彼岸。良好的共同愿景可以产生强大的驱动力，驱动企业的全体员工产生追求目标与愿景的巨大勇气，并把这种勇气转化为自己发自内心的行为动力。可口可乐公司永远要做软饮料市场世界第一的愿景，对它的员工的确产生了巨大的驱动力。

二、企业家的战略能力是驱动变革的决定性动力

在竞争日趋激烈的今天，企业家必须具有战略变革能力。简单地说，企业家的战略变革能力就是企业家的把握与处理全局性、根本性、长远性问题的能力。只有具备战略变革能力，企业家才能在领导活动中有效把握全局、运筹帷幄，才能使企业持续发展。

企业领导者是变革利益的直接受益人，他们对变革的影响力也是最大的，因此领导者必须对变革提供动力支持，否则变革是不可能发动起来的，而若不发动变革，则领导者的利益前景就得不到持续增长的保证。变革中最重要的当然是领导者，也只有他们才能够在组织变革中行使最终的决定权及相应的命令权，以合法的地位、足够的权威来保证变革方案顺利贯彻与实施。阿尔文·托梅在《未来股市》中曾预言组织变革所带来的严峻性。在这瞬息万变的时代，若没有变革，企业则无法前进；而若没有领导，企业则又无法进行变革。有效率的领导者其行为方式是不断地追求变革、创新。企业的有效性很大程度上取决于对员工的管理和领导。领导者的管理风格影响了企业的文化，对企业绩效起着很大作用，是驱动企业变革的决定性动

力。领导者的一言一行是企业内所有员工关注的焦点，他们直接影响了员工的工作行为。没有好的领导，很难想象变革能够取得成功。或者说，变革离不开好的领导者。提高领导者的自身素质，完善领导者的行为方式，对克服个人和组织方面的阻力有较大影响。领导者若作风正派、大公无私、秉公办事、具有较高的群众威信，则他们的言行就易于给广大的普通人员产生较大的影响力和积极的心理效应，提出的变革主张也易于为他们所接受和肯定；反之，若领导者拉帮结派、搞不正之风，甚至以权谋私，则会引起广大普通人员的反感，加大心理差距，由他们提出的变革措施就难以产生积极反应，甚至引起抵触。

三、高效的变革团队是变革成功的保证

企业的日常运行要通过管理层进行有效控制。企业变革只有从组织层次的最高机构发动变革，由管理层执行变革，才能够取得变革的成功。因为较低层次的人们，无论怎样努力，都无法发起和支持这样重大的事件。变革一旦发动，顺理成章地应当成为企业中的头等大事，也就是应当分派企业中最为精明能干的人搞变革。所以说，怎样铸成一支卓有成效的变革队伍，不仅关系到变革动力与阻力的有效控制，更关系到变革的成败，必须以领导者为首组建变革小组，形成高效的变革团队，来保证变革的顺利进行。高效的变革团队包括组建变革团队和变革团队的建设两个方面。

1. 组建变革团队

任何变革方案的提出和实施都需要调查研究、资料收集、分析思考、重新设计、贯彻实施，所以必须在变革之初就形成一个变革小组。变革小组成员由局内人和局外人组成。局内人指的是企业内部管理者，局外人指的是外聘的专家或者顾问。一般来说，企业内部管理者比较了解组织的实际情况和存在的问题，有助于收集资料和数据，但在客观、公正的态度方面和专业知识技能方面，又需要借助于外部力量的支持。

2. 变革团队的建设

变革小组成立以后，必须赋予一定的权力，并能够形成一定的影响力，以影响组织成员，实现变革目标。然而，一群人并非转眼就可以成为一个协作的团队，需要一些时间和努力。快速形成一个协作良好的团队有利于变革的顺利实施。

四、创建学习型组织为变革提供持续动力

美国《财富》杂志指出：“未来最成功的公司，将是那些基于学习型组织的公司。”壳牌石油公司企划总监德格认为：“唯一持久的竞争优势，或许是具备比你的竞争对手学习得更快的能力。”学习是企业未来发展的趋势，是一个企业获得持续竞争力的有效保证。只有不断地学习，企业才能具备快速应变的能力，才能实现企业满意、顾客满意、员工满意、投资者和社会满意的最终目标。战略变革要求企业进行系统思考，为解决组织的问题，应摒除僵化、片面的思考方式，并以整体性的视野观察事件发生的环状因素和互动关系，以及组织问题的一连串变化过程；要求企业超越自我，培养组织成员自我挑战的胸怀，确认拟达成的目标并全力以赴、专心致志；改善心智模式，鼓励组织成员有多样化的观点和意见，在意见交流或行动实践的过程中激发团体智慧，凝聚共识；要求企业建立共同愿景，建立一种由下而上的组织沟通过程，而且愿景的建立是一项永无止境的任务；要求企业提倡团队学习，强调以同中求异的原则来探索真理，通过对话能让组织成员正视自己思维的障碍，进而面对事实，并学会欣赏不同的意见，发展更高层的共识。

荷兰皇家壳牌石油公司1983年的一项调查表明，1970年名列美国《财富》杂志前500名的大企业，有1/3到1983年已经消失。这是为什么？系统动力学方面的有关研究向我们揭示，一般的大企业其平均寿命仅为40年左右。许多名噪一时的大企业在风云过后纷纷退出历史舞台，究其深层次的原因恐怕是企业组织结构与观念的日渐陈旧所致。延长"企业寿命"的"处方"就是：把企业创建成学习型组织。也就是说，只有学习型企业，才能为变革提供持续性动力，才能顺利通过"瓶颈"期，才能活得更好，寿命更长。

建立组织学习机制，就是说应该通过制度化的结构或程序安排来促进组织学习。组织学习机制的精髓是激励学习和保证学习的有效性，培育战略学习机制，提高企业战略的转换和变革能力。企业战略作为连接企业组织和环境的纽带，通过环境、组织和战略三者间的反馈式互动而成为企业获取可持续竞争优势的"方向性装置"，战略学习机制在其中起着基础性作用。组织学习是以组织为基本单位的知识创新过程，所以要充分重视各种形式的企业知识创新活动，使企业在实施战略变革时不会感到"积重难返"。20世纪80年代初，GE是一个工业革命时代遗留下来的庞然大物。韦尔奇坚信它一定可以成为市场上高价值的供应商、高效率运营的企业。韦尔奇不断地加强企业的学习能力和适应变化的能力，从而推动企业改革，使GE成为全球最成功的国际企业之一。

五、注重变革的艺术性

变革是革命，需要"流血"，即裁员、精简机构，但不等于蛮干，要注意艺术性。对于变革的认识，人们各有不同的看法。因此，要使变革顺利进行，管理者必须合理地安排好变革的时间进程，选择好时机，把握分寸；在变革之前，要考虑变革中产生的问题以及可能产生的种种后果，提前采取预防措施。

对于现实利益冲突引起的变革抵制，变革领导者可以采取谈判、补偿、吸收、强迫等手段。变革中的直接利益冲突是不可避免的，因此变革领导者应该积极应对此种类型的冲突。发生利益冲突时，变革领导者应该与利益冲突各方进行谈判，一方面可以运用自身的影响力，让对方知难而退；另一方面可以通过利益补偿等妥协手段，减少甚至消除抵制行为。企业在遇到现实利益冲突时要跳出"一分为二""非此即彼"的思维定式，很多时候可以化敌为友，将变革抵制者吸收到变革阵营中来，自然就可以消除其变革抵制行为。如果通过前面的谈判、补偿、吸收等手段都不能达到目的，变革领导者就只能采用强迫的方式消除阻力。对于利益相关者，可以借助自身或者盟友的力量，采用威胁、报复等手段，迫使反对者放弃阻挠行为；对于企业内部员工，变革领导者可以利用自身正式的权威来迫使其服从，甚至可以将反对的关键人物从组织中清除。

因此，注重变革的艺术性以减少变革过程中的抵制是战略变革能否成功的重要因素。

本章小结

(1)战略变革是指当企业所处的内部或外部环境发生重大变化，企业的战略规划与环境发生了不可调和的矛盾时，企业为了实现自身的生存和发展而自主地根据变化了的外部环境和企业的现有内部资源状况对原有战略进行的改变和革新。它是一种整体性、根本性的变革，是企业战略管理的一个重要组成部分。

(2)战略变革的一般原因是新的战略能给企业带来更大的好处。具体原因包括企业外部环境因素和企业内部因素。

(3)战略变革存在阻力。阻力主要来源于战略变革的实施成本和摩擦成本。阻力类型包括战略惯性和组织内个人利益的变化产生的有意识的阻力。

(4)战略变革的一般过程同战略管理的过程类似,包括战略分析、战略选择、战略实施和控制。

(5)战略变革方式通常有三种,即战略渐进式、战略突变式、战略跳变式。

(6)成功的战略变革取决于组织的共同愿景、企业家的战略能力和组织的学习机制。

复习思考题

(1)什么是战略变革?

(2)战略变革的原因是什么?

(3)战略变革会遇到哪些阻力?

(4)战略变革有哪些方式?

(5)如何成功地进行战略变革?

本章案例

纳爱斯集团战略变革三阶段

成立于1968年的纳爱斯集团,历经10余年之后,进入我国改革开放和建设社会主义新时期。当时,中国洗涤用品行业已成为最早开放的行业之一。宝洁等世界洗涤巨头几乎占据中国洗涤市场的半壁江山,而国内厂家由于长期受计划经济的影响,品牌意识薄弱,因此举步维艰。纳爱斯集团正是在此背景下开始了变革之旅。重要的战略转折点发生在1985年庄启传担任厂长,纳爱斯集团由濒临破产走上正轨,成为当时世界最大的洗涤用品生产基地;2006年,纳爱斯集团第一次兼并收购香港3家公司,进入个人护理市场;2015年,纳爱斯集团收购台湾妙管家,开始涉足家居清洁用品市场。

1. 基于“涅槃重生”的第一次战略变革(1985—2005年)

纳爱斯创立之初只生产单一产品肥皂,由于拘泥于制度以及自身的原因,因此企业业绩徘徊不前。1985年,庄启传新任厂长带领员工进行首次战略变革,专攻洗涤行业。这位高瞻远瞩的企业家,处事处处先人一步。1986年,当众多企业还留恋计划经济时,纳爱斯已涉足市场,与上海制皂厂达成横向联营生产香皂;在诸多企业开始认识名牌、开创名牌时,1991年,纳爱斯就从瑞士引进技术,开发“纳爱斯香皂”。1992年,对原肥皂进行改质改性改包装,成功开发出“雕牌超能皂”。经过多年的技术学习和经验积累,“纳爱斯香皂”“雕牌超能皂”连续多年位居全国销量第一。然而取得如此骄人成绩的纳爱斯不满于此。1998年,庄启传在饱和的洗衣粉市场看到了机遇,开始研究洗衣粉项目;2000年,纳爱斯正式跨入洗衣粉市场并且迅速成为该行业老大。该阶段,重获新生的纳爱斯集团从一个即将倒闭的小厂一步步成长为世界最大的洗涤用品生产王国。

2. 基于“快速扩张”的第二次战略变革(2006—2013年)

进入21世纪,人们对提高生活品质的要求日益从“硬性”转向“软性”,日化产品逐渐向天然、健康、安全的理性回归。纳爱斯的经营理念从“只选对的,不买贵的”变为“只为提升您的生活品质”,以求最大限度地满足消费者日益提升的生活品质需求。

2006年,纳爱斯朝着市场容量大、盈利水平相对较高的中端市场——个人护理用品市场迈进,直接将英属中狮公司麾下香港奥妮、裕暘、莱然3家公司收入囊中。正如庄总在访谈中提到的:“2006年,发展个人护理产品成为我们集团新的选择目标,徒手起家、亲力亲为的方法太慢,想要在个人护理市场找到捷径收购其他企业成了(集团)不二选择……”该项收购的关键就是知识产权。纳爱斯的成功收购使其拥有多个著名品牌和商标的所有权或独占使用权。

纳爱斯集团以节能、天然环保、健康安全为价值取向形成多品牌阵容。2007年,集团推出“超能天然皂粉”,随后又主打个人护理用品,包括“100年润发”“麦莲洗发水”等。2009年,庄总在中国洗协肥皂委员会上说道:“未来社会发展的需求一定是安全、健康、环保的产品,因此,要大力抓产品的创新,要向中高端领域产品迈进,细分市场,摆脱低价位、价格战的恶性竞争。”

纳爱斯坚持性价比优势贯穿企业发展始终。庄总在访谈时说道:“我们能用性价比的优势占领低价位的产品市场,我们也一定能用性价比的优势作为做事原则,发展高价位的产品市场,牢牢把握市场发展趋势,走差异化路子。”该阶段,纳爱斯集团成功变革升级,从洗涤用品行业成功变革进入个人护理市场。

3. 基于“海外发展”的第三次战略变革(2014 年至今)

2014 年,由于国家政策调整,因此各行各业的发展速度明显变缓,大部分企业的利润下降,即使有些企业的销量上涨,其利润也不如以往。加上消费者的绿色生态意识加强,对日化产品技术的要求上升到一个新台阶。产品不仅要绿色环保,还要附加值高。纳爱斯集团想要在市场上独树一帜,获得消费者的青睐并非易事。

纳爱斯在经济不景气的情况下依然维持较快的增长速度。为了赢得更多的市场份额,纳爱斯开始进行大日化战略布局,2015 年成功收购台湾妙管家。妙管家是生产家居清洁用品的老牌国际性公司,主要经营包括厨房、卫生间、地板等清洁型用品。纳爱斯集团通过整合妙管家市场,以期形成一个涉及中国大陆、中国台湾、日本、东南亚的经济圈,进一步推进集团全球化战略,以更高端的产品拓展海内外市场。在家居清洁领域,纳爱斯之前涉足未深,因而此次收购有助于其向家居清洁用品行业成功变革。

同时,纳爱斯进一步提高国际化合作的水平,与瑞士奇华顿、德国巴斯夫、法国家乐福等世界 500 强企业从一般合作提升为全面合作战略伙伴关系,并从合作关系中获得了宝贵的学习机会和提升空间,在产品生产方面,根据原料供应和需求市场建立驻外生产基地,形成规模效益优势;在分销渠道方面,纳爱斯集团与产品专销商亲如一家,将专销商纳入集团管理体系中;在营销推广方面,实行市场整合营销,线上推广和线下销售相结合,网络新媒体拓宽了宣传渠道,推进了传播与销售的紧密联动。庄总认为:“真正有能力的人都是善于整合资源的人,资源整合得越好,能力发挥就越大。”

在此阶段,纳爱斯集团在中高端市场成功地站稳脚跟,通过收购妙管家,使集团的产品链形成了一个覆盖洗涤、个人护理、家居清洁的三角构架。

资料来源:徐大勇. 企业战略管理[M]. 北京:清华大学出版社,2019:390;许强,张力维,杨静. 复合基础观视角下后发企业战略变革的过程——基于纳爱斯集团的案例分析[J]. 外国经济与管理,2018(7).

思考题:

1. 纳爱斯集团为何要进行战略变革?

2. 纳爱斯集团通过什么策略提升其在国内外市场上的地位?

参考文献

[1]格兰特. 企业战略管理[M]. 北京:光明日报出版社,2004.

[2]阿诺尔特·魏斯曼. 战略管理[M]. 史世伟,等译. 北京:华夏出版社,2001.

[3]杨锡怀,冷克江,王江. 企业战略管理——理论与案例(第二版)[M]. 北京:高等教育出版社,2004.

[4]项保华. 战略管理——艺术与实务[M]. 北京:华夏出版社,2001.

[5]C. 鲍曼. 战略管理[M]. 郑薇,译. 北京:中信出版社,1997.

[6]徐佳宾. 企业战略管理[M]. 北京:经济管理出版社,2004.

[7]邵一明,蔡启明. 企业战略管理[M]. 上海:立信会计出版社,2005.

[8]张士玉. 战略管理[M]. 北京:中国财政经济出版社,2002.

[9]罗珉. 公司战略管理[M]. 成都:西南财经大学出版社,2003.

[10]陈幼其. 战略管理教程[M]. 上海:立信会计出版社,2004.

[11]王迎军. 战略管理[M]. 天津:南开大学出版社,2005.

[12]谭开明,魏世红. 企业战略管理[M]. 大连:东北财经大学出版社,2006.

[13]王方华,陈继祥. 战略管理[M]. 上海:上海交通大学出版社,2003.

[14]王方华. 企业战略管理(第二版)[M]. 上海:复旦大学出版社,2007.

[15]王方华. 企业战略管理[M]. 上海:复旦大学出版社,2006.

[16]贺金社. 战略管理[M]. 郑州:河南科学技术出版社,2005.

[17]黄旭. 战略管理:思维与要径[M]. 北京:机械工业出版社,2007.

[18]刘庆元,刘宝宏. 战略管理:分析、制定与实施[M]. 大连:东北财经大学出版社,2001.

[19]约翰·A. 皮尔斯二世,等著. 战略管理——制定、实施和控制(第8版)[M]. 王丹,等译. 北京:中国人民大学出版社,2005.

[20]Richard Lynch. 公司战略——《财富》500强成功经典[M]. 周煊,等译. 昆明:云南大学出版社,2001.

[21][美]费雷德·R. 戴维,著. 战略管理(第6版)[M]. 李克宁,译. 北京:经济科学出版社,1998.

[22][美]费雷德·R. 戴维,著. 战略管理(第8版)[M]. 李克宁,译. 北京:经济科学出版社,2001.

[23][美]费雷德·R. 戴维,著. 战略管理(第10版)[M]. 李克宁,译. 北京:经济科学出版社,2006.

[24]C. W. L. 希尔,G·R. 琼斯,著. 战略管理[M]. 孙忠,译. 北京:中国市场出版社,2005.

[25]C. W. L. 希尔. 战略管理(第6版)[M]. 北京:中国市场出版社,2007.

[26]罗伯特·M. 格兰特. 现代战略分析(第4版)[M]. 北京:中国人民大学出版社,2005.

[27]罗伯特·M. 格兰特. 公司战略管理[M]. 北京:光明日报出版社,2005.

[28]迈克尔·A. 希特,R. 杜安·爱尔兰,罗伯特·E. 霍斯基森. 战略管理——竞争与案例(第6版)[M]. 北京:机械工业出版社,2005.

[29]迈克尔·A. 希特,等. 战略管理(第六版)[M]. 吕巍,译. 北京:机械工业出版社,2006.

[30]迈克尔·波特. 竞争战略[M]. 北京:华夏出版社,2004.

[31]朱煜,编译. 经营战略[M]. 北京:中国纺织出版社,2004.

[32]张秀玉. 企业战略管理[M]. 北京:北京大学出版社,2005.

[33]王铁男. 企业战略管理[M]. 哈尔滨:哈尔滨工业大学出版社,2006.

[34]张世君,刘荣英. 企业战略管理[M]. 武汉:武汉理工大学出版社,2006.

[35]秦远建,胡继灵等. 企业战略管理[M]. 武汉:武汉理工大学出版社,2005.

[36]邹昭晞. 企业战略分析[M]. 北京:经济管理出版社,2001.

[37]格里・约翰逊,凯万・斯科尔斯,著. 战略管理[M]. 王军,等译. 北京:人民邮电出版社,2004.

[38]王建民. 战略管理学(第二版)[M]. 北京:北京大学出版社, 2006.

[39]黎群,张文松,吕海军. 战略管理[M]. 北京:北京交通大学出版社,2006.

[40]黄丹,余颖. 战略管理[M]. 北京:清华大学出版社, 2005.

[41]李玉刚. 战略管理[M]. 北京:科学出版社, 2006.

[42]李玉刚. 战略管理研究[M]. 广州:华南理工大学出版社,2006.

[43]李玉刚. 战略管理行为[M]. 北京:中国物价出版社,2006.

[44]钟耕深. 战略管理[M]. 济南:山东人民出版社,2006.

[45]孟卫东,张卫国,龙勇. 战略管理——创建持续竞争优势[M]. 北京:科学出版社,2004.

[46]陈忠卫. 战略管理[M]. 大连:东北财经大学出版社, 2007.

[47]金占明. 战略管理——超竞争环境下的选择[M]. 北京:清华大学出版社,2004.

[48]王玉. 企业战略管理教程[M]. 上海:上海财经大学出版社,2005.

[49]王玉,王琴. 企业战略——谋取长期竞争优势[M]. 上海:复旦大学出版社,2005.

[50]包昌火,谢新洲. 竞争环境监视[M]. 北京:华夏出版社,2006.

[51]王方华,吕巍,等. 企业战略管理[M]. 上海:复旦大学出版社,2007.

[52]大卫,科利斯,等. 公司战略——企业的资源与范围[M]. 王永贵,译 . 大连:东北财经大学出版社,2000.

[53]吴照云. 管理学(第五版)[M]. 北京:中国社会科学出版社,2006.

[54]胡大立. 企业竞争力决定因素及其形成机理分析[M]. 北京:经济管理出版社,2005.

[55]胡大立. 企业竞争论[M]. 北京:经济管理出版社,2001.

[56]克雷格・弗莱舍,等著. 战略与竞争分析——商业竞争分析的方法与技巧[M]. 王俊杰,等译. 北京:清华大学出版社,2004.

[57]詹姆斯・S. 哈里顿,著. 标杆管理——瞄准并超越一流企业[M]. 欧阳袖,张海蓉,译. 北京:中信出版社,2003.

[58]阿诺尔多・C. 哈克斯,等著. 战略实践:如何系统制定企业战略[M]. 庞博,王德忠,译. 北京:机械工业出版社,2003.

[59]陈继祥等. 战略管理[M]. 上海:上海人民出版社,2006.

[60]张明玉,张文松. 企业战略理论与实践[M]. 北京:科学出版社,2005.

[61]李纯. 企业战略管理[M]. 北京:中国商务出版社,2005.

[62]龚荒. 企业战略管理[M]. 徐州:中国矿业大学出版社,2006.

[63]段从清. 企业战略管理[M]. 武汉:湖北人民出版社,2005.

[64]林建煌. 战略管理[M]. 北京:中国人民大学出版社,2004.

[65]杜春峰. 标杆管理在提升企业竞争力中的作用[J]. 科技情报开发与经济,2007,17(22).

[66]刘光明. 万向集团的标杆管理[J]. 企业管理,2004(7).

[67]余凯程等. MBA 管理案例精选[M]. 大连:大连理工大学出版社,2006.

[68]许晓明. 企业战略管理教学案例精选[M]. 上海:复旦大学出版社,2000.

[69]格林・约翰森等. 公司战略教程[M]. 北京:华夏出版社,1998.

[70]尹传高. 中国企业战略路线图[M]. 北京:东方出版社,2006.

[71]丁宁,等. 企业战略管理[M]. 北京:清华大学出版社,2005.

[72]黄凯. 战略管理——竞争与创新[M]. 北京:石油工业出版社,2005.

[73]刘英骥. 企业战略管理教程[M]. 北京:经济管理出版社,2006.

[74]罗伯特·S. 卡普兰,戴维·P. 诺顿. 综合计分卡—— 一种革命性的评估和管理系统[M]. 北京:新华出版社,1998.

[75]秦扬勇. 平衡计分卡与战略管理[M]. 北京:中国经济出版社,2007.

[76]R. 爱德华·弗里曼. 战略管理:利益相关者方法[M]. 王彦华,梁豪,译 . 上海:上海译文出版社,2006.

[77]约瑟夫·W. 维斯. 商业伦理:利益相关者分析与问题管理方法[M]. 符彩霞,译 . 北京:中国人民大学出版社,2005.

[78]O. C. 费雷尔,约翰·弗雷德里克,琳达·费雷尔. 商业伦理:伦理决策与案例[M]. 陈阳群,译 . 北京:清华大学出版社,2005.

[79]王璞. 战略管理咨询实务[M]. 北京:机械工业出版社,2003.

[80]王一,贾云广. 战略管理工具箱[M]. 上海:上海远东出版社,2006.

[81]贾旭东. 现代企业战略管理思想、方法与实务[M]. 兰州:兰州大学出版社,2006.

[82]阿尔弗雷德·钱德勒. 经营战略[M]. 北京:中国国际广播出版社,2003.

[83]http://www. 3722. cn/listknowhow. asp? articleid=21950.

[84]http://yg2005. qqqweb. net/client/yg2005/2008510185727531. doc.

[85]王德中. 企业战略管理[M]. 成都:西南财经大学出版社,2002.

[86]何志毅. 师鉴——向案例学习管理[M]. 北京:北京大学出版社,2006.

[87]解培才. 企业战略管理[M]. 上海:上海人民出版社,2002.

[88]李福海,张黎明. 研究生系列教材——战略管理学[M]. 成都:四川大学出版社,2004.

[89]邓海涛. 企业战略管理[M]. 长沙:国防科技大学出版社,2005.

[90]宝贡敏. 现代企业战略管理[M]. 郑州:河南人民出版社,2001.

[91]郭松克,肖飞等. 企业战略管理[M]. 北京:中国财政经济出版社,2006.

[92]蔡树堂. 企业战略管理[M]. 北京:石油工业出版社,2001.

[93]李维安,周建. 企业战略管理——案例点评[M]. 杭州:浙江人民出版社,2005.

[94]韩立达. 中国企业管理科学案例库教程[M]. 北京:光明日报出版社,2001.

[95]大前研一等. 新企业战略[M]. 卿学民,译. 北京:中信出版社,2006.

[96]亨利·明茨伯格. 公司战略计划——大败局的分析[M]. 张艳,等译 . 昆明:云南大学出版社,2002.

[97]J. 戴维·亨格. 战略管理精要[M]. 王毅,译 . 北京:电子工业出版社,2002.

[98]杨锡怀. 企业战略管理——理论与案例[M]. 北京:高等教育出版社,2004.

[99]罗伯特·西蒙斯. 战略实施中的绩效评估和控制系统[M]. 张文贤,译 . 大连:东北财经大学出版社,2002.

[100]杜宝芬. 企业风险管理[M]. 北京:经济管理出版社,2008.

[101]周春生. 企业风险与危机管理[M]. 北京:北京大学出版社,2007.

[102]COSO 制定发布. 企业风险管理——应用技术[M]. 大连:东北财经大学出版社,2006.

[103]刘升福. 企业战略风险理论研究与实证分析[D]. 武汉理工大学博士论文,2004.

[104]刘新立. 风险管理[M]. 北京:北京大学出版社,2006.

[105]王强. 企业失败研究[M]. 北京:中国时代经济出版社,2002.

[106]詹姆斯·林. 企业全面风险管理[M]. 北京:中国金融出版社,2006.

[107]Steven J. Roof. 超越 COSO——加强公司治理的内部控制[M]. 付涛,等译 . 北京:清华大学出版

社，2004.

[108]何文炯. 风险管理[M]. 北京：中国财政经济出版社，2005.

[109]余来文，陈明. 管理竞争力[M]. 北京：东方出版社，2006.

[110]余来文. 动态环境下的企业战略变革研究[J]. 当代经济管理，2006(1).

[111]刘华. 中航油新加坡公司内部控制案例分析[J]. 上海市经济管理干部学院学报，2008(5).

[112]张黎明. 论企业战略变革原因与对策[J]. 经济体制改革，2004(1).

[113]张黎明，刘燕梅. 企业战略变革的类型分析[J]. 西南民族大学学报，2004(4).

[114]李蕾，梁威. 企业战略变革阻力来源与应对策略[J]. 企业研究，2005(9).

[115]薛求知，徐海康. 企业战略变革透视[J]. 经济理论与经济管理，2001(10).

[116]黄旭. 企业战略变革研究[M]. 成都：四川大学出版社，2004.

[117]胡建绩，陆雄文. 企业经营战略管理[M]. 上海：复旦大学出版社，2002.

[118]韩伯棠，张平. 战略管理[M]. 北京：高等教育出版社，2004.

[119]Peter Drucker. *The Age of Discontinuity*, London: Heinemann, 1969.

[120]Charles Handy. *The Age of Unreason*, London: Commerce Publishing, 1989.

[121]张愫淳. 企业战略控制浅析[J]. 上海综合经济，2004(11).

[122]孙睦优. 企业战略控制过程与方法[J]. 冶金经济与管理，2006(1).

[123]胡宗良. 战略评价 7 诀[J]. 企业管理，2004(6).

[124]廖洪，陈波. 企业战略审计研究的回顾与展望——一个综述[J]. 审计研究，2005(2).

[125]秦远建，袁鹏城. "二维"企业战略审计框架的构建[J]. 财会月刊，2006(14).

[126]郑惠惠. 战略审计与企业绩效关系的探讨[J]. 审计月刊，2007(12).

[127]曲明. 企业战略审计理论与方法探讨[D]. 东北财经大学硕士学位论文，2005.

[128]龙正平. 风险视角下的企业战略控制系统中航油事件的反思[J]. 经济管理，2006(3).

[129]孙慧. 不确定环境中的战略控制模型及运行条件[J]. 江苏商论，2007(1).

[130]饶志明. 企业战略评价整合体系及其过程[J]. 华侨大学学报(哲学社会科学版)，2006(1).

[131]吴萼辉. 基于 EVA 与 FCF 综合运用的价值战略评价模型构建与应用[J]. 企业家天地半月刊(理论版)，2008(6).

[132]李春波. 企业战略管理[M]. 北京：清华大学出版社，2011.

[133]张国良. 战略管理[M]. 杭州：浙江大学出版社，2009.

[134]赵顺龙. 企业战略管理[M]. 北京：经济管理出版社，2008.

[135]杨齐. 企业战略管理[M]. 兰州：兰州大学出版社，2008.

[136]王倩. 企业战略管理[M]. 上海：立信会计出版社，2008.

[137]黎群. 企业战略管理教程[M]. 北京：中国铁道出版社，2008.

[138]何彪. 企业战略管理[M]. 武汉：华中科技大学出版社，2008.

[139]陈继祥. 战略管理[M]. 北京：旅游教育出版社，2008.

[140]林广瑞. 企业战略管理[M]. 杭州：浙江大学出版社，2007.

[141]王钊. 企业战略管理[M]. 北京：中国农业出版社，2007.

[142]姚小涛，弋亚群. 战略管理 [M]. 北京：高等教育出版社、经济管理出版社，2019.

[143]李玉刚. 战略管理[M]. 北京：科学出版社，2019.

[144]崔颖. 战略管理[M]. 北京：北京大学出版社，2017.

[145]徐大勇. 企业战略管理[M]. 北京：清华大学出版社，2019.

[146]文理，等. 企业战略管理[M]. 北京：中国科学技术大学出版社，2019.

[147]李维胜. 企业战略管理[M]. 北京：经济管理出版社，2019.

[148]姚建明.战略管理[M].北京:清华大学出版社,2019.

[149]秦远建.企业战略管理[M].武汉:武汉理工大学出版社,2017.

[150]李振福,孙忠.战略管理:企业持续成长的理论[M].北京:中国市场出版社,2018.

[151]徐君.企业战略管理[M].北京:清华大学出版社,2019.

[152]蓝海林.企业战略管理[M].北京:中国人民大学出版社,2018.

[153]熊爱华.战略管理[M].北京:中国财经出版传媒集团、经济科学出版社,2020.

[154]陈志军,张雷,等.企业战略管理[M].北京:中国人民大学出版社,2018.

[155]霍春辉.战略专栏[M].北京:清华大学出版社,2016.

[156]许强,张力维,杨静.复合基础观视角下后发企业战略变革的过程——基于纳爱斯集团的案例分析[J].外国经济与管理,2018(7).

21世纪普通高等教育“十三五”规划教材·工商管理系列

战略管理习题集

（第三版）

胡大立　主　编
陈　明　副主编

上海财经大学出版社

第三版前言

战略，古称谋略、韬略，为军事用语，是关于战争的艺术和部署。随着人类社会实践的发展，后来战略思想被运用到企业经营领域，形成“战略管理”。

进入21世纪以来，全球化进程不断加快，信息技术日新月异，以及知识经济迅速发展，给企业带来了前所未有的压力和挑战，战略管理的重要性日益凸显。面对这样的经营环境，企业的兴衰成败更多地取决于战略管理者高瞻远瞩的科学决策，取决于企业所处的行业结构和企业的核心竞争力。世界的多变性和环境的复杂性，对企业提出新的要求。任何企业要实现长期的可持续发展，就必须重新审视战略管理的多项要素、前提条件及业务基础。只有运筹帷幄，才能决胜千里。今天，企业遇到的挑战和机会比以往任何时候都要大。战略管理作为研究企业未来发展方向、界定企业经营范围、寻求可持续竞争优势的一门学科，越来越受到我国广大学者和企业界人士的高度关注。

战略管理的研究已有几十年的历史，并于20世纪80年代在西方国家出现“战略热”。战略管理成为企业管理理论研究的前沿领域之一。战略管理是现代企业的灵魂。实践证明：科学地制定战略并有效地实施，是适应环境变化、打造核心能力、实现可持续发展的关键。近十年，我国关于战略管理的研究和探索不断地兴起，各大专院校相应地也开设了“战略管理”这一课程。

本习题集是与上海财经大学出版社出版的《战略管理》（第三版）（胡大立主编）教材相配套的一部习题集。本习题集是按《战略管理》（第三版）教材的篇章结构设计的，每一章都设置了名词解释、单项选择题、多项选择题、判断题、简答题、论述题、案例分析题7种题型，基本上涵盖了《战略管理》（第三版）教材的主要内容及要掌握和考察的知识点。为了方便读者学习，本习题集每一章都有参考答案和案例分析提示（见网站课件），有助于读者拓展思路，迅速掌握战略管理的核心知识。

本习题集由胡大立教授担任主编，陈明副教授担任副主编。参加编写的有第一章　吴昌南、王晶晶、彭柳林；第二章　杨晓玲、潘淑清；第三章　谢娟娟；第四章　胡大立、王文畅；第五章　汪华林、徐刚；第六章　胡大立、王文畅；第七章　盖永美、王启业；第八章　李敏、王启业；第九章　陈明；第十章　吴昌南、王晶晶、彭柳林；第十一章　吴昌南。全书由胡大立总纂并审定。

本习题集的出版得到了湖北众邦文化传播有限公司与上海财经大学出版社的大力支持和协助，在此表示衷心感谢。同时对习题集中引用文献的原作者及机构表示诚挚的谢意！由于时间仓促，加之水平有限，本习题集中难免存在诸多疏漏与不当之处，恳请广大读者批评和指正。

胡大立
2021年3月

目 录

第十一章　企业战略变革

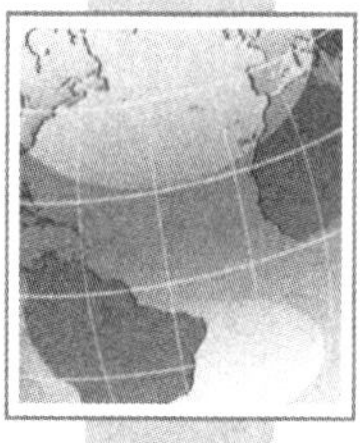

第一章 战略管理概述

一、名词解释

1. 企业战略
2. 战略管理
3. 增长向量
4. 产品与市场范围
5. 经营单位战略

二、单项选择题

1. 战略管理理论的发源地是(　　)。

A. 英国　　B. 美国　　C. 日本　　D. 中国

2. 决定公司长远发展方向的战略是(　　)。

A. 职能战略　　B. 经营单位战略　　C. 总体战略　　D. 竞争战略

3. 研究和开发战略是(　　)。

A. 总体战略　　B. 职能战略　　C. 经营单位战略　　D. 竞争战略

4. 结构学派是(　　)。

A. 以理性主义为特征的第一阶段

B. 强调非理性因素,注重对战略制定过程中行为因素研究的第二阶段

C. 综合阶段

D. 第四阶段

5. 战略管理理论发展经历了(　　)个阶段。

A. 两　　B. 三　　C. 四　　D. 五

6. 提出企业战略是一种计划、一种计谋、一种模式、一种定位和一种观念的管理学家是(　　)。

A. 安德鲁斯　　B. 安索夫　　C. 钱德勒　　D. 明茨伯格

7. 战略分析包括企业外部环境分析和(　　)两部分。

A. 企业内部环境或条件分析　　B. 企业经营情况分析

C. 企业管理情况分析　　D. 市场环境分析

三、多项选择题

1. 按照安索夫的观点，战略管理的构成要素包括（　　）。
A. 产品与市场范围　B. 增长向量　C. 竞争优势　D. 协同作用
2. 战略管理的层次包括（　　）。
A. 总体战略　B. 经营单位战略　C. 职能战略　D. 竞争战略
3. 战略管理的过程包括（　　）。
A. 战略分析阶段　B. 战略选择阶段　C. 战略实施阶段　D. 战略控制
4. 公司战略管理者是（　　）。
A. 公司高层管理者　B. 董事会　C. 专职计划人员　D. 基层人员
5. 竞争战略包括（　　）。
A. 成本领先战略　B. 差异化战略　C. 并购战略　D. 集中化战略

四、判断题

1. 战略管理与管理都有艺术性。（　　）
2. 先有战策，再有战略。（　　）
3. 一切战略管理对组织都是有益的，没有风险。（　　）
4. 差异化战略是职能战略。（　　）
5. 职能战略和经营单位战略要服从总体战略的要求。（　　）
6. 企业文化是企业无形的东西，对企业战略不重要。（　　）
7. 没有学过战略管理理论的民营企业家没有战略性思维。（　　）
8. 公司战略管理是公司高层的工作，专职计划人员不参与战略管理过程。（　　）
9. 战略具有全局性的特征，因而战略管理也要树立宏观意识，在战略环境中分析宏观环境，微观企业层面的环境因素可以不分析。（　　）
10. 在一个企业内部，企业战略的各个层次之间是相互联系、相互配合的。企业每一层的战略都构成下一层的战略环境，同时低一级的战略又为上一级战略目标的实现提供保障和支持。（　　）
11. 战略管理的重点是战略实施和战略评价。（　　）
12. 战略管理者是企业战略管理的主体。（　　）
13. 一般来说，一个企业的战略可划分为三个层次，即公司战略、经营战略和职能战略。（　　）
14. 企业的总经理是高层管理者。（　　）
15. 公司战略、经营战略以及职能战略虽然共同构成了一个企业的战略层次，但它们之间毫无关系。（　　）

五、简答题

1. 简述战略管理的特征。
2. 什么是经营单位战略？其主要包括哪几种具体战略？
3. 战略、战术与策略有什么区别？
4. 简述战略管理的作用。

5. 简述战略管理的要素。
6. 战略管理有哪几个层次？
7. 战略性思维应具备哪些素养？

六、论述题

当前中国企业战略管理存在什么问题？如何解决？

七、案例分析题

联想与华为的战略差异在哪里

战略是关于企业长远发展的纲领性、全局性和整体性谋划。公司之间的战略差异短期通常看不出来，但是30年过去了，联想与华为的差异越发清晰可见。

柳传志和任正非：惊人相似的创业境遇

柳传志，生于1944年，1984年40周岁时，作为主要创业者之一，以20万元创立联想（当时公司名称叫"中国科学院计算所新技术发展公司"），先是代理销售IBM、AST、惠普等国际微机品牌，主要靠给进口电脑配装中国科学院计算所倪光南教授主导开发的"汉卡"，赚到了第一桶金。

任正非，与柳传志同岁，1987年43岁时从深圳南油集团辞职下海，以2万元创立华为。任正非比柳传志晚3年创业，刚开始主营代理业务，靠代理香港康力公司的HAX模拟交换机，赚到了创业的第一笔财富。

作为经典商业案例的联想与华为一北一南两家企业，它们的过去有太多相似的东西：

同样靠"代理"赚取了第一桶金；

同样经历了由野蛮生长到文明生长的"蜕变"；

同样取得了令许多企业难以望其项背的商业成就；

同样有一位"教父"般的精神领袖；

同样怀有基业长青的梦想……

但是，人们注意到，近年来，这两家企业的发展轨迹正在悄然发生变化。

华为业绩逆势上扬，销售收入和净利润连年保持高速增长，2015年更是创造了销售收入3 950亿元和净利润369亿元的惊人业绩。

联想集团，2015年财年营业收入和利润均出现同比下降，全年净亏损1.28亿美元（亏损约合人民币8.4亿元），令人大跌眼镜。

企业的核心价值

比较联想控股和华为两家企业的核心价值，两家企业的价值追求和价值主张存在明显的差异：

联想追求多元化的扩张和多行业的成功，看重影响力，强调求实、进取。

华为以实现顾客的梦想和为客户创造价值为核心价值追求，更有一种理想主义情怀，强调专业专注精神，在价值观方面倡导"开放、合作、共赢"。

企业的核心能力

联想的核心能力是什么？在联想企业内部似乎从来就没有达成共识。柳传志说是"建班子，定战略，带队伍"。杨元庆说，兼并收购是联想的核心能力。还有人说，分销能力是联想的核心能力。北京大学光华管理学院教授张维迎干脆说，柳传志就是联想的核心能力。

打开联想控股官网，最吸引人眼球的一句口号是：制造卓越企业。制造卓越企业似乎更像是联想控股的核心能力。柳传志发明了一个制造企业的经典模式，那就是"建班子，定战略，带队伍"。

按照这个模式，他的确批量"制造"出来联想集团、神州数码、君联资本、融科智地、弘毅投资、神州租车、拜博口腔、安信颐和、丰联集团、佳沃集团等众多企业。柳传志无愧于一位"企业制造"大师，但绝对不是一位真正的战略大师。

华为与联想不同，华为的核心能力几乎无可争议，那就是华为多年坚持不懈、专心致志打造出的强大研发能力。

截至 2015 年底，华为累计申请了 52 550 件国内专利和 30 613 件外国专利，专利申请总量位居全球第一；累计已授权专利 30 924 件，美国授权专利 5 052 件，欧洲各国累计授权专利达 11 474 件。高专利申请量与高专利授权量齐头并进。

从 1990 年到现在，华为二十六年如一日，持之以恒地做了一件事，那就是研发。根据统计，华为 2006—2015 年研发投入累计超过 2 400 亿元，研发投入占销售收入的 15%。

反观联想，过去 10 年，联想集团累计投入研发成本仅 290 亿元，尚不及华为 2015 年一年的研发支出。联想集团擅长并购，2004 年收购了 IBM 全球 PC 业务，2014 年收购了摩托罗拉的移动智能手机业务。联想集团以为花钱收购就可以买来研发能力，还可以免交专利费，但这恰恰犯了战略大忌，核心能力岂是能够轻易买来的？

华为拒绝短视和机会主义，在研发方面不吝投入，其研发能力已经拉开了与联想的巨大差距。联想电脑 2013 年的销售量虽然升居世界第一，成为全球最大的 PC 生产厂商，但是联想电脑只是做"大"了；华为则无论是在通信技术产品和服务方面，还是手机方面，都是做"强"了。

企业的核心业务

联想控股的愿景定位于"在多个行业内拥有领先企业"，决定了联想控股专注"制造企业"而不是制造产品，注定了联想坚持走"贸工技"发展道路，走业务多元化发展道路。

所以联想控股确定的发展战略目标是形成核心资产运营、资产管理、"联想之星"孵化器投资三大板块的战略布局。核心资产运营涉及房地产、消费与现代服务、化工新材料、现代农业五大领域，运用多年积累的"实业＋投资"的丰富经验，不断地打造卓越企业，实现公司上市。

战略实施的结果是形成联想电脑、神州数码、君联资本、融科智地、弘毅投资以及农业、食品、租车、酒业、化工、医疗、养老等众多业务板块并行发展的模式。

与联想多元化发展模式形成鲜明对照的是，华为钟情于专业化，倾情于专业化，坚定不移地走专业化发展道路，早在 1996 年华为构建的《基本法》就明确规定：华为的追求是在电子信息领域实现顾客的梦想，致力于成为世界一流的设备供应商，而且永不进入信息服务行业。华为不仅是这么宣称的，也是这么做的。

任正非这样描述华为的专注和"傻干"：华为选择了通信行业。这个行业比较窄，市场规模没那么大，面对的又是世界级的竞争对手，我们没有别的选择，只有聚焦，只能集中配置资源，朝着一个方向前进，犹如部队攻城，选择薄弱环节，尖刀队在城墙上先撕开一个口子，两翼的部队蜂拥而上，把这个口子向两边快速拉开，千军万马压过去，不断扫除前进中的障碍，最终形成不可阻挡的潮流，将缺口冲成大道，城池就是你的了。这就是华为人的"傻干"！

华为坚定地走专业化发展道路，核心能力不断地增强，核心业务不断地强大，在全球市场攻城略地，30 年保持高速增长，而且从来没有发生亏损。毫无疑问，华为创造了中国奇迹，创造了企业战略发展的经典案例。

联想和华为的战略选择各不相同,各自的优劣难以评说。但从长期看,企业发展成果的差异最终将反映出企业战略方面的差异。过去 30 年,联想和华为固然都取得了巨大的成功;再过 30 年,中国一北一南这两家优秀企业是否还能够并驾齐驱驶向卓越,我们或可拭目以待。

思考题:

(1)联想控股和华为两家企业的战略差异表现在哪些方面?

(2)通过对联想控股和华为的战略差异进行对比分析,阐述企业战略在企业发展中起到的作用。

(3)通过对联想控股和华为的战略差异进行对比分析,谈谈你对战略的理解。

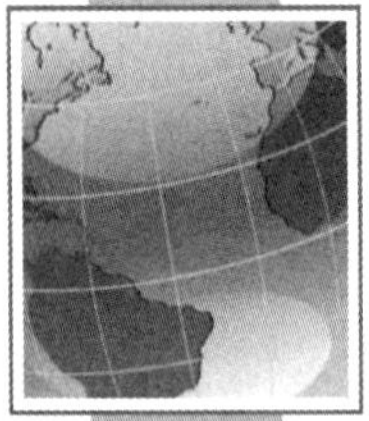

第二章
外部环境分析

一、名词解释

1. 宏观环境
2. 行业环境
3. 竞争环境
4. 生态效率
5. 五力模型

二、单项选择题

1. 构成企业经济环境的主要因素有(　　)。
A. 社会经济结构　　B. 经济发展水平　　C. 宏观经济政策　　D. 以上都是
2. 政治环境对企业的影响有(　　)特点。
A. 直接性　　B. 难以预测性　　C. 不可逆转性　　D. 以上都是
3. 政府贷款和补贴对某些行业的发展有着积极的影响,这种影响应该属于(　　)。
A. 经济因素　　B. 技术因素　　C. 法律因素　　D. 政治因素
4. 在五种力量中,表现得最直接、最直观和最重要的威胁因素是(　　)。
A. 潜在进入者　　B. 现有企业之间的竞争
C. 购买者　　D. 替代品
5. 在影响企业发展的环境中,属于社会经济结构而又最重要的因素是(　　)。
A. 分配结构　　B. 产业结构　　C. 经济体制　　D. 交换结构

三、多项选择题

1. 行业分析的目的有(　　)。
A. 评估一个行业的吸引力
B. 根据行业结构的变化趋势预测行业未来获利能力的变化
C. 明确行业的关键成功因素
D. 分析行业结构、竞争态势和获利水平之间的关系
2. 与分销相关的关键成功因素有(　　)。
A. 拥有强大的批发分销商　　B. 能够获得零售商充足的货架空间

C. 及时、快速、高效的物流配送系统　　D. 分销成本相对较低

3. 以下属于五种力量模型的有(　　)。

A. 供应商　　B. 竞争对手　　C. 购买者　　D. 替代品

4.(　　)等属于行业进入壁垒。

A. 预期的竞争者的报复　　B. 规模经济

C. 资金需求　　D. 供应商的讨价还价能力

5. 与现有企业之间的竞争激烈程度相关的主要因素有(　　)。

A. 行业内现有企业的数量和规模　　B. 行业增长缓慢

C. 产品差异化程度小　　D. 固定成本或库存成本

四、判断题

1. 企业外部环境主要包括宏观环境、行业环境、竞争环境。(　　)

2. 政府从宏观层面对经济实施干预的主要手段有财政手段、货币手段和收入—价格管制。(　　)

3. 社会经济结构主要包括七方面的内容:产业结构、分配结构、交换结构、消费结构、技术结构、投资结构和就业结构。(　　)

4. 通常用来反映一个国家经济发展水平的常用指标有国民生产总值、国民收入、人均国民收入、经济发展速度、经济增长速度等。(　　)

5. 生态环境的破坏对人类的生存影响很大。它的主要形式有全球温室效应、生物多样性减少、水土流失、土壤退化、土地荒漠化、土地盐碱化、臭氧层破坏、酸雨等。(　　)

五、简答题

1. 宏观环境、行业环境和竞争环境有何区别?

2. 外部环境分析包括哪几种行为?

3. 社会经济结构可以从哪些方面来加以分析?

4. 企业对行业结构进行分析的目的是什么?

六、论述题

1. 宏观环境分析的五个方面是什么?解释它们之间的不同。

2. 试述外部环境评估矩阵的基本原理及其内涵。

七、案例分析题

麦当劳和肯德基的战略对决

说起洋快餐,大家的第一反应肯定是麦当劳和肯德基。不过从全球范围看,麦当劳和肯德基不是同一个量级。麦当劳是全美排名第一的快餐老大,肯德基在美国的排名才第七,肯德基的东家百胜餐饮集团的市值也只有麦当劳的 1/5。在中国,肯德基的门店数量却多于麦当劳,这是什么原因呢?

一般来说,第一个吃螃蟹的人在市场竞争中总会占得先机,肯德基是 1987 年进入中国的,比麦当劳早了 3 年。可实际上,首先对中国市场感兴趣的不是肯德基,而是麦当劳。当时麦当

劳派人考察中国市场，经过一番调查之后得出结论：中国是一个饮食口味极端顽固的国家。例如，对于早餐，北京人习惯喝豆浆、豆汁，吃豆腐脑、油条；上海人习惯吃泡饭；广东人要喝早茶。各地方的口味都不一样。中国人绝对不会吃汉堡包，于是麦当劳的中国计划搁浅了。

之后不久，肯德基也派了一位首席代表来中国考察市场。经过一年多的考察，得出的结论与麦当劳截然相反，认为中国有全世界最大的快餐市场。1987 年 11 月 12 日，肯德基在北京前门的第一家店开张了。开张这一天，人满为患。而在开业之后，每到星期天肯德基三楼总会举行婚礼。因为当时中国人觉得西餐新鲜，不管快餐还是慢餐，西餐就是洋气和体面。可以想象，场面能火爆到什么程度！仅仅 10 个月就收回了成本。自此之后，肯德基坐上了中国西式快餐的头把交椅。

对麦当劳而言，起了一个大早，怎么连晚集都没赶上？问题出在哪里？麦当劳当时派出的是美国人，据说在此之前这位调查员根本没来过中国，对中国人的习惯、中国的历史根本不了解。肯德基则不一样，派出的是一位在中国台湾地区出生、在美国求学的华人——王大东。王大东在肯德基担任过多年的中层管理人员，在中国也干过餐饮。他注意到，在北京不但有常住人口，而且当时流动人口也有几十万，这就是市场空间。而且王大东认为，相比麦当劳的汉堡包，肯德基的主要产品炸鸡更贴近中国人的口味。

还有一点很重要，当时中国正在大力发展农业现代化，首先支持和鼓励的就是家禽饲养，这成为日后肯德基发展的优势。明白了问题所在，也就看到了中国内地市场的潜力。麦当劳在 1990 年也迅速登陆中国，在深圳开了第一家麦当劳店。虽说是后知后觉，不过当时肯德基在中国也仅开了四家店，一家店追赶四家店没有可能，更何况无论是从发展历史还是整体的规模实力乃至品牌资产，也不是肯德基跟麦当劳都没法比，而是差距也很大。

刚开始 10 年，麦当劳发展迅速，在北京市场上一度领先肯德基。1999 年 6 月，肯德基推出了一则广告，一个大大的问号，旁边写了一句话：羊能克隆，肯德基也能克隆吗？明眼人一看就知道这广告是冲着麦当劳的。这是怎么回事？肯德基是做炸鸡起家的，而麦当劳以牛肉汉堡闻名。十多年来，两家一直是井水不犯河水。可到了 1998 年，麦当劳在中国市场推出了与肯德基很类似的麦辣鸡翅。

肯德基当然不乐意，来而不往非礼也，肯德基也模仿麦当劳推出了两块钱的脆皮甜筒。麦当劳见招后，把冰激凌的定价由两元钱降到一元钱。不到两天，肯德基在广州、深圳等地将脆皮甜筒的价格降到一元钱，同时还推出鸡翅产品买二送一活动。可以说，两家的竞争针锋相对，火药味十足。尽管价格战打得热闹，两家却有一个默契，即降价归降价，赔本的买卖可都不做。因此，经过几个月的监控，双方在亏损来临前几乎同时停止降价，一元钱又回到两元钱。

这一轮的较量双方打成平手。奇怪的是，在此之后，财大气粗的麦当劳似乎伤了元气。2002—2004 年，麦当劳平均一年仅增加了六七十家店铺，而肯德基开的新店超过 300 家，因此差距也拉大了。原因是什么呢？当时麦当劳在全球大举扩张，但因为文化差异等各方面的原因，在一些国家和地区遭遇了抵制。这种经营环境的危机影响了麦当劳的业绩。由于麦当劳的扩张速度太快、规模太大，因此资金链有些吃紧。船大掉头难，2002 年 12 月，麦当劳出现了上市以来的首次季度亏损，甚至连续关闭 719 家快餐店，在中国的扩张自然也受到波及。

按道理，同样是西式快餐连锁企业，肯德基也面临同样的经营环境，即便是规模小、船小好掉头，那么在中国市场为什么差距会如此悬殊？麦当劳究竟有什么秘诀呢？就像当初考察中国市场一样，有一点肯德基非常重视，即本土化。肯德基的亚洲区总部设在中国上海。整个中国业务部全是华人，所以从一开始，他们就考虑到中国的饮食文化，了解中国人对于菜式变化这种极致的追求。肯德基从刚开始进入中国，就不断地向中国人的口味进化，像豆浆、油条、米饭、粥等。平均每个月肯德基都会推出长期或短期的本土化产品，甚至考虑到中国各地口味的差异，比如说在四川，用餐的同时会附赠一小份辣椒酱。肯德基正是产品的不断推陈出新，增加了对中国消费者的吸引力，导致迅速扩张。

而麦当劳跟肯德基却不大相同，从中国区 CEO 到公关总监都是洋面孔，而在产品上，西式汉堡一直是麦当劳的主打产品。麦当劳可以在菜单中加入鸡肉、猪肉及中国人喜欢吃的肉类品种，却不会卖与西餐完全不搭边的品类。显然，比起肯德基，麦当劳从内到外都透着一股浓浓的美式风格。

麦当劳于 1955 年诞生，由麦克唐纳兄弟和雷·克洛克创办，最初是一个很简陋的汽车餐厅。当时为了适应竞争激烈的快餐市场，实现快速扩张，麦当劳不断地精简菜单，并在品质服务等方面下足功夫，逐渐形成了从产品生产到服务再到管理品牌宣传等全方位的标准化系统。

例如，麦当劳号称全球一个口味，因为从原料采购到食品配方到制作的火候都有一套近乎苛刻的量化标准。例如，奶浆的接火温度不得超过 4℃，牛肉饼要接受 40 多项指标的检查，从顾客开始点餐到拿到食物离开柜台的时间必须在 59 秒以内。当然由于中国人多，这 59 秒未必真能做到，但这是麦当劳的标准化要求，对其工业化生产和连锁式经营都十分有利。还有一点也很重要，标准化形成了鲜明的品牌特色，一提起金色拱门，大家都知道是麦当劳；一提起麦当劳，大家都会想到那个小丑，都会知道这是美式快餐。在一定程度上，麦当劳甚至代表了一种美国式的生活方式。标准化使麦当劳能够快速扩张，发展成全球最大的连锁快餐企业。

肯德基创立的时间也是 20 世纪 50 年代，由哈兰·山德士上校创办，主打的是由神秘的 11 种香料烹制而成的炸鸡。虽说肯德基在整体规模上、实力上一直比不上麦当劳，但就因为规模太大，麦当劳在应对市场变化重大决策的制定和执行上要比肯德基迟缓一些，所以规模较小的肯德基在经营策略上更加灵活。肯德基的经营理念就是不断地推陈出新，以千变万化吸引顾客。

双方一比较，麦当劳就决定不能拿自己的劣势跟肯德基的优势比，不能盲目地本土化。虽然菜单、口味可以微调，但是传统的战略方针不能改变，还应该坚持标准化。这与中国的基本国情不相符，麦当劳长期以来市场占有率比不上肯德基，就是一个证明。

2003 年 9 月 25 日，麦当劳在全球 120 个国家或地区同时召开发布会，宣布要改变品牌的宣传口号：由“更多欢笑”改成“我就喜欢”，这可是一次重大的战略调整，意味着麦当劳冒险放弃了坚持近 50 年的市场定位。长期以来，麦当劳把自己的消费群定位为有小孩的家庭，总是变着法地让孩子高兴。但在很多国家情况可不一样。例如，原本在美国属于较低档次的快餐食品，在中国的价格可并不便宜，让父母经常带着孩子去吃，工薪阶层家长可能接受不了。再加上近些年，中国肥胖儿童的数量猛增，很多人都把矛头指向洋快餐，这让麦当劳的儿童路线走得有点艰难。同时，麦当劳经过调查发现，中国洋快餐的消费者中 16 到 25 岁的年轻人占到 60%以上。这些年轻的消费人群既可以适应统一标准的食品，在一定程度上又能忽略价格的因素，甚至吃洋快餐在年轻人心目中还被当成一种时尚、便捷的就餐方式。因此，麦当劳将宣传口号改成“我就喜欢”，这样更贴合年轻人追求个性的特点。通过这次变脸，麦当劳改走青年路线，改变了市场定位，以此谋求更大的发展。

2006 年，麦当劳在中国率先推出 24 小时门店，并且在 3 年里打造成不关门的餐厅。一开始，肯德基对此不屑一顾，认为无利可图。可几年过去了，通宵营业策略让麦当劳尝到甜头，它虽然不愿意透露销售额的增长率，但 24 小时店从最初的亏本到现在已经开始盈利，夜间的销售额有时可以占到全天销售额的10%－15%，有的单店营业额甚至超过肯德基，这让麦当劳士气大振。2008年7月，肯德基推出了外卖服务，从早上7点到晚上10点，提供有偿的送餐服务。麦当劳半年之后也推出了外卖，而且无时限，24小时不停歇。肯德基当即还以颜色，麦当劳送一趟七元钱，肯德基送一趟就六元钱。2007年，麦当劳与中石化合作，准备在加油站大力发展汽车餐厅。麦当劳相当看重这一合作模式，希望通过得来速的快速扩张改变多年来在中国市场的劣势地位。可是合同签得不严谨，2009年年初，肯德基也宣布和中石化合作拓展汽车餐厅。

对于汽车餐厅，肯德基似乎是挖了麦当劳的墙脚，可有时候，肯德基也会主动站出来替麦当劳说话。比如，2004年美国资深导演摩根策划了一部很著名的纪录片。纪录片的内容非常简单，连续30天，一天三顿饭就吃麦当劳，饮用水都喝麦当劳的。结果一个月之后体重飞涨30斤，血压上升，体能下降。这部影片一问世，高热量的洋快餐就被看成垃圾食品的代名词。而且不巧的是，麦当劳的两位首席执行官先后患消化系统疾病在一年中去世，而平时吃麦当劳的各种食品也是他们工作的一部分。因此，人们对于垃圾食品的恐慌达到顶点，麦当劳陷入巨大的危机中。按理说，麦当劳遭殃，肯德基应该偷着乐，可结果恰恰相反，它们不但统一口径，而且当即休战，反复强调自己食品的安全性。麦当劳在全国开放厨房，通过顾客眼见为实来加深对食品烹制的认识。两家合力，最终把危机扛过去了。肯德基为什么会帮助麦当劳？道理很简单，要说帮对手，不如说帮的是自己。同样是西式快餐，如果麦当劳遭殃，肯德基也没什么好结果。因此，面对危机，双方由对手变成了盟友。

思考题：

(1)面对同样的中国环境，麦当劳和肯德基在分析时为什么会得出不同的结论？

(2)当时，肯德基在中国战胜麦当劳的核心优势是什么？

(3)在中国市场，麦当劳与肯德基为什么不能完全学习对方的模式？

(4)结合该案例，探讨企业如何做好外部环境分析。

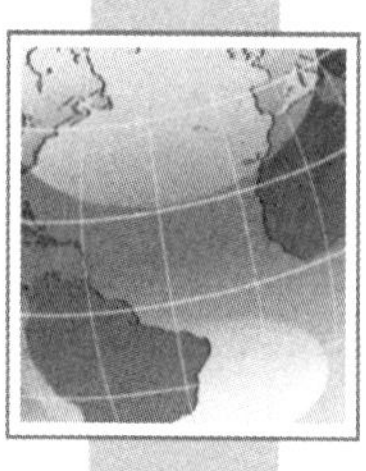

第三章
内部条件分析

一、名词解释

1. 有形资源
2. 无形资源
3. 核心能力
4. 价值链
5. 标杆管理

二、单项选择题

1. 企业内部条件分析可以使企业确定（　　）。

A. 应该做什么　　B. 能做什么　　C. 应该完成什么　　D. 应该在什么时候行动

2.（　　）不是无形资源。

A. 财务资源　　B. 知识产权　　C. 商誉资源　　D. 组织资源

3.（　　）分析的目的是要确定资源配合战略发展的能力，即一旦战略环境发生变化，企业资源对环境变化的适应程度是一种动态的资源观的体现。

A. 现有资源　　B. 资源利用情况　　C. 资源应变能力　　D. 资源预测

4. 容易被模仿的技术可以通过市场买卖的资源属于（　　）。

A. 长周期资源　　B. 短周期资源　　C. 标准周期资源　　D. 无形资源

5. 企业资源并不是每种资源对竞争优势的形成都有同等贡献，只有对持续竞争优势的形成起着关键作用的资源称为（　　）。

A. 有形资源　　B. 无形资源　　C. 一般资源　　D. 战略性资源

6. 影响企业竞争优势的深层次因素是（　　）。

A. 资源　　B. 能力　　C. 技术　　D. 管理水平

7. 关于价值链活动，以下说法正确的是（　　）。

A. 能被划分成基本活动和辅助活动

B. 能被划分成资源和能力

C. 能被分析，但是对于公司竞争优势的建立作用不大

D. 仅用于营利性公司

8. 价值链分析是应用于（　　）的工具。

A. 分析企业外部环境

B. 仅对企业的内部环境进行分析，而不关心那些与其他公司竞争的行为

C. 识别和评价企业的资源和能力，确定企业的竞争优势

D. 决定企业外部环境的机会能持续多久

9. 在基本活动和辅助活动中，属于间接活动的是（　　）。

A. 零件加工　　B. 销售　　C. 设备维修　　D. 产品设计

10. 价值链分析的基础是（　　）。

A. 成本　　B. 价值　　C. 利润　　D. 活动

11.（　　）是跨越行业界限、寻求绩优企业成功的战略和优胜竞争模式，目的是寻找最佳战略，进行战略转变。

A. 战略管理　　B. 流程标杆管理　　C. 职能标杆管理　　D. 战略标杆管理

三、多项选择题

1. 以下属于有形资源的是（　　）。

A. 财务资源　　B. 物化资源　　C. 融资能力　　D. 商标

2. 关于企业资源分析，以下说法正确的是（　　）。

A. 对企业资源数量进行评价和分析

B. 对企业资源质量进行评价和分析

C. 对企业现有资源状况及变化趋势进行分析

D. 对战略期中应增加哪些资源进行预测

3. 资源平衡分析的主要内容有（　　）。

A. 业务平衡分析　　B. 现金平衡分析

C. 高级管理人员平衡分析　　D. 战略平衡分析

4. 资源按照其可持续性划分，可以分为（　　）。

A. 流量资源　　B. 长周期资源　　C. 短周期资源　　D. 标准周期资源

5. 企业的战略性资源主要包括（　　）。

A. 企业技术资源　　B. 信息资源　　C. 信誉资源　　D. 关系资源

E. 人力资源

6. 价值链分析过程中，基本活动包括（　　）。

A. 内部后勤　　B. 生产经营　　C. 外部后勤　　D. 市场营销

E. 服务

7. 价值链系统包括（　　）。

A. 供应商价值链　　B. 企业价值链　　C. 渠道价值链　　D. 买方价值链

8. 企业竞争优势有三个主要来源，它们是（　　）。

A. 价值活动本身　　B. 生产运作　　C. 价值链内部联系　　D. 价值链纵向联系

9. 以下被称为 20 世纪 90 年代三大管理方法的是（　　）。

A. 企业再造　　B. 战略联盟　　C. 业务流程重组　　D. 标杆管理

10. 完成标杆管理的步骤包括（　　）。

A. 计划　　B. 分析　　C. 整合　　D. 行动　　E. 完成

四、判断题

1. 进行企业的内部条件分析，可以明确企业所具有的优势和劣势，确定企业能做什么。（　　）

2. 企业内部条件分析，是对企业的各种资源和能力进行系统分析，是企业经营的基础，制定战略的出发点、依据和条件，是竞争取胜的根本。（　　）

3. 企业资源分析就是对企业现有资源的分析。（　　）

4. 通过对企业资源的分析，关键是确定企业的资源优势和劣势。（　　）

5. 能力分析是从全局来把握企业资源结构和分配、组合方面的状况，形成企业的经营结构，也是构成企业竞争优势的物质基础。（　　）

6. 企业的竞争力来源于企业的竞争优势，竞争优势又源于企业能力，而企业能力源于企业资源。（　　）

7. 一般能力是企业获得长期竞争优势的源泉。（　　）

8. 资源和能力是两个并列的范畴。核心能力属于企业能力，也是起重要作用的能力。（　　）

9. 本田公司在发动机方面的技能称为核心能力，而其处理与经销商关系的能力不是核心能力。（　　）

10. 企业资源尤其战略资源是企业创造竞争优势的基础和前提条件。（　　）

11. 企业价值链不是孤立存在的，而是体现在更广泛的价值系统中。（　　）

12. 标杆管理是在 20 世纪 70 年代末由美国可口可乐公司首先提出来的一种新的管理方法。（　　）

13. 流程标杆管理，指的是以优异的职能操作为基准进行的标杆管理，主要通过合作的方式提供和分享技术市场信息。（　　）

五、简答题

1. 简述企业资源分析的内涵。
2. 要准确理解企业核心能力的内涵，应把握哪几点内容？
3. 企业核心能力的四个特征是什么？
4. 企业价值链有何特点？
5. 简要回答价值链分析的具体步骤。
6. 标杆管理的应用价值主要体现在哪几个方面？
7. 简要回答内部因素评价矩阵（IFE 矩阵）的分析过程。

六、论述题

1. 论述企业核心能力与竞争优势的关系。
2. 试述对价值链分析方法的评价。

七、案例分析题

网易：以生活方式重新定义电商

经过 20 多年的发展，网易形成了独特的风格，邮箱、词典、公开课、新闻、音乐都积累了大量的用户。网易提供的产品往往有鲜明的独特性，被称为“互联网品味家”。例如，网易新闻的评论和跟帖往往比新闻本身更有趣，网易云音乐的上传歌单和评论得到用户很高的评价。

2014年后，消费电子商务形成了以阿里巴巴和京东为主导的寡头市场。连续三年，电子商务市场交易规模增速都停留在20%上下，逐步进入平稳期，电商创业项目也越来越少。2015年，网易重新进入电商领域，推出跨境电商品牌网易考拉，以“进口商品，本地价格”为口号。

2016年，网易上线国内电商品牌网易严选，由网易挑选的国际级优质制造商、供应商设计和生产，网易采购后在平台上销售。网易严选以毛巾、拖鞋等居家产品作为突破口，打出“好的生活，没那么贵”的口号，采用全自营模式，先后进入餐厨、饮食、服装、洗护、配件等10多个品类。

严选的初衷是在高质量的基础上去除品牌溢价，提升产品性价比。网易严选挖来100多位传统行业的职业“选”手，把控供应商和质量，并签约了日本、韩国、法国、意大利等地的设计师和设计机构开发原创。通过营造品牌而不是产品形象，网易绕过了与京东和淘宝的正面厮杀。

“这些工厂懂得工艺和质量把控，但缺乏打造品牌、进入流通环节的能力”，网易CEO丁磊说，“网易的优势：一是资金优势，在工厂下单的时候，提前给他们70%的预付款，让工厂安心；二是一下单就下三年的单，让工厂长期和网易一起发展，保证生产能力，建立相互的信任”。

流量是网易做电商的底气。“我们一直希望有一个产品，能够把网易庞大的免费信息流用户转化为有交易属性的用户”，网易考拉负责人张蕾说道。网易邮箱就是网易严选重要的流量入口。网易副总裁柳晓刚说：“最明显的效果是新用户获取成本很低。”

丁磊说，过去几年，用户的留言、互动发生了明显变化：大家越来越少地对产品的功能做评价，而越来越多地关注产品能为自己带来多少美学体验和情感记忆。我们要做的就是用充满人情味的洞察发现用户的真实需求，打造出有品位、有温度的产品，为用户创造更多的愉悦感，建立简单、可依赖的情感共同体。

丁磊认为，京东和阿里都是有机会被超越的。电商虽送货快、产品多，但仍有一个市场缺口，就是产品本身没有做到极致，甚至出现劣币驱逐良币的现象。“当我们把一些基本的产品如拖鞋、毛巾、浴巾、钱包做得非常精美，性价比很高……消费者愿不愿意来我这里？事实证明他们是愿意的。这个过程就是品味起关键作用。”人们开始追求消费让“我”更好，也就是网易严选的口号“好的生活”。

批评人士认为，网易只是一个使用精品生活口号的渠道商，除了其自身的流量优势（邮箱和新闻）外不具备核心竞争力。采购自营模式意味着每一件商品的库存压力都在网易严选身上，未来还要在产品研发、供应链管理方面加大投入，甚至需要自建物流，这些将需要极大的资源，也是网易目前不具备的能力。

2017年上半年，各家电商纷纷跟进网易严选模式。丁磊说：“我并不担心竞争。比如有的电商巨头，把严选学会了以后，其平台上90%的商家可能就死掉了。”

思考题：

(1)网易采用自营电商模式的动机有哪些？

(2)哪些资源和能力有助于网易成为电商的竞争者？与竞争对手相比，这些资源和能力处于怎样的位置？

(3)网易严选从家居用品入手有哪些好处？

(4)有批评说网易不具备产品设计和生产方面的核心竞争力，你怎么看？

第四章
企业愿景、使命与战略目标

一、名词解释

1. 企业愿景
2. 企业战略目标
3. 企业使命
4. 平衡计分卡
5. 商业伦理
6. 利益相关者

二、单项选择题

1. 企业在运用平衡计分卡进行战略管理时，主要是从客户、业务流程、学习与成长和(　　)方面开展。

A. 财务　　B. 非财务　　C. 绩效　　D. 非绩效

2. 制定企业的战略目标会涉及许多不同的方面，其中最重要的因素是外部环境、内部资源和(　　)。

A. 企业理念　　B. 企业宗旨　　C. 企业使命　　D. 企业文化

3. 表述企业使命时，回答企业将从事何种事业、用户是谁以及如何为用户服务，属于企业的(　　)。

A. 企业形象　　B. 业务范围　　C. 经营哲学　　D. 生存、发展和盈利

4. 企业的战略目标包括法律因素，是指既要符合自然法则，又要符合现有的一些(　　)。

A. 企业能力　　B. 商业道德　　C. 商业法则　　D. 国家法律法规

5. 根据利益相关者与企业的内在联系程度，企业的主要利益相关者可分为利益相关者和(　　)利益相关者。

A. 紧密与松散　　B. 直接与间接　　C. 外部与内部　　D. 单个与多个

6. 企业领导的风格多种多样，包括(　　)、支配法和其他风格。

A. 共同愿景法　　B. 民主商讨　　C. 共同参与法　　D. 权威领导

7. 运用战略目标评价矩阵进行战略目标评价时要求(　　)备择方案。

A. 单个　　B. 两个以上　　C. 多个　　D. 不需要

三、多项选择题

1. 企业愿景由三个要素构成，这三个要素同时也是管理者制定企业愿景时需要进行的三个必要步骤。这三个要素是（　　）。

A. 明确核心理念　　B. 选择发展路径　　C. 使用激励性语言　D. 明确发展目标

2. 战略目标对企业至关重要，因为它确定了企业发展的方向，有助于业绩评估，促进了企业各部门之间的合作与协同，揭示了业务重点，并为有效地制定和实施战略提供了基础。一般而言，战略目标的设定主要有（　　）。

A. 导向作用　　B. 激励作用　　C. 凝聚作用　　D. 评价作用

E. 分散作用

3. 企业的战略目标涵盖的内容非常广泛，不同的企业其战略目标设定有所不同，即使同一企业在不同时期其战略目标往往也有所不同。一般企业的战略目标包括（　　）。

A. 市场目标　　B. 创新目标　　C. 生产能力目标　　D. 社会目标

E. 盈利能力目标

4. 在进行企业使命的陈述时，需要注意的问题是（　　）。

A. 使命陈述的精确度　　B. 使命陈述的宽窄度

C. 使命陈述的时间范围　　D. 使命陈述的固定性

E. 使命陈述要及时、调整

5. 商业伦理对战略目标的影响主要体现在商业伦理的规范上，包括（　　）几个方面。

A. 法的规范　　B. 承担社会责任　　C. 限度的竞适规范　D. 保护环境

E. 以顾客为中心

6. 企业在确定使命时，必须充分、全面地考虑与其有利害关系的各方面的要求和期望，它们既可能是一些组织团体，也可能是个人。这些利益相关者有些不属于企业内部人员，而是将受到企业作为产品生产者和销售者所开展业务活动的影响的“企业外部要求者”，这些利益相关者通常包括（　　）。

A. 消费者　　B. 供应者　　C. 竞争者　　D. 政府　　E. 公众

7. 企业领导者的领导风格会对战略目标管理产生一定的影响，而每个国家的政治、文化环境不尽相同，也使得每个国家的企业领导者的领导风格呈现出地区特色。比如，中国企业领导对战略目标的特殊影响有（　　）。

A. 偏爱冒险　　B. 偏向扩张发展

C. 本土市场创新不足　　D. 凭直觉办事

E. 高层团队管理不善

8. 战略目标的合理性的评判标准主要是指（　　）。

A. 方向正确性　　B. 目标可行性　　C. 目标完善性　　D. 目标可实现性

E. 目标系统性

四、判断题

1. 企业愿景是指组织成员普遍接受和认同的组织的长远目标。（　　）

2. 企业愿景不同于一般的短期目标，它往往更为笼统，描绘了一幅更远大的前景。（　　）

3. 战略目标具有长期性，因此也具有绝对稳定的性质。（　　）

4. 在战略目标的制定过程中，受到诸多因素的影响，没有任何一种因素具有支配作用。（　　）

5. 企业使命包括企业业务范围和企业宗旨两方面的内容。（　　）

6. 功利主义模型、道德权利模型以及正义模型是确定战略目标决策是否合乎伦理标准的模型。（　　）

7. 协调利益相关者之间的目标冲突，主要识别附加在企业使命和具体任务方面利益相关者的权力。（　　）

8. 通过研究发现，与欧美企业的领导人相比，中国企业领导人团队领导能力较弱。因此，中国企业制定企业战略目标无需考虑领导者的领导风格。（　　）

9. 对战略目标的评价论证过程，也是目标方案的完善过程，即通过目标评价矩阵，找出目标方案的不足，并想方设法使之完善。（　　）

五、简答题

1. 简述企业愿景的作用。
2. 简述企业愿景的构成。
3. 简述一般战略目标的内容。
4. 平衡计分卡在政府或非营利性企业的管理体系方面有何作用？
5. 在战略目标多边形模型中，一般因素包括哪些？
6. 为什么企业需要制定明确的企业使命？
7. 为什么企业在制定战略目标的过程中要考虑商业伦理？
8. 简述进行利益相关者力量分析的步骤。

六、论述题

1. 有些学者认为，现代企业在经营过程中必须具备现代经营思想，这是实践需要还是学者杜撰的？有些企业领导认为，自己的企业经营得很好，但没有什么经营思想，是实干出来的，你对此有何评价？

2. 企业初创时期要确定自己的经营领域，而在发展过程中为什么要适时调整企业的经营领域？在确定自己的经营领域时，应注意哪些问题？如果你的企业已失去市场，或者你的下游企业失去市场，或者你的上游企业资源枯竭，则你的企业应该怎么办？

3. 企业重视经营使命，是为了使其经理人员、职工甚至消费者与社会大众都能共享此使命。对此观点，请谈谈你的看法。

七、案例分析题

特斯拉的使命和汽车产业的未来

2017 年，特斯拉股票市值在交易中首次超过美国最大的汽车公司——通用汽车。特斯拉一年销量不过 10 万辆，还有 9.5 亿美元亏损。而通用汽车销量高达 1 000 万辆，利润超过 90 亿美元。投资者并没有丧失理性，只不过是选择了汽车产业的未来。

特斯拉公司的使命是“推动世界向可持续交通发展”。与其他汽车公司相比，特斯拉是极少数没有在使命中提到产品或客户的公司，看上去像一家非政府组织或慈善组织，而并非一家以营利为目的的商业机构。这也意味着特斯拉不打算在传统汽车的市场上参与竞争，而要创造出一个属于自己的新市场。

过去，人们往往认为电动车代表着速度和性能上的妥协，但特斯拉颠覆了这一认识。2008年，特斯拉第一代汽车 Roadster 诞生，0 到 97 千米加速，用时仅 3.7 秒，续航里程近 400 千米，优越的性能吸引了一批早期用户。2007—2008 年，由于决策失当，成本失去控制，发货日期不断拖延，加上经济进入衰退期，获得融资越来越艰难，特斯拉一度徘徊在破产的边缘。

在新任 CEO 马斯克的领导下，特斯拉渡过难关并推出了一款划时代的产品 Model S。Model S 的设计体现了特斯拉对汽车产业的革命性理解：内燃机车已经没有未来，电动车应当在性能上全面超越内燃机车。Model S 是豪华轿车领域中唯一的电动汽车品牌。特斯拉从高端用户入手，在产品性能上突出电机驱动优于内燃机的特性，如极其出色的加速性能。独特的电池技术则保证了长距离的续航。电池平铺在底部，降低车辆的重心，使操控性能更为强大。由于没有内燃机和复杂的传动装置，由此节省的空间转化为宽敞的车内空间和前后备厢，这些设计给驾驶者带来的感受明显提升。

表面看，Model S 似乎只是增加了一个替代驾驶仪表盘、可以上网的 iPad，在这一改进的背后，是硅谷软件技术和互联网商业模式的支撑。过去，车辆出厂后要想更新或提高性能不仅麻烦，而且要付费。特斯拉依靠互联网软件的远程操作功能，使得车辆性能可以自动提升。就像手机操作系统一样不断升级，并且是免费的，颠覆了汽车行业售后服务收费的商业模式。

2014 年，通用汽车和特斯拉都遇到了车辆功能的问题，需要召回。两者的问题都可以用软件升级来解决。通用汽车用户需要将车送到经销商处进行软件升级，而特斯拉用户则可以在线升级而无须“物理召回”，满足了用户对互联网时代汽车的期望。权威汽车杂志 Motor Trend 给出的评语是：“Model S 不仅仅是一辆伟大的电动汽车，首先是一辆伟大的汽车。”

特斯拉发现，消费者对电动汽车的充电和服务抱有忧虑。特斯拉通过技术创新实现了快速充电，使用它的“超级充电桩”，20 分钟即可充满一半电量。为了降低电池组的成本，特斯拉建立了自己的电池超级工厂。特斯拉没有等待政府电网系统的改造，而是建立自己专属的充电网络，2017 年年底前在全球已经有 1 万个充电桩。

传统汽车对售后服务的要求较高，汽车厂商依赖经销商打开市场，而经销商则通过销售和售后获取利润。由于电动汽车不再需要保养，更换发动机等相关零部件，因此许多问题可以通过远程诊断或系统升级的方式解决。特斯拉决定取消经销商，改为全球直营。消费者可以通过特斯拉官网预约试驾，试驾过程中厂商能够直接接触消费者，有效地传递产品价值和文化并接受市场反馈。购买汽车就像在网上订购电脑一样方便，先下单后提货的模式则优化了生产和供应，零库存和预付降低了厂商进而顾客的成本。

2014 年，特斯拉 CEO 马斯克宣布允许竞争对手使用其专利。马斯克说，他的主要目标是普及电动汽车的应用。他希望，将专利提供给竞争对手可以创建一个规模更大的电动汽车市场，从而降低该公司充电基础设施的成本。2017 年，特斯拉推出平价电动车 Model 3，进入平价轿车市场。

特斯拉并没有发明电动车，但通过将不同产业的要素结合创造了新的竞争模式。

思考题：

(1)特斯拉的使命如何支持企业的成长？

(2)与传统汽车公司相比，特斯拉的战略有哪些特点？

(3)特斯拉做出开放专利的选择有何利弊？

第五章
公司总体战略

一、名词解释

1. 市场渗透战略
2. 同心多元化战略
3. 稳定型战略
4. 国际化战略
5. 紧缩型战略

二、单项选择题

1. 成长型战略是最普遍采用的企业战略，下列各项中，不属于成长型战略的是（　　）。

A. 维持利润战略　　B. 一体化战略　　C. 多元化战略　　D. 集中成长战略

2. 甲玩具厂与国内另一玩具制造厂合并，该合并战略属于（　　）。

A. 集中化战略　　B. 市场渗透战略　　C. 纵向一体化战略　　D. 横向一体化战略

3. 中小企业实力较弱，在经营中要求把有限的资源和力量投入一个确定的市场。中小企业实施的这一战略，成为（　　）。

A. 集中化战略　　B. 边缘化战略　　C. 灵活型战略　　D. 特色型战略

4. 某罐头食品厂投资建设农副产品生产基地，以解决生产所需的原料问题，该厂实施的战略属于（　　）。

A. 离心多样化战略　　B. 后向一体化战略　　C. 同心多样化战略　　D. 前向一体化战略

5. 企业开发与现有的产品、市场领域有关但不完全相同的产品、市场，来扩大经营业务领域的战略称为（　　）。

A. 离心多元化战略　　B. 纵向多元化战略　　C. 同心多元化战略　　D. 横向多元化战略

6. 谚语“东方不亮西方亮”，符合下列（　　）的特点。

A. 一体化战略　　B. 战略联盟战略　　C. 多元化战略　　D. 全方位创新战略

7. 下列各选项中，属于过渡性战略的是（　　）。

A. 一体化战略　　B. 密集型战略　　C. 多元化战略　　D. 收缩型战略

8. 下列各选项中，属于稳定型战略的是（　　）。

A. 某企业推出新产品　　B. 某企业缩小经营规模

C. 某企业出售其一子公司　　D. 某企业现阶段降低成长速度

9. 某企业通过加强广告宣传，扩大了其产品在原有市场上的占有率，这种战略属于(　　)。

A. 产品开发战略　　B. 市场渗透战略　　C. 市场开发战略　　D. 成长型战略

10. 下列不属于收缩型战略的是(　　)。

A. 扭转战略　　B. 剥离战略　　C. 清算战略　　D. 暂停战略

三、多项选择题

1. 下列属于企业总体战略范畴的是(　　)。

A. 一体化战略　　B. 暂停战略　　C. 剥离战略　　D. 差异战略

2. 下列属于横向一体化战略的是(　　)。

A. 两个竞争企业在某一领域联合投资、经营

B. 收购竞争对手

C. 两家相互竞争的企业合并

D. 控制零售商

3. 集中成长战略认为，企业战略要素包括(　　)。

A. 现有产品　　B. 现有市场　　C. 新产品　　D. 新市场

4. 关于收缩型战略的说法，正确的有(　　)。

A. 是一种消极的发展战略　　B. 是一种以退为进的战略

C. 是一种短期战略　　D. 是偏离起点较大的一种战略

5. 下列各项中，属于不易长期使用的战略的有(　　)。

A. 一体化战略　　B. 集中成长战略　　C. 稳定型战略　　D. 收缩型战略

6. 企业在选择多元化战略时，主要考虑的是(　　)。

A. 分散经营风险　　B. 减少运作费用　　C. 获取范围经济　　D. 增强竞争力

7. 国际化战略伴随着各种风险，从而使得企业实施与管理国际化战略变得困难。其中主要的风险是(　　)。

A. 政治风险　　B. 经济风险　　C. 技术风险　　D. 管理问题

8. 以下属于稳定型战略的是(　　)。

A. 无变化战略　　B. 维持利润战略　　C. 暂停战略　　D. 谨慎实施战略

9. 下列具有不同特征的企业中，可以选择前向一体化战略的有(　　)。

A. 销售环节利润率较高的企业

B. 供应环节利润率较高的企业

C. 现有上游供应商供应成本较高的企业

D. 现有下游销售商销售成本较高或可靠性较差的企业

10. 企业集团多元化经营的不足有(　　)。

A. 管理难度加大　　B. 企业资源分散

C. 出现人才短缺现象　　D. 运作费用提高

四、判断题

1. 稳定型战略只适用于企业处在市场需求及行业结构稳定或者较小动荡的外部环境中。(　　)

2. 在采取抽资转向战略无效时，企业可以尝试放弃战略。（　　）

3. 当企业存在过剩的生产力时，可以考虑市场开发战略。（　　）

4. 进行产品开发通常需要大量的研究和销售费用。（　　）

5. 企业沿着延长原有产品（业务）生产经营链条的方向发展，叫做水平一体化成长战略。（　　）

6. 目前，多元化战略已成为大中型企业适应新形势、开拓新市场的必然选择。（　　）

7. 水平多元化是一种利用现有市场，采用不同的技术发展新产品、增加产品种类的战略方式。（　　）

8. 在当地市场强烈要求根据当地需求提供产品和服务并降低成本时，企业应采取多国本土化战略。（　　）

9. 企业实施收缩型战略是短期的，其根本目的是使企业挨过风暴后转向其他的战略选择。（　　）

10. 将企业的资产全部出售，停止经营的战略叫作放弃战略。（　　）

五、简答题

1. 简述集中成长战略的类型。
2. 简述一体化成长战略的含义。
3. 简述多元化战略的优劣。
4. 简述稳定型战略的类型。
5. 紧缩型战略的特征有哪些？

六、论述题

1. 论述企业如何实施国际化战略？
2. 试分析稳定型战略的适用性。

七、案例分析题

瞄向全球——比亚迪坚持新能源国际化之路

比亚迪一直有着鲜明的个性和独特的标签。电动汽车既是开疆拓土的利剑，也是饱受争议的焦点。让人感到鼓舞的是，比亚迪一直在坚持。在电动汽车示范和推广的进程中，它始终扮演着“排头兵”的角色。

迎合环保低排放在发达国家“开花结果”

21 世纪初，随着家电企业纷纷试水汽车，比亚迪也是一个积极的参与者，相比当年的波导、春兰等“小伙伴”，比亚迪是幸运的：它在传统汽油车和电动汽车两个方面都坚持下来，并不断地发展壮大。

尤其在电动汽车领域，比亚迪的步伐一直很快：2014 年上半年，新能源汽车销量增长迅速，同比增长 6 倍；下半年将会有插电式混合动力 SUV“唐”和与奔驰合资的纯电动轿车“腾势”上市。中国汽车工业协会数据显示，2014 年上半年，比亚迪新能源汽车市场份额达 37%，其中，插电式混合动力市场份额超过 60%。2013 年 12 月推出的插电式混合动力车型“秦”成为中国新能源汽车销量冠军。在公共交通领域，比亚迪已在南京、天津、杭州、大连等多个城市赢得订单，并且开始陆续出货。另外，K9 电动大巴已在欧洲、北美、南美、亚洲的多个国家和地区通过试运营。

当比亚迪宣布把北美总部迁至洛杉矶时，加利福尼亚州州长施瓦辛格对这家得到亿万富豪巴菲特支持的公司赞誉有加。自 2011 年比亚迪推出首款电动巴士 K9 之后，2013 年全球已实现数千辆的销量成绩。王传福曾表示，针对电动车的发展战略，采用公交先行的方针。在比亚迪电动车全球布局的进程中，目前已出口至荷兰、巴西、以色列等五十多个国家或地区，其中出口国家也包括美国、日本等发达国家。

让挑剔的老外点赞比亚迪美国"现场秀"

国外有句俗语叫"Money Talks(金钱万能)"，而在美国加州有句类似的话："Technology Talks(技术万能)"，尤其在美国加州硅谷，过硬的技术和产品才最有说服力。

比亚迪敢于把电动车拿到加州，让挑剔的美国消费者真实体验。而就在三年前，比亚迪作为巴菲特投资的中国公司，受邀参加了巴菲特股东大会。由比亚迪自主研发的具有高效能、零排放、超长续航里程的纯电动大巴 K9 则作为大会展馆外的临时交通工具，负责运送前来参加股东大会的观展客人。抵达美国的第一辆电动大巴 K9 已在美国正式上牌，这标志着首度走出国门的比亚迪 K9 迈出了进军北美客车市场坚实的一步。王传福曾在北美车展上表示，"比亚迪的目标不仅仅是将绿色技术应用于汽车，而是通过向城市推广交通电动化解决方案，得以在经济复苏的同时解决环境问题。"这才是比马迪在新能源方面的战略布局。

据了解，比亚迪 K9 已得到外国意向客户极大的肯定。在美国，保护环境的理念已深入人心，为电动车的推广使用提供了良好的基础。这也正是比亚迪电动车进军北美市场的原因之一，将从点的示范到面的铺开，最终达成比亚迪的"绿色梦想"。

国内市场逐渐升温，新能源全球发力

随着国际化步伐的加快以及国内市场的发力，比亚迪正在驶入"快车道"，并将布局的触角向外延伸。2013 年 1 月 7 日，比亚迪已经获得欧盟官方许可，具备在所有欧盟成员国销售电动巴士的权限。欧盟向比亚迪颁发了"欧盟整车车辆认证"(Whole Vehicle Type-Approval, WVTA)，这意味着比亚迪可在任一欧盟成员国境内销售电动大巴，而无须另外获取该国独立批准。比亚迪将欧洲纳入其纯电动大巴销售目标市场范围。

国际组织 Sustainia 在联合国全球领导者峰会上公布了 2013 年全球最佳可持续发展方案的前十名，比亚迪 K9 荣获运输领域的最佳方案提名。比亚迪 K9 是世界上首款以锂电池驱动的纯电动大巴。凭借其领先的技术、优质的性能以及在世界各地的成功运营经验，比亚迪 K9 在来自世界 79 个国家或地区的 1 000 多个可持续发展方案中脱颖而出。值得一提的是，比亚迪也是入选 Sustainia 奖项十位提名中唯一的中国企业。

2012 年第一季度，比亚迪向法兰克福市提供 3 辆纯电动大巴 K9、2 个直流充电站以及相关的技术支持。这些纯电动巴士将作为法兰克福机场巴士以及 Gateway Gardens 线路的公交巴士，标志着走出国门的比亚迪 K9，又向欧洲电动车市场迈出了坚实的一步。

思考题：

(1)简要概括比亚迪新能源的国际化之路。

(2)读过本篇案例，你对国际化战略有什么认识？

第六章
经营单位战略

一、名词解释

1. 经营单位战略
2. 成本领先战略
3. 差异化战略
4. 集中化战略
5. 补缺战略

二、单项选择题

1. 成本领先战略的特点是(　　)。

A. 追求低成本

B. 追求低成本的同时,兼顾产品差别化特色

C. 追求低成本的同时,产品能够满足顾客的基本需要

D. 不惜以质量为代价,追求低成本

2. 需要有规模经济效益支持的战略类型是(　　)。

A. 成本领先战略　B. 差异化战略　C. 重点集中战略　D. 以上都不是

3. 企业二级经营单位凭借自己的优势参与市场竞争,同对手较量,以争夺市场、赢得顾客所采取的战略被称为(　　)。

A. 进攻型战略　B. 赶超型战略　C. 防御型战略　D. 转移型战略

4. “把鸡蛋放在一只篮子里的做法”是(　　)的形象表述。

A. 集中化战略　B. 一体化战略　C. 差异化战略　D. 多元化战略

5. 企业提供与众不同的产品和服务,满足顾客特殊的需求,从而形成竞争优势的战略是(　　)。

A. 高质量战略　B. 差别化战略　C. 市场细分战略　D. 技术领先战略

6. 日本的索尼公司在电器方面实行率先开发的战略,该公司所采取的技术战略属于(　　)。

A. 领先型技术战略　B. 紧跟型技术战略　C. 模仿型技术战略　D. 配角型技术战略

7. 补缺战略成功的关键是(　　)。

A. 专业化　B. 差异化　C. 规模化　D. 最小成本

8. 两个或两个以上的中小型企业按照自愿、平等、互利的原则组织起来共同从事一定的生产经营活动的经营战略属于(　　)。

A. 补缺战略　B. 特色战略　C. 承包战略　D. 联合战略

9. 在成熟行业中，原有产品系列结构必须调整，企业要减少利润低的产品，将生产和经营能力集中到利润高或者有竞争优势的产品上的经营战略属于(　　)。

A. 缩减产品线战略　B. 创新战略　C. 降低成本战略　D. 提高顾客的购买量战略

10. 在衰退行业中，企业要寻找能够生存与发展的细分市场甚至更细分的市场，集中资源占领或垄断该细分市场，获得竞争优势的经营战略属于(　　)。

A. 利基战略　B. 领先战略　C. 收割战略　D. 放弃战略

三、多项选择题

1. 下列战略中，属于基本竞争战略的有(　　)。

A. 成本领先战略　B. 撤出战略　C. 差别化战略　D. 集中化战略

E. 成长战略

2. 采用成本领先战略的优势主要体现在以下几个方面：(　　)。

A. 抗衡竞争者，形成行业壁垒　B. 抵御买方和供应方议价的能力

C. 抵御卖方和供应方议价的能力　D. 抵御替代品的潜在威胁

E. 削弱替代品的进入

3. 选择成本领先战略对于企业来说也存在一定的风险，主要体现在以下几个方面：(　　)。

A. 新加入者可能后来居上　B. 用技术变化降低企业资源的效用

C. 降价过度而使利润降低　D. 顾客偏好发生变化，开始重视非价格因素

E. 容易受外部环境的影响

4. 集中化战略的实施主要包括以下哪几种方式？(　　)

A. 顾客集中化战略　B. 产品线集中化战略

C. “金牛”类业务单元实行集中化战略　D. 地区集中化战略

5. 根据市场占有率等指标，一般企业要想获得高收益，应采用的战略有(　　)。

A. 补缺战略　B. 联合战略　C. 依附型战略　D. 进攻型战略

6. 成熟行业的特点是(　　)。

A. 低速增长导致竞争加剧　B. 注重成本和服务上的竞争

C. 裁减过剩的生产能力　D. 行业竞争趋向国际化

E. 企业间的兼并和收购增多

7. 行业成熟期，企业可选择的战略形式有(　　)。

A. 缩减产品线　B. 创新

C. 降低成本　D. 提高现有顾客的购买量

E. 发展国际化经营

8. 行业衰退期，企业可选择的战略形式有(　　)。

A. 利基战略　B. 联合战略　C. 领先战略　D. 收割战略

E. 放弃战略

9. 分散行业的特点有(　　)。

A. 进入障碍低　　B. 缺乏规模经济　　C. 市场需求多样化　D. 产品的差别化高

E. 讨价还价能力不足

10. 针对行业分散的状态，企业常用的战略形式有(　　)。

A. 连锁经营　　B. 纵向合并　　C. 特许经营　　D. 横向合并

四、判断题

1. 根据企业经营战略的层次体系，企业第三层次的战略被称为总体经营战略。　(　　)

2. 成本战略是指企业通过有效的途径降低成本，使企业的全部成本低于竞争对手的成本，从而获得竞争优势的一种战略。　(　　)

3. 差异化战略的核心是取得某种对顾客有价值的独特性。　(　　)

4. 根据资金流向的不同，市场增长率—相对市场占有率矩阵把公司从事的每项业务分为四类，即问号类、明星类、金牛类和瘦狗类。　(　　)

5. 补缺战略是指企业从众多的细分市场中发现那些被大厂忽视或放弃的细小市场，开发和生产适合这些细小市场所需要的产品。　(　　)

6. 跟随战略是指将领导型企业、与自己企业规模实力相当的企业和比自己弱小的企业作为战略进攻的目标，以此制定竞争战略。　(　　)

7. 特许经营是指特许方利用自己的品牌、专利或技术，通过签署特许协议，转让特许权，让受让方利用这些无形资产从事生产经营活动的战略联盟形式。　(　　)

8. 横向合并是指为了求得发展，企业在经营层次上合并一些产业中的小企业，以形成大企业。　(　　)

9. 联合战略是指把本企业的生产经营与发展相对固定地纳入或联结在某个大企业上，成为大企业系列生产中的一个组成部分，进行专业化的生产和开发。　(　　)

10. 在衰退行业中，企业采用领先战略来寻找能够生存与发展的细分市场甚至更细分的市场，集中资源占领或垄断该细分市场，获得竞争优势。　(　　)

五、简答题

1. 简述成本领先战略存在的风险。

2. 简述实施差异化战略的优势。

3. 简述集中化战略的适用范围。

4. 简述行业分散的原因。

5. 简述成熟行业的特点。

六、论述题

1. 论述新兴行业中的企业应采取何种策略。

2. 根据以下材料论述如何实现低成本。

俄亥俄州牛排包装公司

在牛排包装行业中，传统的成本链包括：在分布很稀疏的各个农庄和农场饲养牛群，将这些活牛运到劳动密集型的屠宰场，然后将整块牛排送到零售商处，它们的屠宰部再把牛排切得小一些，包装起来卖给购物者。俄亥俄州牛排包装公司采用一个完全不同的战略，改造了传统的价值链，建立了大型的自动化屠宰场，并将屠宰场建在便于经济运输牛群的地方，在加工厂内将部分牛肉切成更小一点从而数量会随之增多的牛肉块，之后装盒，再装运到零售商那里。该公司的入厂牛群运输费用在传统价值链下是一个主要的成本项目，但现在可以因减少长途运输而大大减少；同时，不再整块运送牛肉，因而也减少了高额的牛肉废弃，大大减少了出厂成本。该公司采取的战略非常成功，从而成为美国最大的牛肉包装公司，一举超越了先前的行业领先者。

(1)试述战略联盟组建中应注意的问题。

(2)试述战略选择中常见的几种误区。

七、案例分析题

优衣库的蓝海战略

混搭是将不同风格、不同材质的东西，按照个人的品位拼凑在一起，打造出完美的个性化风格。某个品牌的衣服，有的不过百十元人民币，却常被用来和香奈儿、LV 等顶级品牌搭配。这个便宜的服装品牌经常被很多高端服装杂志隆重推荐，这就是优衣库。

优衣库是日本排名第一的休闲服装品牌，创立 20 多年，无论春夏秋冬，都会推出几百种款式的服装，而且每种款式的颜色高达十几种。简单的样式却能百搭，穿几年都不过时。更重要的是便宜，一件 T 恤几十元，外套两三百元。仅 1999 年，优衣库就售出了 3 亿件休闲服装。在当今这个极端讲究品牌的时代，优衣库如何做到不管是有钱人还是没钱人都会选择该品牌呢?

随便拿一件优衣库服装，翻遍衣服的所有地方，除了洗标之外，几乎找不到优衣库这个品牌的任何 LOGO。在商家们都极力宣传自己的品牌标识的今天，很多人都觉得优衣库的做法很奇怪，但这正是优衣库成功的奥妙。正因为隐藏了品牌的标识，优衣库才能实现和任何衣服任何人群百搭，才能让富人穷人一样喜欢。

优衣库的创始人柳井正性格强硬、脾气很古怪。2009 年，这个 60 岁的个性老头把自己的店开到了法国巴黎。巴黎是世界著名的时装之都，引领着欧洲甚至世界的时尚潮流。优衣库不仅把店开到巴黎，还把店开到巴黎最为繁华的商业街，而且商店的面积达 2 150 平方米，堂而皇之地和世界著名的百货公司老佛爷为邻。老佛爷百货是欧洲最豪华、最气派的百货公司，开设于 19 世纪末，拥有世界上几乎所有的时尚品牌，每年都吸引上亿名客人光顾。而优衣库，一件 T 恤 99 元，衬衫不过一两百元，柳井正却敢把自己的店选择在每平方米店面租金高达几千元的昂贵地段，很多人说这是自寻死路，别说赚钱了，需要卖多少件 T 恤才能赚回房租?

其实这已经不是柳井正开的第一家旗舰店了。2006 年，他就在纽约百老汇的对面开设了一家 3 300 平方米的旗舰店，之后在伦敦最繁华的商业街牛津街开设了一家三层楼的超级旗舰店。在日本，他把店直接开到爱马仕对面，你一件衣服上万元，我就 99 元，跟你对着干。很多人都在质疑柳井正的这种行为，但是柳井正坚信自己的判断，并一直把自己的优衣库定位成服装的零配件，既然可以和一流的服装品牌自由搭配，就应该在一流品牌云集的地方开店，这样才能体现优衣库的特色。再说了，人们逛完顶级奢侈品牌以后出门就是优衣库，方便。

与顶级奢侈品牌为邻究竟给优衣库带来了多少利润，这个数据无法统计。我们所知道的是，在刚刚过去的金融危机中，柳井正的个人财富不但没有缩水，而且激增了 1/3。2009 年就增长了 31 亿美元。2008 年和 2009 年连续两年，柳井正都被福布斯评选为日本首富。

1972年，柳井正接手父亲的小郡商事服装公司。虽然柳井正很努力，但是结果让他父亲十分懊恼。当时日本经济处于大发展时期，所有的企业都在日新月异地发展，这一切让柳井正感到一种无形的压力。没想到，一次偶然的美国之行，让这个小企业迅速成长为日本服装界的巨人。

1982年，柳井正到美国考察，发现美国大学校园都在销售CD，采用的是开架仓储式销售方式，顾客可以在货架前自由选购，就像现在去超市购物一样。柳井正心中一动，CD可以这样销售，服装为什么不能？为什么不能让人感觉到买衣用品一样不需要动脑子，可以推着购物车在超市里自由采购呢？回到日本之后，柳井正就着手调整产品结构，开始生产休闲类的服装，并且把自己的设计中心设在纽约，而把生产地设在中国。日本山口县这一个小小的总部只负责研究商品资讯和销售趋势。

对于柳井正的决定，当时公司里很多人持反对意见，因为1984年日本的经济增长率达到3.9%，这是自1981年以来连续4年中最好的一年，而且人们普遍已经拥有很强的品牌意识，在这个时候迈向高端是企业发展的常理。而柳井正偏偏选择在日本经济最繁荣的盛世进入平价休闲的服装市场，很多人都觉得必死无疑。

1984年，也正是柳井正接手小郡商事的第12年，第一家优衣库店在日本广岛正式开业。为了聚集人气、吸引顾客，柳井正为前来购物的顾客免费提供早餐：面包加牛奶。这一招吸引了大批顾客，开业那天早晨6点就有人来排队，当时很多店员觉得店都快给挤垮了。此后很长一段时间，每天早晨总有不少人聚集在优衣库店门前排队领早餐。

日本设计，在中国加工生产，然后以非常低廉的价格在日本销售。如今看来丝毫没有新意的理念在1984年却帮助柳井正打下了优衣库品牌的根基。1998年10月，优衣库推出了十几种不同颜色的摇粒绒成衣。这种衣服面料轻薄、保暖，而且具有速干性，关键是价格很便宜，当时只卖1 990日元(折合200多元人民币)。那一年单这种衣服就卖出200万件，第二年又卖出850万件，第三年更是卖出2 600万件。

在日本这个极端看重品牌的国家，柳井正只花了3年时间就让国民相信，便宜也有好货。在柳井正创立优衣库的那个阶段，日本服装市场上要么是非常昂贵的高档服饰，要么是粗制滥造的低端服装，而平价休闲、低价高质的衣服还是市场空白。但是老百姓有钱了，虽说不是富豪，买不起上万元的衣服，买平价却可以多买几件，这就是巨大的市场，是当时的蓝海。

不仅是销售理念和销售模式的创新，在生产上，优衣库也总结了一套快速发展的方法。虽然没有自己的成衣工厂，但是为了保证质量，优衣库向全球70家合作工厂派遣技术工匠，提供最先进的技术支持，这些技术工匠都是在日本国内有着超过30年纺织行业从业经验的人。通过他们，优衣库向工厂传授从纤维到编制、纺织、染色，再到缝制成品甚至到供应一整套工厂管理技能。为了使生产工序顺利进行，柳井正的公司还从本质上采用了丰田的风格，适时存购管理，即汇聚销售商的订购单，每周进行实时监控，根据这些检测分析出来的数据确定生产量。通过这种方法，优衣库基本没有多余的库存，总部如果预计某款产品会发生销售下滑的迹象，则不会让生产线停止工作，而是会使用相同的材料生产完全不一样的产品。例如，如果预计羊绒衫的销售量突然下滑，则立刻把生产羊绒衫的材料调整为生产羊绒围巾。通过一系列的组合拳，短短20年，柳井正就打造出日本第一休闲服王国，营业额超过4 000亿日元，自己也成为资产92亿美元的福布斯全球富豪。

当然柳井正并不是无往不利，也曾陷入过窘境。看到优衣库平价服装大受欢迎，2002年，很多老牌百货商场都推出了和优衣库相同款式的服装，有些价格甚至还要低。惨烈的竞争让优衣库的业绩大幅下滑:2002—2003年,优衣库在日本本土的销售总额仅为上一年的六成。如果光拼价格的话,可能就会陷入与其他品牌无休止的价格战漩涡中,幸好当时柳井正及时认识到:对顾客来说,比价格更难拒绝的是,为了改变当时的窘境,柳井正开始在原有舒适的基础上把时尚元素带入营销方案,与时尚杂志合作开发联名商品,甚至不惜花重金邀请世界一流明星代言。不仅如此,柳井正还邀请公司以外的设计师来联合设计。以每年夏天推出的樱花T恤系列为例,一上来就是几百款的设计量,各有主题。不喜欢这款,总有一款适合。2010年,柳井正聘请已经归隐多年的极简设计女王吉尔·桑达担任优衣库的创意总监,这无疑成了当年时尚圈里的重磅炸弹。消息一出,优衣库母公司的股价就大涨8.6%,由吉尔·桑达设计的系列产品很快就在美国全面上架。这个系列包括女装、男装及配饰,起价仅为19.5美元,最昂贵的单品也仅为149.5美元。风格依然是吉尔·桑达40年如一日的低调极简,颜色也是她平时惯用的黑、白、蓝、灰。

仅仅过了一年多惨淡的日子,凭借引进时尚元素、聘请顶级设计师,柳井正就带着优衣库又一次攀上日本服装销售的顶峰。为了捕捉最新的流行款式,优衣库在东京、纽约、巴黎、米兰等潮流前沿都设立了研发中心。研发人员的主要任务是找出下一季会流行什么元素,然后在此基础上研究开发新产品。

2001年,优衣库进入中国。面对中国庞大的消费市场,仅仅几十家店似乎满足不了消费者的需求。在加快开店速度的同时柳井正又和淘宝签约,淘宝网店开展不到两周,销售量就突破了3万件。5个月后,网上单日交易额就创纪录地达到55万元人民币,优衣库也成为淘宝网第一服装店。

思考题:

(1)优衣库的竞争战略是何种战略?

(2)优衣库是如何实现其战略的?

(3)试绘制战略布局图加以分析(任选几个行业战略要素)。

(4)从动态竞争的角度分析优衣库应对价格的思路中能够总结出什么结论?

第七章 战略选择

一、名词解释

1. SWOT 矩阵
2. SPACE 矩阵
3. GSM 矩阵
4. QSPM 矩阵

二、单项选择题

1. 战略选择的有效性原则是指检验(　　)的有效性和(　　)的有效性。

A. 思维判断　现有信息统计　　B. 未来假设　现有收集信息

C. 逻辑推理　现有信息分析　　D. 现有假设　未来收集信息

2. (　　)可以帮助企业战略决策者在若干个可供选择的战略方案中进行确定、评价的选择。

A. 战略目标　　B. 战略评价　　C. 战略制定框架　　D. 战略选择

3. SWOT 分析的核心在于"匹配",即根据企业的机会、威胁、优势、劣势设计不同的战略。其中,利用企业的优势来应对外部的威胁,属于(　　)战略。

A. SO　　B. WO　　C. ST　　D. WT

4. 战略地位与行动评价(SPACE)矩阵进行分析的四个因素是财务优势、环境稳定性、竞争优势、(　　)。

A. 产业优势　　B. 行业优势　　C. 技术优势　　D. 资源优势

5. 关注企业多元化业务组合问题,通过考察各个经营单位对其他竞争者的经营单位的相对市场份额地位和产业增长速度而管理其业务的分析方法是(　　)。

A. SPACE 矩阵　　B. IE 矩阵　　C. QSPM　　D. BCG 矩阵

6. 在 QSPM 中权重的确定,渗透了大量的(　　)因素,同时也反映了企业对待战略问题的价值观。

A. 风险评价　　B. 组织文化　　C. 时间机会　　D. 竞争环境

7. 企业战略决策者在实践中经常遇到的战略选择误区有利润误区、规模误区、多样化经营误区和(　　)。

A. 购并误区　　B. 文化误区　　C. 速度误区　　D. 风险误区

三、多项选择题

1. 战略选择的原则有（　　）。
A. 一致性　B. 合理性　C. 竞争性　D. 风险性　E. 有效性
2. 竞争优势通常来自哪几个方面的优越性？（　　）
A. 资源　B. 技能　C. 产品或服务　D. 位置
3. 通过 SWOT 分析，匹配出的战略有（　　）。
A. SO 战略　B. WO 战略　C. ST 战略　D. WT 战略
4. 以下因素中，属于外部威胁的有（　　）。
A. 设备老化　B. 资金拮据　C. 市场增长较慢　D. 替代品销售额上升
5. 以下因素属于潜在内部优势的有（　　）。
A. 产权技术　B. 市场增长迅速
C. 产品创新　D. 有进入新的市场的可能性
6. SPACE 矩阵将企业的竞争地位分为哪几类？（　　）
A. 进取　B. 保守　C. 防御　D. 竞争
7. BCG 矩阵的分析变量为（　　）。
A. 本企业的销售增长率　B. 相对市场占有率
C. 产业增长率　D. 资产回报率
8. BCG 矩阵将公司的业务分成哪几种类型？（　　）
A. 问题类　B. 明星类　C. 金牛类　D. 瘦狗类
9. 如果经营单位落入 IE 矩阵的Ⅰ、Ⅱ、Ⅳ象限中，适宜采取的战略有哪些？（　　）
A. 市场渗透　B. 加强战略　C. 一体化战略　D. 产品开发战略
E. 收获型战略　F. 剥离型战略
10. 如果经营单位落入 IE 矩阵的Ⅲ、Ⅴ、Ⅶ象限中，适宜采取的战略有哪些？（　　）
A. 市场渗透　B. 加强战略　C. 一体化战略　D. 产品开发战略
E. 收获型战略　F. 剥离型战略
11. 如果经营单位落入 IE 矩阵的Ⅵ、Ⅷ、Ⅸ象限中，适宜采取的战略有哪些？（　　）
A. 市场渗透　B. 加强战略　C. 一体化战略　D. 产品开发战略
E. 收获型战略　F. 剥离型战略
12. 处于大战略矩阵第Ⅱ象限的公司宜采用的战略有（　　）。
A. 市场开发战略　B. 市场渗透战略　C. 产品开发战略　D. 横向一体化战略
E. 剥离和清算战略
13. 处于大战略矩阵第Ⅳ象限的公司宜采用的战略有（　　）。
A. 集中多元化战略　B. 横向多元化战略　C. 混合多元化战略　D. 合资经营战略
14. 影响战略选择的因素有（　　）。
A. 企业过去的战略　B. 企业对外界环境的依赖程度
C. 企业对风险的态度　D. 时间因素
E. 竞争者的反应
15. 企业常见的战略误区有（　　）。
A. 利润误区　B. 规模误区　C. 购并误区　D. 多样化经营误区

四、判断题

1. 战略选择的基本出发点是证明优秀、论证最佳、追求完美。（　　）

2. 竞争性是评价战略利用组织比较优势、保持并增强业务或组织竞争力程度的指标。（　　）

3. 评价组织战略的风险性指对组织所制定和实施战略的不确定性做出判断。（　　）

4. SWOT 分析的核心是将内部因素与外部因素进行综合考虑，匹配出合适的战略方案。（　　）

5. 在 SPACE 矩阵的保守象限中，企业更适宜采取紧缩、剥离、清算和集中多元化战略。（　　）

6. 明星类业务是指产业增长率高，有进一步的发展机会，同时相对市场占有率也比较高，企业在该行业中具有较强的竞争力。（　　）

7. 金牛类业务是指增长缓慢、有较高的相对市场占有率的业务。企业在该业务中具有较强的竞争优势，也是企业现金的主要来源。（　　）

8. SWOT 矩阵分析法应用灵活，可以根据分析者的经验，在各种复杂的环境中匹配出细致多变的应对方案。分析直观，并且使用简单。（　　）

9. SWOT 矩阵与 SPACE 矩阵相比，增加了定量分析的因素。（　　）

10. IE 矩阵与 BCG 矩阵的不同是，IE 矩阵采用复合指标来反映企业在各个产业的内、外部关系因素，而 BCG 矩阵则采用单一指标来衡量业务的内、外部因素。（　　）

11. QSPM 矩阵的最大优点是可以用量化的方式对一组战略进行相对可行性和合理性的比较与评价，为最终的战略决策提供了客观、科学的依据。（　　）

12. 企业对外部环境的依赖程度越高，企业选择战略的灵活性就越大。（　　）

五、简答题

1. 战略选择的一致性原则包括哪些内容？
2. 战略选择的合理性原则包括哪些内容？
3. 战略制定包括哪几个阶段？
4. 建立 SWOT 矩阵包括哪些步骤？
5. 建立 SPACE 矩阵通常包括哪几个步骤？
6. 建立 BCG 矩阵包括哪几个步骤？
7. 建立 QSPM 包括哪几个步骤？
8. 简述 SWOT 矩阵的优、劣势。
9. 简述 BCG 矩阵的优、劣势。
10. 影响战略选择的因素有哪些？
11. 时间因素是如何影响战略选择的？
12. 战略选择的误区有哪些？

六、论述题

1. 利润误区对企业的危害主要表现在哪几个方面？企业如何避免这些误区？
2. 为什么说对国有资产来说“低成本扩张”的成本并不低？

七、案例分析题

OPPO 和 vivo:投资于消费者重视的产品特色

OPPO 和 vivo 是步步高旗下的两个中端智能手机品牌。与小米、华为主打配置吸引发烧友不同,OPPO 和 vivo 主要吸引对技术不在意但对个人体验比较关心的消费者。

OPPO、vivo 的目标客户群是“80 后”“90 后”年轻的打工族和学生,尤其是年轻女性。这一群体普遍喜欢追星、看综艺、爱攀比、喜八卦,有独特的情感和简单时尚的产品诉求。OPPO 和 vivo 产品设计完全基于对用户需求的深刻理解而不是基于自己拥有何种技术,使每一款产品都有鲜明的卖点。

OPPO R9 的广告语为“充电 5 分钟,通话 2 小时”,卖点很简单,就是快速充电。OPPO 在国内最早推出了自拍美颜概念的手机,满足了年轻女性的最大价值诉求——不是将我拍得有多清楚,而是将我拍得有多漂亮。OPPO 大部分产品的外观设计均酷似 iPhone,满足这一消费群体追求外观时尚但消费力弱的特点。

几乎所有主要的综艺节目都会有 OPPO 和 vivo 铺天盖地的广告。OPPO 和 vivo 瞄准年轻消费群体,针对四线及以下市场密集播放电视广告以及热门电视剧中的贴片广告。“在中国,没有哪个品牌能像 OPPO 一样搞广告轰炸”,一位智能手机分销商说。

OPPO 和 vivo 的产品线单一,必须将产品都做成爆款,实现单一产品的规模成本优势。OPPO 手机毛利很高,一台 OPPO 手机平均毛利是 132 美元,高于华为的 Mate 系列和 P 系列。高毛利能够支持深度分销,OPPO 和 vivo 利用庞大的代理商模式,通过门店、服务中心、体验中心渗透一线到四线城市甚至五六线城镇,再通过城镇影响农村消费。以江苏为例,市县级及县以下的手机市场,OPPO 和 vivo 几乎占据 80%的户外广告资源和店面展示资源。

OPPO 销售终端合作伙伴主要来自步步高过去的经销商和员工,文化认同感强,通过交叉持股方式形成利益共同体。渠道商和零售商愿意对终端做长期投入,自觉不打价格战。由于对线下零售店拥有完整的控制权,因此 OPPO 控价能力非常强大。

有业内人士批评 OPPO 和 vivo 在手机看不见的地方用一些便宜器件,也就是“低配高价”。对于拍照功能、音响、快充技术等核心配件,OPPO 和 vivo 出手阔绰,包括与索尼公司合作开发传感器。但对与内在芯片功能、频率波段和定位精准度相关的元器件,OPPO 和 vivo 则选择低价产品。一块最新的主芯片与上一代主芯片相比,可能贵出四五十美元。

OPPO 和 vivo 认为,绝大部分潜在买家对手机的硬件参数存在审美疲劳,反而是受周围信息和应用场景的影响更大。相对于追求性能,更多消费者需要的是随时都能买到。在性能过剩、手机同质化的当下,比拼配置已经成为过去式。高管吴强告诉记者:“长期以来,OPPO 手机产品不强调单纯追求硬件的规格、参数,我们始终坚持硬件方面够用就好。”

OPPO 的市场营销成本比那些靠网络销售的品牌要高得多。一旦遇到了增长“瓶颈”,高昂的营销支出就会成为巨大的负担。Gartner 分析师表示:“我认为 OPPO 的商业模式还算稳定,不过未来其增速可能会变缓,因此会需要更大规模的投资。”

思考题:

(1)为什么 OPPO 和 vivo 能够保持比较高的毛利?

(2)还有哪些降低成本的优势难以为竞争对手模仿?

(3)哪些市场变化可能导致 OPPO 和 vivo 丧失竞争优势?

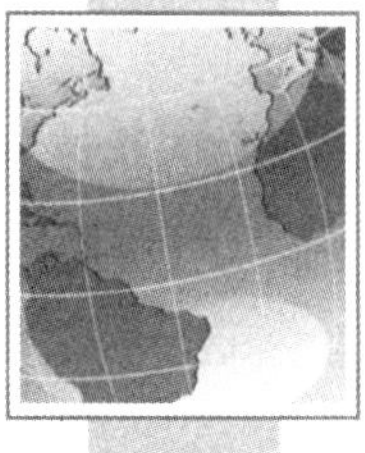

第八章
战略实施

一、名词解释

1. 战略实施
2. 战略分解
3. 组织结构
4. 企业文化
5. 市场细分
6. 冲突

二、单项选择题

1. 企业战略目标的设定除了要体现企业的战略使命和宗旨外，还存在另一个目的，即(　　)。

A. 组织结构　　B. 企业文化

C. 年度目标　　D. 战略意图与战略性特征

2. 企业要成功实施战略，必须拥有用于实现预期目标的资源，其中最富活力、最具创造性的资源是(　　)。

A. 人力资源　　B. 财力资源　　C. 技术资源　　D. 无形资源

3. 某企业打算在原有市场上扩展相关产品，它应该采用(　　)。

A. 增大产量战略　　B. 扩大地区或品种战略

C. 纵向整合战略　　D. 多样化战略

4. 负责战略制定与实施的高层管理人员首先提出自己对企业使命的看法，然后鼓励企业职工根据企业使命去设计自己的工作活动。这种战略实施的模式属于(　　)。

A. 指挥型　　B. 合作型　　C. 变革型　　D. 文化型

5. 当公司的经营目标是利益最大化而不是股东财富最大化时，应选择的融资方式是(　　)。

A. 权益融资　　B. 负债融资　　C. 股票融资　　D. 商业信用

6. 对于品种多样化、市场环境变化较快的大型企业，哪种组织结构比较适用？(　　)

A. 直线结构　　B. 直线职能结构　　C. 事业部结构　　D. 矩阵结构

7. 人员推销、公共关系、营业推广等属于战略实施中哪个方面的关键营销要素？(　　)

A. 产品定位 B. 渠道选择 C. 价格定位 D. 促销安排

8. 市场营销与企业战略的构造桥梁是（ ）。

A. 营销组合 B. 营销战略 C. 市场细分 D. 价格定位

9. 确定如何在借贷融资、股权融资之间选择一个最优资本结构，最常用的财务技术是（ ）。

A. 财务预测 B. 资金计划

C. 每股收益与息税前收益（EPS/EBIT）分析 D. 财务预算

10. 思维惯性源于战略实施过程中哪方面的阻力？（ ）

A. 冲突 B. 认识障碍

C. 资源配置中产生的障碍 D. 惰性

三、多项选择题

1. 战略实施过程中通常应遵循哪些基本原则？（ ）

A. 适度合理性原则 B. 统一领导原则 C. 统一指挥原则 D. 权变原则

2. 战略制定与战略实施对企业存在不同的组织要求，主要体现在（ ）。

A. 涉及的范围不同 B. 对人的要求不同 C. 工作难度不同 D. 所需的文化氛围不同

3. 战略实施过程中产生的人力资源问题通常由下述哪些原因所致？（ ）

A. 社会和政治结构的破坏 B. 个人能力与战略实施任务不匹配

C. 实施环境的变化 D. 管理高层的支持不足

4. 组织结构的基本构成要素是（ ）。

A. 分工 B. 协调 C. 整合 D. 互动

5. 根据企业文化与战略所存在的关系，对企业文化进行塑造和培育的方法是（ ）。

A. 以企业使命为基础 B. 加强协同作用

C. 根据文化进行管理 D. 重新制定战略

6. 财务预测的一般步骤包括（ ）。

A. 销售预测 B. 估计需要的资产

C. 估计收入、费用和保留的盈余 D. 估计所需融资

7. 将集团战略分解为经营单位（如子公司）战略，这属于战略分解中的（ ）。

A. 纵向分解 B. 横向分解 C. 空间分解 D. 时间分解

8. 下列属于战略实施中的组织管理匹配工作的有（ ）。

A. 组织结构调整 B. 企业文化培育

C. 财务会计与生产运作 D. 市场营销

四、判断题

1. 战略实施是市场驱动性的企业家活动。（ ）

2. 战略实施过程是一个简单、机械执行既定战略的过程，不需要创新。（ ）

3. 战略实施应当在企业高层管理者的统一领导、统一指挥下进行。（ ）

4. 战略实施只需对少数几个人进行协调。（ ）

5. 横向展开的企业战略分解是按目标管理的步骤分别对各类战略目标展开。（ ）

6. 战略实施过程中企业可支配的资源总量和结构是确定的。（ ）

7. 建立管理信息系统的目的在于通过改进管理决策的质量来提高企业的绩效。　(　　)
8. 企业文化既可能成为战略实施的动力,也可能成为战略实施的阻力。　(　　)
9. 管理幅度大、管理层次少是高长型纵向分工结构的特点。　(　　)
10. 市场定位、战略目标与竞争战略这三者之间必须相互协调,不能相互冲突。　(　　)

五、简答题

1. 简述战略实施的五种基本模式及其各自的优、缺点。
2. 简述年度目标在战略实施过程中所发挥的作用和意义。
3. 正确处理与解决战略实施中各种冲突的主要方法有哪些?

六、论述题

论述如何培育与战略实施相匹配的企业文化。

七、案例分析题

创新的本质

铃木公司开发50毫升踏板车Choinori实现了排气量“1毫升=1 000日元”。所有的一切都是从日本铃木公司的董事长铃木修提出的目标开始的。排气量“1毫升=1 000日元”这一目标是铃木修降低成本的体现。

进入20世纪90年代后,随着样式和外观的豪华化,50毫升轻便摩托的价格上升到12万—18万日元。而铃木公司决定在日本国内制造每1毫升排气量为1 000日元的踏板车,50毫升的摩托车意味着只有5万日元。铃木微型汽车“奥拓”已经实现了这一目标。铃木修认为,“无论两轮车还是四轮车都是带有发动机的交通工具,四轮车能做到的,相信两轮车也能够做到”,便于1994年对两轮车也提出了这个目标。

“不断摸索地试做了很多模型,但仍无法达到‘1毫升=1 000日元’这个目标,于是就不断地反复尝试着。”说这句话的是担任商品策划、协调与其他部门关系的中村铁也。在正式批准为研究项目之前,他的主要职责是商品策划,在与设计部门打过招呼后,中村铁也和几个志同道合的朋友一起尝试着制作模型,这样的摸索持续了多年。中村说:“最初的考虑是踏板车的基本构成,也就是一般的小型摩托车的构成:可活动安全帽,把手部分的皮套、灯、转向指示灯,前后还有悬架装置,从中除去那些期待值不是很高的装置,以节省空间。”

节省通常是降低成本的方法。这种方法也创造了一种产品,那就是2002年2月上市的低价小型摩托车,几乎能够想到的所有东西都被彻底地省去。

废弃美化外观的零部件;不喷漆,非常必要的地方采用最便宜的黑色;没有侧架;没有燃料表,只有燃料用尽时的警告灯;甚至摘去商品名称的标签。但就像一级拳手减轻体重一样,无论他们怎样竭尽全力,价格已经是最低了。但想到连半年后本田公司在中国生产并销售的“Today”都是9万日元一台,他们就明白该怎样挑战极限了。为了让轻便摩托减轻分量,绞尽脑汁的中村说:“但之后没有前进一步,因为该省去的都省去了。”

这是以降低成本而闻名的铃木公司才能达到的极限,其成员们没有停止挑战,继续进行商品的开发。他们知道,“1毫升=1 000日元”的目标并不仅仅是高层领导的一时兴起,也不是吝啬。铃木修平常就一直说:“制造产品是一种文化。日本在追赶、超越欧美的过程中曾流血流汗，这种文化才得以生根。日本的劳动力价格比中国高 30 倍，在这一点上，我们确定无法与中国竞争。所以，我们就要流满 30 倍的智慧汗水，实现‘1 毫升＝1 000 日元’。”

每天听到这些话语的员工们都深深感到这个如同超市按分量买卖的数值目标背后深藏着高层领导坚持日本国产的想法。

员工们再一次进行了彻底的讨论：自己究竟想要制造什么？“消费者真正在追求什么？”中村铁也通过各种市场活动及在现场与顾客的接触发现：踏板车用户中，每天自车站单程两千米行驶的占了将近一半。于是员工们得出一个结论：“重新返回原点，为自行车安装发动机。”

于是想法发生了转变，并不是用零部件覆盖车体，而是在暴露的部位安装必要的部件。中村说：“参照顾客需求的最大公约数并不能突破壁垒，只要到车站，两千米左右的行驶比骑自行车轻松就可以。限定了使用场所后也就重新树立了价值观。”

中村向半信半疑的对方断言说：“没问题，会很畅销的。”“但是商品能否成功只能是假设，因为即使问顾客，他们也无法对尚不存在的事物做出评价。于是我们自己在不断验证假设的同时开始进行开发工作。”

正因为是迄今为止没有的产品，验证工作才需要极大的耐心。画出只安装必需零部件的设计图稿，然后对用户进行调查，根据用户的反馈再进行修正，这样一来，在某种程度上就有了点头绪，策划得到认可后，就开始正式进行研发工作。制造出样品后就试着驾驶，对性能进行确认。

踏板车长期以来都是用车身的机盖来覆盖车体，这有必要吗？设计上虽然是成立的，用户的反应又是怎样的呢？装放安全帽的空间和车把上的皮套真的有必要吗？

螺丝、螺帽拧紧的地方也非常重要，减少此处就会简化制造程序。于是在试制样品时，他们将一直采用的 5 处减少到 3 处，然后试着驾驶以确认性能，每天都不断地重复着一项又一项的检验工作。最初他们想要把排气量控制在 25 毫升，可是排气量不同，必要的零部件也就不同。中村铁也亲自坐上试制车并试开了一下，当到上坡路时就感到很困难。亲身感受是最重要的。

即使研究开发小组认为“这样是完全可以的”，质量管理部门不同意也不会得到预算。每次进行检验的时候他们都会收到提高成本的指示：“再加强一下这里”“往材质中加点什么，提高强度”，结果必须考虑在别的地方降低成本。中村说：“这儿能不能再减小 5 毫米呢？那时就不是以‘元’为单位而是以‘分’为单位。正在这时，铃木修开始提倡‘一个零部件一日元’‘每个零部件一克’的减量运动，这使全体员工的成本意识越发地根深蒂固了。”

特别值得一提的是，在一点一滴地积累低成本化的智慧和手段的同时，他们还进行了“逆向思维”。发动机技术大胆采用与高性能汽车同等级的，对于 50 毫升的踏板车来说，这就是“超品质的技术”。他们期望通过活用这种性能，减少与发动机相连零部件的数目。

这就是在铝质塑材的汽缸内侧进行镀金，提高放热性和磨耗性的技术。由于消耗成本，原来只在赛车和大型摩托车上使用。这次由于开发出划时代的新技术，将镀金作业的时间缩短到原来的 1/5，降低成本也就成为可能。一直都想将这种高速镀金技术用于四轮车，正好时机恰当，便迅速被采用了。

这样就不需要制冷风扇了，从而可能实现发动机的轻量小型化。以不断降低成本为目的的技术创新成果与研发工作恰好吻合，于是这便成为解决高性能、低价格的发动机这一难题的决定性因素。

生产出的“Choinori”是真正颠覆现有踏板车概念的产品：没有覆盖车身的机盖；车体的结

构和汽油缸都裸露在外；没有放安全帽的地方；没有燃料表，当汽油用尽时，就会转换到辅助燃料，然后快速奔向加油站；发动机也没有单元启动装置，只要将踢杆踩到底，车就会发动起来；外表也没有涂漆，一开始就使用着色的树脂；悬架装置也只在前面，后面是结构的柔软部分和轮胎，以缓冲冲击力；最高时速虽然是40千米，但是噪声不大，也没有安装防噪声的零件。

与原来相比，零部件数量减少了30%，重量减轻了40%，拧螺丝、螺帽的地方减少了一半。为了实现100%的自动焊接，他们开始下功夫进行能够让机器人的胳膊伸进去的设计，将零件设计成容易安装的复合零件等，这样在设计和生产阶段都最大限度地降低了成本。

思考题：

(1)铃木公司开发产品成功的关键是什么？(要点提示：①明确的目标；②战略实施中领导的支持；③团队合作的力量；④创新的文化氛围。)

(2)其战略实施与公司文化如何协调和匹配？(要点提示：采取了低成本战略与差异化战略相结合。)

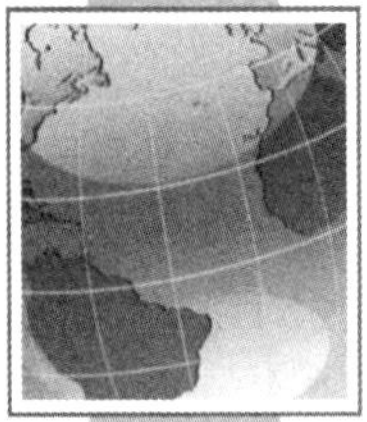

第九章 战略与组织结构、组织文化和领导

一、名词解释

1. 职能制组织结构
2. 事业部制组织结构
3. 企业文化
4. 企业精神
5. 组织结构

二、单项选择题

1. 关于实施公司战略和有效的组织结构，正确的描述有(　　)。

A. 追求联络型相关战略的公司应该根据竞争文化和集中化的战略计划活动来实施竞争结构

B. 追求不相关多元化战略的公司应该使用员工数量少的事业部结构，重视研发职能，整合各部门以达到协同效果

C. 追求联络型相关战略的公司应该使用事业部结构，强调各部门独立，由核心部门管理战略计划

D. 追求限制型相关战略的公司应该实施合作型结构，使用整合设计来联络各部门，使研发职能集中化，强调共享资源

2. 处理战略与结构关系的基本原则是(　　)。

A. 组织战略服从组织结构　　B. 组织结构服从组织战略

C. 组织结构与组织战略并列　　D. 产生共同愿景

3. 企业组织结构应当随企业的发展而不断地及时调整，以下组织结构与发展阶段不能很好相适应的是(　　)。

A. 在企业发展的开发阶段确立追求数量倍增战略的职能型组织结构，建立专门的职能机构，同时高层领导直接领导下属各个生产部门

B. 追求多元化战略的扩张阶段，采用产、供、销一体化组织结构

C. 企业达到成熟饱和阶段，为了获得更多的利润，将采用多元化经营，此时采取事业部制组织结构

D. 如果企业经营环境发生巨大变化，则原有优势变成不利条件。企业为了增加员工的凝

聚力，仍要积极增加员工，复制原有的组织结构

4. 下列有关企业文化和战略关系的说法，错误的是（　　）。

A. 企业文化是企业生存和发展的基本条件之一，是确保战略有效实施的重要保障之一

B. 企业文化引导战略定位，为企业的成功奠定文化基础

C. 企业文化是战略实施的关键

D. 企业文化战略的制定和实施具有引导和制约的作用，一旦确定，很难改变，所以要求战略与之相适应、相协调

5. 杜邦公司的企业文化是“通过自己的行为使生活更美好”，所以在上海浦东新区办企业时，以美化浦东新区为己任，这是企业文化在（　　）的体现。

A. 精神文化层面　　B. 制度文化层面　　C. 行为文化层面　　D. 物质文化层面

三、多项选择题

1. 下列关于组织结构的理解，正确的有（　　）。

A. 企业组织结构是在企业创建时就决定的，不随战略的变化而变化

B. 组织结构的形式主要取决于企业决策者对组织结构的理解

C. 采用何种组织结构只受企业自身的影响，与战略类型关系不大

D. 企业组织结构是实施战略的一项重要工具，它随着企业的发展过程不断地推进、创新

2. 企业文化具有的特质：（　　）。

A. 是一种心理契约　　　　B. 是一种管理氛围

C. 是企业改革的基础　　　　D. 使员工的工作更具价值

3. 企业文化与企业战略是相互协调的。看一个企业的文化，就能判断该企业的战略类型。如果一个企业采取的是防守型战略，那么（　　）是与之相符的企业文化。

A. 办公室井然有序，严肃、安静

B. 行动速度缓慢，非常重视计划、程序和时间性

C. 层次分明，正规划分

D. 职位与收入严格与个人的实际工作绩效相联系

四、判断题

1. “产生共同愿景”是组织结构适应战略的最本质内容。（　　）

2. 适应循环原则是企业组织战略调整的根本原则。（　　）

3. 组织结构必须与战略相适应。当组织结构不能提供实施战略所需的协调、控制和指导时，常常就需要实行组织变革。（　　）

4. 为了实施新的战略，经理应当重新制定公司的政策、经营程序、习惯方式和其他一切做法。（　　）

5. 企业文化出现在组织中，但是它们的发展是非常微妙的，以至于高层管理者不能影响它们的形成。（　　）

6. 企业文化的不断变化常被用于有效的战略实施。（　　）

7. 组织结构若能适应战略，则认为该结构好；否则，认为该结构不好。（　　）

8. 企业战略实施的成败在很大程度上取决于关键岗位上关键人物的选择。（　　）

9. 为适应多角化经营战略的需要，企业一般采用矩阵式组织结构。（　　）

10. 企业文化在结构上可以划分为精神文化、制度文化、行为文化、物质文化四个层面。（　　）

五、简答题

1. 简述企业战略与文化的关系。
2. 简述钱德勒的战略—组织结构关系。
3. 简述结构滞后于战略的原因。

六、论述题

从企业发展角度论述企业战略与组织结构的关系。

七、案例分析题

苏宁:大企业的战略转型

1999 年,苏宁曾经试水电商业务。但当时电商规模相对于线下的专业电器连锁店实在太小,苏宁因此错过了一轮电商建设潮流。2009 年,苏宁电器网上商城全新改版升级并更名为苏宁易购,推动全公司转型互联网。此时,苏宁已经是国内最大的线下零售商,拥有庞大的重资产和上千的部门、十多万名员工。

连锁经营时代的苏宁,其竞争优势来自与其连锁体系匹配的组织结构。整齐划一的门店、自上而下的营销方案——这种经营方式下,为了提高管理效率,必须照着精细化、标准化的思路。CHO 孟祥胜说,“(组织结构)都是被制度定好的,刚性的,然后进行复制、克隆,保证全国各地不走样。”“简单化、标准化、制度化、信息化”是苏宁在内部提出的体系建设目标,这是连锁模式的特点。

转型后,苏宁的组织结构从矩阵式转向事业部制。每一个事业部都要明确自己的市场地位、所占份额、营业收入增长率,明确自己的目标和工作指标。苏宁组建了零售、物流、金融三大集群,集群下面有二三十个事业部。在事业部的管辖下,全国从细分品类到大区、到城市、到店面,组建了 4 000 多个小团队。而后台的专业部门如财务、人事、品牌、法务等都是共享的,协同服务于业务单位,同时进行战略管控。为了支撑这种转变,苏宁调整了组织模式,总部扁平化,从五层调整为三层,将原来隶属于总部承担的职责大量往事业部大区下放。

从“连锁经营”到“互联网零售”,苏宁内部的人才结构也经历了一个系统化再造的过程。副董事长孙为民认为,苏宁在聚焦互联网零售后,最为重大的变化发生在人才结构上,由劳动密集型转变为知识、技术密集型。由于两类员工个人追求不一样,因此苏宁提出了更尊重人才的变革:改变了以往片面要求人才服从于企业的做法,支持个人在企业的平台上成就自己的事业。过去的任命频率是年度,现在已经变成常规,随时可以调整。管理岗位基本使用了激励机制,对级别也进行了调整,增加了一些级别,实现了小步快跑,这对于“80 后”“90 后”员工的快速回报心理有很好的照顾。

苏宁在转型过程中受到线上互联网企业的冲击,尤其是电器类产品。电器类产品标准化很高,是电商的主要经营品类。苏宁只能凭借线下门店的服务和全国性的物流优势与电商进行价格对抗,连续几年利润严重下滑。不过,在完成整个电器业务全面互联网化之后,苏宁开始利用互联网的工具拓宽品类,从传统电器延伸到超市、百货、母婴、家居、建材、医药等。在苏宁易购巨大流量的支持下，苏宁不断地进入新品类、新行业。

苏宁在转型过程中还形成了自己的渠道特色，甚至变得越来越远离传统的连锁店。一二级城市以大型的、互联网化的云店作为主导模式，三四类市场则是整个苏宁易购的服务站。在社区，苏宁会开出苏宁小店，这些小店不是单纯的线下店，而是互联网店面。苏宁小店只有100 多平方米，满足顾客各种品类的消费需求，把整个互联网的出样展示和线下的实体展示融合在一起。

2015 年，苏宁线下门店统一更名为“苏宁易购”，完成了线上线下品牌统一。2017 年，苏宁宣布到 2020 年增加 5 000 家门店。这 5 000 家门店不再是传统的、整齐划一的连锁店，苏宁有足够的消费数据来支持店面的个性化决策。未来，每家店面的设计都不同，实现定制场景消费。

思考题：

(1)苏宁战略变革的主要困难有哪些？

(2)苏宁组织结构的变化如何体现新的战略意图？

(3)与竞争对手相比，苏宁在战略上采取了怎样的差异化？

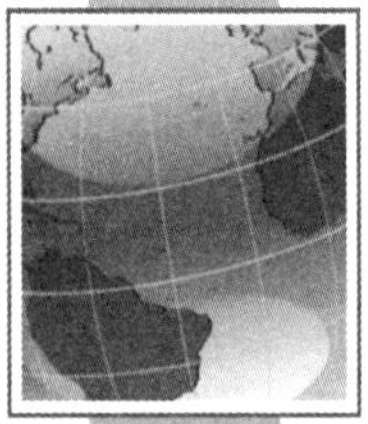

第十章
战略控制

一、名词解释

1. 战略控制
2. 平衡计分卡
3. 内部审计
4. 外部审计
5. 目标管理
6. 权变计划

二、单项选择题

1. 英国战略学家理查德·鲁梅特提出了可用于战略评价的四条标准：一致、协调、优越和可行。其中，(　　)主要用于对公司的外部评估。

A. 一致与协调　　B. 协调与优越　　C. 一致与可行　　D. 优越与可行

2. 英国战略学家理查德·鲁梅特提出了可用于战略评价的四条标准：一致、协调、优越和可行。其中，(　　)则主要用于对公司的内部评估。

A. 一致与协调　　B. 协调与优越　　C. 一致与可行　　D. 优越与可行

3. 战略控制的目的主要是控制(　　)。

A. 战略实施　　B. 战略失效　　C. 战略目标　　D. 战略方案

4. 战略控制的要素为“标准—对照—(　　)”，也叫“三段式”的“三要素”。

A. 纠偏　　B. 计量　　C. 鉴定　　D. 措施

5. 战略评价的目的是为企业的(　　)而服务。

A. 战略实施　　B. 战略失效　　C. 战略目标　　D. 战略方案

6. 战略出现偏差的原因一般有三种：一是执行部门或工作人员的责任；二是外部条件发生了变化；三是(　　)。

A. 衡量的标准不合理　　B. 原计划不科学，甚至有失误

C. 战略措施不得力　　D. 企业愿景不恰当

7. 战略控制是一个动态过程，它具有以下三个特征，分别是渐进性、交互性和(　　)。

A. 系统性　　B. 适宜性　　C. 可行性　　D. 不确定性

8. 控制标准是战略实施的期望结果，分为按照时间分解的战略控制指标和按照(　　)分

解的战略控制指标。

A. 内容　　B. 目标　　C. 战术　　D. 计划　　E. 空间

三、多项选择题

1. 英国战略学家理查德·鲁梅特提出了可用于战略评价的四条标准：一致、协调、优越和可行。其中，(　　)主要用于对公司的外部评估，(　　)则主要用于对公司的内部评估。

A. 一致与协调　　B. 协调与优越　　C. 优越与可行　　D. 一致与可行

2. 鉴于企业战略审计对象的特殊性，通常采用风险评估法、系统分析法、(　　)、(　　)等审计方法，以能较好地体现企业战略审计的特殊性。

A. 活动成本法　　B. 平衡计分卡　　C. 对比分析法　　D. 成本—效益分析法

3. 适宜的评估方法能够有效地帮助企业在战略实施的各个循环过程中不断地完善、纠正偏差，最终使得企业战略得到实现。用于企业战略评价的方法有许多，常用的主要有股东价值衡量法、利益关系群体衡量法、标杆法、(　　)、(　　)和(　　)等。

A. 活动成本法　　B. 平衡计分卡　　C. 战略审计法　　D. 成本—效益分析法

4. 从控制主体状态看，可以将战略控制分为(　　)两种形式。

A. 避免型控制　　B. 跟踪控制　　C. 事后控制　　D. 开关型控制

E. 事中控制

5. 在实际运作中，除了运用监测、评价、控制等专门的战略控制工具与技术方法外，行为控制等“软因素”对战略实施效果的影响也是非常突出的，它主要有(　　)、(　　)与文化等几种基本类型。

A. 规则　　B. 奖励　　C. 价值准则　　D. 思维方式

6. 战略控制过程可以分为四个步骤，即(　　)。

A. 制定评价标准　　B. 建立监控系统　　C. 审查实际效果　　D. 采取纠正措施

E. 权变计划

7. 按控制时间分类，企业的战略控制方式可以分为(　　)三类。

A. 避免型控制　　B. 事前控制　　C. 事后控制　　D. 开关型控制

E. 事中控制

8. 为了实施有效的控制，人们在战略控制系统中常用的控制方法是(　　)。

A. 预算评价和控制　　B. 审计评价和控制　　C. 目标管理　　D. 财务控制

E. 生产控制　　F. 质量控制

9. 平衡计分卡是一个核心的战略执行和评价工具。一种崭新的绩效衡量模式通过(　　)四个层面来实施战略管理。

A. 财务　　B. 顾客　　C. 内部流程　　D. 市场

E. 学习与成长　　F. 管理者

10. 战略控制有六个基本要求，它们分别是适宜性、可行性、(　　)。

A. 可接受性　　B. 调节性　　C. 不确定性　　D. 弹性和伸缩性

E. 系统性　　F. 交互性

四、判断题

1. 战略控制的目标就是使企业战略的实际实施效果尽量符合战略的预期目标。　(　　)

2. 控制标准是战略实施的期望结果，分为按照时间分解的战略控制指标和按照空间分解的战略控制指标。（ ）

3. 运营风险一定会变成战略风险。（ ）

4. 对于许多公司而言，无形资产比如知识产权和专有的客户信息比公司资产负债表上的有形资产更有价值。（ ）

5. 供应商定价和供应政策的调整等可能导致公司的运营风险。（ ）

6. 商誉风险本身也是风险的来源。（ ）

7. 客观事件的不确定风险对企业的影响面非常广而且深，这是所有企业在进行战略规划过程中需要突破的难点和重点，客观和适应是我们必须严格遵守的战略规划原则。（ ）

8. 总的来说，战略风险的来源包括三个方面：超过预期的环境变化、基于业绩压力的规模扩张、富于冒险精神的企业文化。（ ）

9. 企业家都有一定的冒险精神。但是，并非偏爱冒险的企业管理者都是企业家。（ ）

10. 培育风险管理文化应融入企业文化建设全过程。（ ）

五、简答题

1. 简述战略控制的必要性。
2. 简述战略控制的要素。
3. 简述战略控制过程的特征。
4. 简述战略控制的要求。
5. 简述平衡计分卡的核心思想。
6. 简述平衡计分卡的实施步骤。

六、论述题

1. 企业文化对公司战略风险的形成有何影响？
2. 企业如何培育风险管理文化？

七、案例分析题

贝因美为何陷入战略转型泥潭

贝因美集团公司(以下简称“贝因美”)成立于1992年，主要以销售奶粉为主业，兼顾保险代理、销售婴幼儿用品等业务。贝因美由于在2008年没有卷入“三聚氰胺”事件，在2015年前发展较顺利，且一直占据国产奶粉第一的位置。然而在其繁荣发展，花大笔费用做广告的背后，却隐藏着巨大的危机。

早在2011年，公司创始人、董事长谢宏因身体原因辞职，之后朱德宇、黄小强先后上任又都卸任。2014年2月，王振泰坐上了董事长的席位。在3年的时间里，换了4任董事长，恐怕所有人都能看出，贝因美出了问题，而且这个问题相当致命。高层走马灯式的动荡调整，让乳业市场中的龙头企业令人担忧。

2012年，贝因美市场占有率曾高达8.7%，是当时国产奶粉中的第一名；而2013年，贝因美的全年营业收入是61.17亿元，同比增长14.24%，盈利7.21亿元，同比增长41.54%。而到2014年，整个公司经营出现了大逆转，当年净利润仅为0.69亿元，同比下降超90%。2015年，净利润增到1亿元，但与转型之前仍有较大差距。2016年上半年，公司甚至亏损超2亿元。自 2016 年 6 月以来，股价也从 30.97 元暴跌至 12 元，累计跳幅超过 60%。

1. 临危受命

王振泰出生在东北，成长在西北，祖籍浙江，大学学的是经济学，大学毕业后分配到国企工作，之后应聘进入跨国食品企业，再进入贝因美集团公司。王振泰接手的时间正是国内奶粉业竞争激烈的时候，贝因美遭遇了重大的经营危机：一方面，国内消费者的需求发生很大变化，不少国内消费者担忧国产奶粉的品质，选择购买进口奶粉；另一方面，中国人口出生率的下降也造成奶粉市场需求的整体下滑。为应对市场挑战，2014 年，贝因美正式宣布剥离非食品业务，希望能打造"婴童食品第一品牌"。

2. 决策失误

然而，2016 年 7 月 14 日，贝因美对外发布了上半年业绩预告修正公告，称上半年预计亏损 2.1 亿元至 2.3 亿元。公司方面解释称，业绩预估由盈转亏主要因为报告期内受假奶粉事件及奶粉新政配方注册过渡期行业秩序混乱的影响，导致主营业务收入少于原预计收入，从而出现亏损。这样的解释显然已不能让投资者满意。业内人士表示，市场内假货量较少，对贝因美的业绩不会构成实质性影响。此外，记者还注意到，在注册制即将实施的背景下，贝因美的竞争对手三元公司上半年扣除政府补贴后的净利润也基本与上年持平，甚至略微有所增长，那么贝因美缘何陷入巨大的亏损？

(1)品类扩张加速仍未形成差异化优势

虽然亏损不是一日形成的，但王振泰上任后，确实使得公司的经营状态每况愈下，这与其战略转型的政策有极大关系。

①在产品品类扩张方面，王振泰将消费群体由此前的 0—6 岁扩展至 0—12 岁，产品品类扩张势必带来投入的增加，但投入的效果至今也并未显现。

②2014 年，王振泰主推儿童奶系列新产品的决策也受到质疑，那时儿童奶市场早被蒙牛、伊利等占据了大部分，新推出的儿童奶系列与其他品牌并没有形成差异化竞争优势，这使得贝因美的儿童奶业务扩张困难。年报数据显示，贝因美儿童奶公司 2015 年亏损 4 500 万元。

③近年来，王振泰使得贝因美不断变"大"，但在产品升级上并没有太大成就，一些单价 250 元以上的中高端产品销量并不太好。除了贝因美，由于对国内奶粉信心不足等外因，因此也导致大部分消费者确实更愿意为进口奶粉花大价钱。

(2)渠道变革效果尚未显现

除产品策略外，渠道改革也纳入王振泰的企业转型版图中。在谢宏时代，贝因美采用的是"商场超市＋婴童店"的深度分销模式。2008 年，"三聚氰胺"事件爆发后，商场超市系统中相当一部分奶粉品牌被下架，市场空去大片，贝因美抓住了这个机会，将商场超市从经销商渠道中剥离，由分公司直接供货。此外，婴童店也是一个重要渠道，公司方面通过生动化陈列及活动营销等方式，直接吸引零售顾客。

不过深度分销模式的成本极高，连锁大卖场的后台费用及婴童店大量的人力成本、店面成本的投入使得销售渠道费用上升。数据显示，自 2008 年以来，贝因美每年的销售费用都在提升，2013 年高达 24 亿元。

为了减少销售费用及顺应目前快消品电商渠道分销的大趋势，王振泰 2014 年为渠道动起了"手术"。首先是 5 年前因上市而大量布局的经销商，渠道改革后一年时间内由此前的 1 000 多个削减为 500 个，剩余的经销商则转变为代理商。改革后的代理商不再从分公司拿货，而是直接从总部拿货，利润空间将增长 10%左右。

在改革经销商的同时，王振泰也将贝因美在全国的 15 家分公司改制成全资子公司，这使得子公司在经营、销售等方面有指标压力，从而提高工作效率。

2015 年 11 月，贝因美拟以自有资金 1 000 万元在北京投资设立全资子公司——贝因美科技有限公司，从事特殊配方奶粉等产品的批发及零售业务，正式介入电子商务。此外，贝因美旗下还有"妈妈购"一站式电商平台。不过，据了解，该电商平台的业绩并不计入公司财务报表，具体的经营情况也无从得知。

旧渠道的改革使得过半经销商流失，而新的代理商＋网销渠道并未完全成熟建立，目前公司正处于这样的过渡阶段。销售渠道短暂性的不通畅也是公司业绩不佳的原因之一。数据表明，自渠道变革实施以来，2014 年、2015 年公司营业收入分别为 50 亿元和 45 亿元，同比分别下降 17％和 10％。空出的市场份额迅速被同行占领，这使得公司主营业务市场占有率有所下降，2015 年，国产奶粉行业龙头已被伊利占据。

(3)斥巨资迈进全球化却举步维艰

全球化也是应对挑战的关键一步：2014 年 8 月，贝因美方面正式宣布将与恒天然集团下属子公司恒天然有限公司、恒天然乳品(香港)有限公司展开合作。恒天然集团是中国乳业的主要原料供应商。

贝因美与恒天然的合作包括 2015 年 3 月恒天然以要约的方式收购贝因美 18.9％的股权，而后双方将在澳大利亚共同组建一个合资实体。该合资实体将购买恒天然集团的关联方在澳大利亚所拥有的达润婴幼儿配方奶粉厂，为恒天然集团和贝因美制造婴幼儿配方奶粉等营养粉。

目前，贝因美面临的形势仍十分严峻，海外业务的大量投入并不能在短期内有所收益。战略转型举步维艰，各方面的改革使得公司主营的奶粉业务失去国产巨头地位，非奶粉的母婴食品业务发展也不太好。据贝因美官网投资者关系问答揭露，2016 年上半年，非奶粉业务中的营养米粉和辅食的利润也出现不同程度的下滑。

资料来源：王溥．战略管理原理与案例[M]．北京：高等教育出版社，2017.

思考题：

站在战略层面分析贝因美失败的原因。

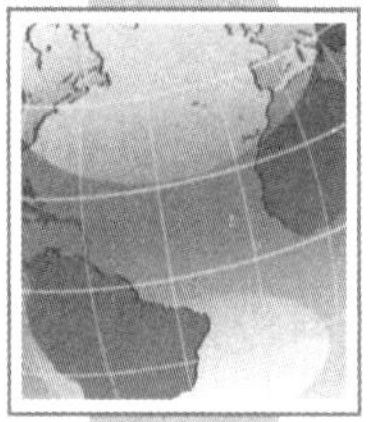

第十一章 企业战略变革

一、名词解释

1. 创造性破坏
2. 实施成本
3. 摩擦成本
4. 战略惯性
5. 共同愿景

二、单项选择题

1. 企业战略行动的主要制约因素是(　　)。

A. 外部环境　　B. 企业组织结构　　C. 企业文化　　D. 管理层素质

2. 企业采取渐进式的变革方式的原因有(　　)。

A. 企业所处的环境是一个由大量独立且相互作用的因素组成的复杂的开放系统,因此企业的行动常常受到内、外部因素的干扰而偏离方向

B. 在现有的战略框架内,相对于竞争者仍然具有竞争优势,同时某些方面的变革仍有利可图,即在原有的战略框架内边际变革的效益仍然能够满足决策者的要求

C. 既可以杜绝由于过分强调协调而产生的停滞与惰性,又可以防止由于企业过分依赖"力挽狂澜"的举措而引起动荡与失控

D. 企业必须具备一种能力,能够以一种彻底的方式进行持续的变革,保证企业的生存,并使企业具备核心竞争力

3. 战略突变式变革的优点是(　　)。

A. 容易突破传统观念和习惯势力的阻碍,迅速提升企业的竞争力,适应外部环境的变化,从而达到整体最优

B. 进度容易控制,不会遇到太大的阻力,执行也较顺利

C. 既可以杜绝由于过分强调协调而产生的停滞与惰性,又可以防止由于企业过分依赖"力挽狂澜"的举措而引起动荡与失控

D. 变革成本小些,会获得高效率并使组织平稳过渡,其风险较小,非常可能得到各方面的认可

4. 战略突变式变革方式的本质是(　　)。

A. 从一种战略向另一种战略的快速转移
B. 是一种适应性的变革，是一种从量变到质变的快速分裂及连续性的变革过程
C. 在均衡时期，以小规模与幅度循序渐进地推进战略变革，而在革命性的动态或非均衡时期，又以较大的规模、有节奏的、不连续的、激进的方式不断地打破和改变原有的均衡状态，实施战略变革
D. 基于企业深层结构所界定的基本范式的活动，而这些活动在短期内又有节奏地通过革命性的变革被不断地打破，导致深层结构发生改变
5. 采取“突变式”变革的理论依据是(　　)。
A. 两点之间并非直线最近
B. 基于企业深层结构所界定的基本范式的活动，而这些活动在短期内又有节奏地通过革命性的变革被不断地打破，导致深层结构发生改变
C. 以对现有系统的改进和完善为目的，通过预先设计或谋划，在长时间里对内外压力做出反应，在自然而然的过程中实现企业战略的改变
D. 企业所处的环境是一个由大量独立且相互作用的因素组成的复杂的开放系统，因此企业的行动常常受到内、外部因素的干扰而偏离方向
6. 有效运用战略跳变式变革的关键是(　　)。
A. 把握跳变的节奏，防止出现失误　　B. 企业管理层思维的跳跃性
C. 灵活的企业机制　　D. 良好的控制措施
7. 如果企业处于稳定的增长时期，而且市场、技术又处于一个相对稳定的状态下，采用(　　)变革比较合适。
A. 战略跳变式　　B. 战略突变式　　C. 战略渐变式　　D. 战略裂变式
8. (　　)是资源的重新配置，同时也是资源联系协调机制的重新调整。
A. 市场营销　　B. 战略变革　　C. 战略控制　　D. 战略选择
9. 企业战略管理的核心是(　　)。
A. 战略选择　　B. 企业文化建设　　C. 战略控制　　D. 企业制度建设
10. 战略跳变式的基本特征是(　　)。
A. 企业在相当长时期内小幅度、循序渐进地实施战略变革
B. 企业在短时期内迅速而大幅度地实施战略变革
C. 企业在长期的均衡时期以渐变式求得稳定发展，而在短期内又有节奏地通过突变式而改变
D. 企业在某个特定的时间内连续地变革

三、多项选择题

1. 战略选择的主要工作包括(　　)。
A. 根据战略分析阶段确定的战略目标，制定能同时符合“企业使命”“环境、机会和威胁”“内部优势和劣势”三方面要求的若干战略方案
B. 根据预先确定的评价标准和分析模型，对各战略方案进行仔细的分析和评价，找出各自的价值和资源约束部分，并从中做出选择
C. 决定战略方案所需的资源量，根据战略性关键事件的要求对企业的资源进行分配
D. 制订有关战略实施的政策和计划，在评价和比较方案的基础上，企业选择一个最满意

的战略方案作为正式的战略方案，并将战略目标进行层层分解，制定相应的具体目的和实现目的的方法

2. 渐进式变革的缺点有（　　）。

A. 当事者只见过程不见结果，为变革而变革

B. 渐进式变革只限于局部的改革，影响整个进程的一小部分。尽管总体前进了一部分，一种职能的内部可能会有所改进，但这些改革措施不能获得跨职能、跨组织的改革所能带来的更大成果

C. 为了保证渐进式变革成功而尽可能多地搜集信息，拖延变革行动，有时会使企业陷入一种错误的平静中，使那些已经做好准备接受变革的主体感到失望，结果当真进行变革时，反而会造成更大的损害

D. 大幅度地精简机构和裁员会严重挫伤员工的积极性和士气，可能会产生很大的阻力，而且短期成本的降低可能会不利于企业的长期利益

3. 战略惯性的特点包括（　　）。

A. 全局性　　B. 长期性　　C. 匹配性　　D. 易变性

4. 战略变革过程中战略分析的内容有（　　）。

A. 分析企业组织结构　　B. 分析企业所处的外部环境的特征

C. 分析企业所处外部环境的变化趋势　　D. 评价企业的内部能力

5. 战略变革按阻力的类型包括（　　）。

A. 影响战略变革的惯性力量　　B. 对变革有意识的阻力

C. 战略变革的实施阻力　　D. 战略变革的摩擦阻力

四、判断题

1. 战略变革是在原有基础上的权变。（　　）

2. 战略变革实际发生的前提条件就是新战略实施之后所能提供的净收益减去战略变革的成本大于原战略所提供的净收益。（　　）

3. 在竞争环境中长期成功的道路是试图维持长期竞争优势，关注可持续竞争力。（　　）

4. 战略管理变革的基本逻辑是既定战略的有效性建立在原有的内、外部环境结构的基础之上，一旦这种基础被动摇，既定战略就需要调整。（　　）

5. 战略变革是外部因素和内部因素共同作用的结果。内因和外因是密切联系的，不需要外因的作用，战略变革也可能发生。（　　）

6. 实施成本是因企业利益相关者对战略变革的抵制和反对所引起的经济损失。（　　）

7. 战略变革物理成本特指战略变革时需要耗费的人力、财力、物力。（　　）

8. 战略突变式变革的优点是容易突破传统观念和习惯势力的阻碍，迅速提升企业的竞争力，适应外部环境的变化，从而达到整体最优。（　　）

9. 战略跳变式变革所涉及的规模和范围大小是一样的。（　　）

10. 如果企业处于稳定的增长时期，而且市场、技术又处于一个相对稳定的状态，采用“战略跳变式”比较合适。（　　）

五、简答题

1. 简述战略渐变式的含义。

2. 简述战略突变式的含义。
3. 简述战略跳变式的含义。
4. 简述企业家的战略能力对驱动变革的作用。
5. 简述对战略变革的有意识的阻力。

六、论述题

1. 试比较和分析“战略渐变式”“战略突变式”“战略跳变式”三种变革方式的特征。
2. 试述战略变革的一般过程。

七、案例分析题

小米:互联网时代的战略变革

小米在全球手机生产商中产量排第三。在短短几年之内,小米能进入前三名,主要得益于它对互联网时代特征的把握以及在此之后所做的一系列创新实践。在管理方面,雷军和他的团队有很多的创新理念和做法。

1. 与最聪明的人合作

雷军认为,人力资源部门80%的时间用在找人上,要找最聪明的人,跟最聪明的人合作。过去我们一直讲企业不一定要找最聪明的人,而是找最合适的人,但小米颠覆了人力资源的理念。小米强调一定要找到最聪明的人,为了找到最聪明的人不惜一切代价。他们认为,如果一个同事不够优秀,不但不能有效地帮助这个团队,反而有可能影响到整个团队的工作。你要把产品做到极致、要超越客户需求,人才必须是超一流的。只有超一流的人才,才能做出超一流的产品,那么,要找到超一流的人才,你就不能靠自己培养,而是要不惜代价去市场上挖。小米团队从14人发展到400人,平均年龄为33岁,几乎每个员工都来自最优秀的公司,如谷歌、微软、金山、摩托罗拉。雷军的一半时间都用在招人上,前100名员工,每位员工雷军都要亲自见面并沟通。这种理念不一定对,但不管怎么样,它满足了一个公司在高速成长时期对优秀人才的迫切需要,而且那些优秀人才把别的公司的经验都带了过来。

2. 组织扁平化和管理简化

他们认为,互联网时代要贴近客户、走进客户的心里,企业就必须缩短与消费者间的距离,跟消费者融合到一起。只有融合到一起。才能跟消费者互动,才能把消费者变为小米产品的推动者、变成小米产品的设计研发人才。要实现这些,需组织扁平化,组织尽量简化。这就是互联网时代很重要的一个理念,叫简约、速度、极致。

小米的组织完全是扁平化的,7个合伙人各管一摊,形成一个自主经济体。小米的组织架构基本上就是三级——核心创始人、部门领导、员工,一竿子插到底地执行。他不会让团队过大,团队一旦达到一定的规模就要被拆分,变成项目组。从这一点来讲,小米内部完全是激活的,一切围绕市场和客户价值,大家进行自动协同,然后承担各自的任务和责任。在小米,除了7个创始人有职位,其他人没有职位,都是工程师。所以在这种扁平化的组织架构下,你不需要去考虑怎么能升职这样的杂事,一心扑在设计上就可以。

因为组织扁平化,在管理上就能做到极简化。雷军说,小米从来没有打卡制度、没有考核制度,就是强调员工自我驱动,强调要把别人的事当自己的事,强调责任感。大家是在产品信仰下做事,而不是靠管理产生效率。管理要简单,少制造管理行为,才能把事情做到极致,才能快。除了每周一的例会，小米很少开会，公司成立三年多，合伙人只开过三次集体大会。

3. 强调责任感而不是指标

雷军说，小米一直是 6×12 小时工作制，坚持了近 3 年，靠的是大家的责任感。雷军在一份材料中写道，例如，我的代码写完了，一定要别的工程师检查一下，别的工程师再忙也得第一时间亲自检查我的代码，然后再做自己的事。其他公司都有竞争制度，大家都为了竞争做事情，为创新而创新，而不一定是为了用户而创新。其他公司对工程师强调的是把技术做好，但小米的要求是，工程师要对用户价值负责、为伙伴负责，而不是为技术而技术。此外，小米强调要建立透明的利益分享机制。在互联网时代，企业赚多少钱都是透明的，所以企业必须建立透明的利益分享机制，基于每个人的能力跟贡献分享利益。

4. 文化和价值观管理

很多人说小米是去文化管理，其实我认为它恰恰是文化和价值观管理。小米 7 的初始合伙人原本都是老板，能力和价值观不同，为了共同的理想和目标追求聚在一起，把这个事情做起来，靠的就是文化和价值观的趋同和凝聚。靠价值观凝聚人、牵引人，一切围绕客户的价值，组织扁平化、管理简单化，强调速度，这是我们从小米的实践中看到的互联网时代管理的创新。

思考题：

小米成功的战略变革对你有什么启示？